MODERNITÉ ET RELIGION AU QUÉBEC

OÙ EN SOMMES-NOUS?

MODERNITÉ ET RELIGION AU QUÉBEC

OÙ EN SOMMES-NOUS?

Sous la direction
de Robert Mager et Serge Cantin

PRESSES DE
L'UNIVERSITÉ LAVAL

Les Presses de l'Université Laval reçoivent chaque année du Conseil des Arts du Canada et de la Société d'aide au développement des entreprises culturelles du Québec une aide financière pour l'ensemble de leur programme de publication.

Nous reconnaissons l'aide financière du gouvernement du Canada par l'entremise de son Programme d'aide au développement de l'industrie de l'édition (PADIÉ) pour nos activités d'édition.

Mise en pages: Diane Trottier
Maquette de couverture: Laurie Patry, d'après un concept de Anne Morrissette

ISBN 978-2-7637-8790-9

Dépôt légal 1er trimestre 2010

Les Presses de l'Université Laval
Pavillon Maurice-Pollack
2305, rue de l'Université, bureau 3103
Québec (Québec) G1V 0A6
CANADA
www.pulaval.com

TABLE DES MATIÈRES

QUATRIÈME PARTIE
LA RELIGION À L'ÉCOLE

INTRODUCTION

RELIGION, MODERNITÉ, QUÉBEC : UNE ÉQUATION À TROIS INCONNUES

Robert Mager et Serge Cantin

Dans sa contribution au présent ouvrage, l'historien Louis Rousseau parle d'une « équation à deux inconnues que composent les termes de modernité et religion aujourd'hui au Québec ». Mais l'équation ne renferme-t-elle pas une troisième inconnue, à savoir le Québec lui-même ?

Les Québécois le savent bien : la « question nationale », qui les taraude depuis si longtemps, s'impose à eux comme un problème dont plusieurs doutent même qu'il soit un jour résolu. Loin donc que l'on puisse tenir son identité pour acquise, le Québec se présente plutôt d'emblée comme une réalité à définir ou à construire, comme une société « distincte » toujours en quête d'elle-même. Les aventures de son nom témoignent déjà de cette quête : les Français jadis débarqués ici sont devenus des Canadiens, puis des Canadiens français, enfin des Québécois, dont on se demande aujourd'hui s'il faut les dire « de souche », « d'origine », « francophones » ou quoi d'autre encore ! D'où également cette étonnante valse du discours public, où le recours au « nous » se révèle pour le moins ambigu, ce « nous » désignant tantôt le groupe « ethnique » majoritaire (les francophones), tantôt l'ensemble des citoyens québécois, indépendamment de leur langue ou de leur communauté d'appartenance. Au cours des dernières années, cette ambivalence du discours politique fut ressaisie et réfléchie dans le cadre d'un vaste débat sur la nature et le devenir de la « nation québécoise » – un concept prisé par nombre de politiciens et d'intellectuels, mais que Fernand Dumont jugeait, pour sa part, captieux[1].

Ce Québec en mal d'identité et de projet a émergé à la faveur d'un ensemble de transformations et d'événements survenus pour l'essentiel dans les années 1960 et que l'on désigne sous le terme consacré de Révolution tranquille. Cette période a donné lieu à un récit largement partagé selon lequel le Québec serait alors sorti de la « Grande noirceur » pour entrer dans l'ère moderne. Aujourd'hui, cependant, plusieurs remettent en question ce récit en faisant remonter la modernité québécoise à une époque antérieure, plus ou moins lointaine[2]. Ce qui est immédiatement en jeu ici, c'est la teneur, le sens et la portée de l'héritage collectif. Dans un Québec qui, au cours des dernières décennies, s'est largement défini en termes de rejet du passé et d'invention de l'avenir, le rapport au passé ne peut être en effet que problématique, comme en témoignent la littérature, le cinéma et les téléromans québécois contemporains. Mais, face à un « passé qui ne passe pas[3] » et à un avenir par définition incertain, le débat porte finalement sur l'intelligence du présent, et il fait alors intervenir la notion de « modernité ». On le sait, cette notion est fort disputée, comme l'est du reste celle de postmodernité. Aussi ne serat-il ici question de modernité québécoise que pour poser le Québec d'après la Révolution tranquille comme une réalité à comprendre, le qualificatif « moderne » ne préjugeant rien des conclusions de la réflexion. Il s'agit plutôt de saisir l'évolution d'une société qui partage la trajectoire d'ensemble des autres sociétés occidentales, mais qui s'est distinguée par la rapidité et la profondeur des ruptures qu'elle a effectuées en regard de son passé, notamment religieux.

1. Fernand Dumont, *Raisons communes*, Montréal, Boréal, 1995, p. 63-64. À propos du concept de « nation québécoise », voir notamment Michel Venne (dir.), *Penser la nation québécoise*, Montréal, Québec Amérique, 2000, 309 p., ainsi que Louis-André Richard (dir.), *La nation sans la religion ? Le défi des ancrages au Québec*, Québec, PUL, 2009.

2. Jacques Beauchemin, « Une voix critique de la modernité québécoise », *Recherches sociographiques*, 48/1 (2007), p. 85-94; Ginette Michaud et Élisabeth Nardout-Lafarge (dir.), *Constructions de la modernité au Québec*, Québec, Lanctôt, 2004, 380 p.; Jean-Pierre Wallot et Gilles Paquet, *Un Québec moderne, 1760-1840. Essai d'histoire économique et sociale*, Québec, Hurtubise HMH, 2007, 740 p.

3. Voir Éric Bédard, « Ce passé qui ne passe pas », dans Robert Mager et E.-Martin Meunier (dir.), dossier « La religion au Québec. Regards croisés sur une intrigue moderne », *Globe: Revue internationale d'études québécoises*, vol. 10, n° 2, 2007 / vol. 11, n° 1, 2008, p. 75-94.

Cette dernière inconnue de l'équation n'est sans doute pas la moins difficile. D'autant qu'au Québec le mot même de religion est devenu littéralement obscène : plus que toute autre chose, la religion est ce qui ne saurait être montré[4]. Dans le grand récit sur l'émergence de la modernité québécoise, elle figure comme l'ennemi à abattre, aux côtés de l'obscurantisme et de la pauvreté dont elle est soupçonnée d'être le ressort secret. La modernité québécoise se serait ainsi développée aux dépens de la religion et à proportion de sa récession. Or, depuis une dizaine d'années, cette lecture canonique de l'histoire québécoise s'est trouvée contestée par une nouvelle génération d'historiens et de sociologues – accusés en retour de « révisionnisme » – qui ont insisté au contraire sur le rôle capital qu'aurait joué le catholicisme dans l'avènement de la modernité québécoise[5]. Cette réévaluation du rôle de la religion dans l'histoire québécoise s'effectue sur l'horizon de discussions plus générales, notamment en sociologie de la religion, où il s'agit principalement de savoir si celle-ci est appelée à disparaître au terme d'un long processus de sécularisation amorcé il y a plusieurs siècles, ou si au contraire elle n'est pas en train de refleurir à même les impasses ou les insuffisances de la modernité occidentale[6]. Ces débats savants recouvrent une série d'enjeux concrets relatifs à la place et à la

---

4. Raymond Lemieux, « De la nécessité de l'imaginaire » : *Religiologiques*, n° 1, printemps 1990 ; également disponible sur le site Internet *Les classiques des sciences sociales*, document PDF, en ligne, <http://classiques.uqac.ca/contemporains/lemieux_raymond/necessite_imaginaire/necessite_imaginaire.pdf>, créé le 27 août 2006, consulté le 10 août 2009, p. 11.
5. Deux exemples d'une relecture de l'histoire québécoise : E.-Martin Meunier et Jean-Philippe Warren, *Sortir de la « Grande noirceur ». L'horizon « personnaliste » de la Révolution tranquille*, Sillery, Septentrion, 2002, 210 p. ; Raymond Lemieux et Jean-Paul Montminy, *Le catholicisme québécois*, Québec, PUL, 2000, 144 p. La critique du « révisionnisme » est venue de Ronald Rudin, *Faire de l'histoire au Québec*, Sillery, Septentrion, 1998, 280 p. ; elle a elle-même donné lieu à des répliques colligées dans le *Bulletin d'histoire politique* (automne 1998), 230 p. Voir également Damien-Claude Bélanger, « Les historiens révisionnistes et le rejet de la "canadianité" du Québec : réflexions en marge de la *Genèse des nations et cultures du nouveau monde* de Gérard Bouchard », *Mens*, II/1 (automne 2001), sur le site Internet de *Mens. Revue d'histoire intellectuelle de l'Amérique française*, en ligne, <www.hst.ulaval.ca/revuemens/BouchardDamien.html>, consulté le 2 mai 2009.
6. Les références, ici, seraient très nombreuses. On pourra commencer par Peter L. Berger (dir.), *Le réenchantement du monde*, Paris, Bayard, 2001 ; Marcel Gauchet, *Un monde désenchanté ?*, Paris, Les Éditions de l'Atelier / Éditions Ouvrières, 2004 ; Danièle Hervieu-Léger, *Le pèlerin et le converti. La religion en mouvement*, Paris, Flammarion, 1999 ; *idem*, *Catholicisme, la fin d'un monde*, Paris, Bayard, 2003 ; Raymond Lemieux, « Notes sur la recomposition du champ religieux » : *Sciences religieuses / Studies in Religion*, 25/1 (1996), p. 61-86.

signification qu'il convient de donner aux manifestations religieuses dans l'espace public[7].

Parler de religion et de modernité au Québec, c'est donc tâcher de conjuguer trois termes problématiques, dont chacun fait l'objet d'interminables débats et controverses. Cette conjugaison peut-elle, dès lors, prétendre à quelque valeur heuristique ? Triangulés, ces termes balisent un espace pour la réflexion aux contours flous, certes, mais où convergent néanmoins les interrogations les plus actuelles et les plus décisives sur le Québec, et que l'on pourrait ramener à celle-ci : que devient la société québécoise en regard de son héritage et de ses dynamiques religieuses ? Ainsi posée la question ne fait pas de la religion un objet de recherche parmi d'autres au sein d'une culture morcelée et pluridimensionnelle ; elle convie plutôt à aborder la société québécoise *par l'intermédiaire de la religion*, avec la conviction que celle-ci constitue, dans sa complexité même, un révélateur clé du devenir de cette société, un lieu d'interrogation susceptible d'éclairer ses zones d'ombre, voire ses impasses.

Cette conviction doit beaucoup à la fréquentation de l'œuvre de l'historien et philosophe français Marcel Gauchet, dont les thèses sont d'ailleurs discutées dans plusieurs articles de ce collectif. Postulant le caractère décisif de la trajectoire religieuse de l'humanité, Gauchet interprète le destin de la modernité occidentale tout entière comme une « sortie de la religion », la religion étant pour lui aussi bien *ce à partir de quoi* que *ce contre quoi* la modernité s'est édifiée en se dégageant d'un mode religieux de structuration sociale[8]. Affranchissement qui nous laisse cependant, selon Gauchet, devant le problème capital d'une vie commune privée d'un fondement reçu et donc indéfiniment en quête de sa propre possibilité. Ce problème n'est pas sans évoquer celui auquel doit faire face le Québec d'aujourd'hui, un

---

7. Pierre Bréchon, Bruno Duriez et Jacques Ion (dir.), *Religion et action dans l'espace public*, Paris, L'Harmattan, 2000, 301 p. ; Commission des droits de la personne et des droits de la jeunesse [du Québec], « La place de la religion dans l'espace public. Une réflexion collective », sur le site Internet de la Commission, en ligne, <www.cdpdj.qc.ca/fr/placedelareligion>, consulté le 3 mai 2009 ; *Éthique publique*, 8/1 (printemps 2006), thème : « La religion dans l'espace public », 192 p. ; *Le Débat* (n° 152, nov.-déc. 2008), thème : « Religion et espace public » ; Solange Lefebvre (dir.), *La religion dans la sphère publique*, Montréal, PUM, 2005, 404 p. ; Paul Eid *et al.* (dir.), *Appartenances religieuses, appartenance citoyenne. Un équilibre en tension*, Québec, PUL, 2009.

8. Voir notamment *Le désenchantement du monde. Une histoire politique de la religion*, Paris, Gallimard, 1985 ; *La religion dans la démocratie. Parcours de la laïcité*, Paris, Gallimard, 1998 ; *Un monde désenchanté ?*, Paris, Éditions de l'Atelier / Éditions Ouvrières, 2004.

pays dont « l'héritage n'est précédé d'aucun testament », pour reprendre les mots du poète René Char.

* * *

Tel est le cadre général à partir duquel se sont développés, de 2002 à 2008, les travaux (rencontres, colloques et publications) de l'équipe de recherche *Modernité et religion au Québec*[9]. C'est à son invitation que se réunirent à l'Université Laval, du 21 au 23 avril 2008, une trentaine de chercheurs de diverses disciplines (histoire et sociologie de la religion, théologie, philosophie, droit, études littéraires), désireux de confronter leurs points de vue dans l'espace dégagé par la triade Québec–modernité–religion. Les textes de ce volume sont issus des communications présentées lors de ce colloque.

Le volume se divise en cinq parties. La première effectue un retour sur la Révolution tranquille. S'il semble ne faire aucun doute que celle-ci a donné lieu à « une sortie de la religion », encore faut-il déterminer, comme s'y applique Pierre Lucier, la spécificité québécoise de cette sortie de la religion. À cette visée concourent également l'analyse que Maxime Allard propose de la revue *Maintenant* de même que celle que Gilles Routhier nous offre de la participation québécoise au concile Vatican II. Quant à Donald L. Boisvert et Maurice Boutin, ils s'attachent chacun de leur côté à faire le point sur le rôle et le destin du catholicisme québécois durant et après cette période cruciale de notre histoire.

La deuxième partie explore le paysage socioreligieux actuel. Elle s'ouvre par la contribution majeure d'E.-Martin Meunier, Jean-François Laniel et Jean-Christophe Demers, qui nous livrent les résultats d'une recherche, empirique et comparative, sur les pratiques

---

9. L'équipe de recherche était formée de Serge Cantin (philosophie, UQTR), Yves Couture (sciences politiques, UQÀM), Gilles Labelle (sciences politiques, Université d'Ottawa), Robert Mager (théologie, Université Laval), E.-Martin Meunier (sociologie, Université d'Ottawa), François Nault (théologie, Université Laval) et Daniel Tanguay (philosophie, Université d'Ottawa). Outre leurs publications respectives, voir le dossier intitulé « Trois regards sur l'œuvre de Marcel Gauchet » (sous la dir. de Serge Cantin) dans *Sciences religieuses / Studies in Religion*, 34/3-4 (2005) ; dossier « La religion au Québec. Regards croisés sur une intrigue moderne » (sous la dir. de Robert Mager et E.-Martin Meunier), dans *Globe : Revue internationale d'études québécoises*, vol. 10, n° 2, 2007 / vol. 11, n° 1, 2008, 300 p. ; François Nault (dir.), *Religion, modernité et démocratie. En dialogue avec Marcel Gauchet*, Québec, PUL, 2008, 208 p.

socioreligieuses des catholiques québécois entre 1970 et 2006. À cette radioscopie de la « religion culturelle » des Québécois francophones répond le texte de Louis Rousseau, qui cerne les questions que soulève l'expansion du pluralisme ethnoreligieux dans la société québécoise contemporaine. Les quatre textes suivants éclairent divers aspects de cette réalité sociale : Isabelle Dalcourt examine le traitement du religieux dans *L'annuaire du Québec*; Isabelle Matte met en lumière la « religiosité » à l'œuvre dans la nouvelle chanson québécoise ; Frédéric Parent porte son attention sur le vécu religieux d'une population villageoise d'aujourd'hui ; enfin, Diana Cohen-Reis et Robert A. Kenedy retracent le développement du judaïsme francophone au Québec. En guise de conclusion à cette deuxième partie, Jean-Philippe Doucet s'interroge plus largement sur le phénomène du retour du religieux dans la modernité québécoise.

Les textes qui composent la troisième partie portent sur les rapports entre la religion et l'État québécois. Les articles de Christelle Landheer-Cieslak et de Lucia Ferretti examinent les compromis juridico-politiques auxquels l'État sécularisé se trouve contraint en raison de la nouvelle donne socioreligieuse. Ceux de Denis Jeffrey et de Danièle Letocha prennent pour thème la laïcité en tant qu'elle comporte une exigence de tolérance, voire une obligation, ici très discutée, d'*accommodement raisonnable*.

Depuis la création du ministère de l'Éducation, en 1964, et jusqu'à la mise en place d'un cours d'éthique et de culture religieuse, en 2008, l'enseignement de la religion a connu des changements majeurs qui témoignent de l'évolution des rapports entre modernité et religion au Québec. Ce sont le sens et la portée de ces changements qu'explorent, chacun à leur manière, Jacques Racine, Jacques Cherblanc et Pierre Cardinal dans la quatrième partie du volume.

La cinquième et dernière partie rassemble une série d'études plus spéculatives sur le rapport religion/modernité. Alors que Jacques Pierre propose un modèle de stratification du discours religieux en régime moderne, Michel Despland se demande, de son côté, si le discours sur la religion n'a pas épuisé son utilité. Dans le texte suivant, Dany Rodier s'emploie, en revanche, à montrer l'utilité de l'herméneutique philosophique de Hans-Georg Gadamer pour penser le rapport de la modernité occidentale à son héritage religieux. Patrice Bergeron s'interroge ensuite, à la lumière des derniers ouvrages de Marcel Gauchet, sur la pertinence publique de la théologie chrétienne. Enfin, dans un texte qui ouvre davantage le volume qu'il ne le ferme, le philosophe Georges Leroux propose, à partir d'une relecture de Hegel et de Charles Taylor, de réactualiser la question théologico-politique en l'inscrivant dans une réflexion sur l'avenir de la communauté et de la mémoire.

* * *

On aura évidemment compris que cet ouvrage collectif n'a pas pour dessein de tracer une trajectoire uniforme, comme si la question du rapport de la modernité québécoise à la religion pouvait donner lieu à un récit plus net que la réalité elle-même. Sortie de la religion, passage à la « spiritualité », nouvelle sensibilité religieuse ? Les phénomènes sont complexes, et c'est parce qu'ils le sont qu'ils se prêtent à différentes lectures. À des ouvertures, des brèches ou des éclaircies. Celles qui sont proposées ici laissent néanmoins une impression forte : le Québec constitue une vitrine exceptionnelle pour observer les transformations qui affectent un grand nombre de sociétés occidentales, voire d'ailleurs, dans un monde qui se globalise. Il y a fort à parier que, dans un tel monde, ni la modernité ni la religion n'ont dit leur dernier mot. Et le Québec non plus[10].

10. Nous tenons à remercier les organismes suivants pour leur indispensable soutien financier : le Conseil de recherches en sciences humaines du Canada, le Fonds Cardinal-Maurice-Roy de l'Université Laval et le Centre interuniversitaire d'études québécoises (UQTR/Université Laval). Nos remerciements vont également à Isabelle Archambault et à Marjolaine Deschênes pour leur précieuse collaboration à la mise en forme de ce manuscrit.

Première partie

Une religion surprise par l'histoire

CHAPITRE 1

LA RÉVOLUTION TRANQUILLE : QUELLE SORTIE DE RELIGION ? SORTIE DE QUELLE RELIGION ?

Pierre Lucier

Le propos de cette contribution porte sur le thème même de cet ouvrage collectif. C'est un choix qui, comme c'est le cas ici, convient généralement aux contributeurs qui se joignent en fin de parcours à une démarche déjà bien établie et comptant plus d'une solide publication à son actif[1]. Ce retour à la source comporte l'immense avantage de replonger avec une certaine fraîcheur au centre des questions initiales. La référence liminaire à des propos de Fernand Dumont sur l'évolution religieuse du Québec aura achevé de confirmer, pour l'auteur, la pertinence d'un nouvel examen des questions de départ.

Cet examen se fera ici en trois étapes, qui correspondent aux trois parties de l'exposé. Dans une première partie, on s'emploiera à préciser certains aspects du concept de « sortie de la religion » tel qu'il se déploie chez Marcel Gauchet : on en conclura essentiellement qu'il s'agit d'une mégacatégorie, d'abord destinée à la lecture de la macrohistoire. La deuxième partie examinera un certain nombre de

---

1. Il faut mentionner, en particulier : Robert Mager et E.-Martin Meunier (dir.), dossier « La religion au Québec. Regards croisés sur une intrigue moderne », *Globe : Revue internationale d'études québécoises*, vol. 10, n° 2, 2007/vol. 11, n° 1, 2008, et François Nault (dir.), *Religion, modernité et démocratie. En dialogue avec Marcel Gauchet*, Québec, PUL, 2008.

motifs militant en faveur d'un recours prudent et nuancé à cette métacatégorie pour rendre compte de la « Révolution tranquille » québécoise et des ruptures religieuses qu'on y observe. Dans la troisième et dernière partie, à la recherche d'hypothèses complémentaires, on évoquera une autre ligne d'interprétation possible de ces ruptures religieuses ; ce sera l'occasion de faire écho à d'autres concepts clés de Fernand Dumont, susceptibles d'enrichir la compréhension de la sortie québécoise de la religion.

1. LA « SORTIE DE LA RELIGION » COMME MÉGACATÉGORIE

La « sortie de la religion » est un concept susceptible de plus d'une application valide. Défini avec insistance par Gauchet comme désignant « la fin du rôle de structuration de l'espace social que le principe de dépendance a rempli dans l'ensemble des sociétés connues jusqu'à la nôtre[2] », sa richesse de connotation demeure ouverte à des lectures de plusieurs niveaux sémantiques et historiques. La « sortie de la religion », en effet, ne désigne pas un événement particulier, mais plutôt un vecteur qui indique une direction repérable dans de multiples moments et de diverses manières. En traduisant l'*Entzauberung* wébérien par « l'épuisement du règne de l'immuable[3] », il faut dire que Gauchet avait lui-même donné l'exemple d'une telle signification élargie, sa formulation étant sans doute plus suggestive que l'acception originelle de « démagification[4] ». Les explicitations de Gauchet sont d'ailleurs constantes et consistantes à cet égard : « sortie de la religion ne signifie pas sortie de la croyance religieuse, mais sortie d'un monde où la religion est structurante, où elle commande la forme politique des sociétés et où elle définit l'économie du lien social[5]. » Et encore : « la sortie de la religion, c'est le passage où les religions continuent d'exister, mais à l'intérieur

2. Marcel Gauchet, *Le désenchantement du monde. Une histoire politique de la religion*, Paris, Gallimard, 1985, p. 233.
3. *Ibid.*, p. II.
4. Sur le sens et la traduction de ce concept wébérien, voir les analyses éclairantes de François-André Isambert : « Le désenchantement du monde : non-sens ou renouveau du sens », dans *Archives de sciences sociales des religions*, 61, 1986, p. 83-104 et « L'éthique des grandes religions et l'*esprit* de Weber », dans *Archives de sciences sociales des religions*, 127, 2004, p. 9-32 (ici p. 18 et suiv.).
5. Marcel Gauchet, *La religion dans la démocratie. Parcours de la laïcité*, Paris, Gallimard, 1998, p. 11.

d'une forme politique et d'un ordre collectif qu'elles ne déterminent plus[6]. » Ainsi donc : « la société moderne [...], c'est une société qui s'est constituée dans ses articulations principales par métabolisation de la fonction religieuse[7]. »

Une des constantes sémantiques du concept de « sortie de la religion », c'est manifestement l'ampleur du phénomène décrit. Il s'agit d'emblée d'un mouvement à l'échelle des millénaires, un mouvement qui n'a pas atteint son terme, d'ailleurs, et dont les forces sont toujours à l'œuvre : « la sortie de la religion *continue* », note Gauchet[8]. On y est dans les grandes fresques et, pour ainsi dire, dans un mouvement qui évoque celui des plaques tectoniques ; en tout cas, bien au-delà de ce qui peut être perçu sur de courtes périodes ou à l'occasion d'événements ponctuels. La « sortie de la religion » dont parle Gauchet ne s'observe que par exploration historique, voire « archéologique ». C'est proprement une mégacatégorie, comportant dès lors des significations à forte teneur analogique et exigeant beaucoup de circonspection dans son application.

Le développement de la thèse de Gauchet présente la « sortie de la religion » comme un phénomène de civilisation. À commencer, évidemment, par la mise en lumière de ce que, à la suite de Jaspers, Gauchet désigne comme la « période axiale », ce vaste mouvement qui, de l'Asie au bassin méditerranéen, quelque part entre les VIIIe et IIe siècles avant notre ère, a vu l'émergence de l'affirmation d'une réalité « autre » et accompagné l'avènement du monothéisme[9]. Cette affirmation d'un monde « autre » et séparé aurait engagé l'histoire humaine dans une autonomie nouvelle, celle de la consistance de la zone humaine d'intelligence, de décision et de fondation. En « mettant la divinité à sa place », c'est-à-dire au-delà de toute place, on libérait la voie à une organisation humaine tenant en elle-même les tenants et les aboutissants de son développement. Cette purification, qui aurait trouvé son expression la plus développée dans le monothéisme du judaïsme postexilique tout autant que dans l'affirmation platonicienne de l'« au-delà de l'essence », allait inscrire dans l'histoire une référence déterminante à une dualité ontologique foncièrement libératrice pour la rationalité humaine. Point d'arrivée d'une

---

6. *Ibid.*, p. 11.
7. *Idem*, *Le désenchantement du monde. [...]*, p. 234.
8. *Idem*, *La religion dans la démocratie. [...]*, p. 16.
9. *Idem*, *Le désenchantement du monde. [...]*, p. 42 et suiv.

critique progressive et serrée des cultes idolâtriques tout autant que des dieux de la mythologie grecque radicalement critiqués par Platon[10], cette affirmation de la transcendance allait inaugurer une phase décisive de la « sortie de la religion » : un nouvel espace d'immanence s'ouvrait à l'exercice de l'autonomie humaine, par-delà les interventions, les diktats et les caprices de divinités décidément trop humaines.

Le deuxième point de référence par rapport auquel Gauchet définit et situe la « sortie de la religion », c'est l'avènement et le déploiement historique du christianisme. Avec son affirmation centrale de l'incarnation divine et d'un Fils messager qui est de même nature que le Père – *homôousios*, proclame Nicée –, le christianisme aurait renversé jusqu'à la distinction du sacré et du profane, l'union de la nature humaine et de la nature divine en Jésus-Christ faisant en sorte que le monde et l'humanité seraient désormais eux-mêmes sacrés, habités de part en part par une transcendance « faite chair » et inscrite dans l'immanence. Thèse théologique tout autant qu'historique, Gauchet soutient ainsi que le christianisme est la « religion de la sortie de la religion[11] ». Dans le prolongement de la dualité ontologique affirmée au cours de la « période axiale », et elle-même déjà porteuse d'une nouvelle autonomie humaine dans l'aménagement du monde, le christianisme pousse plus avant la sortie de la religion en proposant une rencontre du divin et de l'humain qui brise les hétéronomies et remet, au cœur de l'aventure historique de l'humanité, les sources, les fondements et les référents de son déroulement. L'Europe se serait ainsi développée comme la réalisation progressive d'un monde dorénavant lié à une divinité devenue, d'une certaine façon, dépendante de la construction culturelle et sociopolitique de la « chrétienté » : issue de la rencontre de la foi juive et de la philosophie grecque, l'Occident chrétien se serait ainsi affirmé et « établi », sans qu'il soit franchement possible de distinguer les figures chrétiennes des figures occidentales, dans une symbiose qui s'est déployée tout au long du Moyen Âge chrétien.

C'est « quelque part autour de 1700[12] » que Gauchet situe l'enclenchement d'un troisième mouvement, un mouvement de bascule celui-là, caractérisé par « un renversement de logique dans

10. Platon, *La République*, 376b-383c ; 386a-392a.
11. Marcel Gauchet, *Le désenchantement du monde. […]*, p. 133 et suiv.
12. *Ibid.*, p. 232.

l'articulation des deux ordres de réalité », un « retournement de la compréhension hiérarchique du lien entre l'humain et le divin[13] ». À la faveur de l'éclatement du monde chrétien, qui allait disloquer les ordonnancements réalisés tout au long du Moyen Âge, de grands pans de l'activité humaine se sont alors affranchis de leurs fondements traditionnels et ont peu à peu déplacé le religieux vers la sphère du privé. Les « guerres de religions » européennes auront été déterminantes à cet égard, dans la mesure où elles ont contraint le pouvoir politique à s'instituer au-delà des religions, quitte à vouloir s'appuyer lui-même directement sur son fondement transcendant et à se proclamer de droit divin. On assiste ainsi à la « réinstitution de l'univers humain en termes d'égalité » : « transformation du mode de pensée, transformation du lien de société, transformation du cadre d'activité », ces « trois grandes transformations typiques de la modernité[14] ». En fait, c'est le christianisme qui aurait été la matrice de cette étape cruciale de la « sortie de la religion » ; c'est lui qui, par ses affirmations christologiques fondamentales, aurait rendu possible cette évolution aux fortes allures de dissolution. Inaugurée au cours de la période axiale, radicalisée avec la rencontre chrétienne de l'humain et du divin, l'autonomie du sujet humain se déploie donc, engendrée par la foi dont elle semble pourtant se dégager et se libérer.

On le voit, on est toujours ici dans de très vastes mouvements d'évolution historique. On comprend aisément comment et pourquoi une telle « sortie de la religion » ne peut pas tenir en quelques événements ou se réaliser sur de courtes périodes. On comprend surtout comment et pourquoi on ne sort pas de la religion comme on quitte un lieu ou un emploi. Si elle se situe aux niveaux de profondeur qu'on vient d'évoquer, la « sortie de la religion » ne peut pas marquer une rupture précisément datée, voire instantanée. Dans la mesure où elle est elle-même issue d'une matrice religieuse, elle ne peut pas davantage ne pas continuer longtemps à exercer son « formatage » de l'expérience et des cadres de la pensée. Il est hautement significatif à cet égard que les analyses, précisément de type matriciel, d'un Jean-Luc Nancy[15], par exemple, placent d'emblée les références de « déconstruction » et de « déclosion » du christianisme autour de

13. *Ibid.*, p. 231.
14. *Ibid.*
15. Jean-Luc Nancy, *La déclosion. (Déconstruction du christianisme, 1)*, Paris, Galilée, 2005, p. 220 et suiv.

ces mêmes grandes balises que sont la période axiale et les thèses christologiques cristallisées à Nicée. Cherchant à repérer les traces chrétiennes toujours opérantes en Occident, Nancy oriente les regards vers des catégories aussi vastes et aussi fondatrices que celles de la foi, du péché et du Dieu vivant. On y est d'emblée dans un registre dont le poids et le potentiel sont manifestement capables de prolonger leur action bien au-delà de la « sortie de la religion ». On peut en dire autant des réflexions pénétrantes d'un Georges Leroux[16] qui, s'interrogeant sur la transmission de l'héritage chrétien, invite aussi d'emblée à explorer les racines, matricielles s'il en est pour l'Occident, du messianisme juif et de la métaphysique grecque[17]. À ce niveau aussi radicalement fondateur, on n'est pas dans l'histoire locale ou individuelle : c'est la capacité même de « penser selon » ou de « penser cela » qui est en cause.

C'est sans doute la teneur de la « sortie de la religion » comme mégacatégorie historique qui a conduit Gauchet à poursuivre ses analyses à l'échelle de zones géographiques et de tranches d'histoire plus circonscrites, comme il a commencé à le faire avec son examen de l'émergence et de l'évolution de la laïcité en France[18], un examen qu'il développe actuellement dans un ouvrage de maturité en cours de publication[19]. Dans les perspectives de la « sortie de la religion », Gauchet analyse le parcours de la laïcité en France[20] en distinguant encore trois étapes et trois moments charnières, mais à une échelle temporelle et géographique qui, tout en couvrant plus de quatre siècles, permet de mesurer les choses de manière relativement plus ciblée : l'absolutisme royal comme voie de dépassement des guerres de religion, l'avènement et l'affermissement postrévolutionnaires de la République, avec les lois du début du XXe siècle sur la laïcité comme point culminant et « moment de vérité », la restructuration

---

16. Georges Leroux, « Messianisme et métaphysique. Les fondements du christianisme dans la culture de notre temps », dans Solange Lefebvre (dir.), *Religion et identités dans l'école québécoise. Comment clarifier les enjeux*, Montréal, Fides, 2000, p. 165-199.
17. Dans des perspectives théoriques ou stratégiques parfois très différentes, d'autres analystes mettent aussi en lumière cette présence matricielle des catégories juives et chrétiennes. Voir, par exemple : Alain Finkielkraut, *La sagesse de l'amour*, Paris, Gallimard, 1984 ; Bernard-Henry Lévy, *Le testament de Dieu*, Paris, Grasset, 1979 ; Michel Onfray, *Traité d'athéologie. Physique de la métaphysique*, Paris, Grasset, 2005.
18. Marcel Gauchet, *La religion dans la démocratie. […]*.
19. *Idem*, *L'avènement de la démocratie. I. La révolution moderne* et *II. La crise du libéralisme*, Paris, Gallimard, 2007.
20. *Idem*, *La religion dans la démocratie. […]*, p. 31 et suiv.

mondiale qui a suivi le premier choc pétrolier des années 1970. Gauchet y détecte des mouvements de renversement qui confortent l'affirmation de l'émancipation de l'ordre social par rapport à la religion et l'autonomie de sujets déclarés désormais égaux en droits. Après avoir pris explicitement le relais du discours religieux sur le fondement du lien social, la dynamique républicaine se serait à son tour vidée de sa substance, faute d'adversaires consistants par rapport auxquels se définir et s'affirmer, mais aussi en raison de l'émergence de nouvelles perspectives, notamment celles de droits individuels reconnus aux citoyens, avec capacité de recours juridiques en contournement de la République elle-même. Nous serions ainsi entrés dans une période marquée par un affaissement du pouvoir politique et par la prolifération des affirmations religieuses individuelles et identitaires, la « sortie de la religion » poursuivant de cette façon son cours en exigeant de l'État qu'il redéfinisse maintenant la place des croyances dans la vie collective. Émancipées de la religion, les sociétés auraient à trouver de nouvelles manières d'aménager et de gérer le vivre-ensemble.

Ces évocations devraient suffire à situer le niveau sémantique et historique du concept de « sortie de la religion » dans les travaux de Gauchet : il s'agit des perspectives lourdes du temps long et des évolutions historiques lentes. À telle enseigne que, non, on ne sort pas de la religion comme on passe d'un lieu en un autre, en franchissant une frontière étanche entre deux mondes. Cela vaut pour le Québec comme pour la plupart des sociétés occidentales actuelles.

2. LA RÉVOLUTION TRANQUILLE ET LA « SORTIE DE LA RELIGION »

Le concept de « sortie de la religion » est suffisamment riche et souple pour permettre des applications variées. Il n'y a donc pas ici de bons et de mauvais usages ; il n'y en a que de plus ou moins appropriés et éclairants. Le recours à la « sortie de la religion » pour décrire et interpréter la Révolution tranquille québécoise fait partie de ces usages à la fois fondés et discutables.

Il faut dire que la Révolution tranquille ne désigne pas une réalité historique qui fait l'unanimité. Si l'on s'entend généralement pour désigner ainsi l'ensemble des événements qui, au cours des années 1960, ont marqué des changements importants dans la vie culturelle, sociale, économique et politique du Québec, on est loin de faire consensus quant à sa teneur exacte, quant à l'enchaînement hiérarchique des causes et des circonstances, quant à son caractère plus ou moins «révolutionnaire» ou «tranquille», voire quant à ses étapes, encore moins quant à l'influence relative de ses acteurs, de ses «penseurs» ou des courants internes et externes qui l'ont alimentée[21]. Il n'y a pas lieu d'entreprendre ici d'en disposer. Il faut à tout le moins le rappeler, surtout au vu de ces affirmations selon lesquelles le Québec aurait accompli, au tournant des années 1960, sa sortie de la religion. À la vérité, il y a, tant dans la compréhension de la «sortie de la religion» que dans celle de la Révolution tranquille, suffisamment d'indices polysémiques pour qu'il soit nécessaire d'y regarder de plus près.

On reconnaîtra d'entrée de jeu que ce qui s'est passé dans la configuration socioreligieuse des années 1960 justifie qu'on y accole, dans son sens très général, le syntagme de «sortie de la religion». C'est qu'il y a très nettement eu alors un déplacement de la religion comme pôle de structuration de la vie collective québécoise. Dans la mesure où la «sortie de la religion» renvoie à un processus et à une évolution de cette nature, son usage est ici pleinement justifié. Mais il n'est pas possible d'en rester là.

Par rapport à l'ampleur, à la radicalité et au rythme des changements qu'il veut traduire, il est difficile de faire du concept de «sortie de la religion» le schème explicatif fondamental de la Révolution tranquille québécoise. En effet, par rapport à ce que décrit Gauchet, beaucoup de traits de la situation québécoise des années 1960 invitent à cerner un phénomène beaucoup plus circonscrit. Lors de la Révolution tranquille, et comme dans l'ensemble du monde occidental, le Québec était d'emblée déjà installé dans l'ère «postaxiale», et le christianisme majoritaire n'était pas moins qu'ailleurs la «religion de la sortie de la religion»: le grand renversement du binôme immanence-transcendance et le développement autonome de la construction du monde n'étaient pas moins consommés ici qu'ailleurs. Il n'y avait pas davantage ici un État constitutionnellement religieux avec lequel on aurait dû entreprendre d'opérer une «séparation». Pas davantage un régime de pouvoir royal absolu de droit divin, non plus qu'un

21. Voir, à ce sujet, les repères rappelés par Michael Gauvreau, dans *Les origines catholiques de la Révolution tranquille*, Montréal, Fides, 2008, p. 7 et suiv. (traduit par Richard Dubois de *The Catholic Origins of Quebec's Quiet Revolution, 1931-1970*, Montréal, McGill-Queen's University Press, 2005).

régime de religion unique ou de religion « établie », de « république chrétienne », voire d'union concordataire entre l'Église et l'État, ou encore de « constitution civile du clergé ». Avec un degré comparable d'avancement et de perfection, il y avait déjà eu ici « avènement de la démocratie » : l'illustre bien la fierté québécoise répétée d'avoir un des plus anciens parlements d'Amérique, sinon le plus ancien, avec des élections périodiques ni plus ou moins démocratiques qu'ailleurs en Occident. Il n'y avait même pas ce que l'on pourrait appeler un contexte « prérévolutionnaire » du genre de celui qui, en France, précéda la chute de l'Ancien Régime. En regard de l'échelle des événements qui sous-tendent le concept de « sortie de la religion », et quoi qu'il en soit des retards qui auraient été pris quant au déploiement de l'État et de la société civile, le Québec des années 1960 était déjà « sorti de la religion » et évoluait déjà dans un monde « désenchanté ».

L'état de la société québécoise du tournant des années 1960 invite à des analyses plus pointues. Par-delà les évolutions et les craquements déjà repérables, on s'entendrait sans doute assez facilement pour noter qu'on y vivait dans des aménagements de société où l'Église catholique, largement majoritaire chez les francophones eux-mêmes majoritaires, occupait massivement les institutions d'éducation et de santé, définissant dès lors une bonne partie des valeurs dominantes et même du « récit » national. À la faveur d'un processus dont les historiens situent les points d'origine tantôt à la Conquête tantôt au milieu du XIXe siècle, l'Église catholique avait, dans les faits sinon selon un cadre juridique particulier, pris le contrôle de la vie collective, du moins dans les lieux de proximité qui comptent le plus. Avec l'accord des pouvoirs civils, qui y trouvaient assurément leur avantage, l'Église catholique avait investi, orienté et dirigé les grandes institutions de la société civile, et cela, à une période où, engagée dans des luttes serrées pour défendre ses doctrines théologiques et politiques et pour garder sa place privilégiée en France, en Italie et dans plusieurs pays d'Europe, elle avait renforcé son appareil interne de contrôle de la vérité et de l'autorité.

Même si elles couvaient depuis plusieurs décennies, les ruptures des années 1960 furent ici brutales et rapides, et elles ont beaucoup touché la religion. Mais leurs points d'impact se doivent d'être cernés aussi précisément que possible. Ainsi, on constate rapidement qu'on n'a pas eu, ici, à « sortir » l'Église du gouvernement, du parlement, des tribunaux ou de l'armée ! On a plutôt mis fin à une position d'emprise morale et institutionnelle, essentiellement en matière éducative et sociale. Avec le consentement bienveillant des pouvoirs civils et d'un État qui s'était tenu comme en marge de larges pans du destin collectif, l'Église catholique avait massivement investi les réseaux familiaux et paroissiaux et le domaine de la morale privée – relativement peu celui de la morale publique, doit-on noter –, imposé ses valeurs et ses doctrines, contrôlé et encadré de grandes parties de l'imaginaire et du discours, promu et inscrit ses rythmes et ses insistances, munie de l'arme puissante du salut éternel comme outil de dissuasion ou d'incitation.

Un peu par la force des choses et en raison de son enracinement dans le « Québec profond », cette Église, du moins ses autorités et son clergé, et malgré quelques voies discordantes, avait alors un visage essentiellement conservateur : ses prédications faisaient grand cas des valeurs d'ordre et de soumission, de fidélité et de reproduction. Elle était en cela à l'image d'une collectivité qu'elle avait elle-même contribué à façonner. C'était une Église autoritaire, soucieuse de rectitude dogmatique et morale, aisément portée sur le contrôle et la censure. Ce n'est pas faire un procès injuste de cette Église, qui est par ailleurs à l'origine de plus d'une réalisation utile, que de souligner que ses instances officielles avaient beaucoup de difficultés avec la subjectivité, la liberté et l'esprit d'entreprise, avec les arts et la science, avec le monde du désir et de la satisfaction ici et maintenant, avec l'aisance matérielle et le succès en affaires, avec la montée des idées féministes – avec la modernité, en somme.

Étroitement branchée sur l'Église romaine, alors engagée dans ses luttes antimodernistes, l'Église québécoise en épousait la rigidité doctrinale et la crispation sociopolitique. Le Syllabus de Pie IX, les définitions de Vatican I, le serment antimoderniste n'étaient pas des références abstraites, même si leurs cibles n'étaient guère québécoises. Quant à l'encyclique *Humani Generis* de 1950, qui visait justement à en finir avec la « nouveauté » en théologie, n'y a-t-on pas fait ici écho avec un zèle certain, confirmant ainsi l'image d'une Église qui éprouve de grandes difficultés avec la culture émergente, voire avec ses propres penseurs, ces De Lubac, Congar, Teilhard de Chardin et d'autres, pourtant bien fidèles dans leur attachement à l'Église.

À l'instar de l'Église romaine, et en dépit d'importants services rendus, l'Église québécoise a été radicalement interpellée, voire contestée, y compris par des catholiques engagés et influents : elle s'est fait dire que, « désormais », les choses allaient devoir se passer autrement. Prise à rebours sur son propre terrain par l'annonce du concile Vatican II et de ses intentions d'*aggiornamento*, elle ne disposait plus des moyens et des références lui permettant de maintenir sa position de force. À cet égard, Vatican II y aura sans doute été pour beaucoup dans la « tranquillité » de la révolution québécoise des années 1960. La suite montrera que, en regard de la place de la religion dans la vie collective, Vatican II n'aura fait qu'accentuer et légitimer le mouvement « révolutionnaire » : trop peu, cependant, et trop tard pour pouvoir sauver la mise.

La Révolution tranquille peut donc être vue comme un temps fort de « sortie de la religion », pourvu qu'on y mette les précautions nécessaires. Celle, d'abord, de cerner adéquatement la nature et le niveau de la religion dont il y eut sortie : une religion fortement institutionnalisée et axée sur la définition des valeurs et sur l'occupation du territoire social et des milieux de vie de proximité. Quant aux figures particulières de la « sortie » en question, il faut aussi voir qu'elle a épousé assez exactement les figures de la religion ainsi quittée : une « sortie » marquée essentiellement par des ruptures dans les pratiques religieuses et les comportements moraux des croyants et dans le prestige social de l'Église catholique, et très accessoirement dans l'adhésion croyante aux vérités fondamentales du christianisme, lesquelles n'avaient guère fait l'objet de la prédication et de l'« instruction religieuse » courantes. Il est éclairant d'observer à cet égard que les analystes qui se penchent sur les « réflexes » catholiques encore présents dans l'après-catholicisme québécois privilégient d'emblée des traits et des préférences de caractère institutionnel et social – par exemple, la centralité de l'État, la référence communautaire, l'éthique de la solidarité, etc.[22]. On est loin des grands dogmes trinitaires, christologiques, sotériologiques, voire ecclésiologiques, que, s'agissant de l'Occident postchrétien, les tenants de la « sortie de la religion » considèrent comme ayant laissé des traces profondes et toujours opérantes dans la culture occidentale. Cela rejoint d'ailleurs largement la teneur du discours officiel de l'Église d'ici, qui s'est le plus souvent souciée de questions morales et institutionnelles ou juridiques, plus rarement de droits humains et de justice sociale, et beaucoup moins de la

22. Voir, par exemple : Jacques Palard, « Religion et politique au Québec : entre distance et mémoire », dans Claude Sorbets et Jean-Pierre Augustin (dir.), *Valeurs de société. Préférences politiques et références culturelles au Canada*, Québec, PUL / Maison des sciences de l'homme d'Aquitaine, p. 22-48 (ici p. 37 et suiv.).

promotion des éléments structurants de la foi chrétienne – Dieu, Jésus-Christ, la construction du Règne de Dieu, l'action chrétienne dans le monde – et de leur éclairage sur la signification des grandes expériences humaines – la vie, l'amour, la souffrance, le mal, la mort. Il faut rappeler, par ailleurs, que cela ne fut assurément pas l'apanage de l'Église québécoise.

Autre appui à cette vision ciblée de la Révolution tranquille comme « sortie de la religion », il faut noter que les pôles historiques auxquels réfère la « sortie de la religion » évoquent des ruptures où les antagonismes sont définis bien autrement que ceux, s'il en est vraiment, que révèle la Révolution tranquille. Pour une large part, en effet, les prises de distance et les ruptures n'ont pas été celles qui auraient résulté d'affrontements entre l'Église catholique et quelque faction sociale non catholique ou anticatholique. À quelques exceptions près, ce furent des discussions et des affrontements entre catholiques. Comment aurait-il pu en être autrement dans une société où, du moins chez les francophones, pratiquement tout ce qu'il y avait d'instruit et de militant était issu des institutions de tradition catholique? Par rapport aux renversements de pouvoir opérés dans les grandes révolutions auxquelles réfère la « sortie de la religion », la Révolution québécoise des années 1960 paraît singulièrement « tranquille », presque une affaire de famille.

Si elles ont quelque validité, ces notations incitent à affiner les analyses et à explorer d'autres pistes, moins pour remplacer le recours à la « sortie de la religion » que pour lui donner une couleur locale plus marquée, peut-être aussi de plus justes proportions.

3. RUPTURE CULTURELLE ET « EXCULTURATION »

C'est la recherche de telles hypothèses complémentaires qui sous-tend cette troisième et dernière partie. Plus spécifiquement, et en écho à la référence à Fernand Dumont que suggère la problématique du présent colloque, on entend esquisser ici une piste d'analyse qui emprunte aussi à des concepts centraux de la pensée de Dumont concernant la dynamique de la culture, des concepts susceptibles d'éclairer certains traits de la révolution culturelle en quoi consiste ultimement la Révolution tranquille québécoise.

Sans s'enliser dans l'exposé de distinctions conceptuelles largement connues, on peut se limiter à rappeler celle qui a trait à la

« culture première » et à la « culture seconde[23] ». L'une, la culture première, est cet univers de signes, de façons de voir et de faire, d'institutions aussi, qui font le milieu dans lequel nous naissons, grandissons et vivons : c'est le registre de l'allant de soi par lequel nous découvrons, « formatons » et exprimons notre expérience du moi, de la société et du monde. Nous y sommes « chez nous », dans nos réseaux de proximité, d'appartenance et de solidarité, puisant spontanément dans des symboliques familières qui ponctuent notre expérience du temps et de l'espace et fournissent les pièces essentielles de nos quêtes de sens. Par rapport à cette culture première, la « culture seconde » est nettement marquée par la distance, par la « stylisation » et par la mise en perspective. S'y élaborent des catégories, des signes et des discours qui ont tâche d'articuler, d'expliciter, d'expliquer le contenu de l'expérience, voire de le déconstruire, pour en comprendre l'émergence et la facture. C'est là le registre de la science sous toutes ses formes, de l'organisation rationnelle, et de l'art lui-même quand il se meut au-delà de l'expression populaire spontanée. Dans le domaine du religieux, c'est le niveau de la théologie proprement dite, justement appelée « théologie de second degré » par rapport à un discours premier de la foi, lui-même qualifié par Dumont de « théologie de premier degré » ou de « théologie première[24] ».

La dynamique des rapports entre l'une et l'autre est complexe. Une des thèses majeures de Dumont est de tenir au lien organique qui lie l'une à l'autre, tout décrochage de la culture seconde par rapport à la culture première entraînant une situation de crise dont il arrive qu'on ne se relève pas, le discours second pouvant même aller jusqu'à oublier ou à dissoudre son objet.

Il n'y a évidemment pas lieu de durcir cette distinction, au point d'occulter, par exemple, que les grammaires de l'une et de l'autre obéissent à des règles de fonctionnement essentiellement semblables. Plus même, il n'y a pas de culture – celle du sujet comme celle, objective, d'une collectivité ou d'une organisation – qui ne soit indissociablement de premier et de second niveaux, le second déployant le premier jusqu'à ses pouvoirs ultimes de compréhension et

23. Explorée dès *Le lieu de l'homme. La culture comme distance et mémoire* (dans *Œuvres complètes*, tome I, Québec, PUL, 2008, p. 27 et suiv.), cette distinction s'est ensuite constamment affermie, notamment dans *L'institution de la théologie. Essai sur la situation du théologien* (dans *Œuvres complètes*, tome IV, p. 400-403).

24. Sur ces distinctions, voir *L'institution de la théologie*, *op. cit.*, p. 258 et suiv.

d'intégration. Une culture comporte ainsi, indissolublement liés, des éléments de la vie de tous les jours et des composantes de distanciation de type scientifique, artistique et autre, et englobe des ordres variés de valeurs : il y a le tricot et la haute couture, la danse folklorique et le ballet moderne, la légende et l'idéologie, les remèdes traditionnels et les médicaments de troisième génération, la dévotion populaire et le traité de théologie, et sans qu'il soit indiqué de mépriser ou de survaloriser systématiquement l'un aux dépens de l'autre.

La distinction est féconde, cependant, en ce qu'elle permet de comprendre ce qui se passe quand le passage de l'une à l'autre – ou mieux : leur articulation – est plus ou moins réussi ou raté. Des fissures peuvent ainsi se produire entre l'une et l'autre, introduisant des divorces entre la vie et le savoir qui ne profitent ni à la vie ni au savoir. La culture seconde se dessèche et se vide ainsi de son pouvoir quand elle ne se nourrit plus à l'expérience ; par ailleurs, la distanciation de la culture seconde est essentielle à la vitalité d'une culture et à sa capacité de construire « un lieu pour l'homme » et de s'inscrire dans l'universel.

S'agissant des ruptures religieuses qui ont accompagné la Révolution tranquille québécoise, on peut en comprendre des facteurs importants en notant, comme Dumont, qu'elle a fait éclater au grand jour le décrochage de la culture de chrétienté par rapport à l'expérience chrétienne. On peut aussi en éclairer d'importants éléments en observant que, en investissant aussi massivement le champ des réseaux de proximité et de la vie familiale et paroissiale, et en manifestant les réticences que l'on sait vis-à-vis de la culture de la modernité émergente, l'Église catholique a beaucoup misé sur le registre de la culture première, beaucoup moins sur les facettes structurantes de la culture seconde. Cet attachement l'honore assurément, mais il a un prix : pour de larges pans d'émergence de la culture de la modernité, l'Église d'ici s'était déjà comme « exculturée[25] », c'est-à-dire extraite des lieux d'émergence et de construction de la culture seconde. On ne la trouvait guère là où la modernité prenait forme. Même le discours second de la théologie s'était effacé derrière le discours magistériel dominant, et on se souviendra que Dumont considérait le discours du Magistère comme étant au niveau du

25. Danièle Hervieu-Léger a développé et illustré ce concept d'« exculturation » dans *Catholicisme, la fin d'un monde*, Paris, Bayard, 2003.

discours premier, dût-il en être un « cas extrême[26] ». Une grande partie du monde des sciences et des arts avait évolué sans l'Église, jusqu'à nourrir le « refus global » d'un bon nombre.

Les dynamiques de la culture première sont solides et enracinées, mais elles opèrent généralement aussi longtemps que durent les conditions matérielles et sociales qui en constituent les appuis. Elles ne résistent guère à la poussée de la nouveauté, à moins qu'elles soient assez vigoureuses, assez souples et assez « intériorisées » pour intégrer le changement. On l'observe aisément : le travail des femmes et la disponibilité de la pilule contraceptive, par exemple, ont sans doute plus fait pour l'évolution de la famille que tous les discours, les novateurs comme les conservateurs. Pour plusieurs dimensions de la vie personnelle, sociale et même géopolitique, on peut en dire autant de l'électrification du territoire, de l'expansion de l'automobile, de la démocratisation du transport aérien et, plus récent, de l'accès généralisé à Internet. Certaines collectivités paraissent plus poreuses et plus fragiles que d'autres. Des cultures historiquement bien ancrées réagissent au changement avec moins de « nervosité » que d'autres sociétés aux racines culturelles plus jeunes et plus courtes.

Les diagnostics sont encore à établir pour pouvoir tirer des conclusions vraiment résistantes. Mais le type de « sortie de la religion » qui a marqué la Révolution tranquille québécoise invite à examiner de près les liens possibles entre la rapidité des changements observés et le niveau d'enracinement et d'intégration de la croyance religieuse. Dans la mesure où cette croyance se serait largement tenue en marge de l'évolution de l'ensemble du discours culturel, on comprendrait mieux la brutalité des changements observés, leur profondeur aussi, tout autant que leur probable irréversibilité. Comment expliquer autrement que l'accès généralisé à l'éducation se soit ainsi accompagné d'un éloignement religieux, comme si s'éduquer devait conduire à se rendre compte que quelque chose ne va pas dans cette domination religieuse de la société, voire dans le discours premier de la foi ?

Dans les années de la Révolution tranquille, Dumont a, comme d'autres, dénoncé vertement la stérilité de la « culture chrétienne » dominante et en a réclamé la « liquidation[27] », stigmatisant les fossés

26. Fernand Dumont, *L'institution de la théologie*, *op. cit.*, p. 258-259.
27. *Idem*, *Pour la conversion de la pensée chrétienne*, dans *Œuvres complètes*, tome IV, p. 36.

qui séparaient alors le discours et la vie, l'institution et l'expérience. Au cours des décennies qui ont suivi, cependant, il a souvent rappelé la nécessité d'une nouvelle culture chrétienne pour le temps présent[28]. Mais il n'aura pas le temps de voir s'opérer les réconciliations qu'il souhaitait. C'est que l'articulation de la culture première et de la culture seconde exige de longs cheminements. Sans une insertion résolue de la croyance dans les défis de la culture seconde, le savoir sera toujours, pour la foi religieuse, à l'enseigne de la rupture et de l'opposition.

CONCLUSION

Quelle sortie de religion et sortie de quelle religion, demandions-nous ici au sujet de la Révolution tranquille québécoise. Au terme de ce court périple, on souhaite seulement avoir contribué à l'exploration de cette double question, en suggérant qu'il s'agit d'une « sortie de la religion » qui, en deçà des perspectives développées par Gauchet, s'est opérée relativement aux aménagements institutionnels des réseaux de l'expérience première, bien plus qu'à celui des grandes affirmations chrétiennes qui ont fait l'Occident. En suggérant aussi que la religion dont il est question est, en fait, une figure historiquement et culturellement située de l'institution ecclésiale. Si elles devaient se confirmer, ces hypothèses heuristiques permettraient de mieux comprendre la rapidité et la brutalité des changements qui ont caractérisé la Révolution tranquille en matière d'adhésion religieuse. Elles pourraient aussi permettre de mieux mesurer leur impact d'interpellation sur les grandes affirmations chrétiennes qui structurent toujours la matrice culturelle de la pensée occidentale.

28. Notamment dans *L'institution de la théologie*, *op. cit.*, p. 207 et suiv., 349 et suiv. et dans *Une foi partagée*, dans *Œuvres complètes*, tome IV, p. 538 et suiv.

CHAPITRE 2

MAINTENANT, SYMPTÔME POUR COMPRENDRE LE QUÉBEC DE 1962

Maxime Allard

Deux revues dominicaines naissent en 1962: *Maintenant* et *Communauté chrétienne*. Elles s'insèrent dans une caisse de résonance: «Le Frère Untel, les Éditions de l'Homme, le Laïcisme, Cité libre, Liberté, Radio-Canada, le Nouveau Journal et le Devoir» (150[1]). Il s'agira de sonder la première année de *Maintenant* pour voir comment y furent montés et montrés les rapports entre religion et modernité au Québec. Une première approche globale problématise l'idée de «sortie». Une seconde affine les métaphores, tente une interprétation. Devant la quasi-absence des termes «religion» et «modernité» dans ces textes et compte tenu de la récurrence des mentions de la temporalité, nous suivrons les représentations du temps de l'institution religieuse et de la société québécoise.

1. APPROCHE GLOBALE

Quatre citations de *Maintenant* serviront pour sortir d'une approche simpliste de la construction de l'histoire québécoise.

«Il est temps de sortir de la chrétienté pour entrer dans le christianisme.» (322) C'est un programme prescriptif que le temps serait

1. Seul le numéro de la page de *Maintenant* de 1962 est mis entre parenthèses. Il s'agit d'une année où la numérotation est continue.

venu de réaliser. La remarque se veut objective : on ne précise pas quelles conditions historiques seraient remplies. « Sortir » marque un passage. Marcel Gauchet signalait ainsi la fin d'un régime de sens et d'organisation sociopolitique : le christianisme rend possible la sortie du régime théologico-politique qu'il organise et contribue à l'avènement de la modernité[2]. Charles Taylor, dans *A Secular Age*, sans rejeter cette thèse, insiste plutôt sur les transformations des conditions de la posture croyante : il s'agit alors moins de « sortie de » que de déplacements, de sédimentation, de torsions épistémiques, existentielles et sociales[3].

Intuitivement, on saisit ce qu'il en est de « sortir ». Pourtant, les choses se compliquent rapidement. La sortie peut être choix, expulsion, éclosion, échappée, fracture, irruption. Chaque fois, les sens et la dynamique de la sortie s'en trouvent transformés. Qu'est-ce que sortir par opposition à la conscience et à la réalité d'être sorti, d'avoir été sorti, d'être sortant ? La description de l'état initial et de l'état « final » sera autre, et autres aussi les principes à l'œuvre dans ces descriptions. De plus, « sortie » – quelle que soit la manière de l'indiquer – n'implique pas nécessairement « entrée » : il peut y avoir un entre-deux, un temps de bouleversements où rien n'est joué ou vécu comme irréversible. Après être sorti on peut rentrer là même d'où on était sorti ! Un constant retour en arrière peut être nécessaire pour négocier sortie ou entrée. Des questions soutiennent cette lecture : le schème de la « sortie » suffit-il heuristiquement pour interpréter ce qui s'est produit au début des années 1960 au Québec ? Quels rapports conserve-t-on avec ce dont on sort ? Quels fantômes accompagnent le sortir et l'entrer ? Le « maintenant » peut-il s'énoncer autrement que dans un jeu de métaphores portées par les lieux, occasions et modalités des sorties ? Et si le « maintenant » était une construction pour énoncer la négociation des risques et possibilités, sans que la « sortie » n'ait encore eu lieu ?

Revenons au programme-prescription qui occasionne ces remarques : « il est temps de sortir de la chrétienté pour entrer dans le christianisme ». Le terme dont on sort n'est pas sans affinité avec le lieu d'entrée : chrétienté et christianisme. La sortie de la chrétienté n'est

---

2. Marcel Gauchet, *L'avènement de la démocratie. I. La révolution moderne*, Paris, Éditions Gallimard, NRF, coll. « Bibliothèque des sciences humaines », 2007, p. 7-8.
3. Charles Taylor, *A Secular Age*, Cambridge (Mass.) et Londres, Belknap of Harvard University Press, 2007, p. 1-22.

pas un abandon du Christ ou de la foi au Christ ; elle est une transformation difficile à cerner : qu'est-ce que le « christianisme » ? Ici, il sera marqué par le pluralisme et l'éclatement. Une deuxième citation le signale : « En réalité, ils [les artisans de *Maintenant*] ne sont ni traditionalistes-jansénistes, ni avant-gardistes, ni de la Droite, ni de la Gauche, n'ayant pris parti nulle part… excepté, oui ! le parti de chaque âme quelle qu'elle soit. » (212) Un écartèlement est énoncé sur les registres temporel et politique.

Le registre de la temporalité offre une première modalité ancrée dans une tradition qui détermine le présent et sert de grille pour penser le « maintenant », pour interpréter l'avenir. Ce regard vers le passé et ses modélisations est qualifié selon un moment typé, le jansénisme, et représente une certaine posture face au monde politique et religieux. À cette modalité, une autre est opposée : l'avant-garde. Il y va de devancer le présent. Entre les deux, innommée, ce qui serait la « garde », l'actualité. Cet entre-deux, qui risque toujours d'être dissous par la polarisation, se signale en creux : il y a un parti pris possible « maintenant » pour le « salut » des gens là où les postures traditionalistes et avant-gardistes oblitèrent les personnes au profit des idées. S'ajoute au temporel un registre politique : une droite et une gauche faisant l'impasse sur un centre.

Ces écartèlements, temporel et politique, se recoupent. Mais à bien y regarder, cela signale moins un refus de sortir ou des anticipations d'entrée que des quêtes de modalités – construites analogiquement sur la vie spirituelle et l'incarnation – pour se « trouver » maintenant :

> *Maintenant* souhaite que tous, nous puissions passer d'une chrétienté (dont nous sortons ou sortirons de gré ou de force) pour trouver un christianisme purifié. Qu'est-ce à dire ? Que nous devrons […] compter de moins en moins sur des cadres protecteurs et sur des institutions qui se vident de leur sève, pour développer des convictions personnelles, pour mieux voir par soi et pour soi ce que l'on croit et pourquoi on le croit. C'est là toute la crise qui va de l'adolescence à la maturité de la vie spirituelle. Comme le Christ s'est fait enfant, adolescent et homme, ainsi notre religion doit-elle atteindre ces divers stages, socialement comme individuellement. (159)

À cette complexité de « sortie » pour (se) « trouver », le père Bradet préfère un montage différent :

> [T]oute époque est « moderne » au moment où elle est vécue. Elle apporte avec elle le stimulant et les périls de sa nouveauté. Il faudrait

pourtant cesser de la mettre en accusation. […] Le monde moderne est un immense chantier, comme une vaste construction. […] Certains préfèrent l'immobilité, tout ce qui reste en place, rien de ce qui bouge. Chacun son goût: je préfère ce monde bouleversé, au risque de me faire bousculer, plutôt que de garder un musée avec tous les risques de l'assoupissement […]. Le monde moderne c'est nous-mêmes. […] On dira que le monde moderne chasse Dieu. Est-ce tellement sûr? En tout cas, c'est dans ce monde-là que Dieu nous a placés et c'est tout ce monde-là qu'il a aimé. (237-240)

L'auteur choisit une approche complexe, théologique, en fonction d'une «psychologie» du «vécu» du «maintenant» en sa nouveauté. Il en ira donc de «stimulants» et de «périls», d'«immobilité» et de ce qui «bouge», de ce qui «bouscule» ou provoque de l'«assoupissement». Le tout par rapport à un «monde» offrant des possibilités herméneutiques différentes. Pourtant, alors que l'époque «moderne» pouvait sembler expulser Dieu, le père Bradet l'interprète comme monde créé pour que des humains y soient au présent, un présent fait de «choses» et d'humains que Dieu «a aimé(s)». Ressurgit alors l'entre-deux évacué par les polarisations mentionnées auparavant.

Une dernière citation clôt l'approche globale. Elle introduit un *hapax*, «sécularisation»:

Aussi bien l'Église, en tant qu'institution terrestre, court-elle le risque de s'installer ici-bas sur terre, comme si elle était déjà chez elle, *in patria*, et d'oublier qu'elle est toujours *in via*. C'est pourquoi la forme terrestre de l'Église doit toujours être brisée, de telle sorte que sa «sécularisation» historique tourne au salut. (322)

Les conditions et les effets de désinstallations qui entraînent la sécularisation sont salvifiques. Recourir au motif ancien «*in patria… in via*» offre un avantage heuristique: «*in patria*», modalité de l'accomplissement, du repos, du chez soi; «*in via*», modalité du transit où aucun lieu n'est déjà lieu propre sinon d'être proprement espace à parcourir, car il y va de se rendre et d'être rendu présent à la «*patria*». Cet espace-temps comporte une certaine violence: des brisures sont inévitables sans que soient désignés les agents. Le monde comme *saeculum* n'est alors pas dévalué pour autant[4].

4. *Ibid.*, p. 264-266.

2. APPROCHE AFFINÉE

Ces éléments posés, selon une lecture micrologique (d'après l'expression de Derrida), suivons les figures de la temporalité. Le rapport au temps devient l'occasion d'énoncer des rapports entre l'Église, comme vecteur privilégié de la « religion » dans le Québec d'alors, et la société en mutation. Il est aussi l'occasion de saisir des postures diversifiées à l'intérieur de l'Église quant à ces mutations.

Maintenant construit des images de l'histoire et des régimes de la temporalité afin d'inscrire des enjeux pour un « maintenant ». Cette période s'étale sur quelques années, sans *terminus a quo* ou *ad quem* déclarés. La construction est d'autant plus intéressante qu'elle n'est pas concertée : *Maintenant* est le fruit d'une multitude d'auteurs, connus ou inconnus, produisant une complexité expressionniste à tonalités variées qui reflètent la dispersion des points de vue sur une matrice unique.

2.1 Le passé

Le passé est composé de plusieurs strates. Le passé récent possède trois couches : la première englobe les vingt-cinq années précédant *Maintenant*, le temps nécessaire pour vérifier les fruits et comprendre rétrospectivement une expérience éducative (14-15) ; la deuxième remonte aux environs de 1937 où l'anticléricalisme sévissait déjà (167) ; enfin, il y a le « siècle » actuel qui en serait un de « matérialisme et de sensualisme » (374). Et puis il y a le passé plus long de « notre pays » qui s'étale, lui, sur trois cent ans (45). Il est à comprendre sur le temps plus long encore de l'Église et de l'histoire universelle, temps scandé par Constantin, Charlemagne, Philippe II (49).

Ce passé n'est pas seulement daté, scandé à ces trois niveaux : il est connoté. Le passé de notre pays est certes un temps de « civilisation et de moralité », mais des pages le signalent comme un temps de « chrétienté québécoise à demi-asphyxiée dans la routine » (97) et, simultanément, comme « des siècles de tradition » marqués par le dévouement et l'effort (99). Ainsi, une « chrétienté » pourrait ne pas être asphyxiée, pourrait respirer si elle n'était pas engoncée dans la « routine ». Temps de chrétienté rimerait aussi avec temps de « féodalité » moyenâgeuse (49). Pourtant, ce régime « médiéval » relève, pour beaucoup, du fantasme.

2.2 Le présent

Pour sa part, le présent est aussi réfléchi et représenté comme complexe. Il est un « désormais » radical, difficile à vivre, mais inévitable (5), à ne pas confondre avec le « bourbier de l'actualité » (1). Il joue à un niveau plus profond, plus structurant de la société et de la place de l'Église en elle. Mais ce présent-désormais ne dure pas, car « des temps viendront bientôt » (20). Il est un temps de « crise » (404) où les choses, sur une période de deux ans (1960-1962), bougent très vite : les élections provinciales de 1960 marquant un avant et un après (235), la mise en question de l'éducation et de l'enseignement du catéchisme (208), ces exemples l'illustrent bien. Au point où on a l'impression de débarquer, après un séjour à l'étranger, dans un autre monde (285). Ce temps vécu québécois est situé sur une scène plus large (l'« âge cosmique », p. 279), réfléchie à partir des fantastiques progrès de la science, la médicale tout particulièrement (99). Cette caractérisation requiert d'être dépliée.

Ce temps de crise est caractérisé comme un déferlement de ce qui aura été « longtemps refoulé » (404), de ce qui est pensé comme ayant été pendant tout un temps « brimé, couvé, réprimé » (199). Ce « longtemps » se mesure sur quelques générations déjà (253 et 404) et, du coup, il donne lieu désormais à des bouleversements marqués par de l'impatience (318-320), à du défoulement (285), à des impressions de « marasme » (70), à de la révolte, à des possibilités révisionnistes ou révolutionnaires (35 et 159), à des tentatives pour faire durer ce régime (253). Avec l'idée de révolution vient, pour marquer la césure, l'image d'une « petite Bastille québécoise » (285) : l'expression, analogique, est symptomatique de l'idée d'un présent libérateur (404). L'image de l'irruption volcanique est vite doublée de celle d'épidémie : « La réaction multiforme, un temps brimée, couvée, réprimée, mais qui a maintenant pris son élan, arrive en surface comme une irruption volcanique, se répand comme une épidémie, trouve des connivences, des sympathies spontanées un peu partout » (199). Mais ces images, comme celle de la « Bastille », sont délestées de leur contenu violent, destructeur; il importe de marquer un commencement brusque, soudain, qui permet une surprenante nouveauté : la vie, la liberté étaient déjà là auparavant, mais invisibles, inefficaces, inexprimées. Désormais, elles peuvent s'exprimer et on s'y adonne à volonté (99). Pour confirmer cela, une autre image, le mûrissement : elle surgit à propos de la « crise » qui durerait depuis une dizaine d'années alors dans le domaine de la littérature (38).

Ce temps devient ainsi un « immense chantier » où se brassent idées et problèmes à un rythme inconnu jusque-là (237), bien que l'on admette que, dans certains secteurs (l'éducation, par exemple), la crise soit déjà ancienne (171). Si « sortie » il y a, c'est de la torpeur d'un sommeil, car on assisterait à un « réveil » du peuple tant religieux que sociopolitique. Mais ce réveil n'est pas une nécessité historique : il est encore possible de rester dans l'« assoupissement » (237), de désirer l'immobilisme (237). Ici encore, une image employée signale moins une sortie qu'une entrée : quelques « carreaux poussiéreux » auront été cassés pour que pénètre de l'air frais (97).

Ce présent demeure hanté par le passé, des restes et des rêves y sont encore actifs, fantasmes de ce qui ne pourra plus être désormais : « Que d'attitudes et de conceptions, en politique comme en religion, restent à la mesure d'un passé disparu ! » (238) Du muséal se constitue. Il y a donc du passé présent et qui est signalé par le « clocher » et son horizon au lieu de l'espace-temps du « maintenant », constitué par les « vastes horizons » tant de la terre urbanisée que du ciel (237). Le « passé » disparu peut encore être choisi comme porteur, mais désormais, il n'est plus l'unique posture possible. Pourtant, une autre présence du passé peut être repérée qui n'entraîne ni à l'impossible fixisme conservateur ni aux rêves de restauration : il s'agit de la garde de « vraies valeurs » au lieu de leurs structures porteuses, pour « sanctifier » le présent ; il s'agit de les injecter dans le « présent qui est à vivre » : elles proviennent de la Tradition, de l'Évangile, d'une « vieille théologie », le thomisme (9).

Du coup, la temporalité ainsi pensée devient le symptôme d'un danger possible. On pense à des scissions sociales et ecclésiales impensables – ou impensées – auparavant et non souhaitables pour le « présent ». Devant cette possibilité dangereuse, il y a une urgence à ce que le « maintenant » soit un temps de « dialogue » et non de confrontations stériles ou de « guerres » électorales. En fait, la question de la scission n'est pas nouvelle : elle rejoue et réitère un problème « aussi vieux que les religions ». Cependant, elle est exacerbée « maintenant » par les déceptions mutuelles des clercs par les laïcs et vice versa (44). Mais il y a plus :

> De nouvelles différenciations s'opèrent dans notre société urbaine, dont il n'est pas trop malaisé de prédire qu'elles gagneront, le moment venu, la masse de plus en plus réduite et de moins en moins isolée de notre monde rural lui-même. Certains plans de clivage sont déjà nettement perceptibles, et seuls les aveugles, pour se rassurer, peuvent

encore se flatter de ne point les voir. Ainsi, de vieilles solidarités chrétiennes se dénouent chaque jour sous nos yeux, parce que, d'une manière ou d'une autre, elles ont tragiquement déçu, tandis que les nouvelles formations se cherchent, se déclarent, se définissent, hâtivement, et pour ne pas être noyées, réclament là où il est nécessaire, des institutions propres (53).

Le « maintenant » permet d'échapper « à la tutelle cléricale », signe de libération, mais c'est aussi, du coup, une situation où le chrétien peut se trouver empêtré, « pris entre le monde tel qu'il est et sa foi », mais pas seulement le chrétien en tant que chrétien, le citoyen aussi advenant tout en étant encore chrétien (120).

D'une part, dangers et possibilités tiennent à des attitudes et à des postures enracinées dans des psychologies (357-360) : les « actifs » et les « passifs », l'optimisme et le pessimisme (318-319). D'autre part, ils sont entretenus par des structures marquées par les effets de ces postures : « [H]élas, au niveau de la province, [...] des administrations insouciantes et léthargiques, heureuses de ne pas assumer de nouvelles responsabilités », alimentent « la peur du changement... les mythes de l'immobilisme, de l'isolationnisme » (35).

Ainsi, en ce qui a trait à l'imaginaire énoncé, le passé passe pour avoir été le temps de l'unanimité, unanimité plus ou moins forcée par l'autorité cléricale et une certaine manière d'être politique. Il fut le temps du repliement sur de petites entités rurales centrées sur l'église, temps de la mainmise de l'Église sur l'éducation et sur le politique. Le « présent » vivrait, au contraire, de la pluralité des opinions, dont certaines seraient soucieuses de progrès, de l'évolution en cours des structures sociales et politiques délestées du poids du dirigisme ecclésiastique, dans des espaces sociaux élargis. À l'intérieur de cette pluralité se trouvent des courants par ailleurs dénoncés comme anachroniques, tentant de raviver les anciennes structures (35).

2.3 Effets de ces passés et de ces présents

Cette construction est artificielle et rhétorique : « beau diptyque », « séduisante opposition, souvent composée au cours des siècles de vie d'Église » (361-362), désormais récitée en version québécoise. On élabore une légende pour lire la représentation de soi offerte à soi et aux autres. Cette légende engendre diverses réactions et des rapports affectifs contrastés : on peut désormais choisir le pan du diptyque que l'on préfère, qu'on désire conserver ou faire advenir, comme lieu d'inscription personnelle et communautaire.

Dans *Maintenant*, des tensions s'organisent autour de rêves impossibles: celui de proposer ou de trouver un «Évangile pur», purifié du poids historique qui l'alourdirait au fil des époques (219) ou celui de toujours déjà savoir ce qui «doit être changé» pour rester identique à ce qu'on était. Il devient difficile de penser ce qui pourra être du «religieux» lorsque le registre social ne sera plus contrôlé par la hiérarchie ecclésiastique ou par des options ou des impératifs ecclésiaux. Cela tient en partie à l'existence d'écarts de plus en plus marqués quant à la connaissance: la connaissance théologique n'est souvent pas à la hauteur des connaissances scientifiques, chez un même individu et entre les individus. Cela aussi entraîne des conflits (44). D'autant plus que les champs s'étendent et se multiplient où il y va de tenir une parole, d'énoncer des opinions: politique internationale (marché commun européen, Inde, rapport des Églises quant aux injustices structurelles entre le Nord et le Sud, procès Eichmann, décolonisation, Amérique latine, ressources renouvelables, URSS, Chine), politique nationale (séparatisme, rapatriement de la Constitution), pluralisme socioéconomique (syndicalisme, chômage et électricité) ; œcuménisme et dialogue judéo-chrétien, nouvelles églises; liturgie, culture (littérature, musique, théâtre, cinéma, psychanalyse), féminisme. Autant d'éléments qui deviennent visibles et audibles dans la société et dans l'Église et qui sont reçus différemment.

Cette situation cognitive, affective et socioecclésiale, déjà complexe, est de plus vécue à divers rythmes: la temporalité de la politique n'est pas celle de l'Église, celle des jeunes n'est pas celle des vieux (10), celle de la droite n'est pas celle de la gauche. Des herméneutiques et des rhétoriques différentes les constituent, les expriment. Le pari du dialogue pour chercher ensemble la vérité s'avère intenable, du moins s'il doit rassembler tous les individus. Vers la fin de l'année, on en constate l'échec: des camps s'organisent et s'affrontent sur divers registres:

> *Maintenant*... s'alarme de voir s'étendre l'ombre maléfique de l'Intégrisme Virulent. La Revue s'en est prise à pas mal de vaches sacrées. Puisqu'elle le peut encore, elle souhaite frapper au bon endroit l'hydre nouvelle, et souhaite que ses lecteurs lui communiquent les documents pertinents... *Maintenant* flétrit avec la dernière sévérité les auteurs et distributeurs de la lettre intitulée «Le libéralisme: poison diabolique» et signée «Amicus Jesu»: pour leur anonymat couard qui nous ramène

> aux dénonciations secrètes de l'Inquisition; pour leur affreux cléricalisme et leur exploitation éhontée du sacré à des fins politiques d'une bassesse rare; enfin pour l'énormité de leur sophisme, qui offense jusqu'aux plus modestes intelligences. (423)

Pourtant, malgré tout, théologiquement, la revue insiste: le régime de l'« incarnation » du Christ – et de l'Église à sa suite – permet ce clivage, cette rupture. Au nom de ce double régime, il importe de trouver les modalités actuelles d'une incarnation qui peut et doit avoir lieu autrement que dans ce que permettait, soutenait et appelait une situation sociopolitique désormais disparue, au moins dans l'aire montréalaise où s'installe un « pluralisme de civilisation » (50). Quitte à ce que ces nouvelles formes d'inscription aient lieu dans un État neutre, potentiellement malveillant envers l'Église (51). Le risque surgit alors de s'enfermer dans une opposition entre un christianisme de « transcendance » et un christianisme de l'« incarnation » (44) : on pourrait penser que le premier gèrerait le sacré (liturgie) et s'occuperait des fins dernières tandis que l'autre s'occuperait du social. Pourtant, la distinction proposée n'est pas déclinée ainsi: il s'agit d'incarner dans un monde « moderne » le sens du péché et de la vie évangélique autrement que simplement par la gestion liturgique et la pastorale de la peur (212) ou que par l'inscription dans la gestion du sociopolitique (44). D'où une nécessité: accélérer l'instruction religieuse, car l'ignorance est « une plaie vive au flanc de l'Église » (211 et 239).

3. PROBLÉMATISER CES ANALYSES

Nous avons cerné l'appréhension de la sortie-entrée dans un « maintenant » marqué par un « désormais » césurant de façon rhétorique et institutionnelle le rapport au présent et au passé tel que mis en discours par les auteurs de *Maintenant* en sa première année de publication.

3.1 Récapituler

De la reconstitution des figures de la temporalité et de leurs effets sur la société et l'Église, une conclusion émerge: la modernité serait, d'une part, l'appréhension (au double sens du mot) de la différence entres coupures, fêlures et ruptures de la vie (individuelle et sociale) et, d'autre part, la gestion de la diversité appréhendée de rythmes non synchronisés[5]. Des coupures forment divers segments: jeune-vieux, créativité-stérilité en rapport avec des événements ecclésiaux-sociaux (mort de Duplessis, changement de gouvernement, montée de l'urbanisation qui remplace/déplace le rural, annonce d'un Concile, crise de l'éducation). *Maintenant* signale ce faisceau de coupures autrement que d'autres groupes à l'intérieur de l'Église et de la société. Cela s'expose dans des revues et des rapports à l'institution. À ce registre, être pour ou contre, aborder la coupure comme positive ou négative importe peu: on demeure dans les possibilités d'une unique matrice. Il y a aussi des fêlures: cela se fait quand tout semble bien aller (alors ou désormais). Ces fêlures signalent une transformation du seuil de résistance ou la montée d'un seuil d'exigence: intolérance désormais à ce qu'on supportait avant; répartition changée des désirs, modification des rapports de vitesse et de lenteur. Enfin, on repère des ruptures lorsqu'un seuil absolu a été atteint: on comprend la crainte panique d'une nouvelle «droite» plurielle (197) décrite, par ailleurs, comme «intégriste» qui a peur que le christianisme devienne «tout-le-monde» (alors que le rêve traditionnel était que le monde devienne chrétien!). La rupture signale la perte de ce qui distingue, qui fait résister à l'autre. Du coup, il devient possible de désirer investir dans une autre organisation ou travailler à retrouver ce qui a été perdu: la communauté n'est plus rassemblée, constituée par un même corps de doctrines et de vérités théoriques; le monde de la pratique et de ses valeurs s'élargissant, s'ouvrant au cosmopolitique, transforme les conditions de l'être-ensemble; le monde des jugements esthétiques est aussi affecté et de nouveaux courants surgissent. L'autonomisation des sphères d'activités devenant sensible, la cohésion socioecclésiale ou ecclésio-sociale se défait. La continuité entre les deux pans jusque-là imbriqués vit désormais des et de syncopes: ce qui passait pour des certitudes s'évanouit ou devient l'objet de réinvestissements affectifs et politiques inédits[6]. Les investissements pour (re)définir les notions de «peuple» et de «communauté chrétienne» en sont un symptôme.

Pour décrire cela, on peut choisir le terme «sécularisation». Il importerait alors de penser qu'il s'agit – dans le «maintenant» forgé

---

5. *Cf.* Deleuze dans *Logique du sens*, Paris, Éditions de Minuit, coll. «Critique», 1969, p. 180-183; 373-386.
6. Marcel Gauchet, *L'avènement de la démocratie. II. La crise du libéralisme*, Paris, Éditions Gallimard, NRF, coll. «Bibliothèque des sciences humaines», 2007, p. 101-138.

en 1962 dans *Maintenant* – du premier et du troisième sens que Charles Taylor assigne à ce terme dans *A Secular Age*, soit la transformation du régime de la présence du religieux dans la sphère politique (sécularisme 1), vécue comme un mal ou comme une opportunité, soit la transformation des conditions mêmes de l'expérience du croire envisagé non seulement comme une théorie, mais comme une pratique (sécularisme 3)[7].

3.2 Autrement que de la « sortie »

Au début, nous pensions le déplacement des rapports entre religion et modernité au Québec en termes de « sortie » et de ses diverses modalités. Certaines de celles-ci se trouvent dans *Maintenant.* Pourtant, elles n'y furent pas nécessairement structurantes ou unifiées : entre la structure permettant l'advenue d'un autre régime et l'irruption volcanique ou l'épidémie, il y a des écarts irréductibles dont il importe de tenir compte. Partant, le recours à un terme apparu dès les premières pages s'avère intéressant. Il n'exclut certes pas l'idée de « sortie » ou d'« entrée », mais il correspond mieux à la dynamique de *Maintenant.* Il s'agit de « départ » (2) entendu en deux sens : début d'un déplacement et départage à nouveaux frais, selon des principes du partage de la vérité.

En tant que début d'un déplacement, « départ » suppose un mode d'être qui le permet, mais il n'est pas à envisager pour *Maintenant* comme un « se lancer follement et à contretemps » (2). Le départ est réfléchi et ancré dans une « vieille théologie » (84-87). Ce départ est une relève (relève de la *Revue dominicaine*, relève d'une génération, relève du défi). Il est public : il a lieu ouvertement dans l'Église et la société en lien avec la prise de conscience d'un mouvement déjà en cours, sourdement refoulé ou non. Pourtant, ce départ a lieu plutôt « dans » que « de » : il signale que ni l'Église ni la société ne sont plus d'emblée ajustées au « maintenant ». En 1962, ce ne sont pas encore deux entités stabilisées ; la fêlure se signale et génère le mouvement permettant de rompre ce qui était fêlé. Écrire « départ », c'est annoncer ce décalage. Dans le cas du Québec, *Maintenant* marque l'urgence de ce départ afin de ne pas être hors tempo avec le monde présent dans lequel Dieu pose Église et humanité.

---

7. Charles Taylor, *op. cit.*, p. 1-4.

En tant que départage, le départ implique un renouvellement. Le premier départage de ce genre est cognitif ; il porte une marque théologique et ecclésiale ; il envisage la vérité à renouveler et le départage de soi, de ses opinions à même la quête de la vérité :

> Il [Christ] nous prévient, en effet, que pour dialoguer sur la vérité, il faut avoir dialogué avec elle, il faut l'avoir vécue, s'être battu à bras le corps avec elle, l'avoir étreinte, ou plutôt s'être laissé étreindre par elle et en avoir vécu de l'intérieur tout la violence contraignante. Ce n'est qu'à partir de ce moment que l'on est en état de dialoguer sur ses aspects extérieurs, sur ses apparences sociales ou psychologiques. [...] Ainsi quand on a la présomption de juger la vérité sur les apparences qu'elle revêt au cours des siècles... on fait ce que le Christ nous a dit de ne pas faire : on rapièce un vieil habit avec une étoffe neuve (6-7).

Toute prétention « au monopole des vérités, qui disposeraient de quelque dépôt de la Révélation applicable à leur gré » (157), est dénoncée. Là où les perspectives affectives différenciées produites par la matrice inciteraient à choisir « ou bien... ou bien », on tente d'ouvrir la possibilité de « tenir les deux bouts de la chaîne... ce qu'il faut rétablir c'est le *et* [contre le *ou*] si cher à saint Thomas » (159). Le départage relève donc de l'exigence et de la responsabilité de l'inscription de soi des individus comme des institutions (ecclésiales ou sociopolitiques) dans le présent (212).

CONCLUSION

Au terme de ce parcours, quelques questions : quel est l'agent de la sortie ou du « départ » du catholique-québécois dans le « maintenant » du début des années soixante ? S'agit-il même d'un agent, de plusieurs ? Le processus est-il actif ou passif ? Les métaphores auxquelles recourt *Maintenant* oscillent. Parfois, il s'agit d'assister à ce qui se passe et de parvenir à le décrire de manière appropriée pour en être. Par contre, il s'agit bien d'assister ce passage, ce départ. Pour ce départ, *Maintenant* privilégie l'investissement dans le registre cognitif (éducation, éducation de la foi). Est-ce suffisant ? Est-ce une solution, une autre manifestation ou un symptôme du rapport moderne aux croyances à l'œuvre dans les divers segments de l'Église et de la société ?

Par ailleurs, la dissémination des perspectives affectivement démarquées à l'intérieur de la même matrice divise l'Église et sa gestion du religieux. *Maintenant* est la démonstration qu'il ne s'agit pas d'une opposition tranchée entre l'Église catholique – représentant le religieux majoritaire québécois de l'époque – et la Modernité. Il y a une boucle récursive d'entrées et de sorties régionales. C'est donc moins une sortie de la modernité à partir de la religion ou une sortie de l'Église des affaires de l'État que le départ d'un certain régime de coexistence et de rapports, départ vers un nouveau modèle pour ces rapports. Pour sa part, la « société » moderne, mise en discours dans *Maintenant*, ne s'oppose pas tant à la foi qu'à diverses expressions de celle-ci en tant qu'elle régenterait création artistique, aspirations politiques et éducation. L'idée de sédimentations profondes, chère au Deleuze de *Mille plateaux* et revisitée par Taylor[8], s'avérerait-elle intéressante pour explorer comment les strates sociales et ecclésiales se superposent et font pression les unes sur les autres ?

8. Charles Taylor, *op. cit.*, p. 268-269.

CHAPITRE 3

VATICAN II COMME MODERNISATION DE L'ÉGLISE CATHOLIQUE DU QUÉBEC

Gilles Routhier

Plusieurs analystes ont considéré Vatican II comme un moment de modernisation de l'Église catholique. Ce motif a été aussi largement utilisé au Québec pour comprendre Vatican II, ouvert au moment où la Révolution tranquille battait son plein. Le concile est alors immédiatement compris comme « modernisation » de l'Église par les médias qui n'ont souvent à leur disposition que les concepts forgés pour parler de la Révolution tranquille, pour comprendre cet événement romain. Mais cela n'est pas seulement le fait des médias.

On peut postuler également que Vatican II représente l'occasion pour l'Église catholique, enracinée depuis trois siècles en Amérique, de se constituer et de se comprendre comme « Église nationale » et que cette affirmation coïncide avec la construction de l'« État national » qui, dans une certaine mesure, lui sert de modèle. C'est là notre hypothèse et cette contribution voudrait suggérer ce rapport entre la Révolution tranquille et le concile Vatican II. On pourrait alors considérer que Vatican II, parallèlement à la Révolution tranquille considérée comme modernisation de l'État québécois, représente un essai de modernisation de l'Église catholique au Québec.

Certes, cette hypothèse n'épuise pas l'interprétation que l'on peut faire de Vatican II au Québec, car il représente aussi le passage d'une Église société-parfaite, en face de l'État, à une Église citoyenne, ou encore le passage d'une Église cléricale à une Église peuple de Dieu. Toutes ces approches contribuent à comprendre ce qui s'est passé au cours de cette période, mais je proposerai ici de considérer surtout Vatican II comme la fin d'une longue période de catholicisme ultramontain (inaugurée au cours de l'Ancien Régime, mais développée surtout à partir de 1840) et le commencement du catholicisme québécois. Bien qu'il faille probablement, pour comprendre Vatican II et sa signification au Québec, combiner diverses approches, je crois cependant que le passage d'un catholicisme romain à un catholicisme québécois représente le passage le plus déterminant.

1. SITUER VATICAN II DANS LE TEMPS LONG

Ce basculement d'une Église ultramontaine à une Église « nationale », c'est-à-dire non romaine dans sa figure, ne se réalise pas de manière inopinée. Avec sa théologie de l'Église locale, son attention aux cultures, sa revalorisation du ministère épiscopal, sa doctrine de la collégialité des évêques et la reconnaissance des compétences des conférences épiscopales, Vatican II a en fait constitué l'aboutissement d'un processus déjà amorcé à la fin du XIXe siècle et qui connaît une véritable accélération au cours de la première moitié du XXe.

On observe trop peu souvent que ce n'est qu'en 1908, par la Constitution apostolique *Sapienti Consilio*, que se trouve modifié le statut de l'Église catholique au Canada. Désormais, les diocèses canadiens ne dépendent plus de la Propagande, comme les Églises des pays de missions, mais ils sont régis par les différentes congrégations romaines chargées d'administrer l'Église catholique. Cela indique que l'Église canadienne est parvenue à maturité et qu'elle passe ainsi à l'âge adulte. Cette Église, qui compte trois millions de catholiques, huit provinces ecclésiastiques et 29 diocèses, dispose dorénavant d'institutions qui lui permettent de voler de ses propres ailes.

La première moitié du XXe siècle représente une longue marche vers la constitution d'une Église « autonome ». La célébration du premier concile plénier, en 1909, contribue à l'élaboration d'un droit particulier et représente une première étape. Cette Église, à laquelle on reconnaissait de plus en plus le statut de sujet d'action, devait bientôt être en mesure d'accueillir le monde entier. Ce sera le cas, en

1911, lors du Congrès eucharistique international à Montréal, suivi, en 1917, du Congrès de la langue française. Cette Église n'était plus désormais simplement dépendante de ses voisines; elle pouvait à son tour accueillir et rayonner dans le monde. À titre d'exemple, c'est en 1908 que l'on assiste au premier envoi, par un institut missionnaire fondé au Canada, de religieuses dans les missions étrangères. Cette année-là, six sœurs Missionnaires de l'Immaculée-Conception[1] partaient pour Canton, où elles allaient prendre la relève d'une congrégation religieuse française. Certes, jusque-là, les catholiques canadiens n'étaient pas absents des missions étrangères. Toutefois, leur présence n'était possible que dans le cadre d'instituts religieux d'origine européenne. Plus important encore, le 2 août 1929, le pape Pie XI confiait pour la première fois la responsabilité d'une préfecture apostolique à la Société des missions étrangères de la province de Québec. Cette décision est significative sur le plan de la reconnaissance de la maturité de la catholicité québécoise qui recevait, pour la première fois, la charge d'un territoire de mission à l'extérieur du continent américain. En prenant ainsi la relève des missionnaires français et belges à l'œuvre dans cette région de la Chine, l'Église canadienne-française acquérait une visibilité sur la carte des missions étrangères.

Cette Église, qui avait mis sur pied les institutions nécessaires à son autonomie (paroisses, diocèses, collèges, université, œuvres d'assistance et de bien-être) devait, tout au long de la première moitié du XXe siècle, multiplier les fondations, surtout en matière sociale, mais aussi dans les domaines patriotique, économique et religieux: Action sociale catholique, École sociale populaire, Union catholique des cultivateurs, coopératives, Confédération des travailleurs catholiques du Canada, Action catholique, entreprises d'édition, sans oublier de nouveaux collèges, universités et diocèses. À l'ouverture de Vatican II, cette Église avait atteint sa pleine stature.

---

1. Cet institut fut fondé en 1902. D'autres instituts exclusivement missionnaires seront fondés par la suite: en 1919, les Sœurs Missionnaires de Notre-Dame des Anges; en 1921, la Société des missions étrangères de la province de Québec; et en 1929, les Sœurs Missionnaires du Christ-Roi.

2. UNE LENTE « CANADIANISATION » DE L'ÉGLISE

Mais cette « autonomie » de l'Église du Québec ne se mesure pas simplement à sa capacité de multiplier les œuvres et à se donner les moyens institutionnels de son rayonnement. Parallèlement, il faut jeter un coup d'œil sur une autre variable. Jusqu'en 1920 environ, l'Église du Québec n'a jamais été autosuffisante sur le plan de son encadrement clérical et religieux. C'est bien sûr le cas sous l'Ancien Régime, mais ce l'est encore davantage aux lendemains de la Conquête, où la pénurie de prêtres n'est compensée que par l'apport de quelques clercs chassés par la Révolution et qui sont autorisés à passer au Canada, sauvant ainsi de l'extinction les Sulpiciens du Canada. La situation ne se rétablira qu'au cours de la décennie 1830 lorsque Mgr Bourget fait appel à du personnel français pour se donner les moyens de son vaste projet de reconquête[2]. Cette arrivée de renforts va permettre de relancer l'Église au moment du « Réveil religieux » qui marque le deuxième tiers du XIXe siècle. Toutefois, cette première migration n'est pas suffisante pour assurer le destin de l'Église du Québec et le recrutement local est encore largement insuffisant.

Un nouvel apport de religieux français a lieu au tournant du XXe siècle, quand les lois anticongréganistes remettaient plusieurs religieux français sur les routes du monde[3]. Cette migration est de loin celle qui apportera le plus de religieux français au Québec (3 187 entre 1900 et 1914 seulement). Ce mouvement s'amorce en 1880 avec le retour en force des républicains. Les communautés cherchent alors des refuges. Suivent les lois Ferry sur l'enseignement, dont celle de 1886 qui interdit l'enseignement aux congréganistes dans les écoles publiques. Ces lois amèneront au Québec plusieurs congrégations de frères enseignants (Instruction chrétienne, Maristes, Saint-Gabriel). En 1889, la loi du service militaire pousse plusieurs congrégations de prêtres à envoyer leurs jeunes au Québec : dix ans à l'extérieur de l'Europe les exemptent du service militaire. Ainsi

---

2. On pense aux Frères des écoles chrétiennes (1837), aux Oblats de Marie-Immaculée (1841), aux Sœurs du Bon-Pasteur d'Angers (1844), aux Clercs de Saint-Viateur (1847) et à la Congrégation de Sainte-Croix (1847). À cela, il faut ajouter le retour des Jésuites en 1842.
3. Voir Guy Laperrière, *Les congrégations religieuses. De la France au Québec, 1880-1914*, tome 1, *Premières bourrasques, 1880-1900*, Sainte-Foy (Québec), 1996 ; tome 2, *Au plus fort de la tourmente, 1901-1904*, Sainte-Foy (Québec), 1999 ; tome 3, *Vers des eaux plus calmes, 1905-1914*, Québec, PUL, 2005.

arriveront Franciscains, Capucins, Eudistes, Pères du Saint-Sacrement, Missionnaires du Sacré-Cœur. Enfin, et c'est le plus gros du mouvement, il y a les lois de 1901 et de 1904. On voit se produire ce que Laperrière appelle l'exode des congrégations et l'implantation de plusieurs d'entre elles au Québec ainsi que la venue de nombreux membres des congrégations déjà implantées au Québec, alors une terre d'asile.

Ces apports de clercs et de religieux, soit à la suite de la Révolution française, soit au moment de la Restauration, soit encore dans le contexte des législations anticléricales françaises, n'ont pas seulement pour effet de dynamiser l'Église du Québec, lui fournissant l'encadrement clérical et religieux nécessaire à son développement. Passent en fraude dans les bagages des exilés la nostalgie de l'Ancien Régime qu'il faut perpétuer, des idées monarchistes et royalistes qui leur feront juger sévèrement la démocratie qui s'élabore en Amérique et qui tente l'intelligentsia canadienne naissante, une hostilité à l'endroit du libéralisme idéologique alors condamné et que l'on va confondre avec le libéralisme politique anglo-saxon. Même chose au XXe siècle, où «l'arrivée au Québec des religieuses et religieux français, à la suite de législations anticléricales, va porter les autorités religieuses québécoises à se défier de tout ce qui peut ressembler à une mesure pouvant conduire au laïcisme [...][4].» De manière générale, ces recrues viendront ancrer durablement l'Église du Québec dans l'idéologie ultramontaine. De plus, de tels arrivages retarderont la «canadianisation» de cette Église, qui ne sera acquise qu'au cours du XXe siècle.

En effet, la «canadianisation» de certains instituts se fait souvent à reculons. C'est ainsi que la première élection d'un Canadien comme supérieur de la province canadienne de Saint-Sulpice n'aura lieu qu'en 1917, plus de deux siècles après l'arrivée des Sulpiciens au pays. Pas surprenant que dans le journal *La Minerve* du 8 novembre 1830, on adresse les reproches suivants aux messieurs de Saint-Sulpice:

> Le premier [reproche], le plus grave, et celui qui, suivant moi, renferme tous les autres, est que vous avez et émettez des principes politiques peu conformes aux nôtres. Quand il s'est agi de vous dépouiller de vos biens [...] au lieu de faire intervenir le pays, vous vous êtes isolés de lui, vous avez craint de mettre dans vos intérêts le peuple

4. Voir Guy Laperrière, en particulier la cinquième partie de son tome 3 (p. 455-459) où il analyse l'effet sur les débats politico-religieux de l'arrivée de religieux français.

> canadien, alors en difficulté avec son gouvernement local ; vous pensiez comme pensent vos confrères de France [...]. Un autre reproche que l'on vous fait est de vouloir tout mener et de vous distribuer toutes les places de confiance et d'honneur au préjudice de vos confrères canadiens, vos égaux en talents et en vertus, et vos supérieurs en éducation, en principes politiques, sans parler de leur titre comme enfants du sol. [...] Un autre reproche est celui d'avoir excité et fomenté une querelle insignifiante entre le clergé de ce pays, jusqu'à présent si vertueux et si distingué pour sa soumission aux autorités religieuses. Les anciens [les sulpiciens français] ont toujours eu en horreur la liberté de la presse, cette sauvegarde des droits du peuple ; les nouveaux pensent de même et croyent perdu ou mal employé le temps passé à lire une gazette et à étudier les plus saines doctrines des libertés civiles et religieuses. De là cette ignorance dans nos enfants qui sortent du collège au sujet des institutions les plus chères au pays, ils sont passablement instruits de l'histoire ancienne, mais ne savent rien de ce qui se passe journellement dans leur pays et dans le reste du monde. Ils ignorent entièrement l'admirable constitution de notre gouvernement, ne savent ce que c'est qu'un juré, un *habeas corpus* ; ils savent un peu de tout excepté de ce qu'ils devraient le mieux savoir ; je veux dire leurs droits comme sujets anglais[5].

On trouve le même phénomène chez les Frères des écoles chrétiennes arrivés au pays en 1837 et dont le premier supérieur canadien n'a été élu qu'en 1923[6]. Les relations entre Français et Canadiens sont assez bonnes jusqu'à ce qu'un fort contingent français arrive au Canada entre 1904 et 1909[7]. Les doléances des frères canadiens sont alors nombreuses, étant donné que ce qui régit alors le district canadien, ce n'est plus l'« esprit de foi », mais « l'esprit français ». Cette disparité culturelle, qui s'exprime dans des manières différentes d'éduquer, de reprendre les élèves et de vivre la vie fraternelle, se vérifie même dans les petites choses, puisqu'on exige que les frères canadiens portent, même en hiver, l'habit en vigueur en France : « la

5. Pour un examen plus approfondi de cette question, voir Dominique Deslandres *et al.* (dir.), *Les Sulpiciens de Montréal. Une histoire de pouvoir et de discrétion – 1657-2007*, Montréal, Fides, 2007, p. 138-145.
6. On trouve d'autres exemples chez les Sœurs de la Charité de Saint-Louis, arrivées au pays en 1902 et qui maintiendront une supérieure française jusqu'en 1949. Même phénomène chez les Filles de la Sagesse.
7. 221 frères français s'établissent au Québec au cours de cette période. Le supérieur du district canadien, un Français, accorde alors presque systématiquement les postes de direction à ses concitoyens. Voir Nive Voisine, *Les Frères des écoles chrétiennes au Canada*, vol. II, *Une ère de prospérité*, Québec, Anne Sigier, 1991, p. 158-179.

blouse des communards de 1871 », une cape dont on ne peut enfiler les manches, et on interdit aussi le port des couvre-chaussures. Dans plusieurs cas, ce n'est qu'à partir de la Première Guerre mondiale que l'on pourra constater la « canadianisation » des congrégations religieuses, et c'est aussi à partir de ce moment que le recrutement va devenir réellement canadien. Comme l'observe Laperrière, encore en 1914, « les novices canadiens, rebutés en partie par le caractère français des instituts, sont encore en nombre relativement restreint[8] » ; ce que confirme l'examen de plusieurs cas particuliers, comme le reconnaît lucidement le supérieur de Saint-Sulpice en 1907 :

> Qui donc, quoi donc tarit ici les vocations sulpiciennes? Plusieurs causes sans doute. La plus vraie, la plus efficace pourrait bien être l'idée que la communauté de Montréal veut demeurer une communauté française en ce sens qu'elle détient les charges supérieures et la majorité dirigeante parmi les Français. Depuis décembre 1903 il n'a cessé de régner ici un sourd malaise, contenu, parce que l'esprit est bon, mais qui rend malheureux, mécontents, plusieurs confrères, et en empêche quelques-uns de profiter autant qu'il est désirable, des grâces de la vie sulpicienne. Ils se croient injustement ostracisés[9].

On peut dire que ce n'est qu'au XXe siècle – après le premier conflit mondial – que commence pour de bon le temps des héritiers pour l'Église canadienne. C'est aussi au cours de cette période que commence à s'élaborer le Québec moderne qui surgira au cours des années 1960, mais qui aurait pu surgir dès les années 1930, n'eût été le déclenchement du deuxième conflit mondial. De fait, pour Fernand Dumont, c'est bien durant les années 1930 qu'il faut situer la première Révolution tranquille. Désormais, le recrutement du clergé, des religieux et des religieuses au Québec est largement assuré ; des institutions de plus en plus nombreuses qui enfanteront le Québec contemporain apparaissent, lui fournissant, avec ses cadres formés par l'Action catholique, les collèges et les universités tenus par le clergé diocésain et les religieux, quelques idéaux et projets[10]. Ces catholiques québécois qui préparent la Révolution tranquille ne

8. Guy Laperrière, *op. cit.*, tome 3, p. 182.
9. Cité par Guy Laperrière, *op. cit.*, p. 108.
10. Sur la contribution des catholiques à la Révolution tranquille, on consultera E.-Martin Meunier et Jean-Philippe Warren, *Sortir de la « Grande noirceur ». L'horizon « personnaliste » de la Révolution tranquille*, Québec, Septentrion, 2002 ; Michael Gauvreau, *The Catholic Origin of the Quiet Revolution, 1931-1970*, Montréal, McGill-Queen's University Press, 2005 ; et Suzanne Clavette (dir.), *Gérard Dion, artisan de la Révolution tranquille*, Québec, PUL, 2008.

regardent plus les évolutions sociales à travers des lunettes portées par les religieux français débarqués au pays, prompts à rejeter toute mesure de laïcisation de la société et défenseurs d'une conception de l'ordre social appartenant à l'Ancien Régime. Cette révolution est dite tranquille précisément parce qu'elle ne conduisit pas à une collision entre l'État et l'Église, mais à une collaboration, la Révolution tranquille ayant pour une part été élaborée par des catholiques et n'étant pas, dans ses racines, antireligieuse.

3. UNE ÉGLISE PENSÉE SUR LE MODÈLE DE L'ÉTAT

Au moment de Vatican II, la canadianisation (ou québécisation) de l'Église du Québec achève. Au cours de cette période, un groupe d'intellectuels ne s'affairaient pas seulement à penser l'État québécois, mais aussi à penser l'Église du Québec dans cette société où l'État occuperait désormais la place qui lui revient. De plus, on voulait penser cette Église en fonction de son terroir. Ce travail s'amorce avant l'ouverture de Vatican II et s'effectue pour ainsi dire en parallèle avec le concile. Cette réflexion trouve son foyer principal à l'Université Laval, particulièrement à la Faculté de sciences sociales et au nouveau Centre de sociologie religieuse. Elle prendra bientôt la forme des grandes missions.

Le diocèse de Saint-Jérôme amorce sa grande mission en 1958, animée par Yves Martin et Fernand Dumont qui ont amplement contribué à la formation des cadres qui allaient bientôt être aux commandes de l'État québécois. La méthode qu'ils développent et qu'ils présentent dans leur ouvrage *L'analyse des structures sociales régionales* est à l'origine de trois grands chantiers: dans le domaine ecclésial, les grandes missions[11] ; dans le domaine public, les études du Bureau d'aménagement; enfin, au Département de sociologie de l'Université Laval, les étudiants participent à des recherches sur le terrain à partir du même modèle d'enquête et d'analyse en l'appliquant en particulier à la régionalisation de l'enseignement secondaire, ce qui s'est traduit par l'établissement des polyvalentes. On est donc en présence, au cours de la période conciliaire et des années qui suivent, d'une série d'interactions croisées entre le processus de régionalisation mis en avant par le gouvernement du Québec et la réorga-

11. Saint-Jean-de-Québec en 1960, Sainte-Anne-de-la-Pocatière et Chicoutimi en 1962 puis Québec en 1963.

nisation des diocèses sur la base de la création de régions pastorales. Il importe de prendre les choses une à une si l'on veut mieux saisir les influences réciproques de ces divers phénomènes concurrents.

Les grandes missions des années 1960 se démarquent par le fait que leur base géographique n'est plus la paroisse mais une région sociologique homogène ainsi que par l'importance et la nouveauté des moyens mis en œuvre. Une grande mission a pour but d'aboutir à un plan pastoral unifié ou d'implanter une pastorale d'ensemble. Les enquêtes dirigés par Y. Martin, F. Dumont, M. Matte, J.-G. Bissonnette, L. Bovy et R. Doyon, tous formés à l'École F. Boulard ou à l'École de Chicago, décrivent dans le détail le milieu socioreligieux et dressent un tableau général de la situation de l'Église dans ce milieu. Elles comportent aussi une partie prospective en formulant quelques suggestions et priorités pastorales. Pour la constitution de ces dossiers, on recourt à différentes formes d'animation populaire : on regroupe des prêtres et des laïcs de toute une région, afin de colliger leurs réflexions. Par la suite, les résultats de ces enquêtes sont communiqués dans le cadre de soirées sociologiques auxquelles participent les responsables de la vie socioparoissiale d'une région. Enquête, participation et animation sociale sont les maîtres-mots de cette expérience.

Ce qu'il importe de remarquer, c'est que ce mouvement est tout à fait contemporain des premières expériences de planification économique et de régionalisation mises en avant par le gouvernement Lesage, en 1961, à la suite de l'adoption de la loi sur le Conseil d'orientation économique du Québec qui avait pour mission de préparer un plan de développement économique du Québec. Si cet organisme a travaillé sur des dossiers sectoriels (électricité et sidérurgie), il s'est surtout consacré à des dossiers régionaux (Bas-Saint-Laurent, Saguenay–Lac-Saint-Jean, nord-ouest du Québec)[12]. On vise alors l'aménagement régional et global du territoire. L'expérience la plus poussée est celle de l'est du Québec. Son histoire se confond avec celle du Bureau d'aménagement de l'est du Québec, organisme qui avait pour but de préparer un plan de développement régional.

---

12. Sur l'expérience de la planification au Québec, voir James I. Gow, *Histoire de l'administration publique québécoise, 1867-1970*, Montréal, PUM, 1986, p. 302-307 ; Jacques Benjamin, *Planification et politique au Québec*, Montréal, PUM, 1974 ; Alain Baccigalupo, « Administrations publiques territoriales et planification régionale dans la province de Québec », *Revue administrative*, XXV, 1972, p. 61-65.

Les grandes missions correspondent exactement à la période faste des conseils économiques régionaux et des conseils régionaux de développement. L'animation régionale menée par le gouvernement ressemble à s'y méprendre à ce que fait l'Église à travers ses grandes missions régionales à la même époque :

> De 1963 à 1966, on passe par plusieurs étapes d'enquête et de participation qui mènent au dépôt de l'esquisse du plan, en 1965, puis au dépôt du plan définitif, en juillet 1966. Pendant ce temps, une équipe de permanents, secondée au cours de l'été par autant d'étudiants, mène l'enquête et prépare les documents d'étude. On compte, parmi ces permanents, des spécialistes des sciences biologiques et physiques, mais surtout des sociologues, des économistes et des animateurs sociaux. [...] À cet égard, le travail des animateurs sociaux est caractéristique : ils œuvrent au sein de comités locaux, dans près de 200 villages afin d'aider les citoyens à formuler les objectifs qu'ils préconisent[13].

Au sein de l'Église, les documents (recherches et mémoires) qui conduisent à l'établissement de la pastorale d'ensemble comportent les mêmes caractéristiques que ceux produits, à la même époque, par les conseils de développement régional. Les termes « plan pastoral », « pastorale d'ensemble » et « coordination » s'imposent et correspondent aux « plan de développement régional », « plan d'ensemble », etc. Comme dans l'appareil d'État, des institutions centrales visant la coordination de « toutes les forces vives de l'Église » sont mises en place[14]. La grande mission prétend faire appel « à *l'ensemble* des forces apostoliques pour œuvrer sur un *ensemble* géographique socialement homogène dans le but d'y atteindre *l'ensemble* des milieux de vie [...] et d'y rejoindre l'homme dans son *ensemble*, [...] sa vie religieuse, familiale, professionnelle, ses loisirs, etc.[15] ». Les méthodes de travail adoptées sont celles mises en œuvre dans les organismes créés par l'État : vastes enquêtes qui conduisent à la rédaction de volumineux rapports[16], travail intense d'animation dans les régions, utilisation des

13. James I. Gow, *op. cit.*, p. 308.
14. En 1962, constitution d'une commission générale de pastorale dont dépendent le Secrétariat de la grande mission et le Comité diocésain d'action catholique ; en 1963, création du Conseil diocésain de pastorale ; en 1968, mise sur pied d'un Secrétariat de la pastorale d'ensemble ; en 1969, création du Service de la pastorale et, en 1970, du Comité des organismes et du Comité des régions.
15. Roland Doyon, « La Grande Mission de Charlevoix », 17 avril 1963, p. 2.
16. On assignait à l'éventuel Conseil diocésain de pastorale le soin de « réfléchir [...] étudier [...] convoquer des spécialistes [...] faire appel à des personnes informées [...] soumettre

sciences humaines et des nouvelles techniques de communication. Bref, la pastorale d'ensemble est à l'aise avec la nouvelle culture administrative de l'État planificateur. Ne se définit-elle pas comme la « coordination de tous les efforts de l'Église diocésaine : coordination au niveau de la vie et coordination au niveau de la direction. C'est-à-dire, d'une part, planification de toutes les initiatives entreprises par chacun des grands secteurs de la pastorale […] ; et, d'autre part, intégration de toutes ces initiatives dans un plan ordonné par un comité de direction[17] […] ».

On l'aura deviné, cette planification d'ensemble et cette coordination de tous les efforts ne s'acquièrent qu'au prix d'une certaine centralisation. Celle-ci se manifeste de deux façons : de larges secteurs de la pastorale qui n'étaient pas coiffés d'un bureau diocésain se voient maintenant rattachés à un office diocésain, tous les secteurs de la pastorale étant désormais pris en charge par l'administration diocésaine, et on remarque une intervention plus accusée des organismes centraux dans la vie pastorale des paroisses, des associations et des mouvements.

La reconfiguration des institutions centrales de gouvernance des Églises du Québec prend modèle sur l'administration publique. Le même phénomène de régionalisation est observable dans les deux réseaux. Le mouvement de régionalisation du diocèse de Québec, par exemple, s'amorce au moment où l'administration publique est elle-même saisie d'une fièvre de régionalisation. C'est la période de la création des commissions scolaires régionales avec le lancement, en 1964, de l'opération 55 et de la mise sur pied des conseils régionaux de santé et de services sociaux (CRSSS), bientôt suivis des municipalités régionales. Le 29 mars 1966, un arrêté en conseil divise le Québec en dix régions administratives, établit sept métropoles régionales et institue 18 centres sous-régionaux. C'est une période faste pour les conseils économiques régionaux, bientôt relayés par les conseils régionaux de développement.

Sur le plan diocésain, on trouve le même mouvement. L'organisme central de planification et de coordination de la pastorale a la

des mémoires […] pour déterminer les objectifs prochains et éloignés de la pastorale et les ordonner en un plan d'ensemble. » Claude Bélanger, « Le Conseil diocésain de pastorale », *L'Église de Québec*, 15, 14 avril 1966. Il s'agissait ni plus ni moins du mandat qui pourrait être donné à un office de planification.

17. *Ibid.*

responsabilité de mettre sur pied les structures régionales et les offices curiaux nécessaires à la pastorale d'ensemble. « Par rapport aux Commissions de secteurs [...] le rôle du CDP est de les *fonder*, de les *faire travailler* et de les *coordonner*. Quant aux régions, le CDP aura à les constituer en zonant le diocèse, à organiser la vie à l'intérieur de chacune et à les coordonner entre elles[18]. » Ces phénomènes, au sein de l'Église du Québec et de l'État québécois, sont non seulement exactement concomitants, mais aussi les deux réformes procèdent des mêmes logiques, sont pilotées par des experts formés aux mêmes écoles, induisent les mêmes effets et appartiennent à la même culture administrative qui fait appel aux mêmes méthodes. Cela n'est pas surprenant lorsqu'on considère le va-et-vient du personnel entre l'administration gouvernementale et l'administration ecclésiale, spécialement par l'intermédiaire du ministère de l'Éducation qui représente le type même de la nouvelle administration publique centralisée et planificatrice. Les Églises catholiques du Québec, en raison du caractère confessionnel des écoles publiques et des commissions scolaires, ne sont pas en situation de complète extériorité par rapport au réseau scolaire public. La présence, numériquement importante, de prêtres, de religieux et de religieuses dans les milieux de l'éducation rend l'Église perméable aux influences de cette nouvelle culture administrative. Bon nombre de personnes embauchées dans les nouveaux organismes diocésains à partir de 1965 ont une expérience antérieure dans les organismes relevant de l'État québécois et importeront dans l'Église la culture de l'administration publique. Une prosopographie des acteurs du renouveau des institutions des Églises du Québec au cours de cette période éclairerait les interactions entre l'État et l'Église du Québec au moment où s'accomplissent des réformes institutionnelles de grande envergure dans ces deux institutions.

À la suite de Vatican II, les diocèses du Québec redéfinissaient les organismes centraux de leur gouvernement, établissaient des régions pastorales et procédaient à une réforme de leurs procédures administratives, cela juste au moment où l'État québécois renouvelait ses organismes administratifs centraux, procédait à la planification et au développement régional et modernisait ses procédures administratives. Il n'y a pas seulement synchronie, il y a aussi développement symétrique. Nous trouvons les mêmes logiques d'action, des institutions au profil semblable, des procédures et des méthodes de travail

18. Roland Doyon, « Mémoire Doyon », AAQ 21J, mars 1965, p. 4.

apparentées et un même jargon administratif. En somme, l'influence de la bureaucratie étatique dépasse sa propre sphère d'activités, comme le souligne James I. Gow. Pour lui, la progression de l'administration publique

> oblige les institutions et les groupes qui traitent avec l'administration à se bureaucratiser à leur tour [...]. Les services publics décentralisés sont bouleversés par leurs contacts avec la bureaucratie provinciale. La bureaucratisation apparaît aussi au niveau des corps intermédiaires qui doivent se structurer en vue d'échanges avec l'administration. Cela se voit de manière très nette: ils envoient des représentants au sein des organismes consultatifs, et les contacts directs doivent être précédés d'études et de recherches donnant lieu normalement à des mémoires ou autres documents de ce genre[19].

Dans ces circonstances, il n'est pas surprenant que les deux projets de circulaires présentant aux diocésains de Québec les nouvelles structures de gouvernement du diocèse ne fassent aucune référence à Vatican II. Ils établissent la nécessité d'une réforme institutionnelle dans le fait que: « On voit aujourd'hui aussi le monde civil et profane se donner les institutions dont il a besoin. Les structures gouvernementales se diversifient. Les rouages administratifs du commerce et de l'industrie se perfectionnent. Partout on édifie et on coordonne. De son côté, l'Église ne veut pas rester en arrière[20]. » Le premier projet de circulaire portait la même référence au « monde profane », sans enraciner les changements administratifs dans l'*aggiornamento* promu par Vatican II. On y lisait: « Une vie plus intense appelle une organisation toujours plus diversifiée. On voit dans le monde profane comment on s'organise de toute part, comment on structure sans cesse[21] ... »

Quelques années plus tard, dès le début de ses travaux, les membres de la Commission Dumont estimaient pertinent d'élargir la portée de leur mandat. « Leur tâche, écrivaient-ils, devait s'étendre à une étude d'ensemble sur la situation et l'avenir prochain de l'Église d'ici[22]. » Son président, « Fernand Dumont, rêve lui, d'un concile pour apprivoiser cette réforme "venue d'ailleurs", "rompre le

19. James I. Gow, *op. cit.*, p. 364.
20. « Conseil diocésain de pastorale », projet de circulaire.
21. Roland Doyon, « Le Conseil diocésain de pastorale », projet de circulaire.
22. Commission d'étude sur les laïcs et l'Église, *L'Église du Québec: un héritage, un projet*, Montréal, Fides, 1971, p. 9.

silence", poser les vraies questions à partir des sommations d'ici[23]. » Dans les mêmes années, André Naud s'affaire à concevoir un « projet de théologie québécoise ». Deux motifs incitent ce théologien à construire « une théologie pour le Québec » : tenter de sortir de ce cercle de dépendance intellectuelle et disposer d'une théologie qui tienne davantage compte de l'originalité des Québécois, de leurs traits culturels et de leurs sensibilités humaines et spirituelles[24]. Cette théologie, il la nomme « théologie du Nouveau Monde ». Ce projet insiste sur trois traits[25] : une théologie du Nouveau Monde, une théologie au cœur de nos enjeux collectifs et une théologie orientée vers la praxis. En énonçant son premier trait, Naud exprime sa volonté qu'on puisse s'émanciper de la théologie européenne. Il insiste sur la pertinence de s'attarder à réfléchir sur les « mutations culturelles » que nous connaissons au Québec. Il s'agira, avant de construire une réflexion théologique, de conduire un « inventaire des mutations culturelles et des questionnements pertinents aux sujets abordés[26] ». La réflexion sera ainsi orientée sur notre monde plutôt que « sur le monde des autres ».

Jean Hamelin coiffe du titre « Voir Rome… et ne pas mourir » sa présentation des relations entre l'épiscopat canadien et la curie romaine entre 1967 et 1970[27]. Il y a en effet, au cours de ces années, un désir de penser l'Église à partir du Québec au lieu de la penser à partir de Rome. Cet abandon de la posture ultramontaine conduit à une modernisation de cette Église, l'ouvrant aux valeurs démocratiques (par rapport au cléricalisme qui l'avait caractérisée), etc. C'est peut-être à l'inversion de cette tendance que nous assistons actuellement.

---

23. Jean Hamelin, *Histoire du catholicisme québécois, le XXe siècle*, tome 2, Montréal, Boréal, 1984, p. 352.
24. André Naud, « La théologie au Québec : héritage ou projet ? », *L'Église canadienne*, octobre 1972, p. 234.
25. *Ibid.*, p. 234-235.
26. *Ibid.*, p. 235.
27. Jean Hamelin, *op. cit.*, p. 340-348.

CHAPITRE 4

ÉCHOS D'UNE RÉVOLUTION MOINS QUE TRANQUILLE : IDENTITÉ ET CATHOLICISME QUÉBÉCOIS

Donald L. Boisvert

Je suis né franco-américain. Dans mon enfance choyée des années cinquante, le catholicisme américain, surtout celui d'inspiration canadienne-française, était vraiment une culture à part, une petite île minoritaire dans un vaste et tumultueux océan anglo-saxon et protestant. Je ne m'en apercevais pas vraiment, car je vivais à l'abri de tout ça, protégé par les robes amples et ouatées des religieuses de mon école paroissiale. Ce n'est qu'à l'aube de mes neuf ans, époque correspondant par pur hasard à la montée de John F. Kennedy, que ma différence a pris une saveur identitaire. Nous étions tous très fiers de notre premier candidat catholique à la présidence. Par la suite, mes parents sont revenus au Québec avec leurs cinq enfants. Ma différence était la norme, sauf que maintenant, la langue y jouait, car je fréquentais l'école anglaise. Nous sommes arrivés en 1961, à la veille d'une période charnière à la fois pour le Québec et pour l'Église catholique. J'ai donc connu le catholicisme québécois d'entre deux époques : celui, triomphaliste, d'avant le concile et celui, beaucoup plus humble, d'après. J'aimais ce catholicisme d'avant : riche en couleurs et cérémonies, empreint d'un esprit très présent de l'au-delà. Je l'aime encore, je l'admets en toute franchise, car il a défini l'homme que je suis devenu. J'y puise toujours les sources de mon identité. Car nostalgie et identité peuvent très bien aller de pair. C'est quand nostalgie devient nationalisme que les problèmes se pointent.

Je me situe ainsi, car cela devient de plus en plus nécessaire lorsqu'on parle de religion aujourd'hui au Québec. C'est comme si nous devions établir à la fois notre crédibilité intellectuelle et notre degré de sympathie religieuse. Mais je suis de ce grand nombre de Québécois qui, même s'ils se réclament de lignée catholique, ne sont pas nécessairement les plus fidèles des pratiquants. Il y a donc, chez moi et chez beaucoup d'autres, ce fameux phénomène de décalage entre « le croire » et « le faire », le gagne-pain de beaucoup de sociologues des religions[1]. Ce décalage, il faut bien le dire, ne se veut pas le problème si sérieux et urgent auquel plusieurs aiment croire. Du point de vue du croyant – ou même de celui du non-croyant –, il n'y a pas d'incohérence implicite dans ce décalage. On peut très bien se considérer catholique sans pour autant accepter tout ce que l'Église enseigne comme vérité, ou exige comme pratique. Ce phénomène, qui a toujours existé dans les religions et que plusieurs ne cessent de constater comme si c'était une grande vérité, remonte, dans le contexte contemporain, au moins à l'encyclique de Paul VI sur le contrôle des naissances, en 1968. C'est à ce moment-là que plusieurs catholiques fidèles et longtemps pratiquants ont pu reconnaître clairement le sérieux et problématique fossé qui existe entre la pensée figée, éternelle et souvent déracinée de l'Église et celle, plus accommodante et humaniste, du monde moderne.

C'est aussi une manifestation importante d'un processus beaucoup plus large et complexe en Occident : celui de la modernité et du déplacement du sacré vers des lieux et des horizons inhabituels ou même insoupçonnés. Ainsi peut-on parler d'une certaine forme de « catholicisme culturel[2] », exemple par excellence d'une identité instable, diffuse et inclusive – postmoderne, en un mot –, mais qui demeure néanmoins valable et significative pour celui ou celle qui se l'approprie. La personne postmoderne se sent tout à fait à l'aise avec une multiplicité d'identités, même si celles-ci, du point de vue du savant étudiant la chose, peuvent parfois paraître incohérentes ou superficielles. Nous avons trop tendance, dans le cadre du débat

1. Je pense ici au Canadien Reginald W. Bibby.
2. L'expression « catholicisme culturel » est souvent utilisée pour décrire la situation religieuse actuelle dans certains pays (Irlande, Espagne, Pologne, Portugal et le Québec) ayant déjà été fortement catholiques, mais qui le sont maintenant beaucoup moins.

actuel, à oublier cette vérité et donc à minimiser l'expérience identitaire vécue des gens. Nous croyons que catholicisme « culturel » ou « individuel » équivaut à catholicisme « déraciné ». Pourtant, l'Église nous a légué beaucoup plus qu'une institution ; elle nous a aussi inculqué des valeurs, des façons de voir le monde, des expériences et des trésors sensoriels. C'est en effet tout ce somptueux bagage qui se nomme « culture ».

Il faut bien reconnaître que cette Église a longtemps été la fidèle porteuse d'un besoin et d'une urgence identitaires. De plus en plus, les historiens nous rappellent ce fait, car l'ombre de « la grande noirceur » a trop longtemps pesé sur l'histoire québécoise, et ce, d'une manière simpliste et naïve, teintée d'une forte saveur idéologique et aussi, sans doute, anticléricale. C'est ainsi que la fameuse Révolution tranquille – pourtant symboliquement très significative pour le Québec – souffre d'un cachet un peu trop mythique, comme si le Québec moderne était apparu *sui generis* en 1960. Le catholicisme québécois n'est pas disparu à l'aube des années soixante, pas plus que ses racines très profondes qui ont nourri pendant si longtemps la collectivité québécoise n'ont été soudainement et irrémédiablement coupées de leur tronc. C'est cela que nous avons un peu senti lors des audiences de la Commission Bouchard-Taylor sur les accommodements raisonnables : un Québec encore aux prises avec un passé religieux inachevé, incomplet, mal compris. L'expression « aux prises » n'est peut-être pas tout à fait juste, car elle suppose une sorte de grand conflit ou de crise existentielle aiguë, ce qui, je crois, n'est pas le cas. Il serait peut-être préférable de parler plutôt d'une certaine « quête de sens » dans son acception la plus large. Donc, une révolution inachevée ou mal intégrée – qui rebondit encore et ne cesse de nous interpeller avec force et urgence : les échos d'un temps, pas si lointain, où les liens entre religion et identité allaient tout naturellement de soi, et que la fameuse révolution n'a pas vraiment réussi à évincer aux yeux de certains. Peut-être pouvons-nous donc parler, dans les mots imagés d'un confrère, d'un « retour du refoulé », car ce qui est refoulé a souvent tendance à se manifester dans les moments les plus inopportuns.

La Révolution tranquille aurait été enfantée par les penseurs et les activistes très croyants de la génération de l'après-guerre, comme une sorte de façon de « re-sacraliser » l'espace social et politique québécois, alors vu comme moribond et incapable de générer une culture foncièrement chrétienne. Le catholicisme d'ici a donc été une source créative de modernité. E.-Martin Meunier et Jean-Philippe Warren font la constatation suivante:

> La conversion au catholicisme d'après-guerre, semble-t-il, loin de conduire le chrétien à renoncer à l'histoire, le poussait à s'y enfoncer plus avant en l'invitant à rendre l'existence sociale plus rationnelle, humaine, libre, en conformité avec le plan de la divinité. Nous serons polémistes à dire les choses telles que nous les concevons: le laïcisme et l'anticléricalisme farouches de la Révolution tranquille voilent l'essentiel, à savoir que celle-ci consacre, pour une large part, une sortie pour ainsi dire religieuse de la religion. La Révolution tranquille marquerait, non pas seulement l'entrée d'un peuple désabusé de sa religion dans une modernité agnostique, mais également, et peut-être plus encore, l'émancipation du giron clérical de laïcs désormais voués tout entiers à l'apostolat et à la consécration du monde. Autrement dit, la génération militante de l'après-guerre aurait accompli la Révolution tranquille, non parce que les hommes de ce temps n'étaient plus religieux, mais, à l'inverse, parce qu'ils ne l'étaient pas assez à ses yeux[3].

Dans un texte intitulé «Une mémoire trouble», paru dans la revue *Relations* d'avril-mai 2007, Marco Veilleux et Jean-Philippe Warren constatent aussi que la société du Québec n'a pas encore réussi à pleinement s'approprier son héritage catholique, et que cela peut devenir une source de problèmes: «Une majorité de la société québécoise n'ayant pas dénoué, dans sa conscience historique, ses rapports ambivalents avec le catholicisme, elle arrive difficilement à s'ouvrir avec sérénité au religieux en général, qu'elle associe et réduit immédiatement, par réflexe et simplification, à de l'obscurantisme[4].» Exigeant «une conscience de notre parcours historique [...] purgée de tout repli ethniciste», les auteurs parlent de deux obstacles principaux à une ouverture aux autres minorités religieuses du Québec: premièrement, celui du «rejet pur et simple de la religion sous toutes ses formes»; et deuxièmement, celui, plus inquiétant encore, qui «se loge dans une affirmation de l'identité canadienne-française sans médiation politique[5]». Le premier relève – disons-le franchement – d'une certaine méconnaissance assez répandue et regrettable du reli-

3. E.-Martin Meunier et Jean-Philippe Warren, *Sortir de la «Grande noirceur». L'horizon «personnaliste» de la Révolution tranquille*, Sillery, Septentrion, 2002, p. 31-32.
4. Marco Veilleux et Jean-Philippe Warren, «Une mémoire trouble», *Relations*, n° 716, mai 2007, p. 21-23 (ici p. 22).
5. *Ibid.*, p. 23.

gieux comme projet civilisateur dans son sens le plus large et le plus inclusif ; le second, de cette nostalgie un peu simpliste et égoïste qui débouche parfois trop facilement sur une identité fermée et stérile. Il faut donc, selon Veilleux et Warren, éviter ces deux tentations dans le débat actuel.

Pourquoi, et surtout comment, pouvons-nous décrire le catholicisme québécois comme étant un catholicisme culturel ? En premier lieu, il y a des constatations qui s'imposent. Strictement parlant, le Québec n'est certes plus une province pratiquante ; c'est ici que la pratique religieuse est parmi les plus basses au pays selon le recensement canadien de 2001, et elle a sans doute diminué depuis ce temps[6]. Mais plus important encore, quand il y a pratique religieuse, elle se caractérise d'abord et avant tout par cette habitude de se tourner vers l'Église pour souligner et marquer les temps forts de la vie – les rites de passage : naissance, mariage, mort. À ce niveau existentiel, l'Église catholique joue donc encore un rôle de premier plan. Dans l'esprit des gens, l'institution religieuse est toujours associée, et d'une façon intime, à la célébration même de leur vie. Cela n'est pas si différent de ce qu'elle faisait dans un temps encore assez près de nous. Nous pouvons donc parler de continuité même si c'est une continuité un peu artificielle et symbolique : une continuité à la saveur de notre culture postmoderne.

La mondialisation est ici un facteur clé. Si la religion est, sans contredit, une source d'identité, elle se veut aussi une forme puissante de protestation face à un monde monopolisant où les cultures et les styles de vie locaux se sentent de plus en plus menacés et dominés par les forces invisibles et centralisatrices d'un marché presque virtuel. C'est ainsi que la religion peut être perçue comme incarnant à elle seule – si illusoire que cela puisse être – les valeurs, les aspirations et les attentes historiques d'une collectivité particulière. Le discours et l'imagerie d'un « catholicisme identitaire québécois » que nous avons connus ces derniers mois, dans le cadre des événements précédant et entourant les travaux de la Commission Bouchard-Taylor, calquent un peu le discours nationaliste catholique du XIXe siècle, quand les liens serrés entre foi et ethnicité allaient

---

6. Voir Reginald W. Bibby, « La religion à la carte au Québec : un problème d'offre, de demande, ou des deux ? », dans Robert Mager et E.-Martin Meunier (dir.), dossier « La religion au Québec. Regards croisés sur une intrigue moderne », *Globe : Revue internationale d'études québécoises*, vol. 10, n° 2, 2007 / vol. 11, n° 1, 2008, p. 151-179.

tout naturellement de soi. La simple réalité n'est certes plus la même, mais l'attrait mythique et idéologique de cette symbiose l'est toujours. C'est une façon d'emprunter à l'histoire pour s'orienter dans un présent qui ne nous ressemble plus beaucoup, et qui nous met face à des questions urgentes, inévitables et de plus en plus troublantes : qui sommes-nous ? comment puis-je vivre avec l'autre ? qui est l'autre ?

Dans les toutes premières pages de son plus récent ouvrage, *A Secular Age*, le philosophe Charles Taylor[7], un des coprésidents de la fameuse Commission, parle de trois façons de comprendre le phénomène de la sécularisation. La première et la plus simple est la notion que la religion ne fournit plus la structure matricielle pour analyser et comprendre le monde, ce qui s'exprime souvent dans une séparation entre le pouvoir religieux et le pouvoir séculier. La deuxième concerne le déclin absolu de la religion : les gens ne pratiquent plus. La troisième, au centre même de nos sociétés diversifiées contemporaines, traduit l'idée – et la réalité – que la religion ou la croyance en Dieu n'est plus qu'une perspective parmi tant d'autres, et pas nécessairement la plus valable, la plus crédible ou la plus facile à vivre. En d'autres mots, nous ne sommes plus obligés de croire comme nous l'étions autrefois, ce qui représente, selon Taylor, une cassure fondamentale au sein du monde occidental. La religion, qu'elle soit catholique ou autre, n'est tout simplement plus privilégiée en Occident. Taylor ne nie pas cette réalité, mais il dit que nous en payons le prix. Nous pouvons dire que le Québec moderne a connu la première et la deuxième sorte de sécularisation, mais qu'il trébuche encore un peu sur la troisième, qui est sans doute la plus difficile parce qu'elle relativise l'expérience du sens ultime. En d'autres termes, le Québec n'a peut-être pas encore résolu le défi de l'incroyance ou, du moins, la question tout aussi déstabilisante de l'existence de multiples lieux ou sites de croyances. Cette grande diversité religieuse peut parfois devenir une source d'angoisse identitaire.

Qui dit sécularisation dit aussi laïcité. Mais c'est un mot qui porte trop souvent et trop facilement à confusion, comme nous l'avons amplement entendu lors des forums de la Commission Bouchard-Taylor. Ce n'est pas parce qu'il y a « une perte de l'emprise culturelle des religions », comme le souligne la sociologue Micheline

---

7. Charles Taylor, *A Secular Age*, Boston, Harvard University Press, 2007. Pour une bonne critique du livre, voir aussi Peter Steinfels, « Modernity & Belief : Charles Taylor's *A Secular Age* », *Commonweal*, vol. CXXXV, n° 9, 9 mai 2008, p. 14-21.

Milot, que les gens ne peuvent plus être religieux ; certes, la laïcité n'évince pas le religieux de la société[8]. Autrement dit : « la laïcité s'applique à l'État et ses institutions, pas aux individus. » Ce même sentiment a trouvé écho dans le mémoire de l'Assemblée des évêques catholiques du Québec devant la Commission :

> Les réclamations fortement médiatisées de quelques groupes religieux risquent d'entraîner une radicalisation du laïcisme. On la voit poindre lorsque certains tentent de faire de la religion une affaire uniquement privée qui n'a pas sa place dans l'espace public : on voudrait que l'État prenne des mesures nécessaires pour que, dans l'espace public, tant ses propres actes que les activités citoyennes soient neutres, c'est-à-dire exemptes de toute connotation religieuse quelle qu'elle soit. On la voit poindre encore lorsque l'on passe sans nuances de la *laïcité de l'État* à la *laïcité de la société québécoise* comme si celle-ci était devenue areligieuse[9].

Nous ne sommes donc pas dans une société ou une culture areligieuse, en dépit de ce que certains croient et disent, ou même espèrent. Le Québec, en d'autres mots, n'est sorti ni du catholicisme ni de la croyance sous ses diverses formes. Il n'a jamais été hors du champ de la religion. Nous acceptons le verdict laïcisant de la Révolution tranquille, mais cela n'implique pas un rejet de l'expérience religieuse, pas plus qu'il ne signifie la supériorité d'une forme de cette expérience par rapport à une autre. Se peut-il que le catholicisme québécois d'aujourd'hui soit en instance de transformation en une sorte de repère ou de bagage symbolique collectif, qu'il y ait une mutation du strictement religieux vers le culturel dans son sens le plus large ? Cette fameuse mémoire catholique québécoise – cette « mémoire trouble » – se trouve « au point de rupture de la mémoire », même s'il y a « un désir de mémoire », comme l'exprime si bien l'historien Louis Rousseau. Elle a « peur de perdre » ses acquis, mais elle a également « peur du retour » d'un passé souvent plus que problématique et parfois même dévalorisant. Le philosophe Georges Leroux parle, pour sa

8. Ces citations proviennent d'une conférence de Micheline Milot, présentée lors du Forum national sur le programme en éthique et culture religieuse, à Québec, le 17 mars 2008. Voir aussi Micheline Milot, *La laïcité*, Ottawa, Novalis, 2008.
9. Assemblée des évêques catholiques du Québec, « Mémoire à la Commission de consultation sur les pratiques d'accommodement reliées aux différences culturelles », 12 octobre 2007, sur le site Internet de la Commission de consultation sur les pratiques d'accommodement reliées aux différences culturelles, document PDF, en ligne, <http://www.accommodements.qc.ca/documentation/memoires/A-N-Montreal/assemblee-des-eveques-catholiques-du-quebec.pdf>, consulté le 26 juillet 2009, p. 5-6.

part, de « la mélancolie de la communauté québécoise » et « d'un trajet de retour vers elle-même ». Il souligne la nécessité d'un « deuil du pouvoir[10] ». Il faut abandonner le rêve mythique d'un monopole identitaire basé sur la cohérence d'une idéologie religieuse totalisante. Nous nous trouvons en présence d'un moment de vérité pour le Québec. Va-t-il réussir à réintégrer sa mémoire religieuse pour qu'elle devienne une source d'inclusion et, surtout, comment cela va-t-il se faire ? Ou va-t-il plutôt glisser vers des horizons incertains de désenchantement et de repli sur soi ?

Il y a déjà plusieurs années, le sociologue Raymond Lemieux nous parlait d'une « culture primordiale » québécoise dont le catholicisme, en tant qu'héritage et tradition historiques, fait partie intégrante[11]. Cette culture est différente de la « culture commune » du « bien vivre ensemble », essentiel à toute société qui se veut pluraliste et ouverte à l'autre. Lemieux insiste aussi sur le fait qu'une culture commune émerge aux « points de friction » ou « aux extrémités » d'une communauté, car elle est la manifestation de tensions internes inhérentes à cette même communauté[12]. Elle est, d'un certain point de vue, leur résolution. Les évêques québécois reprennent cette distinction fondamentale entre le « primordial » et le « commun » dans leur mémoire devant la Commission. De plus en plus, les gens acceptent que le Québec d'antan ait été un Québec fortement catholique et que cela puisse constituer un patrimoine riche en couleurs et en sens pour l'ensemble des gens qui vivent ici. Cela représente une culture de traditions et de symboles – une culture qui n'a plus vraiment d'impact sur notre vie citoyenne de tous les jours –, mais qui ne cesse de nous interpeller par l'entremise des valeurs qu'elle nous a léguées. Ce sont précisément ces valeurs dites religieuses ou « catholiques » – de solidarité, d'entraide, de justice et d'équité – qui se trouvent aux fondements même de l'État laïque québécois. Georges

---

10. Ces citations de Louis Rousseau et de Georges Leroux proviennent des conférences plénières qu'ils ont prononcées dans le cadre du colloque interdisciplinaire « Modernité et religion au Québec », à l'Université Laval, du 21 au 23 avril 2008, et dont les textes sont reproduits dans le présent ouvrage.
11. Voir Raymond Lemieux, « Le catholicisme québécois, une question de culture », *Sociologie et sociétés*, 22, 1990, p. 145-164, et aussi Raymond Lemieux et Jean-Paul Montminy, *Le catholicisme québécois*, Québec, Éditions de l'IQRC, 2000. Pour une critique de l'idée de « culture primordiale », voir Michel Despland, « Cinq livres, un débat », dans Robert Mager et E.-Martin Meunier (dir.), *op. cit.*, p. 237-253.
12. Je remercie Raymond Lemieux pour cette mise au point lors du colloque « Modernité et religion au Québec ».

Leroux, en parlant de la sécularisation, nous rappelle qu'elle comprend « l'effort d'inscrire dans la politique cela même qui se détache de la religion, et qui est sa préoccupation de justice[13] ». Peut-on donc parler d'un catholicisme culturel québécois enfoui *sous*, caché *dans*, reflété *par* une culture politique québécoise d'inclusion et d'ouverture aux autres, une sorte de retour du naturel religieux catholique ? Raymond Lemieux nous suggère que c'est peut-être possible : « Penser le religieux, c'est apprendre à le concevoir non seulement comme un sentiment, une affection ou une affliction, mais aussi comme une réalité humaine objective, une dimension de la nature humaine qui, comme chacun le sait, se donne à travers la diversité des cultures. Une dimension qui, à la manière de toute autre réalité, présente ses fécondités et ses limites[14]. » Les fécondités et les limites du catholicisme d'ici peuvent se transformer en une source de richesse et d'appartenance culturelles pour le Québec de demain.

Il convient de mentionner, à cet égard, le beau risque du gouvernement québécois en matière d'éducation : le nouveau programme en éthique et culture religieuse[15]. Il faut souligner la cohérence entre ce projet éducatif unique qui a été implanté à l'automne 2008 et une vision inclusive inspirée d'un catholicisme d'ouverture, car il y a une logique claire et continue entre ce programme et l'histoire religieuse du Québec. Ses racines ne peuvent être pleinement comprises et appréciées sans y entrevoir les valeurs que nous avons héritées de notre passé catholique pas si lointain. En un certain sens, ce programme consacre une certaine « sortie » du catholicisme institutionnel québécois, mais il célèbre aussi son retour par l'intermédiaire d'une perspective plus large et cohérente de sciences des religions. Pour les générations à venir, la religion ne sera plus une source d'incompréhension ou de méfiance, mais plutôt, nous l'espérons, garante de respect et de tolérance – voire d'acceptation – dans un sens large. La religion et notamment le catholicisme, sont vus et compris comme un héritage culturel vivant.

Nous serions donc en présence d'un catholicisme québécois à la fois symbolique et référentiel : un amalgame de mots, de concepts,

---

13. Georges Leroux, *Éthique, culture religieuse, dialogue*, Montréal, Fides, 2007, p. 34.
14. Raymond Lemieux, « Penser la religion au Québec », dans Robert Mager et E.-Martin Meunier (dir.), *op. cit.*, p. 227-228.
15. Pour le programme, voir le site Internet du ministère de l'Éducation, du Loisir et du Sport du Québec, en ligne, <http://www.mels.gouv.qc.ca/sections/ecr/>, consulté le 25 novembre 2008.

d'images, de références historiques et culturelles – mais aussi de mythes et de vieux espoirs – qui structurent l'espace social québécois et lui donnent une identité, une saveur, un accent, un goût particulier. Nous parlons souvent de patrimoine, et le mot est juste. Le seul problème est que ce mot « fige » le catholicisme comme s'il était une antiquité gardée au grenier de la collectivité québécoise que nous sortirions et dépoussiérerions de temps en temps pour nous rappeler qui nous sommes. C'est un peu ce que les gens font lorsqu'ils se tournent vers l'Église lors des moments forts de leur vie, sans nécessairement être croyants – sauf que, dans ce cas-ci, nous pouvons voir un certain manque ou une certaine pauvreté en matière de diversité de références rituelles significatives dans notre monde. Cependant, ce « retour » laisse aussi entrevoir les contours d'un besoin essentiel d'une religiosité identitaire. C'est peut-être pourquoi les rites d'initiation (le baptême) et les rites funéraires demeurent toujours très fréquentés, contrairement au mariage ou même à la messe. Les gens éprouvent le besoin de se comprendre et de se positionner rituellement aux deux extrémités existentielles que sont la naissance et la mort. Mais même cela est en instance de changement : certains chercheurs entrevoient déjà une diminution nette du recours à ces rituels catholiques dits « de passage[16] ». Le catholicisme d'ici a donc une portée ou un pendant normatif, ce qui veut dire qu'il est beaucoup plus présumé qu'il n'est vécu, et qu'il constitue une sorte d'arrière-plan culturel ou de réservoir de valeurs. Le nouveau programme scolaire en éthique et culture religieuse s'avère particulièrement attentif à ces aspects socioculturels du religieux.

Ce catholicisme a pourtant une très importante valeur symbolique du côté du discours identitaire québécois, et ce, à plusieurs égards. Le premier touche ce qui concerne l'histoire, mais également la langue française et la culture francophone. Il n'y a pas vraiment si longtemps, foi et langue allaient naturellement de pair. Le vieux nationalisme était structuré selon ces deux soi-disant « vérités » essentielles. Cependant, c'est vraiment dans l'éducation que les brèches de ce discours identitaire se sont récemment fait sentir d'une façon particulièrement intense. Mais même ici – et peu importe ce que dit

16. Voir l'article de E.-Martin Meunier, Jean-Christophe Demers et Jean-François Laniel dans le présent ouvrage.

ou espère l'actuel cardinal et archevêque de Québec[17] –, nous sommes définitivement arrivés à un point de non-retour. L'Église catholique du Québec ne connaîtra plus jamais ses heures de gloire et de pouvoir monopolisateur, que ce soit sur la moralité ou sur l'apprentissage. Dans certains secteurs de la société québécoise, cela fait encore peur et ce sont aussi ces échos qui nous sont parvenus lors des récents débats à propos des accommodements raisonnables.

Peut-on possiblement entrevoir pour l'avenir une sorte de catholicisme québécois déstabilisé ou désinstitutionnalisé, un genre de religion « hors » des institutions[18] ? D'une certaine façon, nous y sommes déjà, car la croyance et la pratique ne sont certes plus ce qu'elles étaient. Mais cela suppose-t-il pour autant l'évacuation totale du catholicisme comme point de référence significatif et de valeur pour le Québec ? Cela est beaucoup moins certain. Le sociologue canadien des religions William Clossen James, en parlant de l'avenir de la religion au Canada, utilise une expression intéressante : le « dimorphisme », qui signifie « qui peut revêtir deux formes différentes[19] ». Il émet l'opinion que les gens sont en train d'adopter des pratiques religieuse qui, même si elles sont à l'opposé l'une de l'autre, peuvent très bien coexister dans la vie des individus, dépendamment de leurs besoins particuliers à des moments précis. D'autres cultures, comme le Japon, en font depuis longtemps l'expérience. Ce n'est pas la même chose que le syncrétisme ; il n'y a pas fusion, mais plutôt diversité. Ce n'est pas non plus la fameuse « religion à la carte », car elle n'est pas nécessairement superficielle[20]. Même sans croyances ou pratiques précises, les Québécois se disent religieux, sinon catholiques. Se

17. Voir le mémoire du cardinal Marc Ouellet, « Accommodements raisonnables et liberté religieuse au Québec », 2007, sur le site Internet de la Commission de consultation sur les pratiques d'accommodement reliées aux différences culturelles, document PDF, en ligne, <http://www.accommodements.qc.ca/documentation/memoires/Quebec/cardinal-marc-ouellet-archeveque-de-quebec-et-primat-du-canada-accommodements-raisonnables-et-liberte-religieuse-au-quebec.pdf> ; également sur le site Internet de l'Église catholique de Québec, document PDF, en ligne, <http://eglisecatholiquedequebec.org/documents/pdf/20071030_MemoireCardinalMarcOuellet.pdf> ; sites consultés le 25 novembre 2008.

18. Voir Danièle Hervieu-Léger, *Catholicisme, la fin d'un monde*, Paris, Bayard, 2003.

19. Voir William Clossen James, « Dimorphs and Cobblers : Ways of Being Religious in Canada », dans Lori G. Beaman (dir.), *Religion and Canadian Society : Traditions, Transitions, and Innovations*, Toronto, Canadian Scholars' Press, 2006, p. 119-131.

20. L'idée de « religion à la carte », du moins dans le contexte canadien, prédomine dans les travaux du sociologue Reginald W. Bibby. Le concept est problématique, car il suppose une sorte de manque de rigueur ou de « pauvreté » dans l'imaginaire religieux de ceux qui optent pour plusieurs formes d'expression religieuse à la fois.

pourrait-il qu'à travers ce discours identitaire catholique des derniers mois, ils soient en train de se définir – sinon de se construire – un nouveau mode d'appartenance, une nouvelle façon de se positionner et de se comprendre dans le monde ? Nous nous demandons si, à l'avenir, le Québec ne sera pas une société religieusement dimorphe – ou si elle ne l'est pas déjà – et qu'il y aurait donc ici une sorte de *religiosité culturelle,* avec ses propres rites sécularisateurs ou même parfois religieux, sur un *fond de catholicisme identitaire*? Le catholicisme québécois est-il promis à un avenir bien au-delà de ses limites et de ses structures actuelles, à une transformation et à un redéploiement stratégiques ? Plus important encore, la mémoire cassée se transformera-t-elle en une source de guérison[21] ?

21. Je remercie Gaston Lamontagne pour son aide à l'égard de ce texte.

CHAPITRE 5

MÉMOIRE SÉLECTIVE ET TRADITION

Maurice Boutin

> L'information est une relation de probabilité ; plus un énoncé diffère de ce que l'on en attend, plus il contient d'information[1].

En matière religieuse[2], l'information connaît de nos jours une mutation fondamentale caractérisée par la fin d'une conception supposant une vérité amenée au jour grâce à une expression qui la diffuse, tel un message annoncé par une communication. La bonne nouvelle (l'évangile), comme toute nouvelle, est jugée d'après sa conformité à la réalité qu'elle laisse plus ou moins émerger, et elle est définie tour à tour par l'objectivité des faits ou par l'expérience vécue. Sous-jacente aux signes de sa mise en circulation, il y aurait une vérité reçue ou connue qui serait la possession d'un groupe ou d'un regard. L'instrument de la distribution de cette vérité exerce de plus en plus ses contraintes et exige des adaptations permettant de faire passer le message. Mais il excite aussi la curiosité de ceux et celles qui se mettent

1. Bruno Latour et Steeve Woolgar, *La vie de laboratoire. La production des faits scientifiques*, Paris, Éditions La Découverte, coll. « La Découverte/Poche » 18, 2006, p. 257.
2. Ce paragraphe et les trois autres qui suivent s'inspirent directement de Michel de Certeau, « La rupture instauratrice ou le christianisme dans la culture contemporaine », *Esprit*, vol. 39, n° 404, 1971, p. 1177-1214.

à douter de la vérité de ce message si elle est sans retentissement, à lui chercher de nouveaux auditeurs et à la jauger d'après sa diffusion. Quand l'identité n'a d'autre assise qu'une vérité à dire, on finit par faire dépendre son existence de sa place dans l'information. L'être a alors la consistance de la surface de papier, ou de l'écran que regarde le public. Exister, c'est être vu, et le discours a pour fonction d'être l'exacte représentation de faits ou la remontée d'un vécu dans un langage supposé docile et transparent.

Dans la mesure où elle se réfère à une histoire présente et passée que postule partout son discours, la foi des croyants s'inscrit dans le contexte d'une interrogation générale. Lorsqu'il entre dans le parler courant, le langage religieux garde la vertu de désigner encore, bien que de plus en plus vaguement, les problèmes qui concernent les raisons de vivre, les cadres mentaux, les objectifs sociaux, ou encore la relation avec une tradition. Il introduit dans la région la plus imprécise de la culture contemporaine, celle qui pourtant touche à vif les inquiétudes ou les espoirs. Il devient la métaphore de questions fondamentales telles que le pouvoir et l'autorité, les relations personnelles et la sexualité, l'ordre ou le désordre. Désaffecté de références précises à des croyances orthodoxes de par sa diffusion même, il n'en est que plus apte à l'expression du mystère qui constitue, illustré par les thèmes du hasard et du destin, l'obscurité de la relation de l'être humain avec le monde.

Que l'expression religieuse se veuille un signe d'ouverture ou de fermeté doctrinale, qu'elle soit habitée par un désir d'adaptation ou par la volonté de défendre une vérité contre ses compromissions, c'est finalement secondaire. Elle est devenue la propriété du public. Il en use comme de contes provenant d'un passé encore proche pour évoquer des interrogations non pas étrangères, mais pas identifiables non plus à ce qu'elle dit littéralement. L'expression religieuse devient ainsi l'image de ce qu'une société a fait de la religion : non plus le signe d'une vérité, mais le mythe ambigu d'une énigme multiforme. Désormais, les personnages encore proches et déjà folkloriques que sont les évêques ou les prêtres doivent figurer dans n'importe quelle émission ou chronique touchant un problème vital. Non pas parce qu'ils disent le vrai ou, comme ils le croient, parce qu'ils font passer quelque chose de leur vérité, mais parce que, dans la *commedia dell'arte* d'une société entière, ils tiennent tour à tour le rôle d'un même personnage énigmatique, fréquemment spécialisé dans l'aveu, la contestation, le scandale ou l'extraordinaire, placé d'ailleurs sur les bords du théâtre national, chargé d'être le figurant des questions sans réponse qu'a précisément fait naître la disparition d'idéologies ou de dogmes croyables.

Dans cette perspective, le fait religieux semble indissociable d'une équivoque. En effet, il n'énonce pas le processus qui l'explique. Il parle de Dieu, de grâce, de libération par la foi ; mais ce qui en rend compte, c'est son rapport au dynamisme organisateur d'un système social ou d'une structuration psychologique. Le contenu religieux cache les conditions de sa production ; il est le signifiant d'autre chose que de ce qu'il dit. Cependant, la raison du fait religieux n'est pas à chercher en dehors de lui, sous la forme de réalités étrangères à lui ; elle est inscrite en lui comme ce qui l'organise à l'insu de ses acteurs.

Dans une situation de minorisation de l'Église dans la société, par contraste avec un état de fait récent, les contraintes sociales se transforment et on assiste alors à un raidissement défensif de l'institution qui se donne pour tâche première de garder le sens comme on garde une porte. Le catholicisme est beaucoup plus connu par les prises de position de la hiérarchie que par sa capacité à lire les signes des temps, une expression en forte baisse sur le marché actuel des valeurs boursières d'un catholicisme occupé à sauver ce qui peut rester des structures d'hier. Rien n'est plus touchant que de tenter de susciter à tout le moins la sympathie, à défaut du remords, face à l'absence de ce qu'on ne connaît que sous une forme affaiblie lorsqu'on le compare à ce qu'on se représente comme ayant été dominant. Peut-on haïr ce qu'on découvre déjà affaibli ? Haïr une tradition suppose qu'on croit encore à sa force séculaire, imposante, arrogante même. S'agirait-il donc d'habiter des lieux désenchantés en recourant à des réflexes de survie ?

Ce qui suit propose de situer cette question par rapport à l'exercice de la mémoire sélective et à la confusion qu'elle entretient entre agir et réaction, manifestant ainsi l'emprise de la méfiance.

1. MÉMOIRE ET OUBLI

La mémoire fonctionne sur la base de préalables qu'elle suppose sans les fonder[3]. Tant qu'elle n'est pas elle-même remise en question,

3. Paul Ricœur, *La mémoire, l'histoire, l'oubli*, Paris, Seuil, 2000, p. 98.

la mémoire sélective[4] se prend pour le tout de la mémoire: dans son exercice même, elle ne se sait pas sélective; elle ne peut admettre qu'elle est seulement partielle, et éventuellement partiale. Elle est à discrétion: ce qui ne lui est pas conforme est pour elle impensable, voire offensant. L'impensé que la mémoire sélective suppose – et pose même parfois – est logé dans ce qu'elle considère comme inaccessible, mais toutefois maîtrisable, ne serait-ce que dans la détermination de son lieu propre forcément en extériorité par rapport à tout, y compris elle-même. Mais elle oublie que le lieu de ce qui lui est extérieur est le produit de sa propre décision.

À la fois déroulement de son histoire et sceau de son sommeil, la mémoire est particulièrement sensible à la vertu de l'oubli. Elle insiste sur les bons événements du passé tout en passant sous silence les moins bons événements à partir d'un point de vue estimé plus profitable à la maîtrise du présent. La vertu de l'oubli, c'est de ne pas se souvenir dans le but non seulement de conserver le meilleur, mais de constater le meilleur pour aujourd'hui et demain en ne retenant que le mieux du passé. L'oubli devenu vertu n'est pas simplement l'inversion du *Je me souviens*, ni non plus la subversion d'une exclamation fameuse de Nietzsche qui permettrait de dire: Ah! qu'il faut s'appliquer maintenant, pour demeurer catholiques, à oublier, à ignorer[5]!

Mais pourquoi donc ne pas se fier à la mémoire sélective, s'il est non seulement permis, mais nécessaire d'admettre que la mémoire est aussi la faculté de l'oubli[6], que mémoire et oubli «forgent des mécanismes liés l'un à l'autre[7]»? Parce que la mémoire sélective refuse, en même temps que sa propre limite, une articulation avec la culture du présent dans ce que celle-ci a de différent par rapport à la culture d'hier, et qu'elle préfère parfois s'identifier à des lieux communs dont elle est seule à ignorer la banalité. Insensible au passé tel qu'il fut, la mémoire sélective troque l'être du passé contre la perception qu'elle en a. Elle fait passer la tradition au «mode répétition» et modifie ainsi le niveau et surtout l'horizon des attentes.

---

4. *Ibid.*, p. 105 et aussi p. 83, 84, 96.
5. «Ah! qu'il faut s'appliquer maintenant, pour être artistes, à oublier, à ignorer!» (Friedrich Nietzsche, «Avant-propos de la 2e édition du Gai savoir», automne 1886, dans *Le gai savoir*, Paris, Gallimard, coll. «Idées» 50, 1967, p. 14).
6. Paul Ricœur, *op. cit.*, p. 579-582.
7. Éric Méchoulan, *La culture de la mémoire, ou comment se débarrasser du passé?*, Montréal, Presses de l'Université de Montréal, 2008, p. 121.

L'horizon se déploie alors vers un passé considéré comme meilleur, idyllique même parfois, et non vers un avenir novateur comportant des risques, c'est-à-dire un avenir où la tradition est transmission de sorte qu'entre mémoire et oubli, elle « alloue aux énoncés le lest nécessaire du passé pour flotter à l'étroite surface du présent[8] » et éviter ainsi la pure et simple répétition.

Dans les sciences dites exactes, la répétabilité d'un résultat est critère de validité de ce qui l'a permis, mais à la condition que les paramètres de l'expérimentation soient respectés : même conditions, mêmes résultats. Un résultat est validé si et seulement si l'expérimentation qui a conduit à son obtention peut être reproduite et donner un résultat identique. Il en va autrement en ce qui concerne la tradition en tant que transmission : elle ne peut vivre que dans la prise en compte de contextes changeants, voire inédits. La répétition, qui suppose des conditions inchangées d'exercice de la mémoire, signifie la mort de la tradition. Dans l'expérimentation scientifique, la condition du succès repose sur la fidélité dans la reconstitution d'états identiques à travers le temps et l'espace, c'est-à-dire verticalement selon la dimension temporelle des résultats obtenus et horizontalement selon la diversité des lieux d'obtention des résultats et donc leur dispersion dans l'espace. En tant que transmission, la tradition n'autorise ni la répétition ni l'exclusive. Elle ne clôt un lieu que dans l'acte d'en permettre un autre. Insertion dans le temps, elle fait que la vérité du catholicisme se dévoile dans l'espace des possibles qu'elle ouvre. Condition et non objet des opérations qui en découlent, la tradition-transmission s'accomplit en se perdant dans ce qu'elle autorise.

La mémoire peut dissimuler sa sélectivité, entre autres par la reconnaissance d'abus ou de fautes déjà dénoncés par ailleurs et dont l'existence n'est plus taisible. Elle passe alors à des aveux présentés comme des excuses dans le but de susciter la compréhension et le pardon, peut-être même (qui sait ?) l'oubli. Apparaît en surimpression le souci d'une solution simple qui exerce une force d'attraction non négligeable : la remémoration d'un ordre prétendument ancestral assuré par la reconstruction d'une Église fermée et protectrice. « Pourtant, en élisant certains moments du passé pour y chérir des avènements, [on favorise] aussi l'oubli massif de nombre d'événements[9]. » La lettre ouverte du cardinal Marc Ouellet aux catholiques

8. *Ibid.*, p. 152.
9. *Ibid.*, p. 170.

du Québec, « Pardon pour tout ce mal ! », publiée dans des quotidiens du 21 novembre 2007, est un cas récent d'exercice sélectif de la mémoire. De la sorte, le rappel de certains ratés du catholicisme triomphant de naguère peut faire oublier plus facilement les omissions du catholicisme aujourd'hui. Dans cette affaire, le passé est choisi contre le présent. Au lieu de reposer sur un renoncement à sa propre partialité, le pardon quémandé s'inscrit dans un réaménagement du passé. Mais il peut tout aussi bien alimenter une critique qui, soucieuse de s'afficher sans croyance ni superstition, saute sur l'occasion pour dénoncer une fois de plus le passé et régler ses comptes avec lui. En témoignent les nombreuses réactions, autant dans des émissions de télévision ou de radio que dans des articles parus dans des quotidiens, à la demande publique de pardon faite par le cardinal Ouellet. La reconnaissance de la responsabilité pour un passé à la fois vénéré et regretté n'est pas la clé de l'avenir du catholicisme au Québec s'il entend être autre chose qu'une épicerie de la rédemption spécialisée à ce point dans le rachat qu'il ne serait plus en mesure d'acheter quoi que ce soit du présent.

L'aveu de manquements du passé ne manque pas de rappeler l'absence d'excuses pour des omissions dans le présent. Pareil aveu traduit une attitude au service d'une restauration du passé désormais expurgé de ses manques et pouvant donc – espère-t-on – servir au moins de référence pour le présent, à défaut de se transformer en modèle, voire en idéal. De toute façon, s'approprier à la fois le proche et le lointain pour comprendre une société ne se réduit pas à l'usage d'un adverbe qui n'en finit plus de faire fureur dans le discours religieux québécois : s'il ne se présente pas clairement et constamment comme étant « d'ici », « pour ici », ce discours n'est rien.

2. RÉACTION ET MÉFIANCE

On ne comprend pas le « catholicisme d'ici » si l'on ne voit pas que de lui-même, il ne propose rien, sinon sa propre restauration, et que s'il favorise une culture de la dissemblance comme tactique pour réclamer une place au soleil, c'est dans le but de mieux masquer le fait qu'il n'a rien à offrir. On lui rend bien la monnaie de sa pièce en ne l'interpellant plus que sur le sexe et la contraception et en le mettant constamment sur la défensive. Car, pour lui, l'action s'épuise dans la réaction : agir, c'est réagir. Il se sépare de la puissance d'affirmer qu'est l'évangile en tant que bonne nouvelle, au profit d'un agir qui se réfugie dans la méfiance élevée au rang de réflexe critique face à tout ce qui n'est pas lui. La trame du «catholicisme d'ici», c'est la méfiance, dans le rêve nostalgique de cette société parfaite qu'il veut être, ou à tout le moins qui ne saurait être sans lui. Mais, comme le rappelait Charles Péguy,

> il ne suffit point d'abaisser le temporel pour s'élever dans la catégorie de l'éternel. Il ne suffit point d'abaisser la nature pour s'élever dans la catégorie de la grâce. Il ne suffit point d'abaisser le monde pour monter dans la catégorie de Dieu. [...] Parce qu'ils n'ont pas la force (et la grâce) d'être de la nature ils croient qu'ils sont de la grâce. Parce qu'ils n'ont pas le courage temporel ils croient qu'ils sont entrés dans la pénétration de l'éternel. Parce qu'ils n'ont pas le courage d'être du monde ils croient qu'ils sont de Dieu. Parce qu'ils n'ont pas le courage d'être d'un des partis de l'homme ils croient qu'ils sont du parti de Dieu. Parce qu'ils ne sont pas de l'homme, ils croient qu'ils sont de Dieu. Parce qu'ils n'aiment personne, ils croient qu'ils aiment Dieu. Mais Jésus-Christ même a été de l'homme[10].

Faire de la méfiance en l'humain la mesure de la confiance en Dieu conduit à insister sur la conversion morale. Or, la réaction devient action dans la mesure où la méfiance cède la place à la confiance. Mais il ne s'agit pas seulement de substituer la confiance à la méfiance; il s'agit plutôt de transformer le lieu dans lequel cette substitution pourrait advenir. Ce lieu, c'est une conversion de la mentalité, plus exigeante encore que la conversion morale devenue l'aiguillon d'une méfiance qui dissimule la rareté des idées et l'usure des croyances.

La mémoire sélective oublie que «les éveillés ont un seul monde en commun», comme le rappelle le fragment 89 d'Héraclite; elle ne retient que la seconde partie de ce fragment pour lequel «il appartient aux dormeurs de se tourner chacun vers son propre monde». Comment? En cultivant un réflexe de propriétaire qui, voyant que le futur échappe à son contrôle, se tourne vers le passé en ne retenant que ce qui, au vu du présent, est jugé digne d'occuper la mémoire et d'être confié au souvenir, confortant ainsi une image nostalgique et idyllique de ce qui fut, et dont le prolongement semble garant de sécurité face à un avenir appréhendé comme incertain. Or, comme le fait remarquer Peter Sloterdijk, «si l'intérêt pour les choses de

10. Charles Péguy, *Note conjointe sur Monsieur Descartes*, 19e éd., Paris, Gallimard, 1935, p. 174-175.

l'au-delà décline dans la modernité, c'est en premier lieu parce que l'on ne peut pratiquement plus avoir recours aux défunts pour obtenir des informations sur les choses à venir[11] » et aussi parce que la modernité est « cette entreprise culturelle qui s'est engagée dans l'aventure de l'adaptation permanente des règles – sans se laisser beaucoup impressionner par les retours romantiques et catholiques à ce qui est solidement établi[12] ». Face à des situations et à des problèmes nouveaux, « presque tout ce que le passé nous apprend est plus à redouter qu'à méditer[13] ». Mais quand on se résout à faire office d'exécuteur testamentaire de son propre héritage, il semble alors qu'il n'y ait pas d'autre choix que de se résigner, selon l'expression de Karl Rahner, à devoir « courir, en bougonnant et en critiquant âprement, derrière le char de l'histoire[14] », habité par un rêve de réconciliation universelle capable de faire échec à la rencontre de l'inattendu et à la tradition de l'apprentissage dans la mesure où celle-ci tente de dépasser la tradition de la conservation.

Ce qui manque à la mémoire sélective, c'est la capacité de penser « une grammaire de la situation partagée », selon l'expression de Peter Sloterdijk dans ses « recherches dialogiques[15] ». La répétition de modèles antérieurs n'est ni la seule stratégie ni non plus la meilleure, car il ne s'agit pas d'imaginer « déjà l'homme en Dieu[16] » ou de « conquérir une participation à l'immobilité de Dieu en soi-même[17] ». Et si la rédemption est encore un besoin, c'est de nous sauver de la peur de l'ennui, ce drame d'isolé qui garde l'intelligence en tutelle dans une réaction qui a pris la place de l'action s'épuisant en elle.

Dans le numéro spécial de la revue parisienne *Esprit* portant sur ce qu'on appelait alors, en 1952, le Canada français, Jean-Guy Blain notait

> que notre Église enseignante, plus intéressée à cultiver sa différence qu'à établir sa parenté avec les autres credos, n'a jamais défini le chris-

---

11. Peter Sloterdijk, *Écumes. Sphères III: Sphérologie plurielle*, Paris, Maren Sell Éditeurs, 2005, p. 405.
12. *Ibid.*, p. 427.
13. Paul Valéry, « Respirer » (1945), dans *Regards sur le monde actuel et autres essais*, Paris, Gallimard, coll. « Folio essais » 106, 2002, p. 304.
14. Karl Rahner, « Vers l'humanité nouvelle. Mystiques terrestres d'avenir et foi chrétienne », *Masses ouvrières*, n° 188, 1962, p. 17-40 (ici p. 35).
15. Publiées en français sous le titre *Ni le soleil ni la mort*, Paris, Pauvert, 2003; voir p. 408.
16. Jean-Guy Blain, « Inquiétude et tradition », *Esprit*, numéro spécial sur « Le Canada français », vol. 20, n°s 193-194, 1952, p. 241-246 (ici p. 245).
17. Peter Sloterdijk, *op. cit.*, p. 405.

> tianisme, l'a pris pour acquis et assumé, et n'a aidé personne à le conquérir comme une affaire personnelle. [...] La génération aînée avait témoigné d'une certaine forme de catholicisme; pour être plus juste, elle avait témoigné du catholicisme au degré peu élevé de son développement culturel. [...] Les catholiques de droite n'ont pour tort que de respecter la tradition. [...] Ils subissent ainsi la contagion de la sécurité. Sans doute rejettent-ils le rite irréfléchi de naguère, et c'est un progrès. Certes aussi exercent-ils une action spirituelle concrète, dans des milieux déjà convertis. Mais parce qu'ils tiennent eux aussi le catholicisme pour une chose depuis longtemps vérifiée, solidement acquise et indiscutable, ils échangent leurs dialogues sur le trop haut registre de la convenance des dogmes et de la beauté de la liturgie. Où est l'homme dans tout ça? Ils se préoccupent de savoir ce que doit faire l'homme sans chercher à savoir ce qu'il est. Ils expliquent comment on se conserve catholique, non comment on le devient et moins encore pourquoi il faut l'être. [...] ils sont les techniciens de la religion. [Il leur reste] à passer de l'homme au chrétien, et du chrétien au catholique. Le trajet n'est pas court; [il est] d'autant moins court qu'en réclamant la liberté de pensée pour tous, [...] ils le veulent si fort et si souvent qu'ils oublient d'exprimer la leur[18].

Ceux et celles qui laissent « le comment pour le pourquoi », il ne faut pas les chercher parmi eux, ajoutait Blain[19].

Ces catholiques de droite dont Blain parlait en 1952, on peut les retrouver aujourd'hui parmi ceux que Jean Sulivan décrit ainsi:

> Je les vois [...] qui se rassemblent pour disputer et s'entendre sur la meilleure façon possible de présenter la vérité aux enfants, aux femmes, aux adolescents... Généreux bergers, bergers courageux, ne savez-vous pas que ces assises ne pourraient servir qu'à ceux qui n'en ont pas besoin? Ils ont trouvé quelques idées ou techniques nouvelles qu'ils ajustent et les voici à la pointe du combat, intrépides novateurs, si hargneux contre les rétrogrades qu'ils ne s'aperçoivent même plus que leurs idées neuves ont vieilli d'un seul coup d'être transformées en objets, que le temps qu'ils ont mis à faire dix pas, les hommes vivants se sont éloignés de vingt... Existez d'abord, messieurs, mesurez-vous avec la vérité et son langage le long des jours et vous atteindrez parfois l'enfant, la femme et l'homme même. Apprenez à croître en dedans, vous ne vous demanderez plus comment « faire passer[20] ».

18. Jean-Guy Blain, *loc. cit.*, p. 244-245.
19. *Ibid.*, p. 245.
20. Jean Sulivan, *Dieu au-delà de Dieu*, Paris, Desclée De Brouwer, 1982, p. 49.

> Car celui qui
>
> se nourrit de pilules synthétiques et pasteurisées prouve qu'il est pressé et qu'il a résolu de laisser à la porte, avec l'erreur, la vérité, ou d'en faire des pensées utiles, des principes pour l'action psychologique : il imite, copie, conditionne mais ne communique pas. Faut-il chercher ailleurs la tristesse de tant de partisans ou de croyants, ternes et « consciencieux » qui s'appliquent ? Ils sont orthodoxes mais ils sont morts. Construits du dehors. Irréprochables reproductions de la paresse spirituelle. Savent-ils qu'ils découragent l'« étranger » de seulement considérer leur vérité, ou l'incroyant leur foi[21] ?

Le futur du catholicisme québécois ne peut pas venir à la même place que ce qu'il remplace. La continuité dans le temps est conversion de l'espace, et le changement de mentalité ne peut se réduire à la conversion morale inspirée par la méfiance comme une source de motivation et d'orientation culturelle et pastorale. Toutefois, « nous ne pouvons savoir aujourd'hui ce qui sera un jour considéré comme grand et important, ou médiocre et ridicule. [...] Il se peut aussi que cette vie d'aujourd'hui dont nous prenons notre parti, soit un jour considérée comme étrange, inconfortable, sans intelligence, insuffisamment pure et, qui sait, même, coupable[22]. »

21. *Ibid.*, p. 48.
22. Anton Tchekhov, cité en exergue à A. Ernaux, *Les années*, Paris, Gallimard, 2008.

Deuxième partie

Les métamorphoses du socioreligieux

CHAPITRE 6

PERMANENCE ET RECOMPOSITION DE LA « RELIGION CULTURELLE »

Aperçu socio-historique du catholicisme québécois (1970-2006)[1]

E.-Martin Meunier, Jean-François Laniel et Jean-Christophe Demers

INTRODUCTION

Le Québec contemporain représente un défi considérable pour la sociologie des religions. En moins d'un siècle, il est passé d'un monolithisme catholique à une forme de pluralisme religieux et connaît, depuis la fin de la Seconde Guerre mondiale, les effets du vaste processus de sécularisation qui aurait frappé l'Occident au XXe siècle[2]. Cette transformation socioreligieuse s'est effectuée très

---

1. Cet article a bénéficié du financement du groupe de recherche « Modernité et religion au Québec. Explorations heuristiques à partir de l'œuvre de Marcel Gauchet » (Projet CRSH 2004-2007, chercheur principal : Robert Mager) et du programme de recherche « Vers une sortie de la religion culturelle des Québécois ? » (Projet CRSH 2008-2011, chercheur principal : E.-Martin Meunier). Nous tenons à remercier Robert Mager et Serge Cantin pour leur aide et leurs suggestions à l'édition de ce texte. Nous tenons, de plus, à remercier Sarah Wilkins-Laflamme, étudiante au programme de maîtrise en sociologie à l'Université d'Ottawa, ainsi que Nathalie Gagnon.

2. Voir, parmi d'autres, Raymond Lemieux et Micheline Milot (dir.), *Les croyances des Québécois. Esquisses pour une approche sociologique*, Québec, Université Laval, Groupe de recherches en

rapidement, laissant croire à un écroulement du catholicisme québécois. Pourtant, depuis la Révolution tranquille, plusieurs indicateurs socioreligieux donnent à voir un Québec partagé, où, malgré une laïcisation effective de la société, une proportion considérable de citoyens semble encore attachée à l'Église catholique. Arrivant au troisième rang des provinces canadiennes les moins assidues à la messe dominicale, le Québec était pourtant, en 2001, au troisième rang des provinces quant au nombre de personnes se déclarant volontiers appartenir à une religion (dont 83,5 % de catholiques) et au huitième rang en ce qui a trait au nombre de celles se disant « sans religion ». Le tout dans une nébuleuse de croyances religieuses anciennes, exogènes ou nouvelles, où sondages et enquêtes semblent indiquer que le corpus de croyances des Québécois, entrés dans un « Nouvel Âge », semble plus que jamais pluriel, multiple et ouvert à la diversité des horizons, des provenances et des potentialités[3]. Dans son article-phare « Le catholicisme québécois : une question de culture[4] », le sociologue Raymond Lemieux proposait qu'il n'était pas étonnant « que la pratique des rites intégrateurs [...] n'ait pas connu de chute comparable à celle de la pratique dominicale. Se dessin[ait, selon lui] un catholicisme paradoxal, puisqu'il ne se conjug[uait] plus à une vie religieuse quotidienne bien qu'il rest[ât] toujours très enraciné dans la culture[5] ». Pour comprendre les particularités de cette situation où *habitudes de vie, valeurs, croyances, pratiques* et *appartenance* religieuses ne vont plus nécessairement de pair, Raymond Lemieux a notamment mis au jour une dimension peu connue de la religiosité des Québécois en analysant les taux de pratique sacramentelle dans l'Église. Étonnamment, malgré une baisse significative du taux de pratique dominicale et une certaine popularité des croyances exogènes au corpus catholique chez les catholiques eux-mêmes, il a

---

sciences de la religion, coll. « Les Cahiers de recherches en sciences de la religion », vol. 11, 1992 ; Reginald W. Bibby, *The Boomer Factor : What Canada's Most Famous Generation Is Leaving Behind*, Toronto, Bastian Books, 2006 ; Olivier Tschannen, *Les théories de la sécularisation*, Genève, Droz, 1992.

3. Alain Bouchard, E.-Martin Meunier, Denis Lessard et Jean-Paul Montminy, « Un portrait du Nouvel Âge. Rapport d'un sondage réalisé auprès d'élèves des niveaux secondaire, collégial et universitaire du Québec et des visiteurs du Salon du Nouvel Âge de Québec » (1991), Groupe de recherche en sciences humaines de la religion, Université Laval, octobre 1991.
4. Raymond Lemieux, « Le catholicisme québécois : une question de culture », *Sociologie et sociétés*, vol. 22, n° 2, octobre 1990, p. 145-164.
5. *Ibid.*, p. 149.

été découvert qu'il existait une certaine permanence dans la participation aux rituels de passage effectués dans et par l'Église catholique. En effet, selon lui, le baptême était alors (en 1990) demandé par près de 85 % des parents ; les rites de funérailles passaient presque invariablement par l'Église ; les mariages religieux étaient plus de trois fois plus nombreux que les mariages civils et, enfin, plus de 90 % des parents souhaitaient alors trouver un enseignement religieux au programme scolaire de leur enfant[6]. Tous ces indicateurs démontreraient une certaine persistance dans l'imaginaire des Québécois d'un besoin de se réunir autour d'une institution qui les transcende surtout par sa continuité culturelle et historique. L'Église constituait alors un des *rares lieux d'appartenance* où cohabitaient momentanément plusieurs générations et où chaque individu semblait en mesure de ressaisir son histoire de vie dans un horizon donnant un sens à une naissance, à une union ou à une mort. Ce *catholicisme culturel* constituait l'une des dernières fonctions sociales perceptibles de l'Église catholique au Québec[7]. Le *catholicisme culturel* désigne la permanence, « en tant que ressource identitaire, comme référence éthique ou encore au titre de réservoir de rites[8] », des structures symboliques (idéelles et concrètes) que les institutions religieuses « ont modelées [et qui] conserv[ai]ent, par-delà la déperdition des croyances officielles et l'affaissement des observances, une remarquable puissance d'imprégnation culturelle[9] ». Or, si ce type de catholicisme a pu perdurer durant plusieurs années au Québec, on peut se demander si les nouveaux visages du Québec et du Canada ne laissent pas deviner un nouveau pluralisme religieux transformant en profondeur les rapports entre religion et culture[10].

6. Micheline Milot, *Une religion à transmettre: le choix des parents. Essai d'analyse culturelle*, Sainte-Foy (Québec), PUL, 1991.
7. Raymond Lemieux et Jean-Paul Montminy, *Le catholicisme québécois*, Sainte-Foy (Québec), Éditions de l'IQRC, 2000. Bien que cela ne signifie pas que le catholicisme de la marge ne tiendrait plus un rôle social d'importance pour plusieurs groupes et communautés.
8. Liliane Voyé, « Religion et politique en Europe », *Sociologie et sociétés*, vol. 38, n° 1, 2006, p. 139-163.
9. Danièle Hervieu-Léger, « Pour une sociologie des "modernités religieuses multiples" : une autre approche de la "religion invisible" des sociétés européennes », *Social Compass*, vol. 50, n° 3, septembre 2003, p. 294.
10. Comme en témoignent notamment Louis Rousseau et Frédéric Castel, « Un défi de la recomposition identitaire au Québec: le nouveau pluralisme religieux », dans Jacques Palard, Alain-G. Gagnon et Bernard Gagnon (dir.) *Diversité et identités au Québec et dans les régions d'Europe*, Québec-Bruxelles, PUL – Presses interuniversitaires européennes, 2006, ainsi que de Peter Beyer, « Transformations et pluralisme : les données des recensements

Dans son livre *Catholicisme: la fin d'un monde*[11], la sociologue des religions Danièle Hervieu-Léger souligne l'ampleur de la mutation à l'œuvre qui, selon elle, pourrait toucher plusieurs pays de la catholicité. La multiplication des croyances, la personnalisation du croire, la multiplication des formes de pratiques ainsi que l'affirmation d'un certain pluralisme religieux transformeraient l'ensemble des modalités traditionnelles de l'identité religieuse[12]. À l'évidence, c'est tout ce qui se présente comme mémoire ou référence collective qui se voit ainsi bouleversé par une logique de *fragmentation* et d'*individualisation* non seulement du discours, mais de la production même du récit et du rapport à la mémoire[13].

Pour Hervieu-Léger, cette reconfiguration du rapport à la référence culturelle semble aujourd'hui provoquer un phénomène aux conséquences multiples et profondes qu'elle nomme *exculturation*, c'est-à-dire « la déliaison de l'affinité élective que l'histoire a établie en profondeur entre les représentations partagées [d'un peuple ou d'une nation] et la culture catholique[14] ». Cette déliaison changerait non seulement les aspects religieux, mais plus encore les aspects socioculturels, voire politiques – notamment en bouleversant les assises et les fondations des diverses institutions de la culture et de la nation, qui, du coup, s'en verraient transformées.

Le concept d'exculturation n'est pas synonyme de sécularisation. Il vise non pas à traiter de l'avenir de la religion dans son ensemble, moins encore de la religiosité, mais de l'étiolement de la religion culturelle et de sa part de signification et d'emprise sur les sociétés. On peut faire l'hypothèse que la religion culturelle (perceptible notamment au sein de certaines institutions et dans la permanence de certains rituels et cultes comme le baptême, le mariage et les funérailles) aurait agi comme un cran d'arrêt à la sécularisation. Comme s'il restait une forme compacte d'institutions qui ne pouvaient pas mourir parce qu'elles sont imbriquées, sinon tissées au sein même

---

de 1981 à 2000 », dans Solange Lefebvre (dir.), *La religion dans la sphère publique*, Montréal, PUM, 2005.

11. Danièle Hervieu-Léger, *Catholicisme. La fin d'un monde*, Paris, Bayard, 2003.
12. Voir, notamment, de Danièle Hervieu-Léger, *Le pèlerin et le converti. La religion en mouvement*, Paris, Flammarion, 1999 et *La religion en miettes ou la question des sectes*, Paris, Calmann-Lévy, 2001.
13. Voir Joseph Yvon Thériault et E.-Martin Meunier (dir.), *Les impasses de la mémoire. Histoire, filiation, nation et religion*, Montréal, Fides, 2007.
14. Danièle Hervieu-Léger, *Catholicisme [...]*, p. 97.

des institutions séculières. L'exculturation du catholicisme s'attaque justement aux derniers remparts d'une civilisation conjuguant le projet moderne à une forme culturelle et politique issue en partie du christianisme. Évidemment, cela se conjugue selon les modalités nationales propres à l'histoire de chaque pays. L'exculturation peut ainsi être comprise comme un changement de la configuration d'une société globale donnée, dans son *articulation* originale et historiquement fondée entre institution religieuse et culture. Cette sortie ne signifierait en rien la fin de la religion, mais la fin d'une époque ou, pour reprendre le titre de Hervieu-Léger, la fin d'un monde[15].

1. QUESTIONS ET PRÉSENTATION DU CORPUS

C'est, en amont, avec l'idée du catholicisme culturel chère à Raymond Lemieux et, en aval, avec celle de l'exculturation de Danièle Hervieu-Léger que nous avons tenté d'établir un protocole de recherche visant à identifier la teneur des principaux indicateurs de vitalité religieuse au sein du catholicisme québécois. Nos questions sont simples : y a-t-il persistance ou transformation du catholicisme culturel au Québec ? Et jusqu'à quel point, selon l'hypothèse axiale de Hervieu-Léger, le Québec serait-il en voie d'exculturation du catholicisme ? Pour ce faire, nous avons, dans un premier temps, repris l'étude des indicateurs classiques de religiosité[16], allant de l'évaluation de la pratique dominicale, des croyances et de l'appartenance religieuses, jusqu'aux indicateurs touchant le mariage catholique et le baptême[17], et ce, pour le Québec et le Canada. Dans un deuxième temps, nous avons évalué l'ensemble de ces indicateurs en les comparant de manière exploratoire à d'autres pays de la catholicité, afin de mieux saisir les spécificités du Québec en ce qui a trait au catholicisme.

Le corpus de données sur lequel repose nos résultats est très vaste. Nous ne livrons ici que les résultats préliminaires d'une enquête portant principalement sur le baptême de 1968 à 2006 et sur le mariage catholique de 1985 à 2004, au Québec et au Canada, dans les

15. L'hypothèse de Hervieu-Léger semble en résonance avec les travaux de Marcel Gauchet : voir *Le désenchantement du monde : une histoire politique de la religion*, Paris, Gallimard, 1985.
16. Voir Gabriel Le Bras, *Études de sociologie religieuse*, Paris, PUF, 1955, vol. 1 et 2.
17. Dans ce texte, nous n'analyserons pas les indicateurs cultuels que sont les funérailles, premières communions et professions de foi.

64 diocèses catholiques[18]. Les données ont été recueillies à partir des rapports annuels diocésains disponibles, avec l'aide du Service des archives de la Conférence des évêques catholiques du Canada. De plus, afin de compléter certaines données manquantes, nous avons utilisé l'*Annuaire statistique de l'Église*[19] ainsi que l'*Annuario pontificio per l'anno*[20]. Nous y avons ajouté des données complémentaires portant sur l'appartenance religieuse, sur diverses croyances endogènes et exogènes au catholicisme et sur la pratique religieuse (notamment l'indicateur de participation hebdomadaire et mensuelle à la messe dominicale). Ces données proviennent de diverses sources : *Recensements* canadiens de 1971 à 2001 ; *Enquêtes sociales générales* de 1986, 1992, 1998, 2005 et 2006, sondages *Gallup*, sondages *Canada Project* conçus par Reginald W. Bibby et autres enquêtes effectuées épisodiquement par des firmes de sondages pour les médias[21]. Pour le volet international, nous avons utilisé une multiplicité de sources, allant de celles du *World Values Surveys* de Ronald Inglehart aux *Enquêtes sur les valeurs des Européens*, en passant par l'*Annuaire statistique de l'Église catholique*[22]. L'objectif de ce texte est donc de présenter les principales statistiques portant sur le catholicisme au Québec et au Canada depuis une trentaine d'années et de réfléchir, chemin faisant, à la question de la permanence et de la recomposition du catholicisme culturel. Commençons d'abord par la portion 1970-2001, première période du Québec post Révolution tranquille.

---

18. Les éparchies et ordinats militaires n'ont pas été comptabilisés ici. Cette enquête s'inscrit dans une recherche plus large, *Vers une sortie de la religion culturelle des Québécois ? Analyse statistique des pratiques catholiques d'inscription culturelle au Québec et analyse comparative avec le Canada et l'ouest de l'Occident : baptême, mariage, funérailles (1960-2010).*
19. *Annuaire statistique de l'Église*, par Secretaria Status, Rationarium generale Ecclesiae, Rome, Vatican, 1970-.
20. *Annuario pontificio per l'anno*, par Tipografia poliglotta vaticana, Rome, Vatican, 1716-.
21. Par souci de rigueur, nous avons tenté d'assurer au mieux la validité des données – ce qui n'est pas toujours évident étant donné leur disparité, mais aussi et surtout le flottement de méthodes de cueillette de données utilisées par l'Église (variations des protocoles de collecte et des méthodes d'estimation des populations catholiques, notamment). Nous sommes toujours à travailler à la consolidation des données.
22. Nous sommes conscients que les bases de données et les indicateurs utilisés centrent surtout la recherche autour des pratiques d'inscription cultuelle à partir du catholicisme institutionnel. Ces indicateurs ne sauraient, bien sûr, mesurer à eux seuls l'ensemble de la vitalité du catholicisme québécois qui, comme en témoignent des études récentes, semble marqué par diverses expressions parallèles et par de nouvelles communautés de foi.

2. PORTRAIT STATISTIQUE (1970-2001)

2.1 La pratique religieuse

On a beaucoup insisté sur la grande différence qu'il y aurait entre le Québec et le reste du Canada. Le Québec, titrait le magazine *L'actualité* en 1992, serait la province de loin la plus postmoderne. Est-ce à dire que le Québec serait également une société distincte en matière de religion ? Le portrait de la situation paraît plus nuancé.

S'il est un indicateur qui semble donner raison aux partisans de la société distincte, c'est bien celui de la pratique religieuse. À regarder le tableau 1, on constate rapidement que, quelle que soit la fréquence, les Québécois semblent moins participer à la messe dominicale que les Canadiens résidant dans le reste du Canada (ROC).

Bien sûr, la chute de la pratique religieuse au cours des dernières décennies est un phénomène qui affecte le Canada dans son ensemble. Cependant, il est sensiblement plus marqué au Québec. À titre d'illustration, si nous nous penchons sur la comparaison de la fréquence de participation aux services religieux chez les catholiques entre les années 1986 et 1998, nous remarquons d'abord qu'au Québec, le taux de pratique hebdomadaire chez les catholiques est passé de 33,3 % à 18,7 %, alors que la baisse est beaucoup moins marquée dans le reste du Canada, passant de 40,7 % à 30,0 %. Quant à la pratique mensuelle, pour la même période, elle passe, au Québec, de 16,7 % à 10,8 % et, au Canada, elle est sensiblement plus faible, passant de 19,5 % à 16,5 %. Nous observons aussi cette tendance en ce qui a trait à la pratique annuelle[23].

23. Dans *The Boomer Factor*, Reginald W. Bibby signale une tendance similaire. Les taux de pratique religieuse mensuelle chez les catholiques, selon son sondage, montrent une diminution, de 1975 à 2005, de seulement 9 % pour le reste du Canada, tandis que pour la même période, le Québec enregistre une baisse de 27 % et passe à 24 %. Voir à cet effet Reginald W. Bibby, *op. cit.*, p. 198.

Tableau 1

Taux de participation des catholiques du Québec et du ROC à un service religieux (sauf exceptionnel), de 1986 à 1998[1]

	1986[2]	1992[3]	1998[4]
Québec			
Au moins une fois/semaine	33,3%	24,9%	18,7%
Au moins une fois/mois	16,7%	12,1%	10,8%
Au moins une fois/année	26,0%	9,5%	15,0%
ROC			
Au moins une fois/semaine	40,7%	34,2%	30,0%
Au moins une fois/mois	19,5%	16,6%	16,5%
Au moins une fois/année	19,7%	7,7%	8,2%

1. Les chiffres de l'*Enquête sociale générale* de 2005 et de celle de 2006 seront présentés plus loin.
2. Pour le Québec, n=4 565, et la marge d'erreur varie entre 1,1 % et 1,4 %, 19 fois sur 20. Pour le ROC, n=4 587, et la marge d'erreur varie entre 1,1 % et 1,4 %, 19 fois sur 20.
3. Pour le Québec, n=2 211, et la marge d'erreur varie entre 1,2 % et 1,8 %, 19 fois sur 20. Pour le ROC, n=2 110, et la marge d'erreur varie entre 1,6 % et 2,0 %, 19 fois sur 20.
4. Pour le Québec, n=2 151, et la marge d'erreur varie entre 1,3 % et 1,6 %, 19 fois sur 20. Pour le ROC, n=2 293, et la marge d'erreur varie entre 1,1 % et 1,9 %, 19 fois sur 20.

Sources: Sondages issus des *Enquêtes sociales générales* (ESG) de 1986, 1992 et 1998 de Statistique Canada.

De la même façon, il peut être intéressant de concentrer nos observations par groupes d'âge pour élucider un peu plus la structuration socio-historique de cette baisse (voir le tableau 2).

Il semble, en effet, que les taux de pratiques hebdomadaire, mensuelle et annuelle chutent plus fortement, au fil du temps, chez les groupes d'âge les plus jeunes, et ce, pour tout le Canada, bien que le Québec présente une avance indéniable dans cette progression à la baisse, les taux de participation aux services religieux atteignant 7,3 % et 7,7 % pour les pratiques hebdomadaire et mensuelle chez les 15-24 ans en 1998. Toutefois, lorsqu'on compare les taux de pratique hebdomadaire de 1986 des cohortes générationnelles, on remarque que l'écart le plus prononcé se trouve entre les 24-44 ans et les 45-64 ans, et ce, tant au Québec que dans le reste du Canada. Cette tendance semble se poursuivre 12 ans plus tard, cette fois-ci chez les 45-64 ans et les 65 ans et plus. Le point de chute initial semble se situer chez les baby-boomers, c'est-à-dire ceux qui, nés entre 1946 et 1965[24], avaient entre 21 ans et 40 ans en 1986.

24. Nous reprenons ici la périodisation des générations proposée par Bibby. Les préboomers sont ceux nés avant 1945 et les postboomers sont ceux nés après 1965. Voir Reginald W. Bibby, *op. cit.*, p. 3.

TABLEAU 2

Taux de participation à un service religieux, selon les groupes d'âge, au Québec et dans le ROC, de 1986 à 1998[1]

	1986				1998			
Québec	15-24 ans[2]	25-44 ans[3]	45-64 ans[4]	65 ans+[5]	15-24 ans[6]	25-44 ans[7]	45-64 ans[8]	65 ans+[9]
Au moins une fois/semaine	19,4 %	20,8 %	47,2 %	66,5 %	7,3 %	9,2 %	22,0 %	56,1 %
Au moins une fois/mois	18,1 %	20,2 %	15,3 %	8,5 %	7,7 %	9,5 %	15,1 %	9,4 %
Au moins une fois/année	32,9 %	31,2 %	19,6 %	8,7 %	22,7 %	19,0 %	8,9 %	4,7 %
ROC	15-24 ans	25-44 ans	45-64 ans	65 ans+	15-24 ans	25-44 ans	45-64 ans	65 ans+
Au moins une fois/semaine	25,0 %	24,3 %	36,9 %	42,0 %	24,8 %	22,7 %	29,5 %	38,7 %
Au moins une fois/mois	18,2 %	18,6 %	13,9 %	15,4 %	15,5 %	15,0 %	15,5 %	15,0 %
Au moins une fois/année	24,8 %	25.1 %	18,4 %	15,2 %	10,7 %	8,9 %	7,1 %	4,0 %

1. Les répondants, pour l'année 1986, avaient pour choix de réponse, en plus de ceux indiqués, « moins d'une fois par mois » ainsi que « jamais ». De même, les répondants de 1998 avaient pour choix de réponse, en plus de ceux indiqués, « quelques fois par mois » ainsi que « jamais ».
2. Pour le Québec, n=1 032, et la marge d'erreur varie entre 2,3 % et 2,9 %, 19 fois sur 20. Pour le ROC, n=2 524, et la marge d'erreur varie entre 1,5 % et 1,7 %, 19 fois sur 20.
3. Pour le Québec, n=2 159, et la marge d'erreur varie entre 1,7 % et 2,0 %, 19 fois sur 20. Pour le ROC, n=5 189, et la marge d'erreur varie entre 1,1 % et 1,2 %, 19 fois sur 20.
4. Pour le Québec, n=1 278, et la marge d'erreur varie entre 2,0 % et 2,7 %, 19 fois sur 20. Pour le ROC, n=3 243, et la marge d'erreur varie entre 1,2 % et 1,7 %, 19 fois sur 20.
5. Pour le Québec, n=601, et la marge d'erreur varie entre 2,2 % et 3,8 %, 19 fois sur 20. Pour le ROC, n=1 826, et la marge d'erreur varie entre 1,6 % et 2,3 %, 19 fois sur 20.
6. Pour le Québec, n=366, et la marge d'erreur varie entre 2,7 % et 4,3 %, 19 fois sur 20. Pour le ROC, n=933, et la marge d'erreur varie entre 2,0 % et 2,8 %, 19 fois sur 20.
7. Pour le Québec, n=938, et la marge d'erreur varie entre 1,8 % et 2,5 %, 19 fois sur 20. Pour le ROC, n=2 313, et la marge d'erreur varie entre 1,2 % et 1,7 %, 19 fois sur 20.
8. Pour le Québec, n=703, et la marge d'erreur varie entre 2,1 % et 3,1 %, 19 fois sur 20. Pour le ROC, n=1 691, et la marge d'erreur varie entre 1,2 % et 2,2 %, 19 fois sur 20.
9. Pour le Québec, n=355, et la marge d'erreur varie entre 2,2 % et 5,2 %, 19 fois sur 20. Pour le ROC, n=902, et la marge d'erreur varie entre 1,3 % et 3,2 %, 19 fois sur 20.

Sources : Sondages issus des ESG de 1986 et 1998 de Statistique Canada.

Le tableau 3, qui présente une évolution de la pratique mensuelle par cohorte générationnelle sur 30 ans, permet d'observer une différence marquée entre les taux de pratique mensuelle du Québec et ceux du reste du Canada, mais aussi entre chaque cohorte générationnelle.

TABLEAU 3

Taux de participation mensuelle (au moins une fois par mois) à un service religieux catholique, au Québec et dans le ROC, selon les cohortes générationnelles, de 1975 à 2005[1]

	Québec	ROC
1975	**51,0%**	**62,0%**
Préboomers	59,0%	68,0%
Boomers	31,0%	47,0%
Postboomers	---	---
1990	**39,0%**	**48,0%**
Préboomers	58,0%	60,0%
Boomers	23,0%	40,0%
Postboomers	23,0%	42,0%
2005	**24,0%**	**53,0%**
Préboomers	53,0%	66,0%
Boomers	12,0%	47,0%
Postboomers	16,0%	52,0%

1. La marge d'erreur varie entre 2,5 % et 3,0 %, 19 fois sur 20.

Source : Reginald W. Bibby, *The Boomer Factor*, p. 197 et 225.

Dans ce tableau, le chiffre en gras indique le taux de pratique total pour chaque période. Nous observons d'abord une baisse beaucoup plus prononcée et constante du côté du Québec, alors que même si le reste du Canada affiche un taux plus bas en 2005 qu'en 1975, il semble avoir enregistré une remontée au cours des 15 dernières années. Nous remarquons ensuite que le groupe des préboomers a connu une baisse relativement faible du taux de participation, et ce, pour les deux populations à l'étude. Mais pour ce qui est des babyboomers, le cas du Québec se détache nettement de celui du Canada, accusant une chute de 19 % en 30 ans, alors que le reste du Canada conserve un taux inchangé. On remarque un écart de 35 % entre la pratique des boomers du Québec et celle des boomers du ROC en 2005. L'écart est relativement semblable du côté des postboomers, dont la pratique baisse autant au Québec, alors qu'elle se maintient dans le reste du Canada, creusant une fois de plus l'écart entre les deux ensembles. La chute du taux de pratique religieuse au Québec paraît donc principalement attribuable à la génération des baby-boomers et elle semble se prolonger avec l'arrivée des postboomers[25].

Il est à noter que cette différence marquante en ce qui a trait à la pratique dominicale ou mensuelle ne touche pas les pratiques privées, comme la prière personnelle (voir le tableau 4). Celles-ci, tout comme les croyances, semblent s'articuler selon une logique de personnalisation et d'individualisation, logique à l'œuvre partout en Occident[26] et il va de soi que leur contenu demeure empreint de christianisme.

Tableau 4

Fréquence de la prière privée des catholiques, au Québec et dans le ROC, en 2002

À quelle fréquence priez-vous en privé ? Chaque...

	Jour	Semaine	Mois	Année	Jamais
Québec	31 %	20 %	9 %	21 %	19 %
ROC	30 %	31 %	9 %	14 %	16 %

Source : Reginald W. Bibby, *Restless Gods. The Renaissance of Religion in Canada*, Toronto, Stoddart Publishing, 2002, p. 159 et 161.

2.2 Les croyances

Nous pouvons observer que les croyances spirituelles ont une portée notable, tant au Québec que dans le reste du Canada. En effet, comme le démontre le tableau 5, une majorité de Québécois et de Canadiens catholiques accorde une certaine importance ou une importance forte à leurs croyances.

25. Il y aurait ici, en quelque sorte, une transmission intergénérationnelle. Voir E.-Martin Meunier, « Benoît XVI : vers un divorce entre culture québécoise et Église catholique ? », dans Michel Venne et Antoine Robitaille (dir.), *L'annuaire du Québec 2006*, Montréal, Fides, 2005, p. 135-146 ; E.-Martin Meunier, « Générations et catholicisme au Québec : quand l'esprit boomers n'a plus d'âge ? », dans François Gauthier et Jean-Philippe Perreault (dir.), *Jeunes et religion au Québec*, Québec, PUL, 2007, p. 43-60. Il est également à noter une certaine variation interrégionale de la pratique religieuse mensuelle, tel que nous le montre l'écart entre les moyennes de participation de 1989 et de 1993 d'un côté et de 1999-2000 de l'autre : - 17 % au Saguenay, - 15 % à Québec, - 13 % à Sherbrooke, - 12 % à Trois-Rivières et - 8 % à Montréal, dans Warren Clark, « Religion : évolution de la pratique religieuse », *Tendances sociales canadiennes*, nº 68, nº 11-008, printemps 2003, p. 3.

26. Danièle Hervieu-Léger, *Le pèlerin et le converti [...]*.

Tableau 5

Importance des croyances spirituelles des catholiques, au Québec et dans le ROC, en 2005[1]

Quelle importance ont vos croyances spirituelles (ou religieuses) par rapport à la façon dont vous menez votre vie ? Diriez-vous que c'est : ...

	Québec	ROC
Très important	25,3 %	42,9 %
Plutôt important	35,2 %	37,5 %
Pas très important	25,9 %	13,8 %
Pas important du tout	11,9 %	5,6 %
Non déclaré/Ne sait pas	1,6 %	0,3 %
Total	100,0 %	100,0 %

1. Pour le Québec, n=3 523, et la marge d'erreur varie entre 0,4 % et 1,6 %, 19 fois sur 20. Pour le ROC, n=4 072, et la marge d'erreur varie entre 0,7 % et 1,7 %, 19 fois sur 20.

Sources : Sondages issus de l'ESG de 2005 de Statistique Canada.

Notons toutefois que le pourcentage de catholiques du reste du Canada qui partagent cette appréciation est sensiblement plus élevé, à raison de 80,4 % (« très important » et « important » ensemble) comparativement à 60,5 % pour le Québec, alors que le pourcentage des catholiques québécois considérant la croyance comme peu ou pas du tout importante est presque deux fois plus élevé que celui des catholiques du reste du Canada. Par contre, en comparaison des indicateurs de religiosité précédemment analysés, il semble que le Québec se veut plus croyant que pratiquant, rejoignant ainsi les conclusions de la grande enquête sur les croyances des Québécois durant les années 1990[27].

Une observation attentive des croyances québécoises et canadiennes montre ce que Danièle Hervieu-Léger nomme la subjectivation du croire, laquelle s'accompagnerait d'une transformation des ensembles dogmatiques traditionnels : « individualisation et subjectivisation des croyances d'une part, "dérégulation" des systèmes organisés du croire religieux d'autre part : tels sont les deux volets inséparables de la modernité spirituelle et religieuse[28] ». Une recomposition personnelle du croire pour le conformer aux expériences et aux besoins individuels, qu'une religiosité dite authentique permet-

27. Raymond Lemieux et E.-Martin Meunier, « Du religieux en émergence », *Sociologie et sociétés*, XXV, 1, Montréal, PUM, printemps 1993, p. 125-151.
28. Danièle Hervieu-Léger, *La religion en miettes […]*, p. 123.

trait notamment de combler efficacement, conformément aux critères thérapeutiques de bien-être et d'épanouissement personnel :

> la spiritualité moderne de la réalisation de soi [...] recourt [...] très librement aux pratiques de méditation mises au point par les grandes traditions spirituelles et mystiques. Le pragmatisme s'impose donc, en même temps que l'éclectisme spirituel et intellectuel le plus ouvert. L'important est le résultat personnel obtenu par l'individu, beaucoup plus que la conformité à une vérité unifiée et absolue[29].

Tout comme pour plusieurs pays de la chrétienté occidentale[30], un bricolage des croyances (ou religion à la carte[31]) – thèse classique en sociologie des religions – s'opèrerait donc en fonction des ressources spirituelles offertes sur le marché.

Le tableau 6 présente un choix de croyances où semblent être privilégiées celles qui prônent l'épanouissement et le bien-être personnels. Le nouveau « credo » demeure cependant toujours mâtiné de plusieurs énoncés de croyances propres au christianisme. Soixante-dix pourcent des Québécois de 16 à 35 ans croient en Dieu, mais seulement 24 % à l'enfer, 19 % à la fin du monde proche, 43 % à la réincarnation et 64 % au ciel. Dans le même sondage, on apprend que 30 % des Québécois de ce groupe d'âge voient Jésus comme un modèle (contre 17 % des 16 à 35 ans du ROC) et 35 % comme le fils de Dieu (contre 55 % chez la même cohorte du ROC)[32]. L'étude comparative des croyances des jeunes du Québec et de celles des jeunes du ROC (que rend possible ce sondage) suggère néanmoins que les Québécois semblent davantage rebutés par les prescriptions contraignantes et institutionnelles. Nous y reviendrons. Malheureusement, nous ne disposons pas de recherches récentes et exhaustives portant sur leurs croyances religieuses. L'état de la recherche sur ce thème nous permet peu de comprendre la dynamique qui leur est propre. Aussi accorderons-nous une attention plus grande aux autres indicateurs religieux.

---

29. *Ibid.*, p. 88.
30. Voir *ibid.* ; Yves Lambert, « Des changements dans l'évolution religieuse de l'Europe et de la Russie », *Revue française de sociologie*, vol. 45, n° 2, 2004, ainsi que la section du présent texte consacrée à la comparaison internationale.
31. Reginald W. Bibby, *La religion à la carte*, Montréal, Fides, 1988.
32. Voir les sources du tableau 6, *supra*.

TABLEAU 6

Croyances des Québécois, des Canadiens francophones, des Canadiens catholiques et moyenne canadienne, en 2002

Croyance	Québécois	Francophones (Canada)	Catholiques (Canada)	Moyenne canadienne
En Dieu	70%	73%	83%	77%
Aux anges	56%	56%	68%	66%
Au diable	27%	22%	40%	47%
À l'enfer	24%	20%	41%	47%
Aux miracles	58%	61%	75%	74%
À la fin du monde proche	19%	21%	30%	38%
Au ciel	64%	66%	75%	73%
À Jésus	63%	66%	78%	74%
À la réincarnation	42%	40%	43%	41%

Sources: Sondage CROP, été 2002: 600 personnes de 16 à 35 ans ont été interrogées; Raymond Lemieux, «Les croyances des Québécois», conférence prononcée au Centre Saint-Charles à Sherbrooke, le 15 octobre 2002, et dans le cadre des Grandes conférences de l'Université Laval, à Québec, le 27 octobre 2002.

2.3 L'appartenance

Malgré une pratique dominicale et mensuelle très basse, les Québécois continuent néanmoins très majoritairement à se dire catholiques lors des recensements[33].

TABLEAU 7

Taux d'appartenance à la religion catholique au Québec, de 1971 à 2001[1]

1971	1981	1991	2001
83,9%	88,0%	86,0%	83,5%

1. À noter que ces totaux incluent les valeurs manquantes. À moins d'avis contraire, les autres tableaux les excluent. Sources: Ces données proviennent des *Recensements* de 1971, 1981, 1991 et 2001 de Statistique Canada.

33. Il est à noter que la question posée est celle-ci: «Quelle est la religion de cette personne? Indiquez une confession ou une religion précise, même si cette personne n'est pas pratiquante». Les citoyens n'ont pas à cocher la religion de leur choix, mais doivent plutôt inscrire en toute lettre leur appartenance confessionnelle. Seule, la valeur «sans religion» peut être cochée.

Les taux d'appartenance demeurent aussi un peu plus stables pour le Québec que pour le reste du Canada, accusant une baisse de seulement 0,4 % de 1971 à 2001. Mais ce portrait, qui fait ressortir une tendance générale, demande à être réexaminé selon l'âge des répondants. À cet effet, le tableau 8 illustre le décalage qui se creuse au fil du temps entre ceux de 44 ans et moins et ceux de 45 ans et plus.

TABLEAU 8

Taux de répondants qui se disent catholiques, par groupes d'âge, au Québec, de 1971 à 2001

	1971	1981	1991	2001
14 ans et moins	86,5 %	88,3 %	84,2 %	80,7 %
15-24	85,0 %	90,2 %	85,5 %	80,5 %
25-44	83,6 %	87,6 %	86,1 %	82,6 %
45-64	81,3 %	87,6 %	87,9 %	86,3 %
65 et plus	78,6 %	84,2 %	85,6 %	87,2 %

Sources : Les *Recensements* de 1971, 1981, 1991 et 2001 de Statistique Canada.

Il semble, au Québec, que les taux d'appartenance demeurent élevés dans tous les groupes d'âge, bien qu'ils le soient davantage chez les générations plus âgées, préboomers.

Nous avons donc voulu savoir si le maintien de tels taux, au Québec, pouvait être attribué à la position majoritaire de la religion catholique. Le tableau 9, qui présente un portrait des catholiques types, est à cet effet révélateur.

Tableau 9

Portrait des catholiques types, au Québec et dans le reste du Canada, de 1971 à 2001

Québec	1971	1981	1991	2001
Âge médian	25	29	34	39
Langue parlée à la maison: français	84,9%	87,4%	90,5%	90,6%
Langue parlée à la maison: anglais	9,6%	8,7%	5,2%	5,3%
Langue parlée à la maison: autre	5,5%	3,9%	*4,3%	*4,1%
Francophones se déclarant catholiques	96,6%	96,4%	94,4%	91,9%
ROC	**1971**	**1981**	**1991**	**2001**
Âge médian	23	27	31	36
Langue parlée à la maison: français	11,9%	11,1%	6,4%	7,7%
Langue parlée à la maison: anglais	69,9%	76,6%	78,4%	79,8%
Langue parlée à la maison: autre	12,2%	12,4%	*15,2%	*12,5%
Francophones se déclarant catholiques	---	---	94,8%	91,4%

* Inclut les individus qui disent parler anglais, français et autre.

Sources: Les *Recensements* de 1971, 1981, 1991 et 2001 de Statistique Canada.

Ce tableau confirme la nature typiquement francophone des catholiques québécois, cette tendance s'accentuant au fil des ans (de 84,9% en 1971 à 90,6% en 2001). Dans le reste du Canada, force est de constater une diminution (11,9% en 1971 et 7,7% en 2001). Si dans les tableaux 8 et 9, on peut observer un certain vieillissement de la population catholique québécoise et canadienne ainsi qu'une légère diminution du taux d'appartenance catholique chez les jeunes québécois de 15 à 24 ans (de 9,7% en 20 ans) et chez les 25 à 44 ans (de 1,0% en 20 ans), le tableau 10 montre que cette légère baisse n'aurait rien de dramatique[34]. Elle indique néanmoins une tendance à considérer lors du diagnostic d'ensemble. Jusqu'en 2001, cette diminution demeure relativement faible. En effet, lorsque l'on considère la jeune génération des Québécois parlant français à la maison, il semble que l'on assiste à une diminution beaucoup moins élevée des taux d'appartenance, historiquement et en comparaison avec leurs aînés, que ne le portent à croire les données concernant la population québécoise toutes langues confondues.

34. Les Québécois de 25 ans et moins parlant français à la maison affichent un taux d'appartenance au catholicisme de près de 90% en 2001.

Tableau 10

Taux de Québécois parlant français à la maison qui se déclarent catholiques, de 1971 à 2001

	1971	1981	1991	2001
14 ans et moins	96,8 %	95,6 %	91,9 %	89,3 %
15-24 ans	96,3 %	96,9 %	94,0 %	88,5 %
25-44	95,9 %	95,3 %	93,9 %	91,3 %
45-64	97,2 %	97,6 %	96,3 %	93,7 %
65 et plus	97,9 %	98,4 %	97,7 %	97,1 %
Total	96,6 %	96,4 %	94,4 %	91,9 %

Sources : Les *Recensements* de 1971, 1981, 1991 et 2001 de Statistique Canada.

Malgré une baisse touchant les 15-44 ans, les taux d'appartenance chez les jeunes générations de Québécois francophones demeurent toujours élevés, surtout relativement stables à travers le temps, en comparaison avec les taux de pratiques mensuelle et hebdomadaire, par exemple. En 2001, la génération des Québécois de 15-24 ans parlant français à la maison continuait à se déclarer catholique à hauteur de 88,5 %, alors que les 25-44 ans de la même cohorte se disaient catholiques à hauteur de 91,3 %, ce qui semble démontrer une certaine permanence de l'appartenance chez les nouvelles générations.

Aussi importe-t-il de noter la prépondérance du facteur socioculturel, dont la variable linguistique (le pourcentage de catholiques s'exprimant en français, en anglais et dans une autre langue à la maison) est un des indices. Si l'on se reporte au tableau 9, nous observons qu'en 2001, 90,6 % des Québécois se déclarant catholiques parlaient le français à la maison et que 91,9 % des Québécois qui parlaient le français à la maison en 2001 se déclaraient catholiques. Dans le reste du Canada francophone catholique, on observe des taux d'appartenance semblables à ceux du Québec, avec 91,4 % des francophones hors Québec qui se disent catholiques en 2001. De plus, *grosso modo*, il semble que les catholiques du Québec, comme ceux du reste du Canada, soient nés pour la grande majorité à l'intérieur de leurs ensembles géographiques respectifs. Aussi il paraît peu probable que le maintien d'une forte appartenance au catholicisme ne puisse s'expliquer que par l'immigration. Si celle-ci a son importance[35], il

35. Louis Rousseau et Frédéric Castel, *loc cit.*, et Frédéric Castel, « Progrès du catholicisme, influence de l'immigration. Les grandes tendances de l'affiliation religieuse depuis la

reste que 92,2 % des personnes se disant catholiques en 2005 déclaraient être nées au Québec – ce qui équivaut seulement à une hausse de 5 % en 34 ans[36]. On peut donc penser qu'il existe une relation intime entre les francophones du Canada et leur identité confessionnelle[37], ce qui rejoint l'hypothèse de religion culturelle chère à Raymond Lemieux. On peut se demander, compte tenu de la forte imbrication entre catholicisme, culture et langue, si le déclin de la pratique religieuse au Québec n'origine pas d'abord de facteurs identitaires. Nous y reviendrons ultérieurement.

2.4 Les mariages

Abordons maintenant certaines pratiques sacramentelles, puisque celles-ci représentent un terreau fertile d'informations quantitatives jusqu'ici trop négligé. Débutons avec le mariage, un rituel et une institution qui, de tous les indicateurs de religiosité, est celui ayant connu le plus grand changement depuis les années 1960.

TABLEAU 11

Mariages catholiques, au Québec et dans le ROC, de 1990 à 2003

	1990	2001	2002	2003
Nbre de mariages / 1 000 catholiques Québec	3,28	1,54	1,45	1,34
Nbre de mariages / 1 000 catholiques ROC1	4,50	3,33	3,02	2,83

1. Notre composition statistique exclut le Yukon, qui présente de trop grandes irrégularités statistiques pour pouvoir être incorporé dans l'ensemble canadien.

Sources : Données recomposées à partir de données partielles fournies par la Conférence des évêques catholiques du Canada (CECC) et de l'*Annuario pontificio per l'anno*, 1716-.

On observe que le taux de célébration des mariages baisse au Québec comme dans le reste du Canada et ce, en même temps, révélant sans doute un effet de cohorte générationnelle. De fait, 1990 correspond approximativement au moment où la première vague des

Seconde Guerre mondiale », dans Michel Venne (dir.), *L'annuaire du Québec 2004*, Montréal, Fides, 2003, p. 273-282.

36. Ces données proviennent de sondages issus des *Enquêtes sociales générales* (ESG) de 1986, 1998 et 2005 de Statistique Canada ainsi que des *Recensements* de 1971, 1981, 1991 et 2001.

37. D'autant plus que 97 % des Québécois, comparativement à 87 % des Canadiens du ROC, répondent non à l'idée de changer de religion. Reginald W. Bibby, *Restless Gods. The Renaissance of Religion in Canada*, Stoddart Publishing, Toronto, 2002, p. 44.

générations postboomers[38] ont dû choisir s'ils inscrivaient leur union par et dans l'Église catholique[39]. Toutefois, le Québec semble encore se profiler comme société distincte, notamment dans son rapport à l'institution du mariage.

En effet, la diminution des mariages catholiques porte à croire qu'on assisterait peut-être à un transfert des mariages catholiques vers des mariages religieux non catholiques ou encore en faveur des mariages civils. Si transfert il y a, la situation québécoise semble un peu plus complexe. À cet effet, le tableau 12 illustre la progression du nombre de mariages, civils, religieux et catholiques, enregistrés au Québec entre les années 1989 et 2004.

TABLEAU 12

Comparaison entre le nombre de mariages religieux catholiques, non catholiques et civils au Québec

	1989	1990	2000	2001	2002	2003	2004
Mariages catholiques	17 195	17 637	11 031	9 524	9 031	8 402	8 588
Mariages religieux non catholiques	6 763	5 405	6 356	5 990	6 501	6 548	5 873
Mariages civils	9 347	9 017	7 524	6 447	6 472	6 195	6 573

Sources : Les chiffres relatifs aux mariages religieux non catholiques et civils proviennent de l'Institut de la statistique du Québec, tandis que ceux relatifs aux mariages catholiques proviennent de la CECC.

Comme le montrent ces données, il semble que le phénomène, loin d'être limité au mariage catholique, affecte tous les types de mariages. On observe, de fait, qu'alors que le nombre de mariages catholiques chute de plus de la moitié, celui de mariages civils chute de plus du tiers de 1989 à 2004, passant de 9 347 à 6 573 ; le nombre de mariages religieux non catholiques reste, quant à lui, relativement stable[40]. Tout indique donc que nous sommes en présence d'un phénomène qui affecte l'institution du mariage dans son ensemble et

38. À savoir la génération qu'on nomme communément la génération X.

39. Les quelques données dont nous disposons ne couvrent malheureusement pas une période historique suffisamment exhaustive sur le plan statistique pour tracer un portrait satisfaisant et pour avancer une explication plus étoffée.

40. Stabilité explicable notamment parce que le catholicisme interdit le remariage et que, de 1989 à 2004, la population immigrante appartenant à une religion autre que le catholicisme a augmenté.

qui manifeste peut-être une remise en question plus fondamentale[41]. Le type de la première union des Québécois laisse également entrevoir une tendance analogue : au début des années 1990, 80 % d'entre eux entraient dans leur première union en union libre alors que seulement 20 % y entraient par le mariage. En comparaison, c'est 57,3 % des Canadiens qui entraient dans leur première union par le mariage[42].

Tableau 13

Répartition des femmes ayant formé une union libre, selon quatre périodes historiques, au Québec et dans le ROC

	avant 1970	1970-1979	1980-1989	1990-1995
Québec	1,3 %	6,9 %	22,3 %	30,6 %
ROC	1,3 %	2,9 %	8,8 %	14,0 %

Source : É. Lapierre-Adamcyk, C. Le Bourdais et N. Marcil-Gratton, « Vivre en couple pour la première fois. La signification du choix de l'union libre au Québec et en Ontario », *Cahiers québécois de démographie*, 28 (1-2), 1999.

L'évolution du taux d'unions libres au Québec et dans le reste du Canada illustre très bien à la fois la tendance générale et le moment où aurait été amorcé le changement. On peut concevoir qu'il y a eu un temps charnière entre le milieu des années 1980 et 1995 durant lequel explosent les unions libres, surtout au Québec (et, dans une moindre mesure, dans le ROC). Le portrait familial présentait, lors du recensement de 2001, des données analogues : c'était alors 58,2 % des familles québécoises qui étaient formées de couples mariés, comparativement à 70,5 % des familles canadiennes. Les données récentes portant sur les unions libres viennent à leur tour appuyer

41. Les taux (négatifs) d'accroissement annuel moyen sont révélateurs : de 2000 à 2004, - 4,98 % pour les mariages catholiques ; - 2,70 % pour les mariages civils ; et - 1,58 % pour les mariages religieux non catholiques. À cet effet, Liliane Voyé et Karel Dobbelaere, sociologues des religions étudiant le cas belge, ont émis l'hypothèse que le déclin pourrait être « imputable au fait que le mariage est de moins en moins effectivement un "passage" – cohabitation et vie sexuelle anticipant de façon plus ou moins progressive l'officialisation de l'union ? ». Voir Liliane Voyé et Karel Dobbelaere, « De la religion : ambivalences et distancements », dans Bernadette Bawin-Legros, Liliane Voyé, Karel Dobbelaere et Mark Elchardus (dir.), *Belge toujours. Fidélité, stabilité, tolérance. Les valeurs des Belges en l'an 2000*, Bruxelles, De Boeck et Larcier, 2001, p. 148.

42. Évelyne Lapierre-Adamcyk, Céline Le Bourdais et Nicole Marcil-Gratton, « Vivre en couple pour la première fois : la signification du choix de l'union libre au Québec et en Ontario », *Cahiers québécois de démographie*, vol. 28, n°s 1-2, 1999, p. 201.

cette hypothèse. Les données du recensement de 2006 indiquent que 34,6 % des couples québécois étaient en union libre en 2006, soit une hausse de 20 % par rapport au taux de 2001[43].

2.5 Les baptêmes

Avec les taux très bas de pratique dominicale et de mariage catholique, nous nous attendions à des baisses aussi importantes pour la pratique du baptême. Cependant, nous avons pu constater que cette baisse, illustrée ici par la courbe du taux des baptêmes pour 1 000 catholiques, était moins importante que nous n'aurions pu le supposer et qu'elle n'était nullement le seul fait du Québec.

Graphique 1

Nombre de baptêmes/1 000 catholiques, au Québec et dans le ROC, de 1968 à 2001

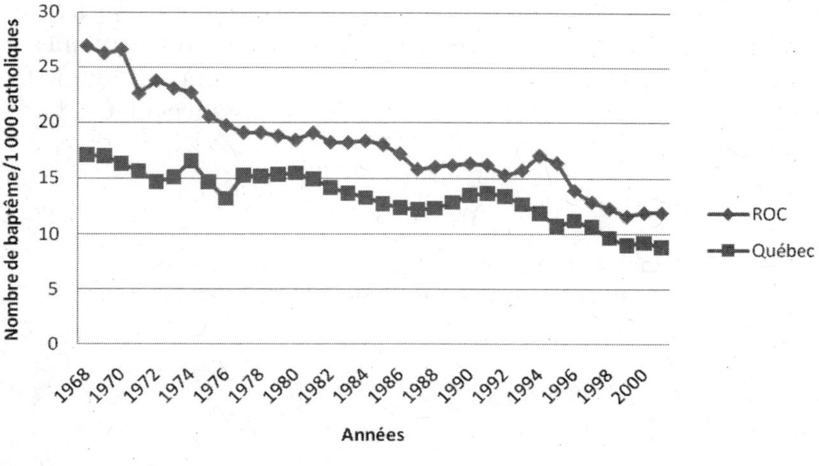

Source : L'*Annuario pontificio per l'anno*, 1716-.

En effet, depuis 30 ans, le taux des baptêmes pour 1 000 catholiques a chuté de manière considérable dans le reste du Canada, atteignant 11,86 en 2001, seuil que le Québec avait déjà amplement franchi en 1995 (avec 10,74). Il importe de souligner que le Québec, affichant des taux sensiblement plus bas que ceux du reste du Canada, partait

43. Isabelle Rodrigue, « Les Québécois, champions mondiaux de l'union libre », *Cyberpresse*, 12 septembre 2007.

également de beaucoup plus bas, avec 17 baptêmes pour 1 000 catholiques en 1968, alors que le reste du Canada affichait un taux de 27 baptêmes pour 1 000 catholiques. Le graphique 1 montre que le Québec a connu une baisse du taux des baptêmes un peu avant le Canada, annonçant ainsi une tendance générale à venir. On peut également observer un effet de cohorte générationnelle transversal au Québec, mais aussi au Canada dans son ensemble. La diminution du nombre de baptêmes, il va sans dire, demeure fortement liée à la diminution des naissances.

Devant ce taux décroissant du nombre de baptêmes pour 1 000 catholiques dans l'ensemble de la catholicité canadienne, nous nous sommes demandé si le facteur explicatif de cette diminution était essentiellement démographique, en rapport avec la baisse de la natalité, ou si la chute était plutôt attribuable au fait que les parents catholiques cessaient progressivement de faire baptiser leurs enfants. Nous avons donc entrepris de situer l'importance de l'écart entre les naissances et les baptêmes. D'abord, nous constatons que les taux d'accroissement annuel moyen des naissances et des baptêmes au Québec pour les années 1972 à 1999 révèlent une évolution fort similaire, à raison de – 0,52 % par an pour les naissances et de – 1,12 % par an pour les baptêmes.

Graphique 2

Nombre de naissances comparé au nombre de baptêmes, au Québec, de 1972 à 2001

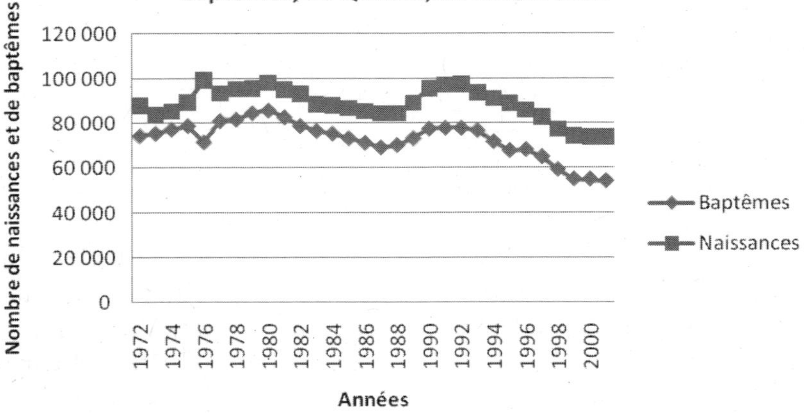

Sources : Les données sur les naissances proviennent de l'Institut de la statistique du Québec et celles sur les baptêmes, de *l'Annuario pontificio per l'anno*, 1716-.

L'évolution sensiblement parallèle des naissances et des baptêmes qu'illustre le graphique 2 porte à croire que la baisse du nombre absolu de baptêmes, pas plus que la diminution du ratio de baptêmes pour 1 000 catholiques, n'est à mettre au compte unique de la baisse du nombre de naissances[44].

Devant ces résultats, nous avons cherché à déterminer le ratio entre le nombre de naissances issues de familles catholiques et le nombre de baptêmes pour le Québec. Malheureusement, aucune donnée n'existe à ce sujet et nous avons donc entrepris d'évaluer ce taux[45].

TABLEAU 14

Ratio (brut) baptêmes/naissances au Québec, de 1981 à 2001

	1981	1991	2001
Baptêmes/naissances	87,1 %	80,3 %	73,5 %

TABLEAU 15

Ratio baptêmes / naissances, estimé en fonction du taux d'appartenance à la religion catholique chez les femmes de 14 à 45 ans, au Québec, de 1981 à 2001

	1981	1991	2001
Baptêmes/ nombre estimé de nouveau-nés catholiques	98,0 %	92,8 %	88,7 %

Sources : Les données sur la natalité proviennent de l'Institut de la statistique du Québec ; celles sur le nombre de baptêmes, de l'*Annuario pontificio per l'anno*, 1716- ; celles relatives à la population catholique de la CECC ; celles qui portent sur les femmes en âge d'avoir des enfants, des *Recensements* de 1981, 1991 et 2001 de Statistique Canada.

44. À l'évidence, les baptêmes ne sont pas le seul fait de nouveau-nés. Conversions et rapprochements tardifs sont aussi le lot des catéchumènes qui sont comptabilisés parmi les baptêmes. Ceux-ci forment cependant une proportion très minime par rapport aux nouveau-nés. En effet, ils représentaient dans le diocèse de Montréal, diocèse québécois le plus multiethnique et donc le plus propice aux conversions, à peine 0,96 %, en 1992, de l'ensemble des baptêmes, et 3,94 %, en 2002. Ils sont passés de 175 en 1992, à 239 en 1997, à 480 en 2002, puis à 466 en 2007. Ces chiffres nous ont été fournis par la chancellerie de l'Archidiocèse de Montréal.

45. Nous l'avons fait en modulant le ratio brut naissances/baptêmes au Québec par le pourcentage de femmes de 14 à 45 ans se déclarant catholiques lors des recensements. Nous avons, en fait, évalué le « nombre de naissances potentiellement catholiques » à partir du taux de femmes de 14-45 ans se déclarant catholiques au sein de la population québécoise. Toute chose étant égale, par ailleurs, nous avons postulé une fécondité similaire quelle que soit la religion de la femme – la très grande proportion de femmes se déclarant catholiques venant amoindrir les distorsions possibles.

Nous nous attendions à constater une chute marquée du nombre de naissances baptisées potentiellement catholiques, scénario qui eût été logique si l'on suppose que le baptême constitue un rite de passage marquant l'entrée dans un monde catholique dont l'indicateur de la pratique nous dénote l'effacement progressif. Or, en évaluant le nombre de naissances provenant de familles dites catholiques, nous arrivons à des taux de baptêmes très élevés, indiquant que même en 2001, près de 9 enfants sur 10, nés d'une mère se déclarant catholique, étaient baptisés à leur naissance. Notre méthode de pondération se veut bien évidemment relative, puisque nous appliquons ces taux d'appartenance à un nombre de naissances dont la confession n'est, par ailleurs, nullement indiquée dans les statistiques officielles des bureaux canadiens provinciaux ou fédéraux de statistiques. Néanmoins, même dans sa relativité, cette mesure montre une constance dans le très faible écart entre le nombre de naissances que l'on estime catholiques et le nombre effectif de baptêmes. Alors que les indicateurs de pratique et les taux de mariages baissent fortement depuis les dernières décennies, les taux de baptêmes chez les enfants catholiques demeurent, pour leur part, élevés et stables. Plusieurs hypothèses pourraient être formulées ici : du nécessaire accueil d'un enfant dans la communauté à l'absence d'un rituel alternatif, jusqu'à la permanence d'une volonté d'inscrire l'enfant au cœur d'une institution pivot de la culture du Québec francophone. La difficulté ne tient pas tant au manque d'hypothèses qu'à leur liaison avec le portrait issu des autres indicateurs (notamment ceux de la pratique dominicale et du mariage). Une interprétation holiste semble ici nécessaire.

3. UNE PREMIÈRE DISCUSSION DES DONNÉES (1971-2001)

Avec ces statistiques, nous sommes sociologiquement placés devant un « désalignement » des indicateurs traditionnels. Appartenance, croyances, pratiques et rituels sacramentaux ne coïncident plus, et ce, depuis longtemps. Cette situation, nous le verrons, n'est pas unique au Québec ; elle existe également, quoique dans une moindre mesure, dans le reste du Canada. Nul besoin de croire en tous les énoncés de croyance du catholicisme pour répondre « catholique romain » à la question 22 du recensement ; nul besoin de fréquenter assidûment la messe ou de se marier à l'église (voire de se marier tout court) pour entreprendre les démarches menant au baptême de son enfant. La cohérence d'ensemble de ces indicateurs n'a plus à voir avec une quelconque intégralité doctrinale. Déjà en 1990, Raymond Lemieux avertissait : « Quand on compare l'état actuel à la situation antérieure, quelque peu mythique, où il y aurait eu unanimité des pratiques, on ne peut que parler d'effritement, d'éclatement, voire d'effondrement. Or cette crise met en cause, essentiellement, l'*institution catholique,* [au sens de] *ce en quoi le catholicisme s'inscrit dans la culture* au niveau même des mentalités et des attitudes fondamentales des Québécois[46]. » L'articulation entre eux des indicateurs de vitalité religieuse tiendrait autant d'un nouveau régime de religiosité, comme le suggérait Danièle Hervieu-Léger[47], que d'une recomposition des modalités même de l'inscription au sein du catholicisme[48]. L'analyse des statistiques mentionnées ici (de 1971 jusqu'à 2001) nous donne à voir un phénomène qui s'apparente à une logique de cohabitation repérée il y a 15 ans[49] entre l'héritage catholique et les nouvelles croyances. L'ajout des variables du baptême et du mariage nuance toutefois plus encore le portrait. En fait, il semble se dégager une logique non pas tant binaire que ternaire, entre 1 - *les croyances,* 2 - *le mariage et la participation à la messe* et 3 - *ce qui relève de l'appartenance et du baptême.* Tout se passe comme si ces trois aspects obéissaient à des logiques indépendantes l'une de l'autre : a) une logique de la croyance qui, même si elle demeure toujours dans le giron catholique, se rapproche de plus en plus des modalités de transformation du rapport au religieux davantage personnalisées et individualisées, telles que décrites depuis plusieurs années par Willaime[50], Lambert[51], ou Bibby[52] ; b) une logique du mariage et de la pratique religieuse tenant davantage du rapport socio-historique à l'institution ; c) une logique de l'appartenance et du baptême relevant des dimensions plus culturelles et identitaires.

46. Raymond Lemieux, « Le catholicisme […] », p. 150.
47. Danièle Hervieu-Léger, *Le pèlerin et le converti* […].
48. Voir, à cet effet, Raymond Lemieux et E.-Martin Meunier, « Du religieux en émergence », p. 125-151.
49. E.-Martin Meunier et Jean Gould, « La dualité du religieux : héritage catholique et nouvelles croyances », dans Simon Langlois et Yves Martin (dir.), *L'horizon de la culture. Hommage à Fernand Dumont,* Sainte-Foy (Québec), PUL, 1995.
50. Jean-Paul Willaime, « La sécularisation : une exception européenne ? Retour sur un concept et sa discussion en sociologie des religions », *Revue française de sociologie,* vol. 47, n° 4, 2006, p. 755-783.
51. Yves Lambert, *loc. cit.*
52. Notamment, Reginald W. Bibby, *La religion à la carte.*

a) Une logique de la croyance. Comme nous avons pu le constater, les croyances, traversées de comportements multiples, sont individualisées et marquées du sceau de la *subjectivation du croire* et d'une personnalisation des contenus et des itinéraires de sens et d'inscription. Même si celles qui se rapportent au corpus catholique récoltent un bon pourcentage, elles sont aussi travaillées par un lot de croyances exogènes issues de différentes traditions, instituant une sorte de religion à la carte[53]. Cette compénétration des croyances anciennes et nouvelles semble s'instituer et devenir de plus en plus le lot de toutes les générations, comme en témoignent les dernières études de Bibby[54]. N'ayant cherché qu'à mesurer l'attraction des croyances catholiques par rapport aux autres, nous sommes ici dans l'impossibilité de comprendre la logique globale qui préside à l'adoption individuelle et collective de toutes ces croyances. Une chose est certaine : que ce soit ici ou dans le reste du Canada, nous percevons l'existence, depuis les années 1980, d'une démarche toujours plus individualisante, qui n'est pas le propre du Québec, mais qui correspond plutôt à un phénomène occidental.

b) Une logique du mariage et de la pratique religieuse. S'il est un facteur qui singularise le Québec du reste du Canada, c'est bien celui de la pratique religieuse. Comme l'a montré Reginald W. Bibby[55], sa baisse touche davantage les baby-boomers et les post-baby-boomers, au Québec comme partout au Canada. Toutefois, qu'elle soit hebdomadaire ou mensuelle, elle n'est nulle part aussi importante qu'au Québec. Certes, dès les années 1960, cette baisse y a été plus prononcée qu'ailleurs au Canada, et ce, parce que les taux partaient de plus haut. La tendance contemporaine a, malgré tout, de quoi surprendre, puisque la chute s'est poursuivie et semble toujours se poursuivre, alors qu'elle a été endiguée (du moins partiellement) ailleurs au Canada. S'il ne faut pas en remettre sur la pratique, on peut tout de même s'étonner du très faible taux de participation à la messe. Ce qui intrigue, ce n'est pas la baisse ou même la désaffection, mais la quasi-unanimité d'aujourd'hui dans cette sortie collective de la

---

53. *Ibid.*
54. Reginald W. Bibby, « La religion à la carte au Québec. Un problème d'offre, de demandes, ou des deux ? », *Globe : Revue internationale d'études québécoises*, vol. 10, n° 2 / vol. 11, n° 1, 2007-2008, p. 151-179.
55. Reginald W. Bibby, *The Boomer Factor*.

pratique catholique[56]. Cette quasi-unanimité, sinon ce nouveau conformisme, donne l'impression de relever d'une logique de mise à distance où un *rapport critique à l'institution catholique serait en jeu*. L'analyse du mariage catholique paraît relever de la même logique. Non seulement le mariage catholique est-il en chute libre – ce qui pourrait témoigner d'une hésitation à s'inscrire au sein du catholicisme que l'on perçoit peut-être ici comme contraignant –, mais en tant que champions mondiaux des unions libres, les Québécois semblent en découdre avec l'institution même du mariage. Ici encore, c'est tout le rapport à l'institution qui travaillerait la conscience collective des Québécois, notamment du foyer d'une critique partagée ou d'un commun refus de s'engager. Ce rapport trouble à l'institution n'est-il pas, en un sens, un héritage ambigu des années 1960 ? Du foyer de ses fondements personnalistes ou de ses utopies communautaires, les artisans de la Révolution tranquille et les générations suivantes semblent avoir cherché à inscrire autrement et en dehors des institutions traditionnelles l'expérience nouvelle des Québécois[57]. À la différence du baptême, pratique festive d'inscription culturelle qui serait encore très prisée, le mariage et la pratique religieuse rappelleraient peut-être un monde de contraintes, de contrôle et d'encadrement que l'on a cherché et que l'on cherche toujours à mettre en échec. En ce sens, malgré leur taux très bas, ils participeraient encore et toujours – mais d'une façon critique – à maintenir un rapport privilégié avec le catholicisme.

c) *Une logique de l'appartenance et du baptême.* Les statistiques relatives à l'appartenance et au baptême révèlent quelque chose comme une surprenante unité socioculturelle. Non seulement l'appartenance catholique est-elle restée relativement stable depuis 30 ans, mais encore faut-il constater qu'elle réunit plus de 90 % des Québécois parlant le français à la maison, selon le *Recensement* de 2001. Ce chiffre ne fléchit depuis peu qu'en y ajoutant la variable de l'âge. En effet, en 2001, 88,5 % des

56. Voir, à cet effet, Gilles Labelle, « Sens et destin de la colère antithéologique au Québec après la Révolution tranquille », dans Jacques Palard, Alain-G. Gagnon et Bernard Gagnon (dir.), *op. cit.*

57. E.-Martin Meunier et Jean-Philippe Warren, *Sortir de la « Grande noirceur ». L'horizon personnaliste de la Révolution tranquille*, Sillery, Septentrion, coll. « Cahiers du Septentrion » n° 22, 2002.

Québécois de 15 à 24 ans parlant français à la maison se sont déclarés catholiques ; 91,3 % des 25 à 44 ans de la même catégorie de population ont répondu la même chose. Il est à noter qu'on trouve ce haut taux d'appartenance dans presque toutes les strates de la société québécoise – même 90,4 % des Québécois vivant en union libre se déclaraient volontiers catholiques en 2001[58]. Or, toute la question est de savoir ce que cette identification signifie. Si l'on en juge par le taux de pratique hebdomadaire à la messe des 18-34 ans, qui était de 5 % au Québec en 2000, selon Bibby[59], il est difficile de faire de cette très forte identification au catholicisme romain quelque chose de strictement religieux. La modification du taux des baptêmes nous a également beaucoup surpris. Pensant avoir affaire au départ à une chute dramatique (ce qui est, d'une certaine façon, le cas étant donné la baisse démographique importante du nombre des naissances), nous avons été étonnés de trouver une quasi-constante dans le pourcentage d'enfants estimés catholiques qui sont baptisés. Évidemment, même si autour de 1995, l'écart se creuse entre le nombre de naissances qui seraient issues de familles catholiques et le nombre total de baptêmes, il faut souligner que ces taux estimés demeurent très élevés de 1981 à 2001 : respectivement 96 % et 91 %, ce qui est très considérable. Certes, le taux d'accroissement annuel moyen des baptêmes tend à baisser plus rapidement que celui des naissances, mais il reste étonnant de voir que l'écart entre l'un et l'autre demeure somme toute assez stable au fil du temps. Il est difficile d'interpréter la signification de la généralisation du baptême de même que son relatif maintien dans le temps. Toutefois, le fait qu'il s'agisse là d'une pratique quasi consensuelle au sein de la culture québécoise[60] n'est pas sans rapport avec l'appartenance. Rappelons que le pourcentage des enfants nés en 2001 au Québec, toutes religions confondues, par rapport au nombre de baptêmes

58. Données du *Recensement* de 2001, Statistique Canada.
59. Reginald W. Bibby, *The Boomer Factor*.
60. On sait que 85 % des 0 à 1 an qu'on déclare volontiers catholiques sont d'origine canadienne dite de souche et que 14,2 % proviennent des autres ethnies, *Recensement 2001* de Statistique Canada.

pour la même année, s'élevait tout de même à 75,4 %[61]. Affirmation socioculturelle aussi bien qu'identitaire, la logique de l'appartenance et du baptême semble ainsi relever de la dimension du *catholicisme culturel*, dont nous parlaient Raymond Lemieux[62] et d'autres sociologues, comme N. J. Demerath[63]. Au regard des autres logiques à l'œuvre, il demeure toutefois délicat d'évaluer toute la portée de ce diagnostic.

4. UNE COMPARAISON INTERNATIONALE

Si le Québec se distingue du reste du Canada sur maints indicateurs de religiosité liés au catholicisme institutionnel, il reste à le situer par rapport aux autres pays occidentaux. Loin d'épuiser le sujet, nous présentons ici quelques données préliminaires visant essentiellement à mieux spécifier la teneur et la configuration des liens entre le catholicisme et les Québécois. S'agit-il d'une configuration unique ou, au contraire, est-elle similaire à celles de quelques autres pays? Débutons par les deux référents souvent mentionnés pour tenter de situer le Québec : les cas des États-Unis et de la France. L'un et l'autre semblent exprimer les deux pôles des configurations religieuses possibles. On constate à la lecture du tableau 16, que les tendances et les configurations des divers indicateurs religieux du catholicisme québécois tranchent fortement avec celles des États-Unis et de la France.

Alors qu'au Québec le pourcentage de catholiques participant à un service religieux hebdomadaire passait de 88 % à 20 %[64] entre 1957 et 2000, aux Etats-Unis, en 2001, toutes confessions confondues, il s'élevait à 46 %, en hausse de 3 % par rapport à 1981. Au contraire, il était en baisse de 18 % en France, toutes confessions confondues, passant de 23 % en 1970 à 5 % en 1998. Par ailleurs, le taux d'appartenance religieuse québécois, avec 83,5 % de catholiques en 2001, se situait en dessous du taux d'appartenance religieuse américaine et

61. De plus, une analyse complète devrait ajouter les statistiques touchant les funérailles. Celles-ci, malgré leur commercialisation et leur laïcisation accrues, demeurent très imposantes et confirment plus encore cette tendance devant le catholicisme québécois.
62. Raymond Lemieux, « Le catholicisme [...] ».
63. N. J. Demerath, « The Rise of "Cultural Religion" in European Christianity: Learning from Poland, Northern Ireland, and Sweden », *Social Compass*, vol. 47, nº 1, mars 2000, p. 127-139.
64. Reginald W. Bibby, *Restless Gods [...]*, p. 20 et 73.

Tableau 16

Profil religieux des États-Unis et de la France

États-Unis	1970	1975	1981	1990	2001	2005
Participation hebdomadaire à un service religieux (1)	---	---	43,0%	44,0%	46,0%	---
Croyance à la vie après la mort (2)	---	75,0%	---	78,0%	---	82,0%
Croyance au ciel	---	89,0%	---	86,0%	---	81,0%
Croyance à l'enfer	---	69,0%	---	71,0%	---	70,0%
Appartenance à une religion	---	95,0%	---	91,0%	---	90,0%
Nbre de baptêmes pour 1 000 catholiques (3)	23,1	18,7	19,3	17,8	15,7	---
Nbre de mariages pour 1 000 catholiques (3)	8,9	7,8	7,0	5,9	3,9	---

France	1971	1981	1990	1999
Participation hebdomadaire à un service religieux (1)	---	11,0%	10,0%	8,0% (2001)
Croyance à la vie après la mort (2)	---	35,0%	---	39,0%
Croyance au paradis	---	26,0%	---	28,0%
Croyance à l'enfer	---	15,0%	---	18,0%
Appartenance à la religion catholique (2)	---	70,0%	---	53,0%
Nbre de baptêmes pour 1 000 catholiques (3)	14,7	11,4	9,7	8
Intention de pratiquer une cérémonie religieuse pour une naissance (2)	---	---	63,0%	60,0%
Nbre de mariages pour 1 000 catholiques (3)	6,9	4,5	3,1	2,6
Intention de pratiquer une cérémonie religieuse pour un mariage (2)	---	---	66,0%	64,0%

Sources: (1) Ronald Inglehart et Pippa Norris, *Sacred and Secular. Religion and Politics Worldwide*, New York, Cambridge University Press, 2004, p. 72. (2) Les données américaines proviennent de l'ouvrage de Reginald W. Bibby, *The Boomer Factor*, p. 205. Les données françaises sont tirées de l'article d'Yves Lambert, loc. cit., p. 312. (3) *Annuaire statistique de l'Église.*

bien au-delà du taux français. De même, les Québécois avaient un taux de 1,4 mariage pour 1 000 catholiques en 2004, taux encore une fois inférieur à celui des États-Unis et, cette fois, également inférieur à celui de la France. Cependant, lorsqu'on compare le ratio du nombre de mariages religieux québécois par rapport à tous les mariages en 2000 (69,8 %[65]) au taux français d'intention de pratiquer une cérémonie religieuse pour le mariage (64 % en 1999) on constate une fois de plus que le Québec se situait entre les États-Unis et la France. Une même distinction est observée pour le baptême, alors que le Québec enregistrait 8,9 baptêmes pour 1 000 catholiques en 2001, taux inférieur à celui des États-Unis et légèrement supérieur à celui de la France. Ce rapport différencié au baptême est confirmé par la comparaison entre le taux des intentions de pratiquer une cérémonie religieuse pour la naissance, qui s'élevait à 60 % en France en 1999, alors qu'à la même date, 74 % des Québécois faisaient baptiser leur enfant.

S'ils sont intéressants pour saisir en un coup d'œil les deux pôles d'une sécularisation culturellement différenciée, les cas états-uniens et français aident peu ou prou à situer les particularités du cas québécois. Au Québec, la chute spectaculaire aussi bien des pratiques hebdomadaire et mensuelle que du mariage catholique va de pair avec un taux élevé d'appartenance religieuse et un recours soutenu au baptême. Existe-t-il des pays qui présenteraient une configuration semblable ?

Une comparaison entre le Québec et la Grande-Bretagne, les pays scandinaves – représentés par le Danemark et la Suède – puis l'Espagne offre des pistes de réflexion intéressantes pour cerner un peu mieux le rapport québécois à la religion[66].

---

65. Voir le tableau 12.
66. Le cas de l'Irlande a été retranché en raison du très fort taux de pratique hebdomadaire. En 1999, 59 % des Irlandais se rendaient à la messe au moins une fois par semaine, 87 % se disaient catholiques, 89 % et 91 % souhaitaient, respectivement, pratiquer une cérémonie religieuse pour une naissance et pour un mariage ; le ratio du nombre de baptêmes sur 1 000 catholiques était à 13,3 et celui du nombre de mariages sur 1 000 catholiques, à 6,3. Voir Ronald Inglehart et Pippa Norris, *Sacred and Secular. Religion and Politics Worldwide*, Cambridge University Press, New York, 2004, p. 72 ; Yves Lambert, *loc. cit.*, p. 312 ; *Annuaire statistique de l'Église*.

TABLEAU 17

Profil religieux de la Grande-Bretagne

Indicateur / Année	1971	1981	1990	1999
Participation hebdomadaire à un service religieux (1)	--	14,0%	14,0%	14,0% (2001)
Participation mensuelle à un service religieux (2)	--	25,0%	--	19,0%
Appartenance à la religion majoritaire (2)	--	74,0%	--	51,0%
Nbre de baptêmes pour 1 000 catholiques (3)	25,5	17,7	17,2	14
Intention de pratiquer une cérémonie religieuse pour une naissance (2)	--	65,0%	--	55,0%
Nbre de mariages pour 1 000 catholiques (3)	10,5	7,3	5,6	3,1
Intention de pratiquer une cérémonie religieuse pour un mariage (2)	--	79,0%	--	64,0%
Croyance à la vie après la mort (2)	--	47,0%	--	43,0%
Croyance au péché (2)	--	70,0%	--	57,0%
Croyance à la reincarnation (2)	--	26,0%	--	--

Sources: (1) Ronald Inglehart et Pippa Norris, *op. cit.*, p. 72. (2) Yves Lambert, *loc. cit.*, p. 312. (3) *Annuaire statistique de l'Église.*

En effet, on observe en Grande-Bretagne des taux de participation très faibles aux services religieux, aussi bien hebdomadaires que mensuels, qui s'apparentent fortement à ceux du Québec. Le tableau 18 illustre clairement cette tendance:

TABLEAU 18

Comparaison des taux de pratique hebdomadaire en Grande-Bretagne et au Québec

Grande-Bretagne, 1999[1]	
16-24	1,0%
25-34	7,0%
35-44	9,0%
45-64	13,0%
65+	26,0%

Québec, 2000	
18-34	5,0%
35-54	9,0%
55+	35,0%

1. Les résultats sont basés sur des appels téléphoniques effectués auprès de 1 013 Britanniques adultes entre le 11 et le 18 novembre 1999. La marge d'erreur est de 4%, 19 fois sur 20.

Sources: Pour le Québec, Reginald W. Bibby, *Restless Gods. [...]*, p. 197; pour la Grande-Bretagne, Josephine Mazzuca, « Worship Call: Do U.S., Canada, Britain Answer? », sur le site Internet de *Gallup*, en ligne, <http://www.gallup.com/poll/6988/Worship-Call-US-Canada-Britain-Answer.aspx>, 15 octobre 2002, consulté le 2 août 2009, p. 4.

À regarder de près les profils religieux de chacune de ces deux sociétés, on remarque que la pratique mensuelle ainsi que les ratios du nombre de mariages sur 1 000 se ressemblent considérablement : en 2005, la pratique mensuelle québécoise était de 24 % ; en 1999, celle de Grande-Bretagne était de 19 %. Cependant, tant pour ce qui est de la pratique du baptême (55 % en 1999) que pour le taux d'appartenance (50 % en 1999), la Grande-Bretagne se rapprochait davantage du cas français, tandis que le Québec se distinguait avec un taux de pratique brut du baptême de 73,5 % en 2001 et un taux d'appartenance de 83,5 % en 2001.

C'est davantage au Danemark que l'on constate une permanence de l'appartenance religieuse couplée de pratiques cultuelles faibles – hebdomadaires et mensuelles – et de pratiques d'inscription culturelle plus élevées :

Tableau 19

Profil religieux du Danemark

	1971	1981	1990	1999
Participation hebdomadaire à un service religieux (1)	--	3,0 %	3,0 %	3,0 % (2001)
Participation mensuelle à un service religieux (2)	--	7,0 %	--	12,0 %
Appartenance à la religion majoritaire (2)	--	92,0 %	--	87,0 %
Nbre de baptêmes pour 1 000 catholiques (3)	19,8	11,7	17,4	18,4
Intention de pratiquer une cérémonie religieuse pour une naissance (2)	--	--	68,0 %	64,0 %
Nbre de mariages pour 1 000 catholiques (3)	7	3,6	4,8	4,5
Intention de pratiquer une cérémonie religieuse pour un mariage (2)	--	--	63,0 %	62,0 %
Croyance à la vie après la mort (2)	--	23,0 %	--	32,0 %
Croyance au péché (2)	--	20,0 %	--	18,0 %
Croyance à la réincarnation (2)	--	13,0 %	--	15,0 %

Sources : (1) Ronald Inglehart et Pippa Norris, *op. cit.*, p. 72. (2) Yves Lambert, *loc. cit.*, p. 312. (3) *Annuaire statistique de l'Église.*

En effet, au Danemark, l'appartenance religieuse se situait à 87 % en 1999 en baisse d'à peine 5 % depuis 1981, tandis que la pratique hebdomadaire se maintenait à 3 % depuis 1981. Il est à noter que, contrairement au Québec, la baisse de la pratique hebdomadaire au Danemark précédait de beaucoup les années 1960 (puisque dès 1981, elle se situait à 3 %) et atteignait un plancher inégalé au

Québec et dans le monde[67]. Enfin, les taux de pratiques sacramentelles du baptême et du mariage sont plutôt stables et élevés depuis 1971 au Danemark, bien plus qu'au Québec. Cependant, les intentions de mariage (62 % en 1999) et de baptême (64 % en 1999) au Danemark, d'une part, et le ratio de pratique effective au Québec, d'autre part sont semblables. On peut se demander si la tension forte que maintient le Danemark entre les rites cultuels (tel le baptême) et l'appartenance d'un côté, ainsi que la pratique religieuse de l'autre, représente l'horizon possible du Québec. Chose certaine, le Danemark n'est pas un cas isolé. La Suède présente en effet un cas de figure semblable.

Tableau 20

Profil religieux de la Suède

	1971	1981	1990	1999
Participation hebdomadaire à un service religieux (1)	--	6,0 %	4,0 %	7,0 % (2001)
Participation mensuelle à un service religieux (2)	--	13,0 %	--	9,0 %
Appartenance à la religion majoritaire (2)	--	90,0 %	--	70,0 %
Nbre de baptêmes pour 1 000 catholiques (3)	16	8,1	8,5	6,1
Intention de pratiquer une cérémonie religieuse pour une naissance (2)	--	--	54,0 %	58,0 %
Nbre de mariages pour 1 000 catholiques (3)	4,2	1,5	2,5	1,9
Intention de pratiquer une cérémonie religieuse pour un mariage (2)	--	--	57,0 %	61,0 %
Croyance à la vie après la mort (2)	--	28,0 %	--	39,0 %
Croyance au péché (2)	--	34,0 %	--	23,0 %
Croyance à la réincarnation (2)	--	15,0 %	--	19,0 %

Sources : (1) Ronald Inglehart et Pippa Norris, *op. cit.*, p. 72. (2) Yves Lambert, *loc. cit.*, p. 312. (3) *Annuaire statistique de l'Église.*

À peine 6 % de la population suédoise participait hebdomadairement à un service religieux en 1981, tandis que la même année, l'appartenance s'élevait à 90 %. Encore en 1999, 7 % de la population pratiquait hebdomadairement et, malgré une baisse marquée de l'appartenance, 70 % des Suédois s'identifiaient au protestantisme. En outre, toujours en 1999, 58 % des Suédois (en hausse depuis 1990) souhaitaient pratiquer une cérémonie religieuse pour souligner la

67. Voir, notamment, Yves Lambert, *loc. cit.*, p. 324.

naissance de leur enfant et 61 % (un pourcentage encore une fois en hausse) souhaitaient un mariage religieux. Ces taux nous rappellent ceux du Québec alors qu'en 2001, le ratio brut naissances/baptêmes catholiques atteignait 73,5 %, que 70,6 % des mariages étaient religieux et que 43,4 % des mariages étaient catholiques[68].

Or, si l'on s'en tient aux indicateurs analysés, c'est l'Espagne qui présente l'une des configurations les plus analogues à celle du Québec. En effet, les taux de pratiques cultuelles sont plus élevés que dans les pays scandinaves étudiés et les pratiques dites sacramentelles ainsi que l'appartenance y sont élevées. Les taux de pratique hebdomadaire sont semblables, avoisinant les 20 % en 1999, et ont débuté leur chute respective depuis 1981 (pour l'Espagne) et 1971 (pour le Québec). Tout comme le Québec, le taux d'appartenance s'élève au-dessus de 80 %. De même, le ratio du nombre de mariages / 1 000 catholiques est bas et en baisse constante (4,2/1 000 en 1999). Enfin, on peut voir une certaine permanence de l'intérêt pour le baptême.

TABLEAU 21

Profil religieux de l'Espagne

Indicateur / Année	1971	1981	1990	1999
Participation hebdomadaire à un service religieux (1)	---	40,0 %	29,0 %	26,0 % (2001)
Participation mensuelle à un service religieux (2)	---	54,0 %	---	36,0 %
Appartenance à la religion majoritaire (2)	---	90,0 %	---	81,0 %
Nbre de baptêmes pour 1 000 catholiques (3)	20,0	14,9	9,5	8,1
Intention de pratiquer une cérémonie religieuse pour une naissance (2)	---	---	73,0 %	75,0 %
Nbre de mariages pour 1 000 catholiques (3)	7,2	6,5	4,6	4,2
Intention de pratiquer une cérémonie religieuse pour un mariage (2)	---	---	72,0 %	72,0 %
Croyance à la vie après la mort (2)	---	55,0 %	---	40,0 %
Croyance au péché (2)	---	58,0 %	---	44,0 %
Croyance à la réincarnation (2)	---	25,0 %	---	16,0 %

Sources: (1) Ronald Inglehart et Pippa Norris, *op. cit.*, p. 72. (2) Yves Lambert, *loc. cit.*, p. 312. (3) *Annuaire statistique de l Église.*

Ainsi, le rapport québécois particulier entre appartenance et baptêmes, d'un côté, et faible participation à la messe, de l'autre,

68. Voir, à cet effet, les tableaux 12, 14 et 15.

renvoie à une configuration religieuse apparemment présente dans des cultures où existaient historiquement des liens forts, voire une certaine intrication, entre l'Église et l'État.

Comment comprendre la similitude des principaux indicateurs de vitalité religieuse entre ces quelques pays, Québec y compris? Une hypothèse tirée d'un texte du sociologue Raymond Boudon, lui-même inspiré des travaux phares de David Martin[69], est susceptible de nous aider à comprendre une part de cette configuration particulière qui semble s'articuler autour du triptyque: a) une religion culturelle (marquée par une forte identification et un fort taux de baptême), b) une subjectivation du croire (décelable dans la pluralité des croyances adoptées) et c) un rapport critique à l'institution (marqué par un faible taux des mariages et de la participation à la messe)[70]. Boudon proposait que «le caractère monopolistique ou concurrentiel de l'offre religieuse» pouvait «expliquer les différences internationales en matière de sécularisation[71]». Bref, et dans un langage propre à la sociologie des religions, il affirme que les pays ayant peu ou pas connu de pluralisme religieux auraient structurellement engendré un rapport particulier à la religion dominante. Ce rapport, qui en serait un d'*amour/haine* ou d'ambivalence à l'égard de la religion, serait tel que la religion demeurerait culturellement un lieu de fondation identitaire tout en ayant la valeur de repoussoir, notamment parce qu'elle serait étroitement associée à un encadrement personnel et social jugé souvent excessif. Monopolistique, ce type de religion pourrait être le lieu de rassemblement d'une nation, mais aussi engendrer l'éloignement de la pratique religieuse, car en cas de désaccord avec son Église, le membre n'aurait d'autre choix que d'en sortir et de ne plus y participer. Cela expliquerait ainsi, d'après Boudon, l'existence de l'un et de son contraire au cœur des pays structurés par une religion monopolistique, comme le furent, entre autres, la Suède, le Danemark, la Grande-Bretagne, l'Espagne et le Québec. À l'évidence, et suivant les paramètres examinés dans cette section, la teneur structurelle de cette relation peut néanmoins

---

69. Voir, notamment, David Martin, *A General Theory of Secularization*, Oxford, B. Blackwell, 1978.
70. Voir la conclusion de la partie B.
71. Raymond Boudon, *Déclin de la morale? Déclin des valeurs?*, Montréal, Éditions Nota Bene / CEFAN, 2002, p. 47.

varier selon la singularité des cas analysés, et, peut-être aussi, selon l'époque[72].

Il est fort intéressant de constater l'existence d'une structure qui n'est pas propre au seul cas québécois. Non seulement cela relativise-t-il la portée des statistiques analysées jusqu'ici, mais cela inscrit la question religieuse du Québec dans une problématique plus large, celle de la sécularisation et de la modernité, bien sûr, mais aussi celle de la teneur des rapports entre majoritaires et minoritaires et celle de la définition des rapports entre Église et État.

5. DU « TOURNANT 2001 » À NOS JOURS : VERS L'EXCULTURATION DU CATHOLICISME ?

Une question demeure : un tel rapport à la religion peut-il durer longtemps ? Ne survient-il pas un moment où la tension paradoxale entre tous ces indicateurs finit par se relâcher, provoquant ainsi l'accélération du processus d'exculturation ? Prévoir l'avenir est toujours présomptueux ; en revanche, décrire et analyser les tendances – entre autres chez les jeunes – demeure un moyen utile pour entrevoir l'avenir de la religion culturelle au Québec. Un bref retour sur les indicateurs religieux pour la période qui va de 2001 jusqu'à aujourd'hui[73] favorise une meilleure compréhension de la contribution des générations « X » et « Y », générations post-baby-boom, nées entre 1965 et 1990. Il s'agira de voir si, et en quoi, l'entrée en scène de ces nouvelles générations – notamment la plus récente – est susceptible de remettre en question le maintien et la reproduction de la religion culturelle et d'entreprendre une transformation, ou une rupture, de la *tension paradoxale* de la modernité religieuse québécoise[74].

Débutons avec l'appartenance au catholicisme.

---

72. La religiosité de certains pays n'est cependant pas expliquée par le schéma boudonnien du rapport amour/haine en modernité dans les cas de religion monopolistique. L'Irlande, comme la Pologne, semblent être des exemples où la religion monopolistique pourrait perdurer et ce, sans rapport amour/haine. Dans ces pays, de suggérer David Martin, le déploiement du rapport amour/haine pourrait être momentanément retardé, le temps d'un conflit national, où les traits et les institutions à fortes dimensions identitaires et culturelles seraient mobilisés. Voir, notamment, David Martin, *op. cit.*

73. Il est à noter qu'en raison de contraintes statistiques, les années présentées seront tantôt 1998 et 2001 et tantôt 2005 et 2006.

74. À savoir un rapport « d'amour/haine » vis-à-vis de la religion catholique caractérisé, d'un côté, par une pratique cultuelle très basse, des mariages à la baisse et des croyances religieuses hétéroclites et, de l'autre, par une appartenance et des rites du baptême élevés.

TABLEAU 22

Taux d'appartenance à la religion catholique au Québec, de 1971 à 2006[1]

1971	1981	1991	2001	2005[2]	2006[3]
83,90%	88,00%	86,00%	83,50%	75,40%	77,90%

1. À noter que les totaux incluent les valeurs manquantes. À moins d'avis contraire, les autres tableaux les excluent.
2. n=4 672, et la marge d'erreur est de 1,2 %, 19 fois sur 20.
3. n=5 452, et la marge d'erreur est de 1,1 %, 19 fois sur 20.

Sources: Les *Recensements* de 1971, 1981, 1991 et 2001 ainsi que les ESG de 2005 et 2006 de Statistique Canada.

Alors que de 1971 à 2001, la proportion de Québécois se disant catholiques demeurait relativement stable – malgré une légère tendance à la baisse –, et ce, même chez les plus jeunes générations (voir le tableau 8), l'année 2001 représenterait un moment charnière marquant une accélération de la chute des taux d'appartenance au catholicisme, passant de 83,5 % cette année-là et de 80,9 % en 1998 à 75,4 % en 2005 et à 77,9 % en 2006, une chute soudaine de 5 à 6 % en cinq ans. Une telle baisse de l'appartenance au catholicisme invite à un découpage générationnel pour en préciser les modalités.

TABLEAU 23

Taux d'appartenance au catholicisme des Québécois en 1998, 2005 et 2006, selon les générations

	1998	2005	2006
Pré-baby-boomers (nés avant 1945)	82,2 %[1]	84,9 %[2]	89,9 %[3]
Baby-boomers (nés entre 1945 et 1965)	81,8 %[4]	79,5 %[5]	84,7 %[6]
X (nés entre 1965 et 1976)	78,3 %[7]	68,6 %[8]	73,2 %[9]
Y (nés entre 1976 et 1990)	78,2 %[10]	64,9 %[11]	69,1 %[12]
Total québécois	80,9 %[13]	75,4 %[14]	80,2 %[15]

1. n=766, et la marge d'erreur est de 2,7 %, 19 fois sur 20.
2. n=1 023, et la marge d'erreur est de 2,2 %, 19 fois sur 20.
3. n=1 040, et la marge d'erreur est de 1,8 %, 19 fois sur 20.
4. n=1 092, et la marge d'erreur est de 2,3 %, 19 fois sur 20.
5. n=1 761, et la marge d'erreur est de 1,9 %, 19 fois sur 20.
6. n=2 020, et la marge d'erreur est de 1,6 %, 19 fois sur 20.
7. n=488, et la marge d'erreur est de 3,7 %, 19 fois sur 20.
8. n=770, et la marge d'erreur est de 3,3 %, 19 fois sur 20.
9. n=992, et la marge d'erreur est de 2,8 %, 19 fois sur 20.
10. n=312, et la marge d'erreur est de 4,6 %, 19 fois sur 20.
11. n=1 118, et la marge d'erreur est de 2,8 %, 19 fois sur 20.
12. n=1 210, et la marge d'erreur est de 2,6 %, 19 fois sur 20.
13. n=2 660, et la marge d'erreur est de 1,5 %, 19 fois sur 20.
14. n=4 672, et la marge d'erreur est de 1,2 %, 19 fois sur 20.
15. n=5 362, et la marge d'erreur est de 1,1 %, 19 fois sur 20.

Sources: Les ESG de 1998 et 2005, de Statistique Canada.

TABLEAU 24

Taux d'appartenance au catholicisme des Canadiens, hors du Québec, en 1998, 2005 et 2006, selon les générations

	1998	2005	2006
Pré-baby-boomers (nés avant 1945)	24,2 %[1]	24,2 %[2]	26,4 %[3]
Baby-boomers (nés entre 1945 et 1965)	28,9 %[4]	28,2 %[5]	29,3 %[6]
X (nés entre 1965 et 1976)	31,5 %[7]	27,6 %[8]	28,3 %[9]
Y (nés entre 1976 et 1990)	31,3 %[10]	28,2 %[11]	27,0 %[12]
Total québécois	28,3 %[13]	27,3 %[14]	28,0 %[15]

1. n=2 282, et la marge d'erreur est de 1,8 %, 19 fois sur 20.
2. n=3 068, et la marge d'erreur est de 1,5 %, 19 fois sur 20.
3. n=3 393, et la marge d'erreur est de 1,5 %, 19 fois sur 20.
4. n=3 393, et la marge d'erreur est de 1,5 %, 19 fois sur 20.
5. n=5 438, et la marge d'erreur est de 1,2 %, 19 fois sur 20.
6. n=6 197, et la marge d'erreur est de 1,1 %, 19 fois sur 20.
7. n=1 633, et la marge d'erreur est de 2,3 %, 19 fois sur 20.
8. n=2 639, et la marge d'erreur est de 1,7 %, 19 fois sur 20.
9. n=3 391, et la marge d'erreur est de 1,5 %, 19 fois sur 20.
10. n=953, et la marge d'erreur est de 2,9 %, 19 fois sur 20.
11. n=3 779, et la marge d'erreur est de 1,4 %, 19 fois sur 20.
12. n=4 108, et la marge d'erreur est de 1,4 %, 19 fois sur 20.
13. n=8 090, et la marge d'erreur est de 1,0 %, 19 fois sur 20.
14. n=14 924, et la marge d'erreur est de 0,7 %, 19 fois sur 20.
15. n=17 089, et la marge d'erreur est de 0,7 %, 19 fois sur 20.

Sources : Les ESG de 1998 et 2005 de Statistique Canada.

Si l'on décompose notre indicateur par cohortes générationnelles, on observe que la chute soudaine (malgré une légère remontée en 2006) de l'appartenance religieuse semble attribuable à la génération des postboomers, plus précisément à la cohorte la plus jeune de cette génération, c'est-à-dire la génération « Y ». Il s'agirait là peut-être d'un phénomène proprement québécois, en ce sens que, comme le constatait ailleurs Réginald W. Bibby, l'appartenance (aussi bien au catholicisme qu'au protestantisme) se porte bien dans le reste du Canada, comme en témoigne la stabilité des taux d'appartenance au catholicisme, à hauteur de 28,3 % en 1998 et de 28 % en 2006.

TABLEAU 25

Taux d'appartenance au catholicisme des Québécois parlant français à la maison, par décade, de 1971 à 2006[1]

	1971	1981	1991	1992 (ESG)	1998 (ESG)	2001	2005 (ESG)	2006 (ESG)
0-14 ans	96,8 %	95,6 %	91,9 %	---	---	89,3 %	---	---
15-24 ans	96,3 %	96,9 %	94,0 %	94,7 %[2]	85,0 %[3]	88,5 %	70,2 %[4]	72,5 %[5]
25-44 ans	95,9 %	95,3 %	93,9 %	93,5 %[6]	92,9 %[7]	91,3 %	79,1 %[8]	83,8 %[9]
45-64 ans	97,2 %	97,6 %	96,3 %	96,3 %[10]	92,8 %[11]	93,7 %	88,8 %[12]	90,7 %[13]
65 ans et +	97,9 %	98,4 %	97,7 %	98,9 %[14]	98,1 %[15]	97,1 %	94,8 %[16]	97,4 %[17]
Total québécois[18]	96,6 %	96,4 %	94,4 %	95,2 %[19]	92,3 %[20]	91,9 %	83,5 %[21]	86,7 %[22]

1. Notons qu'il est possible que les taux d'appartenance beaucoup plus bas obtenus en 2005 et 2006 chez la plus jeune génération procèdent, en partie du moins, de la différence entre la question portant sur l'appartenance religieuse que l'on trouve dans le *Recensement de 2001*, duquel proviennent nos données de 2001, et la question sur l'appartenance que l'on trouve dans l'*Enquête sociale générale*, de laquelle proviennent nos données de 2005 et 2006. Car alors que le *Recensement de 2001* demande à la question 22: « Quelle est la religion de cette personne? Indiquez une confession ou une religion précise, même si cette personne n'est pas pratiquante », les *Enquêtes sociales générales* de 1998, 2005 et 2006 demandent plutôt: « Quelle est votre religion, si vous en avez une? ». On le comprendra, alors que la question de 2001 ouvre la voie à l'appartenance culturelle au catholicisme en soustrayant la pratique de l'appartenance, la question de 1998, 2005 et 2006 pourrait circonscrire l'appartenance à une question proprement religieuse, davantage liée à la pratique cultuelle. Dès lors, par souci de rigueur méthodologique, nous privilégierons la comparaison des années 1998, 2005 et 2006 plutôt que 2001 et 2005-2006.
2. n=357, et la marge d'erreur est de 2,3 %, 19 fois sur 20.
3. n=330, et la marge d'erreur est de 3,9 %, 19 fois sur 20.
4. n=612, et la marge d'erreur est de 3,6 %, 19 fois sur 20.
5. n=668, et la marge d'erreur est de 3,4 %, 19 fois sur 20.
6. n=893, et la marge d'erreur est de 1,6 %, 19 fois sur 20.
7. n=773, et la marge d'erreur est de 1,8 %, 19 fois sur 20.
8. n=1 338, et la marge d'erreur est de 2,2 %, 19 fois sur 20.
9. n=1 555, et la marge d'erreur est de 1,8 %, 19 fois sur 20.
10. n=588, et la marge d'erreur est de 1,5 %, 19 fois sur 20.
11. n=596, et la marge d'erreur est de 2,1 %, 19 fois sur 20.
12. n=1 347, et la marge d'erreur est de 1,7 %, 19 fois sur 20.
13. n=1 612, et la marge d'erreur est de 1,4 %, 19 fois sur 20.
14. n=270, et la marge d'erreur est de 1,2 %, 19 fois sur 20.
15. n=280, et la marge d'erreur est de 1,6 %, 19 fois sur 20.
16. n=602, et la marge d'erreur est de 1,8 %, 19 fois sur 20.
17. n=718, et la marge d'erreur est de 1,2 %, 19 fois sur 20.
18. Il est à noter que le total exclut les valeurs manquantes.
19. n=2 107, et la marge d'erreur est de 0,9 %, 19 fois sur 20.
20. n= 1 979, et la marge d'erreur est de 1,2 %, 19 fois sur 20.
21. n= 3 889, et la marge d'erreur est de 1,2 %, 19 fois sur 20.
22. n= 4 553, et la marge d'erreur est de 1,0 %, 19 fois sur 20.

Sources: Les *Recensements* de 1971, 1981, 1991 et 2001 ainsi que les ESG de 1992, 1998, 2005 et 2006, de Statistique Canada.

TABLEAU 26

Taux d'appartenance à la religion catholique des Québécois parlant le français à la maison, en 1998, 2005 et 2006, selon les générations

	1998	2005	2006
Pré-baby-boomers (nés avant 1945)	96,6 %[1]	94,6 %[2]	95,8 %[3]
Baby-boomers (nés entre 1945 et 1965)	92,1 %[4]	87,2 %[5]	90,9 %[6]
X (nés entre 1965 et 1976)	89,1 %[7]	77,6 %[8]	81,9 %[9]
Y (nés entre 1976 et 1990)	87,2 %[10]	71,2 %[11]	75,4 %[12]

1. n=565, et la marge d'erreur est de 1,5 %, 19 fois sur 20.
2. n=864, et la marge d'erreur est de 1,5 %, 19 fois sur 20.
3. n=978, et la marge d'erreur est de 1,3 %, 19 fois sur 20.
4. n=828, et la marge d'erreur est de 1,8 %, 19 fois sur 20.
5. n=1 486, et la marge d'erreur est de 1,7 %, 19 fois sur 20.
6. n=1 710, et la marge d'erreur est de 1,4 %, 19 fois sur 20.
7. n=348, et la marge d'erreur est de 3,3 %, 19 fois sur 20.
8. n=601, et la marge d'erreur est de 3,3 %, 19 fois sur 20.
9. n=799, et la marge d'erreur est de 2,7 %, 19 fois sur 20.
10. n=238, et la marge d'erreur est de 4,2 %, 19 fois sur 20.
11. n=945, et la marge d'erreur est de 2,9 %, 19 fois sur 20.
12. n=997, et la marge d'erreur est de 2,7 %, 19 fois sur 20.

Sources : Les ESG de 1998, 2005 et 2006 de Statistique Canada.

Plus encore, lorsqu'on étudie attentivement le groupe des Québécois parlant français à la maison, force est de constater là aussi une baisse prononcée de l'appartenance au catholicisme à partir de la génération Y, malgré une légère hausse entre 2005 et 2006. Alors que 92,3 % des Québécois parlant le français à la maison, tous les âges confondus, se disaient catholiques en 1998 et 91,9 % en 2001, ils étaient 83,5 % en 2005 et 86,7 % en 2006 à le faire. Mais, une fois de plus, il semble que ce déclin soit imputable au découpage générationnel. Ils étaient 85 % âgés de 15 à 29 ans parlant français à la maison à se dire catholiques en 1998 ; ils n'étaient plus que 71,2 % en 2005 et 72,5 % en 2006 – soit une baisse de 12,5 % en 8 ans[75]. Il appert ainsi que nous assistons à une rupture générationnelle, puisque 87,0 % des baby-boomers francophones se déclaraient toujours catholiques en 2005, ce qui représentait un taux sensiblement plus haut que celui que nous pouvions observer chez les « X » et, plus encore, chez les « Y ».

75. On peut penser que l'entrée dans l'âge adulte de la majorité des « Y » en 2005, en forçant la question de l'inscription au catholicisme, révéla le rapport particulier de cette génération au catholicisme québécois.

Qu'en est-il du baptême ? Comme en témoigne le graphique 3, cet indicateur apparaît lui aussi affecté par le tournant 2001, dont la particularité résiderait, soulignons-le, dans la chute accélérée et considérable de l'appartenance au catholicisme et du baptême au Québec, facteurs jusqu'alors stables et témoignant de la nature de la religion culturelle au Québec, et donc des conditions probables de son maintien.

Graphique 3

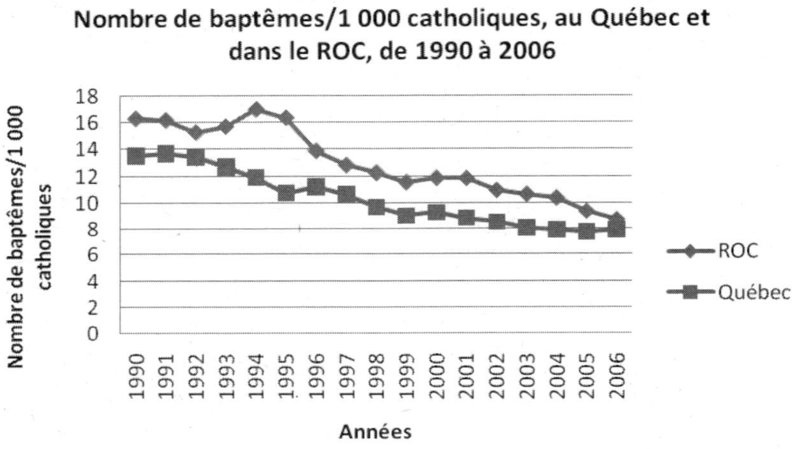

Source : L'*Annuario pontificio per l'anno*, 1716-.

Ainsi, le nombre de baptêmes pour 1 000 catholiques passe de 8,85 en 2001 à 7,74 en 2005 puis il enregistre une légère hausse en 2006. Mais c'est davantage lorsque l'indicateur du baptême est comparé aux chiffres de la natalité que la chute draconienne du nombre de baptêmes se précise. En effet, on constate au tournant de l'année 2001 (voir le graphique 4) que les courbes du nombre de naissances et du nombre de baptêmes se disjoignent et évoluent différemment, alors qu'historiquement, elles avaient progressé en parallèle. Autrement dit, la baisse des baptêmes ne semble plus être imputable uniquement à la baisse des naissances.

Graphique 4

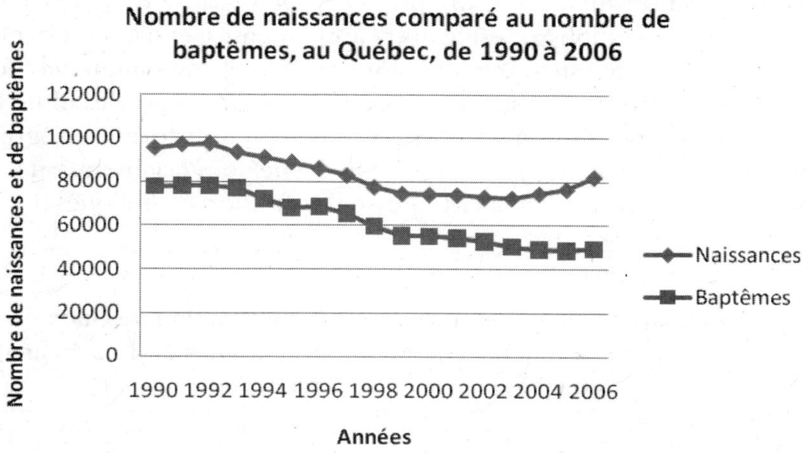

Sources: L'Institut de la statistique du Québec ainsi que de l'*Annuario pontificio per l'anno*, 1716-.

Ainsi, lorsque nous calculons le ratio brut du nombre de baptêmes/nombre de naissances, il apparaît alors qu'en 2001, 73,5 % de l'ensemble des nouveau-nés au Québec étaient baptisés; ils n'étaient plus que 63,3 % en 2005 et 59,95 % en 2006, une baisse de 13 % en seulement quatre ans (voir le tableau 27). Quant au ratio estimé du nombre de baptêmes, sur le nombre de nouveau-nés dits catholiques[76], il demeurait relativement stable pour la même période, de 2001 à 2006. Comment rendre compte de la différence tout de même assez grande entre les deux résultats en 2006, respectivement 59,9 % pour la mesure brute et 82,8 % pour l'estimé? Plusieurs facteurs peuvent intervenir, à commencer par la baisse de l'appartenance au catholicisme des plus jeunes et de la population québécoise en général, le nombre d'enfants selon le pays d'origine et les groupes d'âge, une surévaluation de l'appartenance catholique dans le calcul de l'estimé, etc. Néanmoins, on peut comprendre le haut taux estimé de nouveau-nés baptisés selon une certaine logique: on pourrait penser que les parents qui se déclarent aujourd'hui catholique persisteraient à faire baptiser leur enfant, mais que le nombre de ces nouveau-nés issus de parents catholiques diminue – faisant ainsi

76. Rappelons que cela est estimé à partir du pourcentage de femmes âgées entre 14 et 45 ans qui se déclarent catholiques.

baisser le ratio brut (calculé sur la population totale du Québec). On pourrait penser que, pour une proportion croissante de Québécois issus de la génération Y, c'est le duo « appartenance et baptêmes » qui serait remis en question, ce que montrerait la chute simultanée des taux des deux indicateurs. Ainsi, ce qui débuta par une sortie cultuelle de la religion pour les baby-boomers semble se transformer progressivement en une sortie de la religion culturelle pour la génération des postboomers socialisée à la critique de l'institution catholique[77].

TABLEAU 27

Ratio baptêmes / naissances, (estimé en fonction des taux d'appartenance à la religion catholique des femmes de 14 à 45 ans), au Québec, en 2001, 2005 et 2006

Données / Année	2001	2005	2006
Baptêmes/naissances	73,5 %	63,3 %	59,9 %
Baptêmes/nouveaux-nés de mères catholiques (estimé)	88,7 %	92,4 %[1]	82,8 %[2]

1. Pour cette estimation, il est à noter que l'ESG 2005 permet de cibler les femmes âgées entre 15 et 44 ans ; pour le recensement de 2001, on parle plutôt des femmes âgées entre 14 et 45 ans. n=1 162, et la marge d'erreur est de 2,6 %, 19 fois sur 20.
2. n=2 915, et la marge d'erreur est de 1,4 %, 19 fois sur 20.

Sources : Statistique Canada. Tableau 051-0004. Composantes de l'accroissement démographique, Canada, provinces et territoires, données annuelles (personnes) (tableau), CANSIM (base de données), E-STAT (distributeur) le site Internet de *Statistique Canada*, en ligne, <http://cansim2.statcan.gc.ca/cgi-win/CNSMCGI.PGM>, consulté le 3 mars 2008 ; Institut de la statistique du Québec ; *Annuario pontificio per l'anno*, 1716- ; Recensement de 2001 ; Enquête sociale générale de 2005 ; Enquête sociale générale de 2006.

Hypothèse forte quant au rapport de la nouvelle génération Y au catholicisme culturel, dont il faut néanmoins, pour le moment du moins, nuancer la portée. En effet, la génération Y, en 2006, s'identifiait toujours majoritairement au catholicisme (69,1 %) et, plus encore, parmi les francophones (75,4 %). Ajoutons à cela que 59,9 % de l'ensemble des nouveau-nés québécois nés en 2006 étaient baptisés et que le taux estimé de nouveaux-nés dits catholiques baptisés s'élève à 82,8 % (calculé à partir de l'appartenance catholique des femmes âgées entre 14 et 45 ans).

77. Cette hypothèse demeure, bien sûr, à étayer. Les statistiques du recensement de 2010 confirmeront ou infirmeront cette tendance.

Pour ce qui est des indicateurs de vitalité historiquement plus faibles, tels la pratique religieuse et le mariage, constatons que la chute se poursuit et atteint désormais des planchers inégalés. En effet, la participation aux cérémonies religieuses poursuit son déclin, et ce, autant au Québec que dans le reste du Canada. Précisons cependant que le nombre de mariages pour 1 000 catholiques demeure beaucoup plus élevé dans le ROC, affichant des taux presque deux fois plus élevés que ceux du Québec.

Tableau 28

Comparaison du nombre de mariages/1 000 catholiques entre le Québec et le ROC de 1990 à 2003

	1990	2001	2002	2003
Nbre de mariages / 1 000 catholiques Québec	3,28	1,54	1,45	1,34
Nbre de mariages / 1 000 catholiques ROC	4,50	3,33	3,02	2,83

Sources: Données recomposées à partir de données partielles fournies par la CECC et l'*Annuario pontificio per l'anno*, 1716-.

Aux tableaux 29 et 30, on constate, entre autres, que l'entrée en scène des générations X et Y, tant au Québec que dans le reste du Canada, accentue la chute des taux de pratiques religieuses hebdomadaire et mensuelle. Et, encore une fois, la génération Y se distingue par son absence aux services religieux hebdomadaires, y allant deux fois moins que la génération des baby-boomers au Québec et dans le ROC en 2006. Au Québec, cela atteint un taux plancher de 4,1 % et de 3 % selon un sondage CROP[78]. Notons que les taux de participation à la messe hebdomadaire des « Y » en 2006 dans le ROC (14,7 %) demeurent trois fois plus élevés qu'au Québec, pour la même période et la même cohorte. Enfin, on peut penser que la pratique hebdomadaire des « Y » en 1998, comparativement plus élevée que celle des « X », pourrait s'expliquer par le fait qu'ils n'avaient alors qu'entre 15 et 22 ans. L'entrée à l'âge adulte et la nécessité de choisir le rapport au catholicisme auraient confirmé une certaine rupture « post-baby-boomers » et le rejet par un nombre élevé de « Y » de la pratique cultuelle ordinaire ainsi que de l'appartenance et des rites de passage catholiques.

78. Sondage CROP, « La culture religieuse au Québec », 4-11 juin 2008, n=500, et la marge d'erreur est de 4 points, 19 fois sur 20.

Soulignons également le rapport particulier aux valeurs de la génération Y, se distinguant une fois de plus des générations précédentes par le peu d'importance accordée à la religion. Les sondages publiés en septembre 2008 dans les journaux *La Presse*[79] et *Le Devoir*[80] nous apprenaient, respectivement, que 53,4 % des Québécois de 18-30 ans disaient ne pas croire en Dieu (la moyenne québécoise était de 70 % en 2002, voir le tableau 6) et que 47 % des 18-24 ans jugeaient que « les valeurs religieuses d'antan avaient été remplacées par d'autres valeurs équivalentes[81] ».

Plus encore, un sondage d'opinion CROP, réalisé en 2008 auprès des Québécois francophones catholiques, pourrait illustrer le phénomène de l'exculturation à partir de la méconnaissance des croyances catholiques orthodoxes chez ceux se déclarant pourtant catholiques : seulement 27 % des 18-34 ans interrogés savaient que le pape, selon le dogme catholique, est le successeur de saint Pierre (comparativement à 71 % des 55 ans et plus) ; 71 % des 18-34 ans interrogés savaient que, selon le dogme catholique, l'hostie consacrée représente le corps du Christ (comparativement à 87 % des 55 ans et plus) ; 35 % des 18-34 ans interrogés savaient ce que désigne la sainte Trinité (comparativement à 72 % des 55 ans et plus) ; et encore, seulement 22 % des 18-34 ans savaient à quoi sert le ciboire (comparativement à 73 % des 55 ans et plus)[82].

Dans toutes ces statistiques, on pourrait déceler le fait d'une transmission intergénérationnelle, entre boomers et postboomers, d'un certain rapport critique à l'Église, visible dans la baisse continue de la participation à la messe et dans l'accentuation de la sortie de l'institution du mariage. Mais plus que simple continuation, la génération Y augurerait une certaine rupture générationnelle, se

79. Daphné Cameron, « Et si le Québec avait moins de 30 ans? Une fracture chez les jeunes : Religion », *La Presse*, le samedi 20 septembre 2008, p. A3. « Ce sondage a été réalisé du 5 au 19 août 2008 par Segma, auprès de 608 Québécois de 18 à 30 ans. Sa marge d'erreur est de 4 %, 19 fois sur 20, davantage pour les sous-groupes. »

80. Alexandre Shields, « Des valeurs revues et corrigées », *Le Devoir*, le mardi 16 septembre 2008, p. A4-A5. « Le sondage Léger Marketing-*Le Devoir* a été effectué par téléphone auprès de 1 005 Québécois, du 13 au 17 août 2008. La marge d'erreur maximale est de plus ou moins 3,4 %, 19 fois sur 20. »

81. Nombre chutant à 41 % chez les 25-34 ans, entre 31 % et 34 % chez les 35-64 ans et à 23 % chez les 65 ans et plus. *Ibid.*

82. Et la liste se poursuit avec des résultats similaires pour toutes les connaissances du dogme catholique. Sondage CROP, « La culture religieuse au Québec », 4-11 juin 2008. n=500, et la marge d'erreur est de 4 points, 19 fois sur 20.

Tableau 29

Taux de pratique religieuse des Québécois, en 1998, 2005 et 2006, selon les générations

	Pré-baby-boomers (nés avant 1945)	Baby-boomers (nés entre 1945 et 1965)	X (nés entre 1965 et 1976)	Y (nés entre 1976 et 1990)
	1998[1]/2005[2]/2006[3]	1998[4]/2005[5]/2006[6]	1998[7]/2005[8]/2006[9]	1998[10]/2005[11]/2006[12]
Hebdomadaire	66,2 % / 31,1 % / 38,3 %	11,4 % / 7,7 % / 8,8 %	5,8 % / 5,7 % / 5,8 %	8,3 % / 5,3 % / 4,1 %
Mensuelle	10,8 % / 14,9 % / 10,8 %	12,6 % / 8,5 % / 7,2 %	8,4 % / 5,4 % / 6,1 %	8,5 % / 5,7 % / 5,1 %
Quelques fois / an	21,0 % / 19,0 % / 20,6 %	32,4 % / 27,1 % / 26,8 %	29,9 % / 27,4 % / 28,0 %	24,8 % / 14,6 % / 20,0 %
Au moins une fois / an	5,1 % / 3,3 % / 6,1 %	15,7 % / 12,3 % / 13,3 %	21,2 % / 14,0 % / 16,4 %	23,6 % / 18,6 % / 22,7 %
Pas du tout	18,2 % / 22,7 % / 24,2 %	27,8 % / 39,2 % / 43,9 %	34,7 % / 39,9 % / 43,7 %	34,8 % / 41,1 % / 48,8 %

1. n=702, et la marge d'erreur varie entre 1,6 % et 3,5 %, 19 fois sur 20.
2. n=1 025, et la marge d'erreur varie entre 1,4 % et 2,9 %, 19 fois sur 20.
3. n=1 129, et la marge d'erreur varie entre 1,8 % et 2,8 %, 19 fois sur 20.
4. n=974, et la marge d'erreur varie entre 2,0 % et 2,9 %, 19 fois sur 20.
5. n=1 759, et la marge d'erreur varie entre 1,2 % et 2,3 %, 19 fois sur 20.
6. n=2 014, et la marge d'erreur varie entre 1,2 % et 3,1 %, 19 fois sur 20.
7. n=424, et la marge d'erreur varie entre 2,2 % et 4,6 %, 19 fois sur 20.
8. n=424, et la marge d'erreur varie entre 2,2 % et 4,6 %, 19 fois sur 20.
9. n=982, et la marge d'erreur varie entre 1,5 % et 3,1 %, 19 fois sur 20.
10. n=263, et la marge d'erreur varie entre 3,3 % et 5,8 %, 19 fois sur 20.
11. n=1 117, et la marge d'erreur varie entre 1,3 % et 2,9 %, 19 fois sur 20.
12. n=1 192, et la marge d'erreur varie entre 1,2 % et 3,1 %, 19 fois sur 20.

Sources : Sondages issus des ESG de 1998, 2005 et 2006 de Statistique Canada.

TABLEAU 30

Taux de pratique religieuse du ROC, en 1998, 2005 et 2006, selon les générations

	Pré-baby-boomers (nés avant 1945)	Baby-boomers (nés entre 1945 et 1965)	X (nés entre 1965 et 1976)	Y (nés entre 1976 et 1990)
	1998[1]/2005[2]/2006[3]	1998[4]/2005[5]/2006[6]	1998[7]/2005[8]/2006[9]	1998[10]/2005[11]/2006[12]
Hebdomadaire	35,6% / 31,9% / 32,2%	24,8% / 22,3% / 20,0%	19,3% / 17,4% / 16,9%	28,8% / 14,6% / 14,7%
Mensuel	15,2% / 11,1% / 10,8%	15,3% / 13,6% / 10,9%	15,3% / 14,1% / 10,7%	14,6% / 12,4% / 9,5%
Quelques fois / an	18,9% / 16,9% / 15,5%	24,3% / 19,8% / 20,3%	28,6% / 19,4% / 19,2%	25,1% / 19,3% / 19,6%
Au moins une fois / an	4,9% / 7,8% / 6,2%	8,2% / 8,5% / 9,0%	10,6% / 9,3% / 10,2%	10,5% / 11,8% / 11,2%
Pas du tout	25,1% / 25,9% / 35,2%	27,2% / 27,8% / 39,8%	25,8% / 29,5% / 43,0%	20,8% / 28,1% / 45,0%

1. n=1 732, et la marge d'erreur varie entre 1,0% et 2,3%, 19 fois sur 20.
2. n=3 068, et la marge d'erreur varie entre 1,0% et 1,6%, 19 fois sur 20.
3. n=3 394, et la marge d'erreur varie entre 0,8% et 1,6%, 19 fois sur 20.
4. n=2 363, et la marge d'erreur varie entre 1,3% et 1,8%, 19 fois sur 20.
5. n=5 437, et la marge d'erreur varie entre 0,7% et 1,2%, 19 fois sur 20.
6. n=6 227, et la marge d'erreur varie entre 0,1% et 0,4%, 19 fois sur 20.
7. n=1 071, et la marge d'erreur varie entre 1,8% et 2,6%, 19 fois sur 20.
8. n=2 639, et la marge d'erreur varie entre 1,1% et 1,7%, 19 fois sur 20.

Sources: Sondages issus des ESG de 1998, 2005 et 2006 de Statistique Canada.

traduisant par un déclin accéléré et inédit de l'appartenance au catholicisme et par un déclin de la pratique du baptême. Cela pourrait être le signe d'une rupture possible de la *tension paradoxale* vis-à-vis de l'Église catholique. Transformation du rapport ambivalent, qui pourrait peut-être augurer, à terme, un nouveau rapport entre culture et religion. Pour l'heure, cependant, l'appartenance au catholicisme demeure toujours élevée et la pratique du baptême semble continuer à rallier une majorité des catholiques québécois, et ce, même chez la génération Y. Il faudra attendre encore quelques années avant de connaître toute l'étendue de cette tendance à la baisse.

CONCLUSION

Comment comprendre les modalités spécifiques de l'exculturation du catholicisme à la lumière de l'ensemble de ces statistiques? La configuration particulière des indicateurs classiques de vitalité catholique qui caractérise, parmi d'autres, le cas Québécois (subjectivation du croire et rapport critique à l'institution, catholicisme culturel) semble induire un type assez original d'exculturation. Rappelons que l'exculturation ne signifie aucunement la sécularisation. La déliaison effective entre une religion et la culture qu'elle a édifiée ne signe pas la fin de cette religion, ni même la fin de la culture en question, mais la fin d'un agencement historique particulier. Mais de quel agencement parlons-nous dans le cas du Québec contemporain ? Certainement pas de celui du Canada français traditionnel. Depuis la Révolution tranquille et le concile Vatican II, le catholicisme romain et le Québec semblent avoir articulé une sorte de nouveau concordat. Or, celui-ci n'a pas tenu sans quelques tensions: il aurait culturellement incorporé un rapport trouble à l'institution traditionnelle tout en reconnaissant une certaine place à la religion catholique dans le Québec moderne (notamment un certain rôle identitaire, communautaire et éducatif). C'est peut-être ce rapport trouble qui est décelable dans la configuration particulière des indicateurs de vitalité religieuse catholique. Si tel est bien le cas, il faudrait d'une certaine manière convenir qu'aurait été instituée une tension paradoxale du catholicisme au cœur même du Québec moderne. Autrement dit, l'imbrication du catholicisme et du Québec moderne tiendrait autant d'un rapport identitaire positif que d'un rapport critique à l'institution. L'exculturation du catholicisme au sein du Québec moderne pourrait ainsi provenir aussi bien d'une baisse des taux d'appartenance et de baptêmes que d'une banalisation de la question de la pratique religieuse ou, même, d'une modération de la critique de l'institution ecclésiale. Dans un cas comme dans l'autre, cela aurait pour effet de relâcher la tension paradoxale et donnerait lieu ainsi à une recomposition du lien entre culture québécoise et catholicisme.

À la lumière des dernières statistiques touchant la religion catholique et la génération Y, on peut se demander si le catholicisme culturel n'a pas été la religion d'un moment, celui de la transition d'un type de société à un autre. Auquel cas, c'est plus que l'exculturation qui serait en jeu, mais une définition de soi puisée désormais, semble-t-il, dans un ailleurs, que l'institution et l'imaginaire catholiques paraissent de moins en moins incarner. L'empreinte du « grand héritage[83] » tend à s'estomper, mais elle n'est pas encore disparue. À suivre…

83. Nous faisons ici référence au livre conçu dans la foulée de la venue de Jean-Paul II en 1984. Voir Musée du Québec, *Le Grand héritage*, Le Musée, Québec, 1984.

CHAPITRE 7

LES QUESTIONS DU PLURALISME RELIGIEUX QUÉBÉCOIS EN CE DÉBUT DE SIÈCLE

Louis Rousseau

Malgré la position donnée au thème du pluralisme religieux en ouverture d'un colloque portant le titre de *Modernité et religion au Québec*, je n'oserais tenir pour acquis qu'il s'agit là du point nodal ni tenter de résoudre à nouveaux frais l'équation à deux inconnues que composent les termes de modernité et religion aujourd'hui au Québec. J'imagine que cette détermination traversera plusieurs interventions que nous entendrons au cours de ces trois journées et qu'elle pourra être débattue jusqu'à la table ronde finale. Cette indétermination focale n'empêche absolument pas, en revanche, de considérer le thème du pluralisme comme une rue très large qu'il importe de fréquenter. Plusieurs maisons savantes y ont noble façade, du quatrième siècle impérial, qui a vu apparaître graduellement l'affirmation politique de la religion chrétienne en tant que seule religion autorisée au sein de l'État avec tolérance pour la religion juive, jusqu'à l'apparente dissolution de ce fait collectif dans nos « sociétés sorties de la religion », selon la formule de Marcel Gauchet, qui a aiguillonné les travaux du groupe de recherche hôte de notre rencontre. À leur invitation, je l'emprunterai donc.

Pour planter le décor du pluralisme à notre échelle québécoise, comparons le contexte de ce qui fut probablement le premier colloque interdisciplinaire canadien sur le pluralisme, en novembre 1972, à la situation actuelle. Comme l'écrivait le père Irénée Beaubien dans l'introduction aux Actes du symposium[1], c'est à l'appel des responsables de l'œcuménisme au Canada français que des professeurs de théologie et de sciences religieuses identifiaient le pluralisme comme « l'un des phénomènes les plus importants du temps présent », susceptible « d'influer le plus sur l'évolution spirituelle de notre époque[2] ». Ce diagnostic, posé en 1970, devait rassembler deux ans plus tard 23 participants issus de l'histoire, des sciences de l'homme, de la philosophie et de la théologie. Leur discussion d'alors n'a pas perdu toute actualité, mais c'est à la différence de contexte que je veux m'arrêter un moment. Pour les chrétiens du Québec, en 1970, tous les espoirs de renouveau issus du concile sont encore vivants. La visée politique des grands agents de la Révolution tranquille semble atteinte grâce à la transformation de l'État québécois en providence sociale et éducative. Il en va de même pour leur visée religieuse de catholiques engagés, pareillement comblée grâce à la modernisation de l'institution ecclésiale tant dans l'interprétation de la foi, grâce à la libération de la parole théologique, que dans les pratiques rituelles désencombrées du corps des dévotions populaires dénoncées depuis des siècles par les réformes protestantes. Le nouveau modèle d'Église proposé par la Commission d'étude sur les laïcs et l'Église (Dumont) semble à plusieurs parfaitement adapté pour constituer le corps social permettant la transmission de la foi séculaire dans un nouvel environnement civilisationel laïcisé et sécularisé.

Et pourtant, il suffira d'une dizaine d'années pour que la scène du pluralisme, celle d'une ouverture nouvelle de différentes traditions idéologiques fortes, se brouille complètement. En effet, les années 1970 voient non seulement se terminer l'âge d'or de la prospérité économique occidentale qui avait permis la transformation de l'État québécois, mais elles voient naître et se développer une révolution culturelle ayant pour cible le processus même de transmission générationnelle qui donne force à la réalité socioculturelle de toute tradition. Comme le résume Eric J. Hobsbawm : « La meilleure façon de comprendre la révolution culturelle de la fin du XXe siècle est […] d'y voir le triomphe de l'individu sur la société ou, plutôt, la

1. Irénée Beaubien, Charles Davis, Gilles Langevin et Roger Lapointe (dir.), *Le pluralisme. Symposium interdisciplinaire. Pluralism : Its Meaning Today*, Montréal, Fides, 1974.
2. *Ibid.*, p. 7.

rupture des fils qui, par le passé, avaient lié les êtres humains dans les tissus sociaux[3]. » Cela passe par la modification de la structure des relations familiales, l'essor d'une culture juvénile spécifique, extraordinairement puissante et de portée internationale, qui perd le contact avec les traditions particulières et devient la matrice générale des us et coutumes. Deux traits de cette culture juvénile affecteront plus particulièrement la scène du pluralisme dont nous héritons aujourd'hui : la valorisation de la culture des classes urbaines inférieures par opposition à la culture rurale et à celle des élites chargées de porter la mémoire et d'en effectuer l'interprétation ; l'opposition aux normes collectives au nom de l'autonomie sans limite du désir individuel, parfaitement instrumentalisée par l'hyperlibéralisme d'une société de consommation maintenant mondialisée.

Le processus de déconstruction des grands systèmes idéologiques et plus largement culturels semble aujourd'hui extrêmement avancé. Aucune des formes traditionnelles en Occident, y compris les systèmes quasi religieux qui ont fabriqué de larges unités sociopolitiques, ne joue aujourd'hui efficacement son rôle de régulation de sociétés entières. Au sein de celles-ci, les individus circulent entre plusieurs appartenances à des réseaux librement choisis ou rejetés, poursuivant des quêtes singulières qui obéissent à l'injonction du bonheur. À la limite, il devient impossible de parler de pluralisme tant les sujets individuels rejettent toutes les déterminations de la différence au motif de l'égalité des droits. L'Occident des droits de l'homme en vient à se définir par « l'universalisation de l'idée du semblable et la condamnation de tout ce qui divise ou sépare les hommes ». Comme si, poursuit Finkielkraut, « pour ne plus exclure qui que ce soit l'Europe devrait se défaire d'elle-même, se désoriginer, ne garder de son héritage que l'universalité des droits humains[4] ». La création d'une mémoire honteuse de la Shoah, pour la conscience européenne actuelle, ou l'évocation de la grande noirceur catholique pour le Québec, interdisent le repère d'une origine collective. Le sujet hypermoderne doit s'affirmer alors comme délié, pur fragment d'une pluralité maintenant indéfinie, « bulle d'écume »,

---

3. Eric J. Hobsbawm, *L'Âge des extrêmes. Histoire du court XXe siècle*, Paris, Éditions Complexe, coll. « Bibliothèque Complexe », 1994, p. 437.
4. Jean Birnbaum et Henri Tincq, « Juifs et chrétiens, le débat (discussion entre Paul Thibaud et Alain Filkielkraut) », *Le Monde*, 10 novembre 2007.

selon la formule poétique de Sloterdijk[5]. Ainsi se dessine-t-il en tout cas dans le regard de la pensée tragique.

L'avenue du pluralisme déboucherait-elle sur le vide par excès? Je résiste à une telle conclusion, sans posséder pour autant de réponse. Tentons d'y voir plus clair en poussant l'enquête du côté du pluralisme religieux actuel. Je propose d'interroger celui-ci à partir de ses figures démographique, culturelle, sociopolitique et, finalement, religieuse elle-même.

1. UN PLURALISME CACHÉ SOUS LES FAUSSES ÉVIDENCES DÉMOGRAPHIQUES

Si l'on considère certains indices sociodémographiques[6], le Québec du début du XXIe siècle se définit encore très majoritairement par son appartenance catholique. La faiblesse du renouvellement démographique, combinée avec la croissance du nombre de ceux qui se déclarent sans religion, n'a pas empêché l'augmentation numérique, depuis 1961, de ceux qui s'identifient comme catholiques, pas plus qu'elle n'a provoqué une baisse proportionnelle de la population catholique (83,2 %) comparable à l'effondrement accéléré de leur pratique rituelle régulière. Le premier facteur qui explique la croissance numérique des catholiques n'est guère perçu par les Québécois francophones habitués à considérer les nouveaux arrivants comme des étrangers, y compris sur le plan religieux. Et pourtant, en 2001, le nombre d'immigrants catholiques arrivés depuis 40 ans s'élevait à 324 795, soit deux fois plus que tous les immigrants non chrétiens (158 355) et presque autant que toute la population protestante. On assiste donc à une diversification ethnoconfessionelle accélérée des catholiques. Leur prédominance démographique laisse prévoir qu'une certaine proportion de la population non catholique d'arrivée récente les rejoindra dans l'avenir, du simple fait des intermariages.

Mais n'est-ce pas trop accorder à ce marqueur identitaire de l'appartenance en regard d'une évidente désaffection des pratiques rituelles régulières et de la déviance majoritaire par rapport aux

---

5. Peter Sloterdijk, *Écumes. Sphérologie plurielle*, Paris, Hachette, coll. « Pluriel philosophie », 2005.
6. Frédéric Castel, « Progrès du catholicisme, influence de l'immigration », dans Michel Venne et Roch Côté (dir.), *L'annuaire du Québec 2004*, Montréal, Fides, 2004.

normes éthiques catholiques dans le domaine des conduites personnelles? Au contraire, et d'une façon assez surprenante, certaines données suggèrent la nécessité de prendre davantage au sérieux l'affirmation d'appartenance. Alors que dans l'ensemble canadien, 8 personnes sur 10 affirment qu'elles excluent de passer à une autre tradition religieuse, au Québec, c'est 97 % des catholiques qui s'y opposent, et cela quel que soit le degré de leur pratique religieuse. La demande de rites religieux de passage (naissance, mariage, mort) demeure très forte tant chez les adolescents qui s'imaginent adultes que chez les adultes eux-mêmes où elle a augmenté depuis les années 1980. Une majorité de catholiques (55 %) se disent également disposés à s'engager davantage dans leur pratique religieuse communautaire à condition d'y trouver des bénéfices pour eux et leur famille. Bibby[7] semble donc avoir raison de conclure à l'importance négligée du facteur religieux dans la construction identitaire. La mémoire culturelle porterait encore une ouverture religieuse déterminée. Il s'agirait mois d'une « sortie de la religion », comme le proposaient les théories de la sécularisation, que d'une « entrée sélective[8] ». L'atonie et la résistance à l'innovation de l'institution catholique joueraient un rôle crucial dans le décrochage de la pratique qui singularise le Québec.

À côté d'un catholicisme qui se diversifie et joue un rôle dissimulé dans la filiation générationnelle, il convient de souligner plus largement le changement de visage du christianisme québécois lui-même. Les grandes traditions protestantes (anglicane, Église Unie, presbytérienne) qui ont introduit la diversité religieuse au Québec dès le XIXe siècle connaissent ici une baisse d'appartenance plus grande encore que dans le reste du Canada. La croissance se trouve du côté de la mouvance évangéliste, encore que celle-ci plafonne peut-être maintenant. Le changement le moins visible réside dans la montée des traditions chrétiennes orientales qui constituent actuellement le troisième groupe confessionnel en importance. Le pilier mieux connu de l'orthodoxie grecque se voit dorénavant accompagné d'autres

---

7. Reginald W. Bibby, *Restless Gods: The Renaissance of Religion in Canada*, Toronto, Stoddart, 2002, p. 48-52. Mise à jour spécifique pour le Québec dans un article du dossier de la revue *Globe* qu'ont dirigé E.-Martin Meunier et Robert Mager : « La religion à la carte au Québec. Un problème d'offre, de demande, ou des deux ? », dossier « La religion au Québec. Regards croisés sur une intrigue moderne », *Globe: Revue internationale d'études québécoises*, vol. 10, n° 2, 2007 / vol. 11, n° 1, 2008, p. 151-179.
8. Lire le texte de E.-Martin Meunier qui fournit un portrait statistique inédit dans ce livre.

Églises nationales issues surtout de l'immigration récente et qui l'égalent aujourd'hui en importance. Elles contribuent d'ailleurs à une restauration d'identités nationales tenues à l'écart durant le régime soviétique.

Lorsque les médias abordent le thème de la diversité religieuse québécoise, ils ne se réfèrent généralement pas à ce qui précède, mais visent plutôt l'arrivée de nouveaux groupes ethnoreligieux qui constituent des minorités beaucoup plus visibles, à savoir l'islam, le bouddhisme, l'hindouisme ou le sikhisme. Venant s'ajouter à la communauté juive beaucoup plus ancienne dont la majorité ashkénaze a accueilli une forte immigration de tradition sépharade à partir des années 1970, les communautés non chrétiennes composent aujourd'hui près de 5 % de la population du Québec (en comparaison, 5,6 % des Québécois se disent sans affiliation religieuse). Dans presque tous les cas, la composition de ces communautés a des traits qui les distinguent de chacune des communautés parentes qui s'agglomèrent autour des grands centres urbains comme Toronto et Vancouver. Le cas de l'islam illustre bien ce phénomène. Contrairement aux provinces anglophones du Canada où domine un islam sud-asiatique, l'islam québécois est de plus en plus à majorité magrébine avec une proportion originale de l'appartenance chiite. Soumises aux règles de l'immigration canadienne, ces populations d'appartenance islamique sont fortement scolarisées, ce qui modifie le problème de l'intégration telle qu'il se présente en France et en Angleterre, par exemple[9].

Dans le contexte récent des débats entourant la question des « accommodements raisonnables », les médias ont commencé à faire la distinction entre les deux familles principales qui composent l'islam québécois : les sunnites majoritaires (entre 74 % et 77 %) et les chiites (entre 22 % et 24 %). L'opinion ignore évidemment tout des divergences religieuses qui se sont développées historiquement entre ces deux grandes familles, sur les plans juridique (règles de la pratique), théologique et clérical. Quant aux divergences entre chiites duodécimains et septimains, elles ne sont connues que des croyants eux-

9. Pour une analyse de la diversité religieuse québécoise actuelle et de sa place dans le processus de recomposition identitaire au sein de la société québécoise, on peut lire Louis Rousseau et Frédéric Castel, « Un défi de la recomposition identitaire au Québec : le nouveau pluralisme religieux », dans Bernard Gagnon, Alain-G. Gagnon et Jacques Palard (dir.), *Diversité et identités au Québec et dans les régions d'Europe*, Québec et Bruxelles, PUL et Presses interuniversitaires européennes, 2006, p. 217-250.

mêmes, un peu comme ce qui distingue entre elles les Églises protestantes aux yeux de la majorité non protestante.

Mais si l'on veut pouvoir réfléchir au pluralisme religieux, il faut briser le schématisme trompeur des catégories utilisées par la statistique démographique usuelle, schématisme renforcé par les derniers siècles du catholicisme romain qui ont canonisé l'unité des croyances, des pratiques rituelles et des conduites en tant que caractéristique naturelle de la religion. Or, la réalité de l'islam contredit cette représentation des choses et nous force à tenir compte de la diversité interne de celui-ci.

Toutes les branches de l'islam se définissent par une mise en rapport avec les deux mêmes sources normatives que sont le Coran et la Sûnna. L'activité intellectuelle essentielle (*ijtihad*) vise à tirer des textes des règles de conduite adaptées à de nouveaux contextes. L'islam est davantage une orthopraxie qu'une orthodoxie et, de ce fait, les juristes, spécialistes de la jurisprudence (*fiqh*), prédominent sur les théologiens. Dans la branche chiite, le rôle des grands interprètes (grands ayatollahs) a été central jusqu'à aujourd'hui. Comme l'écrit Frédéric Castel[10], tout pratiquant peut et doit se choisir une référence personnelle. «Selon son inclinaison, on préférera celui qu'on estime le plus avisé en matière de jurisprudence et d'actualisation des règles islamiques [...] Le choix de sa "référence" est personnel et l'on peut en changer au cours d'une vie.» Un espace de pluralisme interprétatif existe donc de droit et de fait pour chaque individu et se dissimule sous le même respect général des cinq piliers de l'islam au sein d'assemblées de prières le plus souvent ouvertes à tous.

On pourrait croire que la même liberté d'interprétation n'existe pas au sein de la branche sunnite majoritaire, puisque les paramètres de l'interprétation des sources ont été élaborés par quatre écoles classiques qui ont terminé leur œuvre avant l'an 900. Mais la question de la réactualisation de l'interprétation de l'islam est réapparue avec force depuis le XIXe siècle et alimente des débats très actuels partout dans différents courants, dont cinq se trouvent, selon Castel[11], dans la mouvance sunnite québécoise.

10. Frédéric Castel, «La dynamique de l'équation ethnoconfessionnelle dans l'évolution récente du paysage religieux québécois. Les cas du façonnement des communautés bouddhistes et musulmanes (de 1941 à aujourd'hui)», Dép. de sciences des religions, UQÀM, Thèse présentée pour l'obtention d'un Ph. D. en sciences des religions, 2008, p. 532-533.
11. *Ibid.*, p. 535-553.

La majorité des pratiquants et des non-pratiquants appartient à un islam traditionnel ou orthodoxe. Si l'on provient directement d'un pays musulman, les manières de faire et de penser arrivent dans le bagage culturel avec tout le reste et reflètent des caractéristiques ethniques et nationales résultant d'une histoire locale soumise à la lente évolution de la tradition. Puisque souvent, l'une des quatre écoles d'interprétation domine localement, c'est celle-ci qui sert de référence. Les Québécois musulmans de ce type valorisent donc assez différemment ce que l'on appelle les cinq piliers, comme nous le révèlent nos entrevues[12]. Par ailleurs, l'appartenance au courant traditionnel n'empêche nullement une intégration au contexte québécois qui va du conservatisme au libéralisme, selon les individus.

Un deuxième courant cherche à influencer la population musulmane et lui propose un islam pieux, critique de toutes les distorsions ethnoculturelles résultant des adaptations à l'environnement séculier occidental. Le mouvement Tabligh, fondé en Inde dans les années 1920, propose donc un repli communautaire et une lecture littéraliste des textes sacrés. Il propose de restaurer une identité religieuse marquée, éloignée de toute prise de position politique dans la société d'accueil.

Le courant « salafiste », de son côté, adopte volontiers une posture sectaire, se proposant comme la seule interprétation de l'islam authentique. Il néglige, ce faisant, les traditions établies par les écoles juridiques qui font autorité dans le monde sunnite. Sa référence est Mohammad ibn Abd Al-Wahhab (1792) qui a donné son nom au wahhabisme, dont dérive le salafisme. En matière de religion, aucun compromis n'est accepté, d'où l'épithète d'intégriste. Calqués sur des modèles médiévaux, habillements et conduites salafistes, notamment ceux qui touchent à la mixité occidentale, suscitent chez les autres musulmans « des sentiments contrastés qui oscillent entre la consternation, la crainte, l'indignation ou la ridiculisation[13] ». Assez marginal dans la région montréalaise toutefois, le salafisme modéré reste ici apolitique et opposé à toute violence; aussi ne faut-il pas le confondre avec les djihadistes, qu'il accuse de déviation sectaire.

Les deux derniers courants présents au Québec prônent une relecture ouverte des sources scripturaires. Celui qui est issu de la

12. Au sein des travaux du Groupe de recherche interdisciplinaire sur le Montréal ethnoreligieux (UQÀM), Jean-René Milot pilote l'étude portant sur l'islam maghrébin.
13. Frédéric Castel, *op. cit.*, p. 543.

réaction anticoloniale animée par les Frères musulmans égyptiens (1928) contre les traditionalistes et les intellectuels « occidentalisés » propose aujourd'hui une réforme ou un renouveau de l'islam permettant de résoudre l'apparent paradoxe d'une authentique islamité et d'une citoyenneté occidentale valorisant l'humanisme, l'égalité, la liberté et la démocratie. L'historien ne peut manquer de souligner la similitude de ce courant avec ceux qui ont permis l'adaptation du catholicisme à la démocratie libérale au milieu du XXe siècle. Dans les deux cas, la fidélité à une tradition réinterprétée allait de pair avec la participation citoyenne. L'émergence de ce que l'on pourrait appeler un « islam citoyen » se joue surtout dans les migrasporas européenne et nord-américaine. Porté par une génération scolarisée, le projet de ce courant peut rejoindre par sa posture la majorité des porteurs de l'islam traditionnel ainsi que la branche chiite.

S'y ajoute finalement ce que Castel nomme « le souffle populaire du "nouveau ijtihad" » (Malek Chebel) qui rejoint des jeunes qui veulent se réapproprier leur héritage religieux sans forcément se lier au courant historique réformiste.

Ce portrait rapide des différents courants qui marquent la nouvelle population musulmane du Québec montre donc un ensemble confessionnel travaillé par des dynamiques d'interprétation de la référence islamique qui n'ont rien à voir avec le monolithe dogmatique (dangereux !) si fréquemment dénoncé sur toutes les tribunes. On pourrait faire la même démonstration à propos des autres traditions orientales qui se développent depuis quelques décennies. Parler de pluralisme religieux ne tient donc pas simplement à l'apparition de nouvelles traditions ; le pluralisme existe et se développe également de l'intérieur de ces traditions que les Occidentaux ont souvent « essentialisées » pour mieux les réduire à une idée simple. De cet « orientalisme » occidental, la statistique démographique garde encore la trace. Or, pour comprendre les lignes de force du processus général de recomposition identitaire au sein duquel le facteur religieux intervient de diverses manières, il importe de distinguer les types de rapports à la mémoire fondatrice qui s'activent au sein de chaque tradition. Et cela vaut tout autant pour la tradition majoritaire de la société d'accueil, elle-même en plein processus de recomposition identitaire et engagée dans un nouveau débat d'interprétation concernant le contenu et la place de son héritage religieux catholique.

2. LA TENSION DE LA MÉMOIRE AU POINT DE RUPTURE ?

À l'écoute de l'opinion qui s'est exprimée sur la place publique dans les années récentes, on ne peut manquer d'observer l'importante ambivalence dont est chargée la thématique portant sur la religion. Autour de ce thème s'exprime à mots couverts une anxiété identitaire. Le climat semble osciller entre la peur de perdre quelque chose et la peur du retour d'une situation censément liquidée. Tentons d'expliciter cela au moyen de quelques hypothèses de lecture.

Pour un certain nombre de participants au débat entourant les « accommodements raisonnables[14] », la reconnaissance du droit à l'exception lié à certaines pratiques religieuses, nouvelles ou inconnues généralement, semble se situer sur la page d'un bilan où figure dans la colonne des abandons un ensemble de traits marquants de la tradition catholique majoritaire perçus comme sacrifiés pour faire de la place à la diversité religieuse croissante. La fréquence d'apparition de ce type de perception suggère que l'expression de cette peur ne provient pas uniquement de personnes fortement engagées dans des pratiques croyantes (l'Association des parents catholiques, par exemple). Cette anxiété ne se focalise pas exclusivement, en effet, sur la fin de la confessionnalité scolaire ; elle invoque des éléments plus généraux comme l'abolition des désignations chrétiennes des grandes fêtes du calendrier civil, l'abolition de la prière lors de la tenue de conseils municipaux, le crucifix de l'Assemblée nationale, etc. On touche peut-être ici à l'anxiété sourde de la perte de « ce qui doit être transmis », selon la règle implicite à toute appartenance culturelle convoquant chacun à transmettre à la génération suivante ce qui a été reçu de la génération précédente. Le choix encore majoritaire de l'enseignement confessionnel par de jeunes parents non pratiquants, durant de nombreuses années, s'expliquerait sans doute par l'efficace de ce code normatif fondamental.

La menace de perte des repères religieux de l'identité, sous la pression de l'application des règles de l'équité et de la liberté de religion, semble perçue comme une sorte de trahison de la mémoire, du legs patrimonial. Étrangement, on masque le fait que cette perte de repères résulte essentiellement du choix majoritaire de la génération

14. Ces débats ont donné lieu à la création par le gouvernement Charest (février 2007) de la Commission de consultation sur les pratiques d'accommodements reliées aux différences culturelles qui a publié son rapport en mai 2008 : Gérard Bouchard et Charles Taylor, *Fonder l'avenir. Le temps de la conciliation*, Québec, Gouvernement du Québec, 2008.

d'après-guerre qui rompait elle-même à la fin des années 1960 avec l'appropriation subjective des rites et des règles traditionnelles qui avaient défini son identité. Ce n'est que lorsque le point de rupture de la transmission de la mémoire est atteint que l'on commence à découvrir l'importance de ce qui instituait la différence identitaire majoritaire au Québec. La question du rapport à la mémoire religieuse de l'Occident se pose d'ailleurs simultanément aujourd'hui dans un grand nombre de pays européens.

À l'autre extrémité de l'axe de la peur se situent ceux à qui les accommodements font craindre le retour de la religion sur la scène publique. L'image de sociétés musulmanes régies politiquement par un code religieux rappelle une certaine figure d'un Québec ultramontain pas encore si lointain, traversé de part en part par les règles et le contrôle ecclésiastiques. Le grand travail d'expulsion du pouvoir clérical contemporain de la Révolution tranquille fait partie du chapitre intitulé « libération » dans le récit fondateur de la génération née dans l'après-guerre : victoire de la liberté de conscience, des droits de l'individu, d'une vision du monde sécularisée donnant la prime au bonheur et au plaisir, d'un projet historique national mobilisateur et réalisable grâce au véhicule collectif de l'État providence ; victoire singulièrement signifiante du féminisme face à un héritage patriarcal solidement actualisé aujourd'hui encore par l'institution catholique, etc. Tout cet héritage refondateur pourrait-il être menacé ? Faudrait-il le défendre en biffant la mémoire religieuse et renvoyer les croyants exclusivement dans l'espace de l'intimité ?

Nous n'avons évidemment pas à choisir entre la peur d'une perte de la composante religieuse dans la référence identitaire et la peur du retour du religieux dans l'espace public. Le fait est que la révolution culturelle qui a marqué la génération d'après-guerre nous place aujourd'hui bien près du point de rupture de la mémoire. Les enfants nés des porteurs de cette révolution disent souvent qu'ils ont le vide en héritage, et bien des penseurs critiques éclairés tournent autour de cette déréliction d'individus « déliés » à tous égards et tout particulièrement coupés de toute référence généalogique[15]. Qu'il

15. Gilles Labelle, « Repenser la domination : "société des identités" ou "société des individus déliés" », dans Jacques Beauchemin et Mathieu Bock-Côté (dir.), *La cité identitaire*, Montréal, Athéna éditions, 2007, p. 291-301. Plusieurs chapitres du collectif publié par E.-Martin Meunier et Joseph Yvon Thériault examinent cette question (*Les impasses de la mémoire : histoire, filiation, nation et religion*, Montréal, Fides, 2007). Lire aussi Gilles Labelle, « Par delà le "contractualisme généralisé" : repenser la Révolution tranquille et re-fonder

s'agisse là d'une crise générale affectant la civilisation occidentale ne doit évidemment pas nous libérer du devoir d'en examiner l'état et les conséquences dans l'espace québécois. Deux cas récents, qui s'ajoutent à d'autres signes que j'avais déjà observés[16], permettent peut-être de déceler une effectivité inattendue des traces mémorielles associées à la religion.

Le premier cas appartient au domaine des mouvements de la curiosité et de l'intérêt de connaître. Le Département de sciences des religions de l'UQÀM offre depuis toujours des cours portant sur les grandes traditions religieuses du monde. Leur clientèle se recrute généralement moitié chez les étudiants inscrits à l'un ou l'autre de nos programmes spécialisés, moitié chez les étudiants d'autres disciplines. Nous avions constaté, depuis un quart de siècle, une absence d'intérêt pour tout ce qui appartient à la tradition chrétienne, y compris chez nos propres étudiants en sciences des religions. Or, voici que depuis trois ans, un cours sur l'histoire du christianisme qui recrutait à peine une vingtaine d'étudiants jusque-là se voit propulsé en tête du palmarès avec plus de 100 étudiants chaque fois. Parmi ceux-ci, j'ai cru pouvoir discerner la présence de quelques jeunes croyants fort engagés dans leur démarche personnelle et reliés à la mouvance évangélique ou catholique. J'y trouve aussi trois ou quatre retraités venus compléter leur culture historique concernant une religion qu'ils connaissent bien. Pour tous les autres, le christianisme se présente comme une énigme dont ils reconnaissent l'importance dans l'histoire du Québec, mais dont ils ne sauraient parler que de la manière la plus superficielle et en étant conscients qu'on ne leur a rien dit de valable durant leur jeunesse. Le silence des parents et le babillage de l'école ou de l'Église, appuyés sur la pensée négative toute faite de l'opinion médiatique, ont dessiné en creux un objet d'autant plus attirant qu'il semble interdit de parole. La perception de ce statut d'interdit public, et même privé dans l'enclos de la famille, est en train de susciter un désir de connaissance. N'y aurait-il pas là, dans ce christianisme qui caractérise le passé de leur société et qui la différencie en quelque manière de la culture des groupes immigrants nouvellement arrivés, un immense champ à explorer? Je m'avance-

---

l'indépendance», dans Jocelyne Couture (dir.), *Redonner sens à l'indépendance*, Montréal, VLB éditeur, 2005, p. 37-53.

16. Louis Rousseau, «Entre la quête des possibles et celle du fondement, le travail de la mémoire religieuse», dans E.-Martin Meunier et Joseph Yvon Thériault (dir.), *op. cit.*, p. 317-335.

rais trop si j'affirmais qu'il y a là une nostalgie de croyance chez des jeunes qui ont peu l'occasion de s'exprimer sur leur quête profonde. Je dirais qu'on profite de l'occasion d'un cours qui appartient à la simple et universelle communauté de recherche critique qui constitue encore notre espace commun de la vérité pour s'enquérir de cette forme d'existence personnelle et communautaire qui a donné sens et orientation à la vie de ceux qui les ont précédés, tout en marquant toutes les institutions occidentales.

Ce désir d'explorer la mémoire religieuse s'était déjà manifesté une quinzaine d'années plus tôt par le renouvellement de l'historiographie religieuse d'ici et l'apparition de grands travaux d'histoire sociale ou culturelle qui interrogeaient à nouveaux frais la contribution du catholicisme à notre histoire. De jeunes historiennes et historiens ont ainsi forcé la porte fermée par la génération de leurs maîtres et découvert l'objet religieux comme une dimension normale de l'histoire, ayant joué autant de la conservation que de l'innovation, et ce, jusqu'à une période toute récente, en amont et en aval de la Révolution tranquille. Ce travail historiographique, qui est loin d'être terminé, fournit d'ores et déjà une référence mémorielle essentielle. Le récit commun est en voie d'être lentement expurgé de ce qui produit depuis plus d'une génération une mémoire honteuse, largement responsable du silence de la transmission[17].

Mais ce renouvellement de la mémoire, grâce à l'éveil d'une curiosité inattendue chez les plus jeunes, va de pair avec l'ouverture d'un chantier herméneutique beaucoup plus profond et créatif. Je parle ici de voix qui s'expriment pour prendre à bras le corps les séquences centrales du Grand Récit chrétien en tant qu'elles constituent des outils de compréhension de la condition humaine, sollicitables de plein droit et avec la liberté permise aux héritiers de la mémoire chrétienne. C'est ainsi, du moins, que j'ai reçu le choc de la lecture du numéro de novembre 2007 de la revue *L'Inconvénient* qui porte en titre : « Chrétiens malgré nous ». À la lecture des six courts textes qui explorent ce thème paradoxal, j'ai eu l'impression de découvrir pour la première fois, à l'extérieur des analyses théologiques spécialisées,

---

17. Pour une discussion critique de l'historiographie récente, on pourra parcourir le texte de Jean-Philippe Warren, « Vers une histoire de la religion en dehors du religieux ? De quelques publications québécoises récentes portant sur l'histoire de l'Église catholique », dans Robert Mager et E.-Martin Meunier (dir.), *op. cit.*, p. 255-268. L'auteur y problématise le regard des sciences humaines sur l'objet religieux.

des essais d'appropriation des textes religieux fondateurs de notre culture en tant que codes appartenant à la mémoire commune de notre civilisation, pouvant être réinterrogés en tant que composante d'une matrice culturelle qui nous appartient « malgré nous », en quelque sorte, puisque légués par généalogie. Ces auteurs, qui œuvrent dans le champ littéraire pour la plupart, rejouent avec et dans le *Grand Code* (Northrop Frye) pour produire une interprétation du monde sans souci du cercle communautaire validant la vérité de leur texte. Il n'y a de transcendance commune ici que dans l'héritage de figures reconnues comme reçues, à charge de les faire parler, de les « ressaisir » alors qu'elles achèvent d'être abandonnées, comme l'écrit Vadeboncœur[18].

François Taillandier tente une relecture de Genèse 2-3 et y discerne « ce sentiment de la perte et du dénivelé qui donne à la vie et aux efforts humains la dynamique d'une rédemption placée sur l'asymptote, toujours espérée, toujours différée[19] ». Michel Morin, réfléchissant sur les traces de son expérience intérieure laissées par son écriture, se surprend à tenter d'élucider ce mystère qui ferait de lui « un chrétien à son insu ou se découvrant tel sans jamais l'avoir voulu ou alors, en l'ayant voulu sans le savoir[20] ». Jean-François Beauchemin se glisse dans le discours intérieur de Jésus le crucifié, lorsqu'on le descend de la croix, le croyant mort. Parlant à Lazare de l'écho en lui du silence total de Dieu et de son corps happé par la douleur, il en fait le début d'une prise de conscience moderne de la liberté : « J'ai compris à la fin que j'avais atteint une époque importante, et que désormais je ne pourrais plus échapper à ma nature mortelle, ma nature d'homme. J'avais fait le premier pas vers cette liberté formidable et douloureuse[21]. » Marie-Andrée Lamontagne propose un exercice de méthode, en quelque sorte. Partant d'une description du tableau de Philippe de Champaigne, *Le Christ mort*, elle suggère que trois niveaux de lecture peuvent se superposer : « À

18. Pierre Vadeboncœur, « La culture en déshérence », *L'Inconvénient*, n° 31, 2007, p. 59-64. Il dédie ses réflexions au cinéaste Bernard Émond dont le travail créatif vise lui aussi à faire parler librement dans la fiction les codes centraux de l'héritage religieux québécois et occidental.
19. François Taillandier, « Nos premiers parents », *L'Inconvénient*, n° 31, 2007, p. 7-20 (ici p. 12).
20. Michel Morin, « Inner sanctum », *L'Inconvénient*, n° 31, 2007, p. 21-33 (ici p. 25).
21. Jean-François Beauchemin, « Ceci est mon corps », *L'Inconvénient*, n° 31, 2007, p. 35-39 (ici p. 39).

la première lecture du tableau [un cadavre] – appelons-la humaine et immédiate – s'ajoute une deuxième – esthétique – et une troisième – religieuse. Chaque lecture peut se suffire à elle-même, dans sa sphère propre, et cela sans invalider sa voisine. Cependant, lorsque les lectures se superposent, ce n'est pas le regard qui est modifié, mais celui qui regarde, et au plus profond [...] Quelle est, demande l'auteure, la frontière qui sépare le croyant du non-croyant[22] ? » Finalement, Jonathan Livernois refuse de se satisfaire du retour sur la scène publique de la religion sous la forme d'un bagage patrimonial qui masque la nécessité d'une quête spirituelle. Parlant du débat autour du crucifix de l'Assemblée nationale, il écrit: « L'objet que l'on veut sauver n'est pas le témoignage de notre passé glorieux, mais bien celui d'une vie spirituelle inauthentique, faite d'objets et de babioles qui n'ont pas encore été bradée[23]. »

En présentant ces voix de littéraires qui vont puiser aux sources mythiques de la culture occidentale, j'ai voulu évoquer la dimension de profondeur du pluralisme religieux. Il n'y a pas que des couleurs de surface dont la variété suscite la taxonomie des sciences humaines. Il y a aussi l'arrivée d'un travail actif sur la mémoire qui va multipliant les points de vue. Certains poétisent d'une façon tout à fait libre l'actualité d'un fondement qui a déjà été et qui est encore celui d'une communauté ecclésiale, mais qui se présente aussi maintenant comme une des possibilités de la liberté contemporaine. Peut-être y a-t-il ici émergence d'une nouvelle créativité qui travaille sur le sens qu'avait ou que peut avoir encore la religion. « L'humanité non religieuse est devant le défi à tout le moins de saisir le sens du besoin que remplissait la religion, et peut-être d'y répondre. La pression de ce questionnement, dont on observe le travail de manière diffuse à l'arrière-plan de la conscience, est un formidable levier créateur. S'il y a un ferment original dans la culture d'aujourd'hui, c'est celui-là[24]. » Hypothèse nouvelle, et surprenante, dans la bouche de Marcel Gauchet.

---

22. Marie-Andrée Lamontagne, « Récit d'une aspiration », *L'Inconvénient*, n° 31, 2007, p. 41-50 (ici p. 43, 45).
23. Jonathan Livernois, « Construction cruciforme », *L'Inconvénient*, n° 31, 2007, p. 51-57 (ici p. 55).
24. Isabelle Daunais et Mathieu Belisle, « Entretien avec Marcel Gauchet », *L'Inconvénient*, n° 31, 2007, p. 67-80 (ici p. 72).

3. DES MORPHOLOGIES FLOUES, DES NAISSANCES ÉVANESCENTES, DES ÎLOTS DOGMATIQUES

Il faudrait signaler d'autres portes ouvertes aux manifestations religieuses pluralistes dans le quartier de la culture. Le champ des créations culturelles qui mettent en œuvre des structures symboliques ayant une prégnance religieuse, le plus fréquemment cachée sous des images qui masquent cette généalogie, fait le délice de bien des chercheurs. Ceux-ci traquent les signes engendrés par le monde des fictions virtuelles ou des nouvelles ritualités et y font apparaître un sacré non institué et qui ne s'instituera vraisemblablement jamais, dans la mesure où nouveauté et évanescence se conjuguent aujourd'hui pour effacer tout effet de trace repérable. Je suis le témoin de la fascination qu'exerce ce domaine sur de jeunes chercheurs qui nous aident à repenser les déplacements du religieux. Je leur laisse volontiers la tâche de continuer leur aventure savante. Je voudrais pour ma part m'en tenir à ce qu'il m'est plus facile de repérer, soit la vie des formes instituées. Je propose deux thèmes qui posent différemment la question du pluralisme religieux en germe dans le catholicisme québécois. Je veux parler tout d'abord du catholicisme sans clergé qui va bientôt modifier radicalement le processus de régulation et de contrôle de l'Église et finir d'en transformer la fonction de médiation sacrale; ensuite de l'apparition de noyaux catholiques qui adoptent une position dogmatique réfractaire à toute forme de pluralisme, le rendant du coup encore plus évident.

La question d'un catholicisme québécois bientôt dépourvu d'un groupe sacerdotal doit être posée publiquement et en dehors des seuls cercles pastoraux. Du point de vue qui est le mien, je ne cesse de m'étonner du silence qui règne autour de cette question. Sans doute mon travail d'historien du christianisme et tout particulièrement du catholicisme québécois m'amène-t-il à accorder une importance considérable à la disparition des prêtres, ce corps spécialisé. Cette classe religieuse a été mise à part pour la présidence des rites essentiels, la transmission de la parole porteuse des normes de la foi, la surveillance de la qualité des pratiques religieuses, et, pour tout cela, dotée d'une qualité sacrale intrinsèque et stable.

Je n'ai pas tracé une courbe démographique précise. Je tiens pour acquis que, dans une dizaine d'années, le nombre de prêtres en exercice, déjà fort restreint, aura connu une chute brutale, forçant la maigre relève vers des postes de cadres plutôt que de pasteurs travaillant à la base auprès des communautés. Les diacres, mariés ou non, n'ont pas fonction de présidence de la prière ni de direction de communauté. Je fais aussi l'hypothèse que l'importation d'un jeune clergé surnuméraire venant d'Afrique, des Philippines ou de l'Asie aura rapidement montré ses limites, vu les immenses problèmes d'acculturation que comporte cette solution. Je fais aussi l'hypothèse, Dieu me pardonne, que la prière pour les vocations ne sera pas plus efficace dans les décennies à venir qu'elle ne l'a été depuis 1970 ! Ajoutons, pour faire bonne mesure, qu'il est assez probable que l'établissement d'une sorte de service éclair de distribution des hosties consacrées auprès des communautés dépourvues de prêtres aura été rejeté, pour des raisons autant théologiques que pratiques. J'arrête ici d'aligner les hypothétiques correctifs à la réduction prévisible du corps sacerdotal dans le but de maintenir à tout prix l'ethos du prêtre catholique romain.

Nous aurons alors une multitude de petites communautés, majoritairement électives et regroupées sur des territoires accessibles assez facilement. Ces communautés se seront donné un ou une responsable, peut-être les deux à la fois. Ces responsables auront été choisis à partir d'un certain nombre de critères : qualité d'animation de groupe, capacité de présidence de la prière, disponibilité pour le service à temps partiel durant quelques années, maturité dans la foi (*presbutéroi*), formation théologique, etc. Ils seront connus, agréés et introduits rituellement par l'évêque diocésain ou alors, ils seront reconnus par les responsables d'autres communautés, formant ensemble une association dissidente. Voilà la situation qui apparaît dans l'Église catholique hollandaise et qui crée des tensions institutionnelles extrêmes[25]. Imaginons que, progressivement, les fidèles d'ici voudront vivre leur foi en petites communautés tout en disposant des moyens essentiels à la vie sacramentaire ainsi qu'au partage et à la transmission de la foi et de l'engagement. Alors, chacune de ces communautés prendra graduellement un visage particulier, développera des manières de vivre reflétant la nature de ses membres. Dans la mesure même où l'espace d'autorégulation augmentera, un pluralisme religieux se développera à une échelle que nous n'avons jamais connue au Québec. On peut penser qu'à la phase de substantielle créativité inhérente au

25. On peut accéder à la documentation pertinente sur le site Internet du réseau *Culture et foi*, en ligne, <http://www.culture-et-foi.com/dossiers/eucharistie/eucharistie_index.htm>, site consulté le 27 août 2009.

premier déploiement de cette nouvelle forme communautaire succédera une phase d'établissement de normes communes par le moyen d'assemblées synodales. Là aussi, cependant, la régulation et le contrôle devront demeurer fluides et simples pour que l'offre de biens spirituels (le message évangélique) trouve ses demandeurs et ses participants, dans une modernité où prédominent les démarches personnelles.

Mon rôle n'est évidemment pas de proposer ici un nouveau modèle organisationnel d'applicabilité universelle ni d'analyser la faisabilité de ce changement radical. Partant du fait, qui me semble inexorable, de l'effondrement à court terme du groupe sacerdotal qui a gardé une forme reconnaissable depuis au moins le IVe siècle en Occident, le modèle fictif esquissé ici n'a pour but que d'illustrer une pluralisation accélérée qui s'effectuerait dans l'institution probablement la plus stable de l'histoire. Cette pluralisation, qui constitue au moins une extraordinaire hypothèse pour la spéculation, marquerait une transformation de l'expérience du sacré, déjà accomplie depuis le XVIe siècle dans les sociétés protestantes, mais suspendue ailleurs par la réforme tridentine jusqu'à aujourd'hui. Écoutons Peter Brown résumer l'apparition d'une nouvelle forme religieuse et sociale qui s'effectue dans l'Antiquité tardive et qui semble se briser définitivement dans l'Occident actuel au terme d'une carrière de plus de 16 siècles:

> Dans la période qui va de 200 à 400, les hommes de la Méditerranée, en nombre croissant et avec un enthousiasme croissant, en vinrent à accepter l'idée que «[le] pouvoir divin» ne se dévoilait pas aux individus ordinaires uniquement par révélation directe ou par de durables institutions établies: le «pouvoir divin» était plutôt représenté sur la terre par un nombre limité d'agents humains exceptionnels, qui avaient reçu le pouvoir de commander son action parmi les hommes. La raison en était leur lien personnel avec le surnaturel, lien permanent et nettement perçu par les autres croyants[26].

L'Église chrétienne était l'imprésario de ce changement avec ses héros humains christiques, les apôtres, les martyrs, les chefs de communautés, puis les moines voués au long travail sur eux-mêmes afin de vivre déjà sur terre la vie céleste. S'effectue ainsi le passage de médiations religieuses transitives à des médiateurs permanents,

26. Peter Brown, *Genèse de l'Antiquité tardive*, Paris, Gallimard, coll. «Bibliothèque des histoires», 1983, p. 39.

humains, reconnaissables. Le groupe sacerdotal et le groupe monastique ont donc assumé depuis lors, avec des fluctuations d'importance, mais sans réelle interruption, la fonction de médiation entre le monde céleste et le monde terrestre. Le déploiement de la culture démocratique égalitaire et individualiste, en invention continuelle, a rendu invisible cette autorité sacrée dans l'Occident actuel. De la triade occidentale dont ont parlé Dumézil et Duby (Moines, Guerriers, Cultivateurs), seuls restent le Peuple des individus et les Chefs guerriers qu'ils se donnent. L'expérience religieuse, lieu de la vérité, s'effectue transitivement, sans pouvoir ou autorité en résidence permanente. Aux yeux de nos contemporains, la présidence de la prière n'est plus une fonction sacrée. D'où, peut-être, la crise des vocations. Ce formidable déplacement du sacré touche tout particulièrement les plus anciennes Églises héritières, dans leurs structures hiérarchiques comme dans la polarité entre clercs et laïcs, de l'institution qui se met en place depuis le IVe siècle et dont elles refusent de voir la fin pourtant imminente.

La crise de l'autorité de régulation qui affecte le catholicisme québécois – et plus largement, occidental – en ce moment d'hypermodernité libérale, la fin du pouvoir de médiation religieuse qui achève de défaire le corps ecclésiastique et qui renvoie la suite de la tradition de foi à l'émergence de ce que l'on nommait les «communautés de base» dans les années 1970, tout cela projette devant nos yeux l'image d'un grand corps éclaté, pluriel dans ses manifestations. Sa mémoire va et vient entre un héritage patrimoinalisé et un appel évangélique issu de son terreau d'origine, source de Parole transcendante.

Habités encore par la figure d'un grand corps de vérités, conscients de la dévastation de ce corps par la subjectivation de toutes les certitudes, certains se réfugient maintenant dans ce que l'on peut appeler le dogme, soit un ensemble d'énoncés censés jouer le rôle d'invariants intégraux, transcendant une histoire humaine trop fragile. Que l'on se donne ainsi un territoire clos pour la pensée antimoderne, comme le font aussi bien les philosophes et théologiens de la revue *Mens*[27] qu'un auteur laïc converti présentant sa défense de la foi sous le titre *La voie du Dogme*[28], ou bien encore un mouvement

27. Gilles Labelle, «L'impossible renaissance du conservatisme moral au Québec», dans Michel Venne et Antoine Robitaille (dir.), *L'annuaire du Québec 2006*, Montréal, Fides, 2006, p. 379-385.
28. Jean Tardy, *La voie du Dogme*, Darthmouth (N.-É.), Monterège, 2007.

d'évangélisation comme Famille Marie Jeunesse –, toutes ces entreprises de réaction ont peu de chance de constituer autre chose que des îlots sectaires sans capacité de se transmettre. Leur surprenante apparition dans notre société, où rien ne semble avoir résisté à la révolution de l'individu libéral, représente toutefois une certaine possibilité de mobilisation face à des adversaires aux noms changeants: État libéral, Médias, Théologiens réflexifs, etc. Elle peut aussi donner de faux espoirs à des responsables d'Église et reculer l'heure d'un débat public que de multiples groupes de catholiques engagés sollicitent depuis longtemps sans trouver de répondants. L'enjeu de l'avenir de la tradition catholique romaine québécoise concerne au premier chef ceux et celles qui fondent leurs convictions profondes dans l'espérance évangélique qui, pour eux, chemine historiquement au cœur de ses communautés. Mais il faut avoir l'esprit bien court pour ne pas voir l'importance de cet enjeu également sur la scène publique du vivre-ensemble.

J'ai commencé cette réflexion sur le rapport entre modernité et religion dans l'espace occidental qui est le nôtre, le Québec, en privilégiant le thème du pluralisme. On pourra sans doute me reprocher d'avoir ouvert trop de portes et grossi à plaisir les traits d'une diversité croissante à l'œuvre dans les communautés d'apparence unitaire. À des rythmes divers selon les traditions et la durée de leur présence dans l'histoire québécoise, toutes les traditions religieuses sont entrées dans un processus de travail sur leur mémoire de référence qui se recompose à l'échelle communautaire certes, mais aussi à partir de requêtes individuelles. Celles-ci subjectivent leur héritage pour en interpréter le sens dans une conjoncture socioéconomique déterminée par le déploiement du désir de consommer. Le sujet contemporain qui s'autodétermine en tant que désirant sans normes transcendantes fait néanmoins face aux contradictions fondamentales de l'existence qui l'obligent à vivre en présence des paradoxes de l'expérience. Ceux-ci lient santé et maladie, solitude et relations signifiantes, violence entre les hommes et quête de paix, culpabilité et innocence, asservissement et liberté, cupidité et altruisme, haine et amour, mur de la mort et désir de vie sans borne. Ces paradoxes de l'expérience concrète constituent le terreau où s'implantent les réponses religieuses dont les mémoires plurielles s'entrecroisent dans la culture actuelle. Vue au ras du sol, la diversité des mémoires – et surtout son traitement individuel – semble conduire à l'impossibilité de tout lien social dans une société des individus contractualisés en permanence par le grand opérateur commercial néo-libéral.

À ce point, peut-être faut-il admettre que ce que Gauchet demande aux institutions religieuses de nos sociétés excède largement leurs possibilités réelles: porter le sens ultime pour les individus et pour la conscience sociale, transmettre et actualiser la mémoire, fournir un humanisme riche qui nourrisse notre culture démocratique[29].

Et pourtant, je ne cède pas à l'attirance avouée pour la pensée tragique! Le goût de faire histoire ensemble me semble le moteur profond des héritages humanistes religieux comme non religieux. Le travail lent de la reconnaissance de soi et de la reconnaissance de l'autre est en cours dans nos sociétés de la modernité. Peut-être est-ce là ce que l'apôtre Paul nomme la capacité de voir à travers le miroir, un regard d'un autre ordre que celui de l'historien ou du sociologue.

29. Marcel Gauchet, « Quel rôle pour les institutions religieuses dans des sociétés sorties de la religion ? », dans Marcel Gauchet, *Un monde désenchanté ?*, Paris, Éditions de l'Atelier, 2004, p. 235-249.

CHAPITRE 8

LE QUÉBEC ET LE RELIGIEUX : PARCOURS THÉMATIQUES DANS LE CORPUS DE *L'ANNUAIRE DU QUÉBEC*, DE 2002 À 2008

Isabelle Dalcourt

Le corpus de *L'annuaire du Québec*[1] (AQ) constitue un témoin intéressant pour suivre l'évolution d'une préoccupation et d'un intérêt nouveaux pour « la question religieuse » dans la société québécoise.

Au-delà des événements qu'il passe en revue, l'AQ nous intéresse pour *le regard* qui s'y construit et qui s'y met à jour sur le Québec[2].

1. *L'annuaire du Québec* naît en 1995. Roch Côté et Denis Monière en assument d'abord la direction puis, à partir de 2003, ce sera Michel Venne. Antoine Robitaille collaborera à l'édition de 2006 et Myriam Fahmy, aux éditions de 2007 et de 2008: Roch Côté (dir.), *Québec 2002. Annuaire politique, social, économique et culturel*, Montréal, Fides, 2001 ; Roch Côté et Michel Venne (dir.), *L'annuaire du Québec 2003. Toute l'année politique, sociale, économique et culturelle*, Saint-Laurent, Fides, 2002 ; Michel Venne (dir.), *L'annuaire du Québec 2004*, Saint-Laurent, Fides, 2003 ; Michel Venne (dir.), *L'annuaire du Québec 2005*, Saint-Laurent, Fides, 2004 ; Antoine Robitaille et Michel Venne (dir.), *L'annuaire du Québec 2006*, Saint-Laurent, Fides, 2005 ; Miriam Fahmy et Michel Venne (dir.), *L'annuaire du Québec 2007. Le Québec en panne ou en marche ?*, Saint-Laurent, Fides, 2006 ; Miriam Fahmy et Michel Venne (dir.), *L'annuaire du Québec 2008*, Saint-Laurent, Fides, 2007.
2. Un regard se caractérise aussi, bien sûr, par celui qui le porte – en l'occurrence, celui d'une élite intellectuelle québécoise francophone. L'AQ met à contribution une quarantaine de chercheurs universitaires et des journalistes se situant le plus souvent dans l'entourage idéologique du journal *Le Devoir*. Jusqu'en 2005, l'AQ a eu pour partenaires

Selon son objet spécifique, il cherche à appréhender un tout qui aurait pour nom le Québec ; cette construction du regard se réitère annuellement, suivant sa définition éditoriale. Le corpus des éditions de 2002 à 2008 circonscrit un espace-temps relativement maîtrisé où saisir la naissance d'une nouvelle préoccupation pour le religieux. Nous y suivrons les signes de cette préoccupation dans la présence et le parcours du thème religieux en ayant un certain nombre de questions à l'esprit. Notamment : quand l'équipe de rédaction jugea-t-elle le fait religieux suffisamment significatif pour présenter une chronique correspondante dans la table des matières ? Quand fut-il mention du religieux dans la section intitulée « Population » ? Comment fut proposé le thème religieux dans la section portant sur les « Mutations et enjeux » ? Comment les articles traitent-ils du religieux ?

En outre, si l'AQ a pour ambition de produire « un instantané du Québec en mutation[3] », la *perspective* qui s'y construit procède à la fois de la *rétrospective* et de la *prospective*. D'une part, la table des matières annonce un *état présent* du Québec où il s'agit en quelque sorte de « faire le point » ; d'autre part, cependant, « ce point » se révèle souvent « dérivable », suggérant une ou plusieurs tangentes. Autrement dit, on rend compte d'un phénomène, mais aussi de ses enjeux pour l'avenir de la société. D'où une série de nouvelles interrogations : comment le thème religieux se loge-t-il dans les articles ? Sur le fond de quel « passé » le phénomène religieux fait-il « événement » ? Sur quel « présent » la thématique religieuse est-elle dégagée comme un « enjeu » ? Quelle perspective d'« avenir » engage cet enjeu ?

Nous proposons ici un bref survol du corpus des éditions de 2002 à 2008 de *L'annuaire du Québec*, en pariant que l'exercice trouvera intérêt dans le cadre d'une réflexion sur les rapports entre la modernité et la religion au Québec. Ce faisant, quelques hypothèses de lecture et de nouvelles pistes de recherche seront proposées[4].

---

une quinzaine de centres et instituts de recherche québécois. Par la suite, les Éditions Fides n'ont eu pour collaborateur officiel que l'Institut du Nouveau Monde.

3. En quatrième de couverture des éditions de 2004 et de 2005.

4. Dans le cadre de notre thèse de doctorat, ce survol a servi d'introduction à la question du religieux dans le débat québécois de la dernière décennie. Il fournit ici des pistes de lecture guidant notre recherche sur les divers rapports au religieux qui se développent en « habitus » dans la société québécoise post-11 septembre.

1. L'OUVERTURE INEXPLIQUÉE SUR LE RELIGIEUX

La thématique religieuse n'entre *pas* dans les caractéristiques essentielles de « L'état du Québec » ni ne constitue un élément descriptif de la « Population québécoise » dans les éditions 2002 et 2003 de l'AQ. Le religieux ne fait pas non plus partie de la rubrique « Mutations sociales et enjeux de société ».

Cette absence se remarque dans les grandes divisions de l'ouvrage, mais aussi dans les articles. À l'exception d'un seul sur « Le remodelage des paroisses catholiques : le cas de la Mauricie » (Jean-Marc Paradis), aucun ne traite du religieux dans l'édition de 2003. La non-présence du thème se remarque notamment dans le compte rendu statistique sur les tendances de l'immigration. Il y est question du nombre, de l'origine géographique des immigrants, de leur répartition sur le territoire, des minorités visibles et de la population autochtone, mais pas d'appartenance religieuse.

La non-présence du thème religieux est d'autant plus évidente que les questions de société qui sont les plus généreusement couvertes dans les éditions de 2002 et de 2003 sont l'immigration et la citoyenneté. On y traite de diversité culturelle et linguistique, mais jamais de diversité « religieuse ».

De même, les articles portant sur l'intégration traitent des défis méthodologiques (définition de la notion d'intégration, approches) qui y sont liés sans que la variable religieuse n'entre en jeu, ne serait-ce que théoriquement ou à titre d'exemple. On souligne abondamment la multiplicité du mode d'appartenance sans que ne soit citée l'appartenance religieuse. La communauté d'appartenance religieuse ne semble pas en cause dans les processus d'intégration sociale et culturelle dont on discute, par ailleurs, abondamment.

En revanche, dès l'édition de 2004, l'équipe de rédaction compte un spécialiste en sciences des religions, Frédéric Castel, qui collaborera de façon régulière jusqu'à l'édition de 2008. Il établit l'état chiffré de l'évolution des pratiques et des adhésions religieuses dans la population québécoise. Ses statistiques érigent le thème religieux au rang de catégorie pertinente dans la description de la société québécoise. Citons d'emblée ses articles : « Progrès du catholicisme, influence de l'immigration » (AQ 2004) ; « Des luthériens vieillissants aux jeunes musulmans » (AQ 2005) ; « Convertis québécois et unions interreligieuses » (AQ 2006) ; « Les enfants sont les principaux acteurs de l'interculturalisme religieux au Québec » (AQ 2007) ; « Envahissement des minorités religieuses au Québec ? » (AQ 2008).

Par ailleurs, l'édition 2004 voit apparaître une rubrique intitulée « Les phénomènes religieux », une sous-division dans la grande section sur « La population » du Québec. De quoi traitent les articles qui y sont rassemblés ?

À ses débuts, la nouvelle rubrique religieuse examine la religion au Québec selon une perspective historique large. Deux articles portent sur le catholicisme, religion historique traditionnelle de la société québécoise : « Le catholicisme blessé. D'un statut de pouvoir à un statut de quête » (Raymond Lemieux), où il est question d'un déplacement du statut du catholicisme dans la culture québécoise ; « Progrès du catholicisme, influence de l'immigration. Les grandes tendances de l'affiliation religieuse depuis la Seconde Guerre mondiale » (Frédéric Castel), où l'intérêt porte sur l'impact des transformations démographiques sur les pratiques et les affiliations religieuses. Dans ces textes, le catholicisme est présenté dans la dynamique de sa transformation : sur l'horizon du dernier siècle (premier texte) et des soixante dernières années (deuxième texte).

Deux autres articles abordent le phénomène religieux dans un espace-temps plus restreint. Ils se donnent pour objectif de *mettre à jour* un certain regard porté sur le religieux. Tout d'abord, l'un invite à détourner le regard du catholicisme. Son titre : « L'autre là ou on ne l'attendait pas. Les lieux de culte des minorités ethno-religieuses » (Annick Germain et Julie Elizabeth Gagnon). Il y est question des religions minoritaires et des empreintes visibles qu'elles inscrivent désormais dans le paysage urbain contemporain. Si ce texte invite le lecteur à décentrer le regard ou simplement à le promener sur les traces d'un Autre religieux, l'autre texte invite à « mettre au foyer » un certain regard porté sur le religieux qui serait embrouillé par des schèmes désuets. Son titre : « Les nouveaux rituels. Déplacements et mutations de la religion dans le Québec contemporain » (Guy Ménard). Il incite à remplacer la notion de « religion instituée » par celle de « religiosité », qui couvre un ensemble élargi de pratiques. On y avance qu'un assouplissement des schèmes et des concepts permettrait une meilleure appréhension de la « réalité religieuse » dans la société québécoise de 2004, envisagée ici comme une société sécularisée.

En somme, les quatre premières contributions à la tradition naissante de la rubrique « Phénomènes religieux » de l'AQ ont comme dénominateur commun d'apporter des balises à la *reconnaissance* et à la *compréhension* du phénomène religieux actuel au Québec. Il s'agit, d'une part, de repérer le phénomène religieux en déplaçant, en élargissant ou en mettant au foyer le regard avec des concepts adaptés. Il s'agit, d'autre part, de constater le paradoxe de la vitalité ou de l'appartenance religieuse (en particulier catholique) et de le comprendre en l'insérant dans un horizon temporel plus large, décrit en termes de déplacements du statut de la religion dans la société sécularisée, de transformations démographiques et de sécularisation. En somme, les quatre articles fournissent à l'ensemble de la parution un apport de type herméneutique.

Il est à remarquer que ces premières entrées sur le religieux entretiennent un lien essentiel avec le cadre spatial spécifiquement québécois en même temps qu'un lien contingent avec le cadre temporel de la conjoncture *annuelle* stricte : ne traitant pas d'événements ponctuels, ils auraient pu paraître dans l'AQ de l'année, voire de la décennie précédente.

La thématique religieuse apparaît, dans le *format* de l'AQ, sans égard à la survenue dans l'année d'événements à caractère public reliés explicitement à un thème religieux. La promotion du religieux à titre d'entrées de l'AQ en 2004 répondrait plutôt à l'intention d'apporter un portrait plus détaillé de la société québécoise.

Ouvrons ici une parenthèse pour tenter une hypothèse : l'introduction de la thématique religieuse dans le corpus de l'AQ a-t-elle quelque chose à voir avec l'effraction symbolique des attentats terroristes du 11 septembre 2001 qui eurent une connotation religieuse forte dans l'opinion publique occidentale ? Cette question pourrait nous conduire à l'hypothèse voulant que, de la même manière que le religieux commence à pré-occuper à l'intérieur de la société, il pré-*occupe* littéralement l'AQ à partir de 2005, c'est-à-dire que sa thématique *occupe* une place dans le *format éditorial* de l'AQ, à défaut de s'inscrire dans les actualités annuelles qui sont couvertes dans les articles, mais ce n'est qu'une question de temps.

2. LE RELIGIEUX QUI « CRÈVE LES YEUX »

Dans les éditions de 2005 et de 2006, la thématique religieuse accède à l'AQ par la voie royale des « Grandes polémiques » marquant le Québec. Les rapports entre religion et société québécoise ne s'envisagent plus d'une façon générale, c'est-à-dire sur un horizon historique étendu. Désormais, le religieux « saute aux yeux ».

Voyons comment le thème religieux est dès lors présenté, et en quoi il fait « événement ».

Tout d'abord, en 2005, on devait prendre une décision politique finale au sujet de la reconduction de la clause dérogatoire en vertu de laquelle se dispensait jusqu'alors un enseignement religieux dans l'école québécoise. Cette décision-événement ne répond pas à une nouvelle donne religieuse, mais elle s'inscrit, comme le précise Micheline Milot, dans la foulée d'un vaste débat de société amorcé quelques décennies auparavant: le débat sur la place de la religion à l'école. Cette décision est un événement politique ponctuel, conditionné par des procédures juridiques (la reconduction d'une clause dérogatoire), mais dont la signification est construite sur le fond d'un parcours de société relativement long remontant à la création du ministère de l'Éducation, la signification se construisant donc sur la trame d'une histoire relativement connue des rapports entre religion et modernité, faisant écho à la Révolution tranquille et aux idées de « laïcisation » et de « sécularisation ». L'événement comporte également une dimension prospective, puisqu'il est question d'une décision de société qui concernera l'école québécoise et les programmes d'éducation scolaire et, avec eux, les nouvelles générations de Québécois.

Les autres articles qui abordent la thématique religieuse dans les éditions de 2005 et de 2006 répondent également à des événements ponctuels de l'année sociale et politique. Cependant, les faits rapportés méritent le nom d'« événements » parce qu'ils se trament dans la marge d'une certaine évolution des rapports entre modernité et religion – ou du *récit* de cette évolution.

Ainsi, l'édition de 2006 fait état d'un scandale-événement qui affecte les relations entre l'école et la religion, mais cette fois, avec le problème du financement (« Les écoles juives dans la tourmente »). À la différence de l'événement-décision précédemment cité sur la place de la religion à l'école, cet événement-ci ne signifie pas une remise en cause des rapports entre société et religion, mais il concerne seulement le caractère licite/illicite d'un financement octroyé par le gouvernement élu. Cependant, l'attitude de l'État suscite des prises de position sur la place de la religion dans la société qui sont d'autant plus radicales que l'État se contredit alors par rapport à une série de décisions gouvernementales conduisant à la laïcisation du système d'éducation. L'incertitude qui entoure les causes réelles du financement (clientélisme? incohérence dans les principes?) ouvre la perspective d'un système scolaire parallèle ; perspective que viendront relayer d'autres événements à « connotation religieuse ».

Dans cette même édition sont couverts deux autres phénomènes-événements qui font irruption sur le fond de l'histoire connue du devenir-moderne de la société québécoise, c'est-à-dire des *revendications* spécifiques en provenance de groupes religieux. Ces événements paraissent s'inscrire en porte-à-faux avec le processus de sécularisation qui traverse la société québécoise.

Il s'agit, premièrement, de la revendication d'un groupe musulman pour instaurer des tribunaux religieux. Ce projet s'élabore en Ontario, mais il interroge l'ensemble des provinces canadiennes, où il est reçu comme l'effet d'une politique multiculturelle faisant jurisprudence à la grandeur du Canada. Au Québec, l'éventualité d'une « justice parallèle » fait réagir, tout comme la perspective d'un système scolaire parallèle soulevée par l'événement cité précédemment. Cette réaction québécoise justifiera dans l'AQ (dans l'optique éditoriale) deux articles intitulés : « La Charia à la canadienne » et « L'assemblée nationale et les tribunaux islamiques » (Fatima Houda-Pépin, Jocelyne Caron et Sylvie Roy).

Deuxièmement, ce phénomène-événement de revendication à motif religieux n'est pas uniquement l'apanage des nouveaux arrivants : il s'observe aussi chez certains groupes qui se définissent volontiers comme de « culture souche ». Un mouvement de conservatisme catholique se révèle dans la création de deux revues québécoises qui sont recensées dans l'AQ : *Égards* et *La lettre conservatrice.* Ce phénomène de revendication a quant à lui une portée davantage culturelle que politique, car ces publications fondent surtout un programme de pensée. Cette mouvance est relativisée par l'auteur qui l'analyse (Gilles Labelle) : elle ne tient, rappelle-t-il, qu'à un certain lectorat. Le compte rendu de cette mouvance, substantiel et analytique, est inséré dans une revue de la littérature québécoise. Mais l'article, son contenu et sa teneur n'en détonnent que plus : la fondation d'*Égards* et de *La lettre conservatrice* signale un événement social énigmatique en regard de la dissociation du catholicisme institué et de la culture québécoise.

Le constat sociologique d'une dissociation entre le catholicisme institué et la culture sécularisée est d'ailleurs lui-même renouvelé dans l'AQ. En effet, l'élection du nouveau pape fournit l'occasion d'un bilan approfondi des rapports entre religion et modernité québécoise dans l'AQ 2006. Un article substantiel traite de ces rapports sous le titre « Benoît XVI : vers un divorce entre culture québécoise et Église catholique » (E.-Martin Meunier).

Dans les AQ précédents, la thématique religieuse ne faisait *pas* partie des propos des auteurs spécialistes de l'intégration des immigrants. Lorsqu'en 2005-2006 se dressent les premiers bilans pour évaluer l'intégration immigrante dans la société, force est de constater que le critère religieux n'est pas davantage abordé par les auteurs. L'intégration et la question de la citoyenneté figurent toujours parmi les thèmes qui font le plus écrire dans les AQ, et ce, de façon constante depuis l'édition de 2002. Pourtant, les préoccupations à l'égard du religieux évoluent indépendamment des préoccupations portant sur l'intégration.

En revanche, dès le premier trimestre de l'année 2006 et jusqu'en 2008, des débats surgiront sur la scène québécoise, mettant en cause la question du rapport entre le majoritaire et le minoritaire. Cette fois, le religieux est envisagé comme marqueur significatif de cette partition. Ce questionnement passe d'abord par la controverse sur le « port du kirpan » puis il se fait relayer, tout en mobilisant toujours davantage l'opinion publique, par le débat sur les « accommodements raisonnables ». Le thème religieux quitte la division des « Grandes polémiques » de l'édition de 2006 pour se loger, dans l'édition de 2008, dans une nouvelle section intitulée « Culture, identité et accommodements raisonnables ».

3. L'INTÉGRATION DIFFÉRENCIÉE DE LA VARIABLE RELIGIEUSE

Dans l'édition de 2008 de l'AQ, la thématique religieuse essaime et pénètre le contenu de divers articles. Une dizaine font référence à la religion comme dimension du vivre-ensemble, que ce soit par l'intermédiaire des accommodements raisonnables, du nouveau cours d'éthique et de culture religieuse qui sera dispensé à la rentrée scolaire 2008 ou de la question de la laïcité. À la lecture de ces articles, on constate que le thème religieux domine maintenant la question de l'intégration culturelle et sociale – un enjeu longtemps marqué par un souci quasi exclusif pour la langue.

À quoi tient cette présence, voire cette omniprésence, de la thématique religieuse dans les réflexions sur le vivre-ensemble que livre la mouture 2008 de l'annuaire ? A-t-elle sa source dans une préoccupation pour le religieux devenue sensible dans l'AQ 2004, et qui se mêle à une crainte pour le système parallèle évoquée dans les AQ 2005 et 2006 ? On peut effectivement considérer que cette forme récente de préoccupation pour le religieux dans la société québécoise trouve son apogée avec le débat sur les accommodements raisonnables qui domine les actualités en 2008. À la complexité des questions (ou remises en question) que pose aux institutions politiques et juridiques communes la pratique de l'accommodement (l'objet du débat) s'ajoute la complexité que pose pour l'analyse la réaction affective provoqué par ce débat dans la population (on parle de « crise », de « tourmente » et de « dérapages » possibles). Il s'agit de deux raisons de conjoncture pouvant expliquer l'importance qu'accorde l'AQ 2008 au vivre-ensemble. Mais l'intérêt pour les rapports entre religion et vivre-ensemble peut également s'inscrire dans le cadre de l'agenda annuel qui prévoit, pour la rentrée scolaire 2008, la mise en œuvre du nouveau programme d'enseignement d'éthique et de culture religieuse, un outil éducatif conçu pour favoriser l'accueil du pluralisme et l'intégration des jeunes générations.

On peut lire, dans l'édition de 2008, les titres suivants : « Querelle des accommodements » (Antoine Robitaille) ; « La commission Bouchard-Taylor » (par l'équipe de rédaction) ; « Accommodements raisonnables et laïcité : un mariage essentiel » (José Woehrling) ; « Envahissement des minorités religieuses au Québec ? » (Frédéric Castel) ; « Accommoder la réalité : dans les coulisses d'un certain CLSC » (Karina Goma) ; « Entre la collectivité et l'individu : baliser pour vivre en commun et non en parallèle » (Yolande Geadah) ; « Un nouveau programme pour l'école québécoise : Éthique et culture religieuse » (George Leroux) ; « Concilier laïcité et vœu de la majorité » (Jean-François Lisée).

Plusieurs des auteurs précités, fidèles collaborateurs de l'AQ en majorité issus du milieu universitaire ou journalistique, ont publié un essai la même année. Ouvrage « littéraire en prose, de facture très libre, traitant d'un sujet qu'il n'épuise pas » (*Le Petit Robert*), l'essai produit des regards critiques et personnels sur la situation sociale et politique présente. Lorsque tel est le cas, les articles reprennent les éléments de l'essai de son auteur. Ainsi, Jean-François Lisée reprend dans son article quelques-unes des idées énoncées dans son essai sur l'intégration et la citoyenneté : *Nous*[5]. De même, Yolande Geadah et

5. Montréal, Boréal, 2007.

son essai sur le multiculturalisme et les accommodements raisonnables : *Accommodements raisonnables : droit à la différence et non différence des droits*[6]. Georges Leroux publie *Éthique, culture religieuse, dialogue. Arguments pour un programme*[7]. Enfin, Aude Lecointe retrace les grandes lignes d'un collectif qu'elle signe avec Céline Saint-Pierre sur *La culture, notre avenir ! 21 priorités citoyennes pour la culture québécoise*[8]. À cette liste peut s'ajouter le documentaire engagé de Karina Goma sur le quotidien d'immigrants qui fréquentent un CLSC de Parc-Extension à Montréal : *Un coin du ciel*, dont Goma porte témoignage dans son article.

Les articles se font plus courts et manifestent une prise de parole critique sur la situation présente. Ils sont empreints de perplexité devant les débats vécus sous le signe de la polémique dans la société québécoise. À cet égard, le titre choisi par le journaliste Antoine Robitaille est éloquent : « Comment naît un débat de société ? ». Cette prise de parole tranche avec le discours du spécialiste (expert ou chercheur) et du reporter des éditions précédentes.

4. LES MODES DE RENCONTRE DU FAIT RELIGIEUX

Le corpus de *L'annuaire du Québec* reflète le processus de construction et de reconstruction d'un certain regard, un regard vivant qui veut épouser « le Québec », avec ses contours mouvants. Dans l'édition de 2004, le regard qui y est proposé *s'ouvre* littéralement sur la thématique religieuse. Cette toute première inclusion du religieux dans le champ du regard n'a pas d'autre justification que de fournir un portrait plus dense et détaillé de ce que constitue la « réalité québécoise » : s'insérant dans la section « Population », cette thématique entend apporter une dimension supplémentaire à la description de la population québécoise.

Cela dit, ne pourrions-nous pas penser que l'inclusion nouvelle du religieux dans le champ visuel de la publication est aussi le reflet d'une préoccupation nouvelle pour le religieux après le 11 septembre 2001 –, l'opinion occidentale associant les événements du 11 septembre à des motifs religieux ? L'ouverture du regard *éditorial* sur le religieux ne refléterait-elle pas l'ouverture (ou la réouverture)

6. Montréal, VLB, 2007.
7. Saint-Laurent, Québec, Fides, 2007.
8. Montréal, Fides, 2007.

du regard qui est porté par la société québécoise sur le religieux dans la postérité du 11 septembre ? La nouvelle division sur les « Phénomènes religieux » ne serait-elle pas la transcription dans notre corpus d'une sensibilité nouvelle à l'autre dans la société québécoise – autre en tant qu'il pratique une religion ou en tant qu'il pratique une religion autre que nationale-traditionnelle –, alors que cet autre n'est objectivement pas nouveau, ni quantitativement ni qualitativement ? Cette hypothèse doit ici rester ouverte, considérant les limites intrinsèques de notre matière (un corpus littéraire) et de notre méthode (une analyse thématique)[9].

On a vu que la toute nouvelle section sur les « Phénomènes religieux » propose un regard englobant sur la religion au Québec. Le regard trouve le religieux en embrassant un large horizon historique. En effet, il est surtout question des transformations du catholicisme dans une société s'étant transformée, premièrement, par son passage historique à la modernité au cours du dernier siècle et, deuxièmement, par les vagues d'immigration qui suivent la Seconde Guerre mondiale. Si un des articles invite à détourner le regard du catholicisme pour considérer des religions autres déjà bien implantées dans l'espace québécois *d'aujourd'hui*, un dernier article plaide cependant pour une mise au foyer : parce que la société québécoise est devenue séculière, il

9. Une partie de notre thèse de doctorat sur la société québécoise et la religion entre 1999 et 2008 développe une hypothèse sur la logique du lien entre le 11 septembre et l'apparition d'une nouvelle conscience du religieux dans la société québécoise. Pour la résumer, cette logique s'apparente à celle de la néo-guerre terroriste théorisée par Umberto Eco, soit la façon dont elle tire profit de deux grandes forces de la mondialisation : d'une part, la pluralisation interne *et visible* des sociétés due à l'intensification des migrations transnationales et, d'autre part, l'intégration planétaire des réseaux de l'information. En effet, la rediffusion en boucle à l'échelle planétaire des images des attentats de septembre 2001 (une « publicité gratuite »), conjuguée à la pluralisation interne *visible* des sociétés, confère une efficacité quasi paranoïaque à l'idée qu'un ennemi soit « parmi nous » (*Cf.* U. Eco, « Quelques réflexions sur la guerre et la paix », dans *À reculons, comme une écrevisse. Guerre chaude et populisme médiatique*, Paris [RCS Libri], Bernard Grasset [Bombiani], 2006, p. 15-52.) Partant de la théorie d'Eco, nous faisons l'hypothèse que la société québécoise, elle aussi traversée par les forces de la mondialisation, ne conserve des attentats du 11 septembre qu'une vague insécurité et, surtout, une sensibilité nouvelle à l'autre – étranger « parmi nous » plutôt qu'ennemi de guerre « parmi nous ». Cet « autre » se particularise spécialement par la dimension religieuse, sa figure s'associant principalement à celle du musulman, voire celle d'un attribut visible de la figure musulmane (son voile). De cette visibilisation de l'autre religieux dans la conjoncture de la mondialisation et du 11 septembre découlerait la présence accrue de la thématique religieuse dans le débat québécois contemporain.

faut chercher le phénomène religieux dans des rites et des pratiques qui n'en portent pas toujours le nom ni la forme traditionnelle.

Dans l'année d'édition qui suit cette première implantation de la thématique religieuse, à travers la catégorie des « Phénomènes religieux », le thème religieux semble s'imposer de lui-même au regard éditorial. Une rupture se constate dans le mode de référence à la thématique religieuse. C'est moins en référence au Québec comme objet d'étude relativement stable (population, territoire, institutions) que figure la thématique religieuse qu'en référence au cadre annuel, c'est-à-dire à des événements vécus par ou dans la société québécoise en cours d'année. Le thème religieux aura littéralement bondi dans les « actualités », se logeant à l'enseigne des « Grandes polémiques ». Ici pourrait se situer l'officialisation d'une « nouvelle question religieuse[10] » au Québec.

Dans l'AQ 2008, le thème religieux essaime dans le contenu d'une dizaine d'articles rassemblés sous le titre « Culture, identité et accommodements raisonnables ». Ces articles traitent tous de la question du vivre-ensemble sous l'un ou l'autre de ses aspects sociaux, juridiques, politiques et culturels, tout en problématisant les rapports entre religion et vivre-ensemble. Si le regard *que constitue* l'AQ s'ouvre sur le religieux en 2004 avec la nouvelle section sur les phénomènes religieux, on peut situer, en 2008, le moment où *les regards qui composent* l'AQ s'ouvrent sur le religieux. En effet, cette année marque un moment où plusieurs auteurs s'approprient pour leur compte et de façon libre la question des rapports entre la religion et le pluralisme (nous avons vu que les spécialistes de l'intégration n'incorporaient pas la question religieuse dans leur propos). Il résulte de cette appropriation réflexive, non spécialiste et plus personnelle, une multitude de façons d'aborder les rapports entre religion et société québécoise – multiplicité qu'il serait délicat d'illustrer ici sans citer les textes. Retenons pour instructive cette diversité de points de vue que produit l'AQ sur le religieux : ne vient-elle pas révéler la société québécoise (et son élite intellectuelle) dans un moment où elle affronte son « intrigue moderne », pour reprendre l'expression de Mager et Meunier[11] ?

---

10. Pauline Côté et T. Jeremy Gunn (dir.), *La nouvelle question religieuse. Régulation ou ingérence de l'État ?*, Bruxelles, Presses interuniversitaires européennes, coll. « Dieux, Hommes et Religions » n° 9, 2006, p. 14.
11. *Cf.* Robert Mager et E.-Martin Meunier (dir.), dossier « La religion au Québec. Regards croisés sur une intrigue moderne », *Globe: Revue internationale d'études québécoises*, vol. 10, n° 2, 2007 / vol. 11, n° 1, 2008.

Ajoutons enfin que l'édition de 2008 marque également une rupture dans le mode de référence à la société québécoise. D'une part, on réfère au Québec comme inscrit dans un parcours imprévu, comme le pose le titre de la page couverture : « Le Québec vire-t-il à droite ? » D'autre part, les auteurs paraissent endosser une certaine imprévisibilité du présent. Leur posture énonciative correspond moins à la figure du chroniqueur-reporter ou à celle du chercheur-spécialiste (qui domine les éditions de 2002 à 2006), elle incarne davantage la figure de l'essayiste. Cette caractéristique ne tient pas seulement à une consigne éditoriale. Certes, la collaboration de l'Institut du Nouveau Monde, à partir de 2005, engendre des textes plus courts et destinés à un lectorat plus jeune, plus large et plus engagé. Cependant, les auteurs, qui sont majoritairement d'anciens collaborateurs, auront publié *de leur propre initiative* un essai sur la « situation présente » au Québec lors de la même année. Tout se passe donc comme si après le « passage de la modernité[12] », l'entrée dans un « temps mondial[13] » anxiogène, en chargeant de tangentes le présent de la société québécoise, appelait chez l'observateur un discernement qui assume sa propre finitude en même temps qu'un pari sur l'avenir. Cette caractéristique frappe le mode de référence au Québec. Cependant, le thème religieux se mêle à cette révélation nouvelle du Québec (de son élite intellectuelle) sur lui-même.

12. Andrée Fortin, *Passage à la modernité. Les intellectuels québécois et leur revue (1778-2004)*, Québec, Les Presses de l'Université Laval, 2005.
13. Zaki Laïdi (dir.), *Le Temps mondial*, Bruxelles, Éditions Complexes, 1997.

CHAPITRE 9

MALAISE EXISTENTIEL ET DISCOURS APOCALYPTIQUE DANS LA JEUNE CHANSON QUÉBÉCOISE

Isabelle Matte

Ma réflexion sur la chanson québécoise s'enracine dans un intérêt personnel et soutenu pour la chanson d'ici, particulièrement celle proposée par les générations nées après la Révolution Tranquille. Au cours des dernières années, il m'a paru qu'une idée directrice sous-tendait l'inspiration des jeunes artisans de la chanson, formait un propos général et constituait une sorte de trame narrative, qui se traduit, bien sûr, de manières fort diversifiées, mais qui semble aller dans une même direction. Cette impression s'est nettement confirmée dans l'analyse des textes des chansons. Cette idée, c'est que le monde court à sa perte.

De 1997 à 2000, j'ai effectué une recherche de maîtrise anthropologique sur la scène musicale *hardcore* montréalaise[1]. Pendant ces

1. Isabelle Matte, « Rite de passage en contexte moderne : l'exemple de la scène musicale underground montréalaise », Département d'anthropologie, Université Laval, mémoire présenté pour l'obtention d'une M.A. en anthropologie, 2000. Voir aussi, en complément : *idem*, « "À mort les chiens" Rite de passage en contexte moderne : l'exemple de la scène musicale montréalaise », dans *Ethnologies*, 22, 1, 2000, p. 165-192 ; François Gauthier, « La recomposition du religieux et du politique dans la société du marché », Département de sciences des religions, UQÀM, thèse présentée pour l'obtention d'un Ph. D. en sciences des religions, 2006.

années, ma vie a été liée à cette culture musicale de la jeunesse, que j'ai assimilée à une religiosité contemporaine. Dans la veine théorique de la religiologie, la scène *hardcore* m'est apparue comme tenant d'une élaboration culturelle et sociale dont l'importance était si grande pour les gens qui en faisaient partie qu'elle devenait le sens premier de leur vie. Dès lors que tout gravite autour d'une chose et que le sens des existences individuelles comme celui de l'existence collective prend forme autour de cette chose, il est question de religiosité. Ce terme réfère au religieux qui se construit aux marges du social quand, en modernité contemporaine, la référence religieuse institutionnelle est en chute libre[2].

Aussi ai-je constaté, au fil des observations et des entrevues, que cette sous-culture de la jeunesse qui évoluait dans la marge, pour ne pas dire dans la marginalité, se construisait à l'envers du bon sens, c'est-à-dire à l'envers de ce que propose la norme : au lieu de prôner le progrès, l'optimisme et la consommation, la culture *hardcore* proclame haut et fort l'exact contraire, soit la déchéance, le pessimisme et la décroissance nécessaire. Cet imaginaire a la fin du monde comme horizon. On comprend pourquoi : cette scène musicale est un amalgame du punk, dont le slogan est *No future*, et du *heavy metal*, dont le principal symbole est la croix inversée.

Pourquoi ce détour par la scène musicale *hardcore*? Parce que c'est en examinant plus en détail la chanson populaire québécoise d'aujourd'hui que j'ai compris à quel point le discours sur la dégénérescence sociale de la scène musicale *hardcore* des années 1980-1990 annonçait une idée qui est aujourd'hui largement répandue dans la culture populaire : l'idée que le monde court à sa perte a quitté les marges du social et fait désormais partie de la trame narrative du discours normatif populaire. L'écologisme en est certainement l'un des principaux porteurs. Ce pessimisme plus ou moins latent n'est peut-être pas à l'œuvre dans toutes les strates et groupes de la population, mais de nombreux indices tendent à le poser comme un discours de plus en plus dominant. Hier encore (disons avant septembre 2001), bien que retombée la poussière des « trente glorieuses », un certain optimisme régnait en politique comme en économie, du moins dans le discours officiel. On sentait bien, depuis les années 1970, que

2. Roger Bastide, *Le sacré sauvage*, Paris, Stock, 1997 [1975] ; Guy Ménard, *Petit traité de la vraie religion, à l'usage de ceux et celles qui souhaitent comprendre un peu mieux le vingt et unième siècle*, Montréal, Liber, 1999.

naissait un malaise face aux promesses de la société de consommation, mais la majorité y croyait encore. Aujourd'hui, surtout depuis la crise économique de 2008, s'est propagée une sorte de réserve, voire une méfiance, qui sous-tend les discours sur le mode de vie associé aux sociétés postindustrielles. Comme c'est souvent le cas, les artistes et les créateurs sensibles et porteurs, depuis longtemps phares et messagers des sociétés, sont les premiers à diffuser les idées qui demain seront plus largement admises. On trouve donc d'une manière éclatante, dans la jeune chanson contemporaine d'ici, un diagnostic extrêmement dur sur la société québécoise, mais aussi d'un certain univers existentiel qui est commun avec les citoyens des pays de l'Atlantique Nord. Une sorte d'inéluctabilité de laquelle il serait impossible de sortir vivant comme société, voire comme espèce…

1. LE DÉCRYPTAGE D'UNE IMPASSE

La migration de ce sombre discours de la scène *hardcore* vers la chanson populaire, de la marge vers la norme, donc, je l'ai constatée un soir de janvier 2008, en assistant au concert de Daniel Bélanger qui avait lieu pour la tournée de son album *L'échec du matériel*[3]. Tout au long de la soirée, j'ai eu cette impression de déjà vu, mais je n'ai pas compris tout de suite pourquoi. Puis peu à peu, des indices ont établi ce lien dans mon esprit. D'abord le décor, qui met en scène des amoncellements d'objets désuets entassés ici et là, rappelle le trop-plein de nos garde-robes, tiroirs, armoires et cabanons et fait allusion aux débordements de la société de consommation, qui finit par nous étouffer, littéralement… Puis il y a les musiciens qui accompagnent Bélanger : tous dans la jeune vingtaine, un style d'habillement qui renvoie à une esthétique rock, voire punk. Mais c'est vraiment avec les textes des chansons que se confirme ma perception de déjà vu : ils recèlent tout l'esprit *No future* de la contestation punk que l'on trouvait dans cette sous-culture de la jeunesse. Dans une certaine mesure, je suis de retour aux années où je fréquentais la scène *hardcore*.

Comme l'indique le titre, *L'échec du matériel* porte la lourdeur d'une vision de la faillite des choses, vision dans laquelle le trop-plein mène au vide. Ici, le « matériel », synonyme de la société de consommation, conduit à l'impasse, tel un monstre qui se dévore la queue. Le libéralisme économique, qui annonçait le bonheur par la

3. Daniel Bélanger, *L'échec du matériel*, étiquette Audiogram, 2007.

consommation de bien matériels, se révèle monstrueux, car il ouvre finalement sur le malheur, le vide, la tristesse et la solitude. Chez Bélanger, pas d'ambiguïté sur ce fait. Ce système en forme de tube digestif avalerait tout ce que nous avons d'humain. Mais *L'échec du matériel* est plus qu'une critique acerbe du système capitaliste et de la dissolution des sociétés qui l'ont adopté : il annonce carrément la fin de l'homme. Aussi, cette fin de l'humanité annoncée semble intimement liée à la chute de la spiritualité.

Daniel Bélanger est loin d'être le seul à décrire l'impasse existentielle du mode de vie contemporain : il s'agit d'un thème majeur de la jeune chanson québécoise des dernières années. Par jeune chanson québécoise, j'entends les productions qui ont été réalisées par des artistes nés après le baby-boom, donc après 1960. Je m'intéresse ici aux auteurs-compositeurs-interprètes dont les œuvres s'inscrivent dans une recherche et une démarche artistiques plutôt qu'aux productions à caractère plus strictement commercial.

Un groupe particulièrement significatif de ce point de vue fut certainement les Colocs. Sous des aspects très ludiques, une énergie débordante sur scène et une explosion de créativité tant musicale que visuelle, le groupe proposait des textes très durs portant à l'attention la réalité crue de gens aux prises avec toutes sortes de difficultés, souvent économiques. C'est avec des textes décriant les travers de la société capitaliste moderne qu'ils se sont fait connaître. « La rue principale » traite, par exemple, de la transformation d'un village du lac Saint-Jean en décrivant habilement le déclin d'une certaine sociabilité traditionnelle au profit de la société de consommation :

> Dans ma p'tite ville / On était juste quatre mille / Pis la rue principale / A s'appelait St-Cyrille / La Coop, le gaz bar / La Caisse pop, le croque-mort / Et le magasin général / Quand j'y r'tourne / Ça m'fait assez mal ! / Y'est tombé une bombe su'a rue principale / Depuis qu'y ont construit le centre d'achat ! […]
>
> Avant la v'nue / Du centre d'achat / Sur la grand'rue / C'était plus vivant qu'ça / Des ti-culs en bécique / Des cousines en visite / C'était noir de monde comme en Afrique / Quand j'y r'tourne c'est pathétique ! / Ça va donc ben mal su'a rue principale / Depuis qu'y ont construit : le McDonald[4] !

---

4. André Fortin, « La rue principale », album *Les Colocs*, étiquette Ariola/BMG, 1993. Texte disponible sur le site Internet *Les Colocs*, en ligne, <http://www.colocs.qc.ca/>, consulté le 12 mars 2009.

Les Cowboys fringants sont un autre incontournable de la chanson québécoise des dernières années. Groupe phare des jeunes depuis la sortie de *Break syndical* en 2002, il raconte constamment le mal de vivre dans le monde contemporain. Sur des mélodies la plupart du temps endiablées, les Cowboys fringants parlent des ouvriers, des travailleurs ordinaires et de leurs préoccupations, des difficultés de vivre dans le monde actuel, des problèmes d'argent, de la question politique et identitaire québécoise et, surtout, ils critiquent leur société avec une virulente intensité qui rappelle vraiment l'esprit du punk et du *hardcore*. La populaire chanson «En berne» pose un diagnostic impitoyable sur la société québécoise:

> Chu né «dins» années soixante-dix / Dans un Québec en plein changement / Où l'emblème de la fleur de lys / Donnait un peu d'espoir aux gens / Mais quand je r'garde ça aujourd'hui / Chu donc pas fier de ma patrie / Ça dort au gaz «dins» bungalows / Le cul assis su'l statut quo / En s'gavant de téléromans / Et des talk-shows les plus stupides / Se laissant mourir su'l divan / Avec leur petit air candide / Dans ce royaume de la poutine / On s'complait dans' médiocrité / Bien satisfaits de notre routine / Et du bonheur préfabriqué [...]
>
> Si c'est ça l'Québec moderne / Ben moi j'mets mon drapeau en berne / Et j'emmerde tous les bouffons qui nous gouvernent! / Si tu rêves d'avoir un pays / Ben moi j'te dis qu't'es mal parti / T'as ben plus de chances de gagner à' loterie [...]
>
> C'est ça l'problème de ma patrie / Y'a pas personne pour s'indigner / Contre la fausse démocratie / Qui sert les riches et les banquiers / Dans cette contrée peuplée d'ignares / 'Faut pas trop s'rappeler d'son histoire / Ici y'a juste les plaques de char / Qui ont encore un ti-peu d'mémoire[5]...

Cet hymne féroce, repris en chœur par des milliers de jeunes à chaque concert, traite comme on le voit de la question sociale du Québec. Il a cependant pour propos sous-jacent tout au long des dix couplets le manque d'idéaux et de solidarité ainsi que l'autosatisfaction de la population. Les Cowboys fringants critiquent, dans cette chanson comme dans la plupart des autres, la société du spectacle et de la consommation de même que la complaisance associée à ce mode de vie. Tout comme les Colocs, ils dénoncent une certaine

5. Les Cowboys fringants, «En berne», album *Break syndical*, étiquette La tribu, 2002. Texte disponible sur le site Internet *Cowboys fringants*, en ligne, <http://www.cowboysfringants.com/partition/en_berne.txt>, consulté le 12 mars 2009.

inertie des gens face à la direction individualiste que prend la vie collective. Ce que disent finalement ces deux groupes, c'est que les choses vont de plus en plus mal et que l'avenir est noir. Ils ne sont toutefois pas les seuls à tenir ce discours. En écoutant de plus près les auteurs-compositeurs-interprètes québécois des générations d'après la Révolution tranquille, on se rend compte qu'ils illustrent abondamment et de toutes sortes de manière cette idée que le monde court à sa perte. Beaucoup de textes évoquent la nostalgie et le mal de vivre découlant de ce pessimisme ambiant. Dans le présent exercice, la difficulté n'a pas été de trouver des textes qui allaient en ce sens, mais d'en trouver qui n'y allaient pas.

Regardons ici de plus près d'autres exemples significatifs de cet esprit inquiet qui teinte la jeune chanson québécoise. Le chanteur Dumas dit, sur « Altitude » : « Je poursuis ma course effrénée / Entre les songes d'amour amplifiés / Et des visions d'apocalypse / La tête au ciel / Le souffle court / Mon paysage est lunaire / Je dors sur les ruines du futur[6]. » À l'intérieur de la pochette de l'album, une silhouette d'ange est imprimée. Les références bibliques sont utilisées dans un esprit de perte et de déchéance, une sorte d'esthétique de fin du monde ; le terme « apocalypse » est éloquent à cet égard. De nombreux textes de chansons récentes du répertoire de ces jeunes auteurs puisent d'ailleurs amplement à même la symbolique chrétienne. Jean Leloup, qui clame joyeusement que « le monde est à pleurer », parle aussi de « paradis perdu », sorte d'Éden que l'homme aurait corrompu par la civilisation moderne[7]. Faisant plus directement référence au catholicisme québécois, les Cowboys fringants ont quant à eux intitulé un de leurs albums *La grand-messe*, un opus toujours virulent envers la société québécoise et le mode de vie de la majorité. Paradoxalement, la grand-messe a été choisie dans l'idée du rassemblement, car les concerts du groupe représentent toujours des événements pour les admirateurs, comme pour conjurer cet individualisme consumériste tellement dénoncé.

Le discours sur un monde en perdition se retourne parfois vers l'effet que celui-ci peut avoir sur la vie intérieure et les sentiments. En ce sens, l'idée du vide revient fréquemment, une sorte de vide ambiant qui affecte l'existence vécue. Dans « Je veux tout » d'Ariane Moffatt,

6. Steve Dumas, « Altitude », album *Fixer le temps*, étiquette Tacca musique, 2006.
7. Jean Leloup, « Paradis perdus », album *La vallée des réputations*, étiquette Roi Ponpon, 2002.

premier extrait de son dernier album *Tous les sens*, le vide est là, d'emblée. Lorsqu'elle dit avec une ironie certaine: «Le vide, je vais le remplir, de bons et de mauvais souvenirs / Le vide, je vais le remplir, avant que mon âme s'assèche et que je craque / Je veux tout, tout de suite et ici[8]», elle pointe justement du doigt ce sentiment de la vacuité d'un monde qu'elle doit à tout prix combler. Loco Locass, groupe de rap porteur de la cause souverainiste, parle aussi de ce vide: «Dieu est mort, faut bien qu'on le remplace / Qu'on remplisse le vide qui prend toute la place[9].» Ici encore semble presser la nécessité de mettre quelque chose là où n'y a rien, là où Dieu, jadis, emplissait l'espace. Le thème du vide est également abordé d'une manière plus dramatique dans leur toute dernière chanson, «M'accrocher?», qui soulève sans complaisance la délicate question du suicide chez les jeunes: «Avancer c'est vain / Quand y'a pas d'horizon / À mes pieds y'a un ravin / Pis j'en vois même pas l'fond / Si je lève mes deux mains / Je butte sur le plafond / À quoi bon un lendemain / Si c'est pour creuser plus profond[10]?» Dans ce texte, le protagoniste ressent le vide autour de lui comme une prison oppressante. Il continue: «Je sais pas ce qui se passe / Mais c'est pas rien qu'une mauvaise passe / J'aimerais disparaître (pfffit!) / Comme dans un tour de passe-passe / En attendant je veux bien paraître / Dans la parade de l'apparat / Mascara, mascarade / Pour mes parents, mes camarades[11].» Dans le vidéoclip, on fait furtivement un gros plan sur le chapelet porté par une jeune fille qui scande les paroles de la chanson. Allez savoir pourquoi.

Tous ces extraits de chansons expriment, de différentes manières, l'insatisfaction profonde des jeunes face au monde dans lequel ils vivent. Ce qui rend cette insatisfaction différente de celle de la jeunesse d'une autre époque toutefois, c'est cette idée qu'il n'y a pas d'issue à ce malaise, l'impression que les gens vivent dans un monde qui s'évanouit inévitablement. La populaire ritournelle «Dégénération» du groupe Mes Aïeux va tout à fait dans ce sens. Chacun de ses couplets décrit les générations successives en imaginant que les choses sont allées de mal en pis dans le mode de vie des Québécois depuis un siècle, et ce, malgré l'accession de la majorité à un bien-être matériel plus grand. Certains couplets décrivent d'ailleurs

8. Ariane Moffatt, «Je veux tout», album *Tous les sens*, étiquette Audiogram, 2008.
9. Batlam/Chafik, «Groove grave», disque *Amour oral*, étiquette Audiogram, 2004.
10. Loco Locass, «M'accrocher?», thème du générique de *Tout est parfait*, un film de Yves-Christian Fournier, 2008.
11. *Ibid.*

les misères existentielles des jeunes d'aujourd'hui: «Et puis toi, ma p'tite fille, tu changes de partenaire tout l'temps / Quand tu fais des conn'ries, tu t'en sors en avortant / Mais y a des matins, tu te réveilles en pleurant / Quand tu rêves la nuit, d'une grand' table entourée d'enfants[12].» Élue chanson de l'année 2007 par le vote populaire au gala de l'ADISQ, «Dégénération» a été prise à bras le corps par une jeunesse qui, de toute évidence, s'est reconnue dans ces propos.

Cette idée selon laquelle il y a un problème avec le monde moderne et que l'on flotte aujourd'hui dans une sorte de vide existentiel est donc largement présente dans les textes de beaucoup de chansons populaires de jeunes auteurs. Et c'est un phénomène qui va au-delà de la simple critique sociale: ce discours porte un véritable mal de vivre. Nier ce phénomène équivaut à fermer les yeux sur une réalité structurelle. En même temps, personne ne veut revenir en arrière. Il s'agit plutôt d'un constat, celui d'une perte entraînant dans son sillage une profonde nostalgie. Mais les gens ne sont pas dupes, car le passé n'est pas idéalisé. Il est toutefois perçu, avec raison, comme ayant proposé des formes de sociabilité plus stables et plus structurantes pour les sujets.

Le grand paradoxe qui existe cependant dans cette chanson québécoise actuelle réside dans le fait que les musiques de ces textes ont, la plupart du temps, un rythme très enjoué. Il est donc facile de ne pas entendre ce discours pessimiste si nous n'avons pas une écoute attentive. Aussi, il ne faut pas se laisser berner par le caractère festif de la musique: le suicide d'André «Dédé» Fortin, leader des Colocs, a marqué au fer rouge l'imaginaire de toute une génération, prouvant malheureusement qu'on peut très bien s'amuser comme un fou en étant profondément triste.

2. UNE INVERSION STRUCTURELLE

À la suite de ces réflexions, on pourrait penser que la critique sociale est l'apanage de la jeunesse et que le mal de vivre n'est que le reflet de la condition passagère propre à la période d'entre-deux qui sépare l'enfance de l'âge adulte. Ce serait oublier que l'adolescence est une construction temporelle récente des sociétés de consommation occidentalisées, qui a tendance à se prolonger d'ailleurs

12. Mes Aïeux, «Dégénération», album *En Famille*, étiquette Victoire, 2004.

aujourd'hui bien au-delà de l'âge adulte légal. Le passage à l'âge adulte en contexte traditionnel se fait généralement à travers un rituel qui a une durée limitée et préétablie. Ainsi, la critique du mode de vie hérité des générations précédentes découle davantage de la jeunesse du baby-boom d'après-guerre qui, paradoxalement, en a fait une tradition transmise à ses propres enfants. Par contre, l'idée contemporaine que le monde court à sa perte est, elle, à l'exact opposé de celle qui avait cours dans les années 1960. François Ricard a très bien décrit la génération lyrique[13], premiers-nés du baby-boom d'après-guerre, qui a vécu sa jeunesse en élaborant une idéologie sous le signe d'un espoir débordant qui était en phase avec les changements propres à ces années. Ces transformations se sont vécues au Québec dans une sorte d'allégresse dont témoigne une chanson-phare de cette époque, « Le début d'un temps nouveau », écrite par Stéphane Venne et interprétée par Renée Claude :

> C'est le début d'un temps nouveau / La terre est à l'année zéro / La moitié des gens n'ont pas trente ans / Les femmes font l'amour librement / Les hommes ne travaillent presque plus / Le bonheur est la seule vertu [...]
>
> On connaît les détours du tour du monde / On a des yeux de cinérama / Nos âmes sont devenues des ballons sondes / Et l'infini ne nous effraie pas[14]...

L'opposition est frappante entre ce discours et celui des jeunes générations. Cette inversion structurelle est, bien sûr, contemporaine d'une transformation profonde de la société québécoise. Nous parlons évidemment du passage d'un catholicisme englobant une bonne part de la réalité sociale et existentielle des Québécois à une religion qui se doit d'être choisie par l'individu. Le passage, donc, d'une société largement traditionnelle à une société de consommation postindustrielle. Aussi, nous l'avons constaté dans plusieurs textes de chansons, les références au malaise ambiant sont souvent arrimées à celles sur la société de consommation, que l'on ressent plus ou moins confusément comme étant en cause dans ce marasme existentiel. Dans « Groove grave », Loco Locass associe directement le mal de vivre et le vide, mentionnés plus haut, à la société de consommation :

13. François Ricard, *La génération lyrique. Essai sur la vie et l'œuvre des premiers-nés du baby-boom*, Paris, Climats, 2001.
14. Stéphane Venne, « Le début d'un temps nouveau », album de Renée Claude, *Le début d'un temps nouveau*, étiquette Barclay, 1970.

> Y'a quelque chose de pourri au royaume du trademark / Dieu est mort, faut bien qu'on le remplace / Qu'on remplisse le vide qui prend toute la place / Ça fait que ça court, ça affaire, ça remplit des sacs / Ça consomme, ça espère consumer le trac / Que dis-je, le trac : le vertige de l'insignifiance dans ta face / Quand s'écroule à l'écran le château de cartes Visa / Visé au cœur de la télévision coite / Pour une fois te laisse les mains moites / C'est que Dieu est Maure et bien vivace[15].

Ils font tout à la fois, dans ce court extrait, un habile amalgame entre la religion délaissée et le marché qui investit l'espace existentiel, en plus d'intégrer à leurs propos les attentats du 11 septembre 2001 et le retour de la religion dans la sphère publique et médiatique avec cet événement. Le chanteur Daniel Boucher cible aussi cette idéologie du marché qui teinte pernicieusement nos actions en tant que citoyens-consommateurs. Dans la chanson titre de son album *La Patente*, il nous somme de nous réveiller, car cette patente nous a dans sa mire. Sorte de *Big Brother* organisationnel omniprésent mais diffus, jamais explicitement nommé autrement que par cette expression populaire, « la patente » veut notre peau : « La patente tente de vendre ton âme blanche et d'en faire sa servante / Ça t'atteint sans que tu le sentes / Ton âme flanche[16]. »

3. DANIEL BÉLANGER, WEBER QUÉBÉCOIS

Daniel Bélanger, avec *L'échec du matériel*, cristallise toute cette réflexion d'une façon magistrale. Sur les douze textes de son album, une constante : l'angoisse et la tristesse avec, en filigrane, l'idéologie du marché envahissant l'esprit et l'existence. Aussi, comme dans plusieurs textes de jeunes auteurs québécois, les références à Dieu, à la religion et au catholicisme sont omniprésentes, mais sans qu'on sache trop ce qu'elles y font et pourquoi on a choisi de les mettre en évidence. Tout cela est d'ailleurs concentré dans la première phrase de la première chanson du disque, « La fin de l'homme » : « Comme il est partout / Mais surtout dans ses valises / Avant de disparaître Dieu vend ses églises[17]. » En vendant ses églises avant de disparaître, Dieu se résorbe dans la logique marchande. Dans cette logique, le vide spirituel créé par la disparition de Dieu engendre un vacuum que remplit

15. Batlam/Chafik, « Groove grave », album *Amour oral*, étiquette Audiogram, 2004.
16. Daniel Boucher, « La patente », album *La Patente*, étiquette Boucane Bleue, 2004.
17. Daniel Bélanger, « La fin de l'homme », disque *L'échec du matériel*, étiquette Audiogram, 2007.

l'incessant mouvement du marché, semblable à une roue qui tourne à vide, sans but, avec comme seule motivation celle de tourner.

La chanson se termine sur cette note d'espérance tragique : « La beauté dispose et n'a besoin de personne / Splendeur, grandeur, hauteur autour de soi / Fragile, fragile et solide à la fois / La fin de l'homme ne sera pas la fin du monde[18]. » Et ce dernier vers est le seul du refrain à être chanté en mode majeur. « La fin de l'homme » nous dit que celui-ci n'est pas une finalité, que la beauté se trouve dans le monde et que le monde n'a pas besoin de l'humanité pour exister. Nous l'avons vu, les mentions plus ou moins claires d'apocalypse sont courantes chez de nombreux auteurs. La tragique pièce « Plus rien » des Cowboys fringants, par exemple, raconte les derniers instants du dernier humain sur Terre[19]. Bélanger parle aussi d'apocalypse, mais dans son scénario, l'homme, qui arrive effectivement au bout de sa course, est moins important que le monde qui lui survivra. On se demande, à l'entendre, si l'humanisme s'est à ce point épuisé que la disparition de l'humanité puisse sembler anodine, voire presque souhaitable ?

« Manière de parler » traite de la sensation du vide intérieur. Le texte décrit tour à tour un homme et une femme qui ne sont qu'apparences, qui n'obéissent qu'aux règles du travail rémunéré et des diktats de beauté, sans autre motivation que de rencontrer les standards proposés : « Sous l'apparence, il n'y a personne / Dans le corps n'habite pas d'homme / C'est un phénomène, un génie / Je n'y accorde aucun crédit / Quand dans le corps il n'y a pas d'homme[20]. » Et ce vide intérieur semble toujours causé par la consommation : « Dans notre système / Dans notre opulence / Nord-américaine / Se créent des carences / Chez ceux qui possèdent beaucoup / Qui confondent les bosses à des trous / Que remplir n'emplit rien du tout[21]. » « Télévision » serait l'autre face de la médaille de ce mode de vie frénétique, le moment de loisirs qui comble l'ennui et la solitude en les remplissant d'images : « Et je suis seul dans mon salon / *Live* devant ma télévision[22]... »

18. *Ibid.*
19. Jean-François Pauzé, « Plus rien », album des Cowboys fringants, *La grand-messe*, étiquette La tribu, 2004.
20. Daniel Bélanger, « Manière de parler », album *L'échec du matériel.*
21. *Ibid.*
22. *Idem*, « Télévision », album *L'échec du matériel.*

Bélanger ne s'exclut pas de ce constat d'échec quand il admet, à la fin de « Drôle de personne », qu'il réfère à lui-même. On ressent, dans cette pièce, toute l'étrangeté, qui peut nous sembler familière, de ne plus vraiment s'appartenir, mais d'appartenir à un ordre qui nous épuise.

> À toute heure de pointe / Sur les routes on la voit / Toute prisonnière des ponts / Toute prisonnière des autoroutes / Et des artères / Tuant le temps sur son cellulaire / Dans une nouvelle forme de misère / Elle vit à crédit / À coup de débit, de mal finance / De mâle opulence / Et n'a d'yeux que pour l'irrésistible / De dieu que pour le blasphémer / Elle fait sa prière dans les magasins / Qu'on la laisse vivre au-dessus de ses moyens[23].

« Fermeture définitive » touche d'une manière plus concrète à la réalité socioéconomique néolibérale. On y reprend le discours élaboré et diffusé par les compagnies qui justifient les fermetures d'usines par une gestion et une rationalisation qui semblent implacables. Aussi a-t-on parfois l'impression que cette logique discursive traduit cet esprit d'inéluctabilité propre aux systèmes religieux.

L'échec du matériel nous fait également passer par le climat hivernal québécois. Dans « Tout à coup », le réchauffement climatique projette, encore une fois, l'ombre d'une fin du monde imminente : « L'hiver blanchit le fuseau horaire / Du glacier sur lequel je vis / Il faudra prévoir du secours pour quand ça fondra à tout jamais, à tout jamais[24] ». Le discours écologiste, aussi pertinent soit-il d'un point de vue scientifique, propose ainsi une vision apocalyptique du monde, qui est ici dramatiquement posée : notre monde disparaîtra à tout jamais.

Les références à Dieu et à la religion parcourent d'emblée les textes de part en part du disque, sans jamais aborder le sujet de front, mais toujours à la fois comme un horizon crépusculaire en même temps qu'un malaise excédentaire (un trop plein de vide ?). Même dans la forme musicale, Bélanger réfère à la religion traditionnelle avec « Plus », une litanie empruntant au chant grégorien et qui est on ne peut plus claire sur la faillite spirituelle ambiante : « Plus on me sollicite / Plus j'ouvre ma porte / Plus j'invite et plus on m'incite / À la faillite de ma spiritualité[25]. » Dans la chanson titre de l'album *L'échec*

23. *Idem*, « Drôle de personne », album *L'échec du matériel*.
24. *Idem*, « Tout à coup », album *L'échec du matériel*.
25. *Idem*, « Plus », album *L'échec du matériel*.

du matériel, Bélanger assimile le marché boursier à l'enfer et dit qu'il vaut mieux être privé d'amour que d'être privé de posséder. Sinon, « mieux vaut vendre son âme et puis mourir[26] ». Ce texte concentre le cœur du propos de l'œuvre entière. On a l'impression que l'angoisse ronge de l'intérieur à mesure que s'accumulent les biens matériels, même « assurés ».

> Plus je m'assure sur la vie et sur les choses / Je me réveille chaque jour plus angoissé / Les objets me hantent / Je fais des cauchemars de brocantes où tout s'enfuit / En sursaut je me réveille / Devant l'échec du matériel, devant l'échec[27].

Jeu sémantique intéressant, « je m'assure » prend le double sens à la fois de la confiance intérieure, mais aussi de celui des assurances que l'on achète pour assurer nos biens et nos vies. Cette référence à ces assurances qui sont censées prémunir contre l'angoisse semble ici faire l'effet contraire. Il se réveille chaque jour plus angoissé, laissant entendre qu'assurer ses biens, donc payer pour « s'assurer », peut mettre en cause le véritable sentiment de sécurité et de bien-être. Il est en tout cas évident que les deux sens ne correspondent pas ici. Paradoxe intéressant et certainement pas anodin lorsqu'on pense aux stratégies de marketing des compagnies d'assurances, qui misent sur le concept de sécurité, mais qui, pernicieusement, jouent plutôt sur son contraire, le sentiment d'inquiétude. Aussi le texte de cette chanson démontre-t-il avec force toute la difficulté d'aller à l'encontre de ce mouvement, de cette direction, de cette réalité immanente, finalement[28] :

> Faire marche arrière / Entreprendre un demi-tour / Est bien au-dessus de mes forces déployées / À faire ce que doit / Ce que les choses attendent de moi / À maintenir le monde avant qu'il ne s'effondre.

L'échec du matériel traite donc d'un épuisement émotif relié au mode de vie, mais il a aussi quelque chose d'une quête mystique, car cet épuisement relève d'un vide existentiel, d'un manque. Et il ne s'agit pas de simplement constater ce manque. Il s'agit surtout de constater l'expérience même de ce manque et la douleur vive sur laquelle elle ouvre. Cette démarche artistique s'inscrit donc dans une quête mystique, car elle ose aborder de front la souffrance humaine et, contrairement à beaucoup d'autres œuvres contemporaines, elle

---

26. *Idem*, « L'échec du matériel », album *L'échec du matériel*.
27. *Ibid.*
28. *Ibid.*

ne tente pas de l'enrober dans un cynisme de bon aloi. C'est là que Bélanger pousse plus loin le discours apocalyptique qui sous-tend la jeune chanson québécoise : il l'arrime à la fois au contexte global et à la réalité intime et le fait déboucher sur une quête intérieure, une quête de sens.

Les textes de cet album disent cet ordre qui épuise les individus qui y sont inscrits en même temps qu'il s'épuise lui-même. Là est peut-être l'aspect le plus fort de l'œuvre de Bélanger : il décrit (et décrie) avec une telle acuité les effets du capitalisme contemporain et de son mode de vie sur les individus qu'il en démasque les promesses. La raison instrumentale est décortiquée à partir de l'expérience vécue, à partir du cœur même de la vie. Aussi est-il question ici bien plus que d'un simple système d'échange économique, d'un système qui englobe désormais tout l'ordre symbolique, qui opère comme tel, et qui nous projette dans une logique et un mode de vie qui semble (et qui est peut-être) inéluctable.

Cela n'est certes pas nouveau. Max Weber, en visionnaire qu'il a été, l'avait prédit dès 1904 dans *L'éthique protestante et l'esprit du capitalisme*:

> À partir du moment où l'ascèse quitta la cellule monastique pour être transposée dans la vie professionnelle et commença à exercer son empire sur la réalité intramondaine, elle contribua à sa manière à construire le puissant cosmos de l'ordre économique moderne, tributaire des conditions techniques et économiques de la production mécanique et machinisée, dont les contraintes écrasantes déterminent aujourd'hui le style de vie de tous les individus nés dans ses rouages [...] et la détermineront peut-être jusqu'à ce que le dernier quintal de carburant fossile soit consumé. [...] À partir du moment où l'ascèse entreprit de transformer le monde et d'agir dans le monde, les biens matériels de ce monde acquirent sur l'homme un pouvoir croissant et finalement inéluctable, comme on n'en avait jamais connu auparavant dans l'histoire. [...] Nul ne sait plus qui va habiter ce carcan et si nous connaîtrons, au terme de cette terrible évolution, des prophètes entièrement nouveaux ou une puissante renaissance de conceptions anciennes et d'idéaux du passé, *ou* – si aucune de ces deux hypothèses ne se vérifie – une pétrification mécanisée, drapée dans une sorte de suffisance maladive. Dans ce cas, au terme de cette évolution culturelle, les « derniers hommes » pourraient vérifier cette

prédiction : *Spécialistes sans esprit, jouisseurs sans cœur : ce néant imagine avoir accédé à un stade de l'humanité jamais atteint auparavant*[29].

Il semble bien que les jeunes artisans de la chanson québécoise fassent partie de ces « derniers hommes » qui, selon les dires de Weber, constatent cette prédiction de Nietzche. Avec *L'échec du matériel*, Daniel Bélanger révèle le malaise profond de cette évolution culturelle, qui ne peut qu'ouvrir sur une quête nouvelle.

29. Max Weber, *L'éthique protestante et l'esprit du capitalisme*, précédé de *Remarque préliminaire au recueil d'étude de sociologie de la religion, I*, et suivi de *Les sectes protestantes et l'esprit du capitalisme*, Paris, Flammarion, 2000, p. 300-302. Weber cite ici le prologue d'*Ainsi parlait Zarathoustra*, de Friedrich Nietzsche.

CHAPITRE 10

PRATIQUES RELIGIEUSES ET ESPACES-TEMPS SOCIAUX DANS UN VILLAGE QUÉBÉCOIS

Frédéric Parent

L'invisibilité actuelle des pratiques collectives de la foi au Québec nous donne l'impression que la religion n'est désormais plus que la spiritualité d'un monde ancien, celle-ci s'étant incarnée dans une sorte d'identité collective historiquement constituée en réponse à la domination étrangère[1]. Dans cette vision des choses, elle n'est qu'un artefact ou un patrimoine que nous devons conserver. Elle fait ainsi partie de notre héritage culturel mais elle n'a plus de réalité concrète dans notre vie collective présente – mis à part dans quelques moments d'affrontements à d'autres groupes religieux. Le religieux semble parfois hors de l'espace social; il serait devenu privé. Dans un livre récent, Albert Piette constate d'ailleurs que la « religion en train de se faire est demeurée largement impensée et impensable[2] » en sciences

1. Avec l'échec de la Rébellion des Patriotes (1837-1839) face au pouvoir britannique mis en place à la suite de la Conquête de 1759, s'effondrent les « rêves de liberté et d'indépendance » d'une société désormais en marge des pouvoirs politiques et économiques et qui cherche alors « des terrains de substitution et des mécanismes de compensation qui lui permettaient de se donner des structures de cohésion et d'appartenance là où elle le pouvait ». La paroisse et les réseaux de parenté et d'alliance seront alors les principales structures (Fernand Dumont, « L'ancienne alliance de l'Église et de la société québécoise », dans *L'Église du Québec, un héritage, un projet*, Montréal, Fides, 1971, p. 66-68).
2. *Le fait religieux. Une théorie de la religion ordinaire*, Paris, Economica, 2003, p. 11.

sociales, celles-ci privilégiant plutôt l'étrangeté à l'ordinaire des activités religieuses. Il est vrai que, depuis les travaux monographiques de Colette Moreux dans les années 1960-1970, où le Québec est traversé par une baisse phénoménale de la pratique religieuse, peu de travaux de ce genre ont été publiés[3].

La pratique religieuse était majoritaire dans le Québec d'avant-1960, mais elle est devenue de plus en plus étrangère à la majorité. L'étude monographique est le meilleur moyen de connaître en profondeur ses nouvelles modalités empiriques en saisissant notamment les aspects dynamiques de ce vécu[4]. L'étranger n'est plus dans des contrées lointaines, ni même dans les grandes villes ; il est désormais dans nos campagnes.

Le travail de terrain que j'ai réalisé pendant sept mois dans un village québécois m'a permis de me rendre compte assez vite que la religion n'était pas morte et qu'elle construisait encore pour plusieurs les contours d'un « espace commun » ou collectif. Aussi étonnant que cela puisse paraître au premier regard, c'est par les associations religieuses que mon intégration s'est faite le plus rapidement et c'est par elles également que j'ai pu nouer mes premières relations. Cette recherche s'inscrit dans mon projet doctoral dans le cadre duquel j'analyse non seulement la composition interne des espaces religieux, mais aussi des espaces économiques et politiques afin de saisir les articulations d'ensemble de ces trois espaces et les processus de constitution des groupements sociaux particuliers. Dans cet article, je vais, d'une part, reconstruire l'espace-temps de la pratique religieuse à partir d'une analyse des associations existantes sur le territoire, de l'église aux associations locales et, d'autre part, les conceptions des pratiquantes et pratiquants les plus actifs concernant cet espace religieux et ses transformations dans le temps. L'objectif est de cerner la différenciation interne, ou les divisions sociales à l'intérieur de l'espace religieux, par la reconstruction des regroupements sociaux.

3. *Douceville en Québec. La modernisation d'une tradition*, Montréal, PUM, 1982 ; *Fin d'une religion ? Monographie d'une paroisse canadienne-française*, Montréal, PUM, 1969.
4. Je ne justifierai pas ici l'usage de la monographie, faute d'espace. Mentionnons cependant que par la diversité des matériaux utilisés et l'attention centrée sur un objet – une « ethnologie du petit », selon l'expression de Françoise Zonabend (« Du texte au prétexte. La monographie dans le domaine européen », *Études rurales*, vol. 97-98, janvier-juin 1985, p. 33-38) –, l'approche monographique permet la mise en évidence de la multiplicité des espaces-temps sociaux, et ce, même pour des espaces, comme le religieux, qui peuvent paraître à première vue relativement homogènes.

Pour ce faire, je vais d'abord définir théoriquement l'« espace » d'un point de vue sociologique pour ensuite décrire l'espace des associations religieuses par leurs activités et leur composition. Ensuite, je présenterai les discours individuels sur ces activités religieuses pour après conclure avec quelques pistes de réflexion sur l'articulation entre la pratique et le discours ainsi que sur la constitution des regroupements sociaux.

1. LES ESPACES-TEMPS SOCIAUX

Reprenant les enseignements de l'un des premiers sociologues québécois, Léon Gérin, on peut dire que l'espace social est d'abord et avant tout celui des groupements humains[5]. Cet espace a une dimension « matérielle », relativement facile à observer par l'observation participante[6] et le recours à des statistiques. Les activités humaines se déroulent grâce à l'association d'individus dans des lieux particuliers. Ces associations ont chacune une composition particulière suivant des critères aussi simples que le nombre, le sexe, l'âge et le revenu des individus qui en font partie. On ne peut toutefois se limiter à ces variables pour déterminer si ces associations constituent bel et bien des « ensembles réels », pour reprendre les termes de Maurice Halbwachs[7]. Le groupe n'a pas seulement une forme, il a aussi une vie qu'on ne peut appréhender par le recours exclusif aux données statistiques. Lors de ses observations monographiques dans la campagne québécoise de la fin du XIXe et du début du XXe siècle, Léon Gérin a, par exemple, constaté que les groupes familiaux agricoles, bien que ne partageant pas forcément les mêmes revenus, partageaient « une similitude dans les manières de vivre », en particulier dans la façon de se nourrir, de se loger, de s'habiller, etc.[8]. Pour Gérin, ces « habitudes de vie » sont le résultat du partage d'un même

---

5. Frédéric Parent, « Léon Gérin méthodologue. De l'usage de la monographie », *Études sociales*, n° 146, 2007, p. 115-144.
6. À l'époque de Gérin, on utilisait plutôt l'expression « observation directe ».
7. Maurice Halbwachs, « La statistique en sociologie », dans *La statistique, ses applications, les problèmes qu'elle soulève*, Paris, PUF, 7e semaine internationale de synthèse, 1935, également sur le site Internet *Les classiques des sciences sociales* de l'UQAC, document PDF, Word ou RTF, en ligne, <http://classiques.uqac.ca/classiques/Halbwachs_maurice/classes_morphologie/partie_4/texte_4_3/statistique_en_socio.html>, consulté le 24 mars 2009, p. 5 de la version PDF.
8. Léon Gérin, « La science sociale et l'histoire », dans *Semaine d'histoire du Canada. Première session*, Montréal, Société historique de Montréal, 1925, p. 298.

espace social, c'est-à-dire de relations continues dans le temps avec les autres. Celles-ci constituent des groupes sociaux qui deviennent dans le même temps des cadres de la vie sociale. Il importe donc, selon Gérin, de ne pas s'attarder à la forme « matérielle » du groupe, mais à son « esprit », au « facteur humain » ou à la « mémoire », dirait Halbwachs. En sciences sociales, il est désormais admis qu'il est nécessaire d'étudier la dimension « symbolique » ou « cognitive » des groupes sociaux.

Depuis plusieurs années déjà, certains géographes[9] font des efforts importants pour redéfinir l'espace social en le distinguant de l'« espace vécu », qu'ils définissent comme « représentations sociales de l'espèce », « produit de la conscience », « espace subjectif » ou encore « rapport pré-social ». Selon eux, « il s'agit d'une réalité purement individuelle qui reste dans le champ du sujet ». Cette distinction, classique en sciences sociales, recoupe les oppositions entre subjectif et objectif ou entre individu et société. Or, en poussant plus loin la notion de cadre, Halbwachs a montré que la pensée individuelle ou la mémoire n'est possible que parce que l'individu s'inscrit dans un espace qu'il partage avec d'autres. L'espace est social, puisqu'il résulte de l'association des individus entre eux, et la pensée individuelle n'existe que parce qu'elle a des points de repères – des cadres – qu'elle partage avec d'autres et qui résultent de ses conditions spatiales ou morphologiques. La question – et c'est l'objet du présent texte – est de savoir en quoi consiste le lien entre les conditions spatiales des groupes (la matérialité ou la forme des groupes) ou l'espace-temps construit par la pratique religieuse (l'objectif) et les discours sur les transformations de cet espace (le subjectif). Je pose, et la suite de mon questionnement est orientée en ce sens, que l'objectif et le subjectif sont deux mises en forme différentes de la même réalité, celle de l'expérience religieuse. Autrement dit, le discours individuel est l'expression de l'appartenance à des regroupements particuliers que je définis par le partage d'un « sens commun » qui se constitue à travers les activités quotidiennes, lesquelles tracent des espaces-temps sociaux différenciés et, par là, des conceptions différentes de la vie sociale. Ces conceptions ne sont ni vraies ni fausses ; elles sont des formes différentes de connaissance

9. *Cf.* Pascal Buléon et Guy Di Méo, *L'espace social : une lecture géographique des socétés*, Paris, Armand Colin, 2005, p. 12, 22-23, 82-83.

relatives aux propriétés empiriques de ces activités[10]. Cela suppose donc qu'il faut distinguer les associations locales des groupes sociaux, puisque les associations locales ne sont pas des ensembles caractérisés par une homogénéité d'opinions et qu'un individu peut faire partie de plusieurs groupes. Les individus peuvent en effet faire partie des mêmes associations, sans faire partie du même groupe social.

Enfin, le partage d'un même espace social ne signifie pas non plus le partage d'un même espace physique. Des membres d'une même famille peuvent être disséminés aux quatre coins du globe, mais continuer à être en « contact[11] » entre eux par divers moyens de communication.

2. L'ÉGLISE PAROISSIALE ET LES ASSOCIATIONS RELIGIEUSES LOCALES

Située dans le diocèse de Québec, la paroisse Sainte-Hélène[12] fait partie, depuis l'entrée en fonction du curé actuel en 1996, d'un regroupement de quatre paroisses pour l'organisation de ses activités pastorales. Les paroisses ne sont toutefois pas fusionnées administrativement en raison des nombreuses oppositions qui persistent depuis plus de dix ans. Chacune gère ses revenus et ses dépenses par l'intermédiaire de son conseil de fabrique. La « régionalisation » des activités religieuses se réalise plutôt par la pastorale et la liturgie. Depuis peu, l'orientation, l'évaluation et le suivi de ces activités ne relèvent plus strictement de personnes possédant une formation universitaire en théologie (le curé ou l'agent de pastorale), mais aussi de personnes n'ayant « aucune formation[13] » ou ne possédant qu'un certificat en théologie. Au niveau paroissial, cette prise en charge de la pastorale et de l'animation de la vie religieuse est

10. Gilles Houle, « Le sens commun comme forme de connaissance : de l'analyse clinique en sociologie », *Sociologie et sociétés*, vol. XIX, n° 2, 1987, p. 77-86.

11. La notion de « contact » utilisée parfois par Halbwachs et Gérin désigne bien la fonction médiatrice des objets comme la Bible, par exemple, dans la paroisse étudiée. L'espace social n'est donc pas seulement l'espace des relations ou des interactions « face à face ».

12. Nom fictif pour des raisons d'éthique.

13. Les pratiquants reçoivent continuellement des formations offertes par les diverses instances de l'Église, mais cette formation n'est reconnue que par l'Église. Sans diplôme universitaire, le pratiquant ne pourrait pas, par exemple, enseigner la religion à l'école. Certains regrettent la fin des cours de catéchèse alors que d'autres, au contraire, pensent que c'est mieux ainsi parce qu'à leur avis, les gens responsables de ces cours n'avaient pas, bien souvent, la formation nécessaire.

maintenant sous la responsabilité d'une déléguée pastorale qui rencontre mensuellement le représentant de fabrique et le curé au sein d'un nouveau « Conseil d'orientation interparoissial ». La déléguée, qui est aussi intervenante en pastorale par intérim pour les quatre paroisses, est maintenant la « seconde du curé » dans la paroisse et c'est à elle qu'est revenue la tâche de choisir personnellement quatre personnes pour constituer son « Équipe d'animation locale » (anciennement les Conseils paroissiaux de pastorale) en vue d'appliquer le projet pastoral élaboré par le Conseil d'orientation[14]. Bien que ces transformations soient survenues à l'initiative de l'Église catholique de Québec à la suite de son congrès d'orientation de 2004[15], il serait abusif de penser qu'elle en soit la seule responsable, puisqu'elle participe aussi aux transformations de la vie sociale en général, et plus particulièrement ici de la baisse généralisée de la participation des laïcs à la vie religieuse instituée. La pénurie de prêtres n'est qu'un indice parmi d'autres de ces transformations sociales. Par le changement de structures, on observe un déplacement de l'autorité du curé vers le « nous » de la communauté centrée autour de la déléguée pastorale, ce qu'observaient déjà Moreux en 1969 et même Gérin (1909) dans certains milieux ruraux du début du siècle dernier[16].

Avec l'augmentation des paroisses sous sa juridiction, le curé partage ainsi la « charge » pastorale avec des laïcs et il participe

---

14. Ces personnes sont responsables de quatre « dimensions essentielles » à la bonne réalisation du projet : la vie fraternelle, l'annonce de l'évangile, la prière et les célébrations ainsi que l'entraide et la justice sociale (Marc Ouellet, « Mission nouvelle évangélisation », *Message de l'Archevêque*, Québec, Église catholique de Québec, 2005).

15. Le Congrès d'orientation pour l'avenir des communautés chrétiennes est annoncé au début de janvier 2004 par l'archevêque Marc Ouellet et, en février de l'année suivante, l'Église publie *Mission nouvelle évangélisation* qui indique concrètement l'« énoncé de mission », les orientations et les actions à réaliser. Monseigneur Ouellet affirme alors que : « Nous vivons à une époque charnière entre un temps de chrétienté désormais révolu et le temps d'une nouvelle présence de l'Église au monde dont les contours ne sont pas encore définis et prévisibles [...]. C'est donc le temps de la prière et de la mission », une mission d'évangélisation, spécifie-t-il tout de suite après (*ibid.*).

16. Colette Moreux, *Fin d'une religion ?*; Léon Gérin, « Deux familles rurales de la rive sud du Saint-Laurent. Les débuts de la complication sociale dans un milieu canadien-français », *Mémoires de la société royale du Canada*, Ottawa, 1909, p. 25-65. Il s'agit en somme du passage entre deux modèles de la réalité paroissiale tel que décrit par le théologien Gilles Routhier, passage entre la paroisse comme « lieu d'encadrement des fidèles » et la paroisse comme « communauté chrétienne » (« La paroisse, ses figures, ses modèles et ses représentations », dans Gilles Routhier et Alphonse Barras (dir.), *Paroisses et ministère. Métamorphoses du paysage paroissial et avenir de la mission*, Montréal, Médiaspaul, 2001, p. 197-251 – ici p. 201).

beaucoup moins à la vie associative de chaque paroisse. Il demeure toutefois l'aumônier des Chevaliers de Colomb qu'il rencontre une fois par mois. Sa participation à la vie associative se limite principalement à la direction de « comités » qui concernent directement la bonne réalisation de ses tâches[17]. En ce sens, il dirige mensuellement la rencontre des comités liturgiques des quatre paroisses ainsi que le Conseil d'orientation pastorale interparoissial. Le curé se déplace dans un espace « interparoissial[18] » non encore largement partagé par les laïcs, qui occupent davantage l'espace paroissial pour leurs activités religieuses. Le curé affirme d'ailleurs que la solitude et la création d'un « esprit de communauté » entre les quatre paroisses sont les deux difficultés importantes qu'il rencontre dans sa pratique.

L'Église catholique de Québec établit des distinctions révélatrices entre ces deux espaces différenciés que sont la paroisse et l'interparoisse[19]. À la suite de son congrès, elle insiste sur la « mission nouvelle évangélisation » et fait de la « communauté chrétienne » son interlocuteur privilégié en remplacement de la paroisse. Selon cette même Église, la paroisse, qui rassemble tous les catholiques « au sentiment d'appartenance variable » de son territoire, doit « devenir de plus en plus "une communion de communautés"[20] », c'est-à-dire le rassemblement de ceux qui réalisent l'Église quotidiennement. La « communauté chrétienne locale » est composée non pas de tous les catholiques, mais de ceux qui se rassemblent et qui développent un « fort sentiment d'appartenance ». Par ailleurs, son « animation repose davantage sur ses membres, appuyés et soutenus par le curé et l'équipe pastorale[21] ». Cette « communion de communautés » recoupe donc l'espace interparoissial qui est défini et imposé par l'institution ecclésiale et dans lequel le curé, pour le moment, se sent seul.

17. Le curé n'est toutefois pas insensible à cette vie locale et cherche constamment à s'y mêler, mais sous un mode tout à fait différent d'autrefois – ce que les paroissiens plus âgés acceptent avec moins de facilité. Par exemple, au lieu de faire sa visite paroissiale annuelle, il court les festivals. « Il ne veut que se faire voir », disent certains.
18. La distance totale à parcourir entre les églises sous la juridiction du curé est de cinquante kilomètres. Dans ces conditions, l'automobile est devenue un outil de travail indispensable et les paroissiens, peu habitués sans doute à voir le curé se déplacer autant, m'ont régulièrement parlé de sa rutilante voiture décapotable !
19. Église catholique de Québec, « Mission nouvelle évangélisation », Québec, février 2005, p. 26.
20. *Ibid.*, p. 15.
21. *Ibid.*, p. 26.

Si nous jetons un coup d'œil à la pratique religieuse telle que nous pouvons l'observer par la composition des diverses associations, nous constatons clairement que les espaces paroissial et interparoissial recoupent en fait la division entre les sexes, laquelle renvoie aussi à la distinction entre la « communauté matérielle » et la « communauté spirituelle ». Le Comité de la fabrique et celui de la CVA[22] sont les deux seuls regroupements pour lesquels nous trouvons une participation numérique des hommes pratiquement équivalente à celle des femmes. Depuis 1993, le curé n'est plus président de la fabrique et ce sont des hommes d'anciennes familles bien établies, des « familles souches » dans la paroisse, qui le remplacent dans cette fonction. Ce changement signifie que le curé passe du statut d'employeur à celui d'employé, puisque la fabrique est l'institution locale qui administre les biens et les finances de la paroisse. Ces « familles souches » ont aussi dirigé la rédaction du livre pour l'anniversaire de la fondation de la paroisse et la plus importante collecte de fonds pour les rénovations de la toiture de l'église. Les activités de ces deux groupes se déroulent majoritairement dans la paroisse, puisque les marguilliers refusent toujours la fusion avec les autres paroisses.

Toutes les autres associations à caractère religieux sont constituées presque exclusivement de femmes. Elles peuvent faire partie d'un mouvement d'éveil et d'éducation à la foi pour les enfants et les jeunes (les Brebis de Jésus), d'un mouvement d'action catholique pour former des femmes « efficaces et dynamiques » (Mouvement des femmes chrétiennes (MFC)) ou de comités pour la réflexion et l'orientation de la vie pastorale (Conseil d'orientation pastorale) ainsi que pour l'animation de la vie paroissiale (Équipe d'animation locale). Bien qu'elles commencent à prendre de plus en plus en charge la dimension spirituelle du catholicisme en remplaçant le curé quatre fois par année pour la célébration d'une liturgie dominicale (ADACE[23]), les associations féminines continuent d'assumer des

22. La contribution volontaire annuelle a été instaurée à la fin des années 1990 en remplacement de la dîme. Cette pratique se déroule chaque début d'année dans la paroisse. Les responsables du Comité de la CVA sollicitent d'abord les gens dans une lettre envoyée par la poste et ils font par la suite la collecte des dons de porte en porte.

23. Il s'agit des « assemblées dominicales en attente de célébration eucharistique ». En France, on les appelle avec humour les ADAP (Assemblée dominicale en l'attente d'un prêtre transformé en absence : *cf.* Pascal Dibie, *Le village métamorphosé. Révolution dans la France profonde*, Paris, Plon, 2006).

fonctions traditionnelles, c'est-à-dire la prise en charge de la sociabilité morale (les enfants, les personnes seules et malades, etc.).

Cette brève description des activités religieuses permet de dégager une participation différenciée des hommes et des femmes selon le type de pratique et l'espace de leurs activités. Les femmes s'occupent de la morale et de la spiritualité et elles commencent à se déplacer dans un espace interparoissial avec le curé tandis que les hommes, membres de familles solidement établies, s'occupent de la gestion des biens de la fabrique et se déplacent plutôt dans l'espace local ou paroissial. Bien qu'importantes pour la reconstruction des différents espaces de la pratique religieuse, ces données ne permettent qu'indirectement de dégager les processus de constitution de pratiques différentes qui construisent des espaces communs ou des regroupements sociaux particuliers. Nous ne savons pas clairement, par exemple, ce que signifie s'occuper de la « spiritualité » et surtout comment, à travers cette activité, se construit un groupe social particulier ou une « communauté spirituelle ».

3. L'ANALYSE DU DISCOURS SUR LE CATHOLICISME

Parmi les trente entretiens que j'ai réalisés pendant les étés et automnes 2006-2007, j'ai choisi d'analyser le discours sur le catholicisme de six personnes engagées activement dans les activités de l'Église, c'est-à-dire des personnes qui occupent ou ont occupé le plus de fonctions dans la structure ecclésiale : le curé, l'ancien président de la fabrique et de la CVA, la déléguée pastorale, la présidente du MFC et, enfin, l'initiatrice des Brebis de Jésus dans la paroisse. J'ai dégagé deux types de discours en fonction de leur objet ou de leur contenu : tout d'abord, les discours sur l'Église, où les gens discutent du rôle, de « l'utilité » du catholicisme et du curé et, ensuite, les discours sur soi et sur autrui dans lesquels les personnes parlent d'elles-mêmes et des autres pratiquantes et pratiquants.

Le discours sur l'Église est assez différent chez les hommes et chez les femmes. Celles-ci affirment toutes, sans exception, que le religieux sert à « semer de l'amour », à « éliminer les chicanes », à « être au service des autres », à « accepter » et à « pardonner », à « découvrir » autrui et à l'« accueillir » sans le juger. Il s'agit d'un discours moral ou d'une éthique de la relation à l'autre qui rejoint assez bien les préoccupations du curé, qui m'a longuement entretenu des modalités de son « intégration » parmi les paroissiens. « Prendre notre place, c'est toujours à recommencer, il faut aller auprès du monde, parce qu'ils sentent que tu parles à partir d'expériences ou de ce que tu vis avec eux autres et non pas que tu arrives avec des grands principes que tu essaies d'appliquer sans connaître le monde à qui tu parles. » Prendre sa place se fait donc, comme le dit le curé, « par notre manière de vivre parmi les gens à tous les jours[24] ». Les femmes partagent aussi avec le curé l'idée que le regroupement « ouvre sur plus grand » et amène de « nouvelles idées ». Elles considèrent également qu'elles ont une relation de collaboration avec le curé et qu'il se « mêle plus avec eux ».

Les hommes des familles souches ne tiennent évidemment pas ce discours « éthique » sur autrui. L'un d'entre eux m'a plutôt dit que la religion était importante parce que : « la religion c'est la famille ! C'est ben des affaires dans la religion ! C'est pas juste aller à la messe, c'est la famille pis il faut que tu voies à la famille. La famille c'est grand. » Sa famille est en effet très nombreuse et enracinée dans la paroisse. Son grand-père a eu 15 enfants, son père 10 et lui 11. Avec quelques-uns de ses fils, il possède la grande majorité des terres agricoles entourant l'église et son agglomération villageoise. Si, par la pratique religieuse, les femmes pensent mieux vivre avec l'Autre, pour ces hommes, la religion se confond plutôt avec la famille, qui a des ramifications aux quatre coins de la paroisse. De plus, ils ne comprennent pas la « nécessité » du regroupement des paroisses et affirment que le curé « c'est lui qui est boss chez eux » parce qu'il ne prend pas de conseils de personne. Ils regrettent le temps où le curé connaissait et s'occupait de tous ses paroissiens, lorsqu'il résidait dans la paroisse[25]. En fait, ils disent ne plus trop savoir ce qu'il fait.

La distinction entre les hommes et les femmes correspond étrangement à deux modèles de la réalité paroissiale que dégage le théologien Gilles Routhier[26]. Dans le premier modèle (celui des femmes), « la relation la plus déterminante [...] n'est plus le rapport curé-paroissiens, du pasteur qui connaît ses brebis » (comme dans le modèle masculin), « mais une relation chaleureuse entre les

24. Cette position résulte évidemment du déplacement graduel de l'« autorité » de l'Église à la « société civile » et, comme l'a dit C. Moreux (*Fin d'une religion ?*, p. 335), le curé ne peut plus « jouer le rôle de catalyseur de la conscience collective du Village ou de la paroisse ».

25. Candidat aux dernières élections provinciales, mon informateur a comparé le rôle du curé au sien en disant que pour être un bon représentant, le politicien doit faire du porte-à-porte afin de connaître ses électeurs.

26. *Op. cit.*, p. 216-217.

paroissiens qui se connaissent et font communauté». Peu importe que les activités religieuses soient locales ou paroissiales puisque l'important est de rassembler une «communauté chrétienne». Les femmes participent activement et avec enthousiasme aux transformations récentes d'une nouvelle «Église de participation». Les hommes valorisent plutôt l'ancien modèle de la réalité paroissiale dans lequel les relations locales ou de proximité entre le curé et ses paroissiens sont valorisées[27].

À l'intérieur du modèle communautaire féminin apparaît toutefois une distinction importante entre celles qui ont un certain savoir religieux par l'acquisition de diplômes et celles qui n'en ont pas ou dont les compétences ne sont pas reconnues. Par exemple, plusieurs femmes m'ont parlé des «petits» conflits qu'elles ont avec la responsable des Brebis de Jésus. Cette dernière ne possède pas de diplôme universitaire en théologie et se fait reprocher de réinterpréter trop librement le discours catholique officiel. Les connaissances théologiques assurent l'autorité et la légitimité de la déléguée pastorale aux yeux des autres femmes, en remplacement du curé. La présidente du MFC accepte d'ailleurs très bien l'autorité de la déléguée et elle ne la remplacerait jamais dans ses fonctions parce qu'elle se dit «gênée» de ne pas avoir autant de connaissances en théologie. La déléguée constate d'ailleurs que les autres paroissiens ont toujours peur de ne pas dire les bonnes choses, tandis que les hommes des «familles souches» ne partagent pas cette crainte. L'ancien président de la fabrique affirme fièrement parler avec honnêteté au curé, lui donnant même parfois des leçons de charité. Il reproche aux autres pratiquants de ne pas oser faire comme lui[28]. La Bible est un médiateur dans les relations entre pratiquantes et non entre pratiquants.

L'exemple des ADACE est révélateur de cette fonction médiatrice de la Bible. Environ quatre fois par année, et ce, pour diverses raisons, le prêtre ne peut dire la messe dominicale et une équipe de laïques composée essentiellement de femmes se charge de préparer, d'animer et de présider le rassemblement du dimanche. Après

---

27. *Ibid.*

28. Je pourrais discuter longuement de ce sentiment de «gêne» partagé par plusieurs paroissiennes qui n'osent pas prendre la parole publiquement lors des assemblées, ce qui fait que la paroisse manque de «meneuses» et se retrouve avec les mêmes personnes dirigeantes dans plusieurs associations. Norbert Élias associe ce phénomène aux familles solidement établies (*Logiques de l'exclusion. Enquête sociologique au cœur des problèmes d'une communauté*, Paris, Fayard, 1997).

quelques chants religieux exécutés par la chorale, la présidente de l'assemblée amorce la célébration par le signe de croix et des salutations d'usage. Elle fait ensuite la lecture d'ouverture telle qu'indiquée dans le feuillet *Prions en Église*. Elle sollicite beaucoup l'assistance, notamment pour entonner des chants dont elle oublie parfois l'air dans sa nervosité. À la fin du chant, les paroissiens portent leur regard vers l'arrière de l'église pour accueillir le Livre saint porté à bout de bras par une laïque qui fera la première lecture, mais avant cela, la présidente proclame que ce livre guidera l'assemblée. Une trentaine de minutes plus tard, le Livre quitte l'église de la même façon qu'il y est entré. Lors des ADACE, les laïcs sont en charge d'un commentaire de l'évangile, à la place de l'homélie, qui a succédé au « sermon » d'autrefois. Ils insistent sur la difficulté de la tâche et tiennent à préciser qu'ils ne remplacent évidemment pas le curé, puisque le droit liturgique réserve l'homélie à celui-ci[29]. Néanmoins, la préparation du commentaire est une occasion pour quelques laïcs de lire directement la Bible, ce que la plupart des paroissiens ne font pas. Peu habitués, ils prennent un temps énorme à préparer leur commentaire et réalisent dans un même temps une interprétation personnelle qu'ils proposent aux paroissiens présents. La « seconde » du curé dans la paroisse me dit d'ailleurs que les paroissiens commencent à découvrir qu'ils ont enfin quelque chose à dire. La compréhension des textes sacrés devient ainsi un atout important dans les activités religieuses, ce qui est très différent des années 1960-1970, comme l'a observé C. Moreux à Saint-Hilaire et à Louiseville.

4. LES DISCOURS SUR L'ÉGLISE ET LES ESPACES-TEMPS SOCIAUX DE LA PRATIQUE

Une distinction apparaît importante lorsque nous étudions les discours : les hommes valorisent davantage l'espace local ou de proximité que les femmes. Ils s'opposent, par exemple, à la fermeture de l'église, tandis que les femmes peuvent s'en accommoder. De toute façon, dit l'une d'entre elles, la religion ne se réduit pas à l'assistance à la messe et, depuis plus de 2 000 ans, les croyants se sont toujours trouvé un lieu pour se rassembler. Les femmes n'ont rien à perdre et tout à gagner ; elles ne gèrent pas l'église et n'en ont pas besoin pour

---

29. Lors de cette ADACE à laquelle j'ai assisté, la personne en charge du commentaire dira : « C'est toute une tâche à faire aujourd'hui, que de vous dire un petit mot. »

leurs activités. La valorisation du local et de la relation étroite entre le curé et les paroissiens correspond à l'occupation de cet espace local par les hommes. S'ils font partie des familles établies, c'est qu'ils sont intimement liés au développement de la paroisse et qu'ils sont par conséquent très conscients de l'importance de l'inscription spatiale de leurs activités. Cette conscience est dépendante du fait qu'ils occupent physiquement une superficie d'espace local beaucoup plus importante que toutes les autres familles ou que toutes les femmes. Ces familles sont, de plus, liées intimement à la colonisation et au développement d'un nouveau territoire, notamment dans l'érection d'une paroisse. C'est comme s'il y avait peu de distance ou une adéquation entre eux et la réalité matérielle de la paroisse. Halbwachs a déjà écrit que: «la résistance qu'oppose la matière aux arrangements humains va croissant à mesure que leur pensée s'attache davantage au milieu spatial, pour y fixer sa place, pour s'y organiser suivant des règles uniformes, et surtout pour exercer son emprise sur les choses elles-mêmes[30]. » La disparition de l'église est également, pour ces hommes des «familles souches», la perte d'une partie d'eux-mêmes alors que pour les femmes, cette disparition éventuelle n'éveille pas de sentiment d'opposition, puisqu'elles continuent à faire vivre l'Église hors de ses murs. En refusant toujours de voir l'existence possible d'une vie religieuse en dehors des structures officielles, l'Église et les hommes qui en font partie empêchent ainsi la reconstruction de l'édifice avec de nouvelles pierres.

30. Maurice Halbwachs, *La morphologie sociale*, Paris, Armand Colin, 1970, p. 49.

CHAPITRE 11

THE JEWISH DIASPORA FROM FRANCE TO MONTRÉAL

Robert A. Kenedy and Diana Cohen-Reis

INTRODUCTION

Since 1999, members of the Jewish community in France have been migrating and resettling in countries such as Israel, the United States, and Canada. The main reasons for leaving France often include safety, security, and wanting to openly practice Judaism.[1] One of the main destinations in Canada for the resettlement of French Jews is Montréal, where these francophone Jews benefit from the language policies in Québec as well as the established Jewish community in Montréal. Throughout our interviews with 35 Jews from France, many respondents commented on the desirability of living in Montréal as a place for practicing Judaism, being able to converse in French, and ultimately, maintaining their distinct French Jewish identity.

Those we interviewed often commented on the changes that have occurred in their Jewish identity as a result of their immigration to Montréal. In this paper, we will explore the identity of Jews from France who have been immigrating to Montréal since 1999, and will

1. S. Bénédicte and J. Dreyfus, *Muslim and Jews in France: Communal Conflict in a Secular State*, Washington, The Brookings Institute, 2004; B. Wasserstein, *Vanishing Diaspora: the Jews in Europe since 1945*, Cambridge, MA, Harvard University Press, 1996.

examine the relationship between these diverging Jewish identities, the reasons for immigration, and the role that anti-Semitism in France plays in the decision to immigrate to Canada. We will also examine the changes in this French Jewish ethnic and religious identity that may have occurred as a result of the immigration and integration process in Montréal.

1. MULTIPLE CENTERED DIASPORAS AND JEWISH IDENTITY

While theories of identity can provide a basis for understanding the fluidity and elasticity of this particular group's identity, being an Ashkenazi or Sephardic Jew may have an additional impact on Jews and their Jewish identity. This section will discuss the identity among Jews from France, using Shuval's[2] notion of "Multiple Centered Diasporas" in order to examine the resettlement process and how migrants may live in one place, while still having connections to their country of origin. It is in terms of these multiple connections and identities that Jews from France perceive their relations to Zionism and Israel, North African Jewry (if this is their ancestral home) or other types of Jewry. We will try to connect French Jewry to their complicated history in France[3] as well as discern how this influences their resettlement in a North American context.[4] Our study will contribute to the ongoing programme of research on immigration and identity in multicultural settings.

Hall and Gieben[5] present an analytical framework which theorizes a push and pull of identity. Identity, according to them,[6] is constructed at a point of intersection ("suture") between external discourses and practices, and the internal psychic processes that produce subjectivities. They are simply "points of temporary attachment to the subject positions which discursive practices construct for us."[7] In this respect, identities are ever-changing and not fixed. This

2. J. T. Shuval, "Diaspora Migration: Definitional Ambiguities and a Theoretical Paradigm," *International Migration*, vol. 36, no. 5, 2000, p. 41-46.
3. P. Birnbaum, *Jewish Destinies: Citizen, State, and Community in Modern France*, New York, Hill and Wang, 2000.
4. D. J. Elazar and M. Weinfeld, *Still Moving*, New Brunswick, NJ, Transaction, 2000.
5. S. Hall and B. Gieben, *Formations of Modernity*, London, Polity Press, 1992.
6. *Ibid.*, p. 5.
7. *Ibid.*, p. 6.

notion of self-identity and ethnic identities as being ever-changing can also be applied to the case of French Jews who are immigrating from one Jewish community in order to join another in Montréal.[8]

2. JEWISH IDENTITY

Jewish identity is a complex and controversial topic that is discussed in both academic and popular discourse.[9] Being Jewish is not just a religious affiliation, it is more (and sometimes other) than believing in or performing Jewish rituals, or having a particular set of religious beliefs. It also involves an ethnic dimension, a sense of belonging and affiliation with the Jewish people, and feeling a sense of "we-ness" with other Jews, especially with those in Israel. This sometimes manifests through formal or informal association, and a differentiation from non-Jews. Lipset and Raab[10] refer to this as "tribalism." This sense of "we-ness" is fostered by close interpersonal interaction between Jews, friendships, other social networks, participation in formal Jewish organizations, and segregated residential patterns. There is also an awareness of a shared history, distinctive communication and/or educational channels, a distinctive language (usage of the revived Hebrew, the Ladino language among Sephardim or the revival of the Yiddish language among Ashkenazim), observing kosher customs, understanding a certain sense of humour, eating typical Jewish foods, or paying acute attention to certain items in the news. In short, there is a diverse set of elements which are all part of a common culture. These elements of religiosity, a shared history, culture, and identification with the nation of Israel combine to different degrees, resulting in a wide variation in individual Jewish identities.

---

8. Notes from communication with P. Birnbaum, Columbia University, May 30, 2007.
9. E.g., P. Birnbaum, op. cit.; D. M. Gordis and Y. Ben-Horin, *Jewish Identity in America*, Newton Centre, MA, Wilstein Institute, Hebrew College, 1991; M. Myer, *Jewish Identity in the Modern World*, Washington, University of Washington Press, 1990; J. Rubin-Dorsky and S. F. Fishkin, *People of the Book: Thirty Scholars Reflect on Their Jewish Identity*, Madison, University of Wisconsin Press, 1996; M. Weinfeld, *Like Everyone Else...But Different*, Toronto, McClelland and Stewart, 2001.
10. S. M. Lipset and E. Raab, *Jews and the New American Scene*, Cambridge, MA, Harvard University Press, 1995.

3. METHODOLOGY

Qualitative data was gathered and analyzed based on operationalizing variables such as situational identity, Multiple Centered Diasporas, Jewish identity, religiosity, resettlement, and other demographic variables (i.e., education, occupation, income, marital status, family size, and sex). The semi-structured interview schedule included open and closed-ended items that were conducted mainly in French, with interviewees responding in both French and English. The 35 interviews took place in Montréal between March 2006 and April 2008. Each interview lasted approximately 40 to 80 minutes, and took place in a variety of settings such as a Jewish Community Centre, restaurants, respondents' homes or workplaces, and other locations selected by the respondents. Out of the 35 French Jews interviewed (i.e., 21 men and 14 women), 25 of them were permanent residents of Montréal and 10 were students who did not reside in Montréal year round. Each interview was recorded and then transcribed for the purpose of facilitating analysis.

A combination of four non-random sampling techniques were utilized and included judgmental-purposive sampling, snowball sampling, availability sampling, and quota sampling.[11] First, participants were identified through social networks and Montréal-based organizations involved in Jewish immigration and resettlement services, and other support activities such as the JIAS (Jewish Immigrant Aid Services of Montréal), the Centre Hillel (the Francophone Jewish Student Association in Montréal), and lastly, the Hillel House (the Anglophone Jewish Student Organization in Montréal). Participants were recruited using a judgmental-purposive sampling once a pool of potential participants was identified with the help of the above agencies. We contacted all persons on the lists obtained, and we interviewed those who were living in Montréal, had left France between 1999 and 2007, and were above the age of 18. Quota sampling was also used to select respondents based on variables such as sex, as we wanted to interview an even number of females and males. After the interviews were completed, the snowball sampling technique was used: participants were asked if they knew of others who may want to be interviewed. Availability sampling was also used in cases where

11. E. Babbie and L. Benaquisto, *Fundamentals of Social Research*, Scarborough, Thomson Nelson, 2002.

subjects were readily available and willing to participate in the study on short notice, or responded to a letter we asked JIAS Montréal to send out (we composed the letter in French asking for the participation of this community of Jews from France).

Kenedy's[12] specific qualitative technique of placing the transcribed data into an excel spreadsheet in order to identify and analyze emerging themes, sub-themes and relationships between the variables was employed. This helped to elucidate the theoretical connection between situational identity, "Multiple Centered Diasporas," immigration, resettlement, perceived anti-Semitism, as well as other emerging variables.[13]

4. FINDINGS

All participants touched on the importance of their Jewish identity regarding their immigration and resettlement in Montréal. Some of them mentioned "Multiple Centered Diasporas" in terms of their parents or themselves leaving parts of North Africa and settling in France, then having to move to Montréal. Jewish identity, religiosity, and other issues arose that related to being Francophone Jews. Cultural, religious and ethnic components were present in the Jewish identities of all participants. The quotes below are based on the participants' responses in both French and English.

5. "MULTIPLE CENTERED DIASPORAS"

Many of the French Jews we interviewed focused on their experiences of being born in France, and how they, like their parents who were born in places like Algeria and Tunisia, had to leave their birth countries and resettle elsewhere. The theme of "Multiple Centered Diasporas" was evident in our interviews, as it related to the resettlement process and how migrants may live in one place, while still having connections to their country of origin. The multiple

12. R. Kenedy, *Fathers for Justice: The Rise of a New Social Movement in Canada as a Case Study of Collective Identity Formation*, Ann Arbor, Caravan Books, 2004/5; and "Researching the Intersection between Collective Identity and Conceptions of Post-separation and Divorced Fatherhood: Fathers For Justice, Fathers For Just Us, or Fathers Are Us?," *Qualitative Sociology Review*, vol. 2, no. 2, 2006, p. 75-97.
13. E. Babbie and L. Benaquisto, op. cit.; E. Esterberg, *Qualitative Methods in Social Research*, Columbus, OH, McGraw-Hill Higher Education, 2002.

connections and identities are related to how Jews from France perceived connections to North African Jewry (if this is their ancestral home) or other types of Jewry. Having connections to past experiences are evident in this participant's life:

> Nous sommes des juifs sépharades… je me souviens quand mon père m'a dit en France que ce n'était pas mon pays, maintenant nous avons fait le même voyage qu'eux pour les mêmes raisons et c'est le même cycle…[14]

Many of the respondents we interviewed also focused on how they, like their parents, felt they had to leave France in order to survive. There was the clear sense that they went through an unexpected life experience, and felt that they had to leave France. Many respondents made it clear that they felt as though they did not have many options, but had to do as their parents and grandparents did in the 1960s when they left North Africa:

> Les Arabes ont tué ma famille en Algérie… mes parents ont été les seuls à s'en sortir… maintenant, on a quitté la France à cause de nos enfants, pour leur sécurité et c'est triste que cela existe dans notre génération, que nous sommes expulsés de notre propre pays (PM21).

Many of those we interviewed compared France to Canada as a place to resettle. While France was seen as a place where anti-Semitism was still a problem, Canada was perceived as a destination that was more welcoming. As these respondents state:

> Oui, comme mon père a quitté la Tunisie, et moi j'ai quitté Paris pour Montréal… de génération en génération, c'est bizarre que rien n'a pas changé, mais pas vraiment, car l'antisémitisme n'a jamais quitté la France (PM15).

> Notre tradition dit que nous serons dispersés autour du monde, comme mes parents ont quitté l'Algérie, j'ai quitté Paris et je suis venu à Montréal. Nous serons toujours le peuple de la Diaspora et maintenant j'ai vu cela en face (PF18).

Overall, there was an acute awareness amongst those interviewed, of having to repeat their parents' and grandparents' experiences of leaving one country and resettling in another. There was also an understanding of being Sephardic Jews from France, and seeing Canada, more specifically Montréal, as a place to resettle. Both

---

14. Transcript of interview with PF3, August 2005 and 2006. All the other similar quotations are transcripts of interviews.

their Jewish identity and their parents' and grandparents' experiences of having to leave a country for religious and ethnic reasons resonated throughout all interviews, connecting many themes throughout our analysis. We often found that Montréal was selected as a safe place to be Jewish and French, and that a Francophone would feel safe and not face the same problems as in France, or as their parents and grandparents did in North Africa.

6. JEWISH IDENTITY AND SELF-IDENTIFICATION

All participants agreed that in France, they considered themselves to be both Jewish and French at the same time. As one participant noted: "En France, j'étais Juive, et Française en même temps, une identité n'était pas plus forte que l'autre (PF3)." Similarly, PF2 noted: "En France, c'était tellement facile d'être Juive et Française, l'un n'est pas capable d'exister sans l'autre, ça n'a pas changé lors de mon immigration aussi. Je suis Française dans la nourriture que je mange, dans la façon que je m'habille, dans le fond de mon cœur (PF2)." In this respect, all participants actively maintained a "French" and "Jewish" sense of self, even after their immigration to Montréal, where this nationalistic identity became even more pronounced. They defined themselves as always "French" (from France), separating them from a Franco-Québécois identity. The existence of these multiple identities within the host country also introduces the idea that French Jews in Montréal maintain multiple identities relating to their country and culture or origin, and their religion. The combination of being Jewish and French, and being connected to Israel, was evident in our interviews. One respondent stated: "Je serai toujours Juif et Français, mais mon cœur restera toujours en Israël (PM6)." Most other respondents discussed identities mainly connected with being Jewish and French, as noted when one stated: "Yes, I am French and Jewish. I still have family in France, but I am trying to make them come here for there is no future left in France for Jews (PM13)." Another participant stated in the same regard: "Oui, je serai toujours Juive et Française, mon immigration a changé le fait que maintenant je suis plus fière d'être Juive (PF19)."

7. LANGUAGE, IMMIGRATION, AND FRENCH JEWISH IDENTITY

The role of language in identity is far from unambiguous.[15] Language represents a basic mode of collective identification, and can serve to tie members to the greater community.[16] For French Jews, the language tie, like identity, is somewhat more complicated. Hebrew might be a common language, but it is used mostly in the context of prayer and worship. Even though many of the participants were not completely fluent in Hebrew, many felt that it was important for their children to learn the language in some capacity, and that it played a central role in their Jewish identity. Also important to these predominantly Sephardic Jews is the use of the Ladino language, used often in conjunction with Hebrew in prayers and services.[17]

Equally important were their ties to the French language and the French culture, because of their nationalistic ties to France. The fact that Montréal is Francophone played a huge role in their decision to migrate to Québec. As identified by Breton, Isajiw, Sev'er, and Driedger,[18] ethnic identity is both a situational and varying structure comprised of subjective and objective dimensions. The processes of socio-cultural integration, where these same individuals become socially and culturally competent actors within one or more of the communities they identify with in the adopted city of Montréal (through the objective aspect of this identity), are also multiple and ever changing.[19] In this way, all participants agreed that the reason they chose Montréal as a destination was not primarily due to a strong

---

15. K. Liebkind, "The Identity of a Minority," *Journal of Multilingual and Multicultural Development*, vol. 10, no. 1, 1989, p. 47-57.
16. W. Shaffir, "Culture: Introduction," in R. Brym, W. Shaffir, and M. Weinfeld (ed.), *The Jews in Canada*, Toronto, Oxford University Press, 1993, p. 121-25.
17. P. Birnbaum, op. cit.
18. R. Breton, *Ethnic Identity and Equality: Varieties of Experience in a Canadian City*, Toronto, University of Toronto Press, 1990; W. W. Isajiw, "Definitions of Ethnicity," *Ethnicity*, vol. 1, 1974, p. 111-124; W. W. Isajiw, "Ethnic Identity Retention," in R. Breton, W. W. Isajiw, W. Kalbach, and J. G. Reitz (ed.), *Ethnic Identity and Equality: Varieties of Experience in a Canadian City*, Toronto, University of Toronto Press, 1990; W. W. Isajiw, *Multiculturalism in North America and Europe*, Toronto, Canadian Scholar's Press, 1997; and W. W. Isajiw, A. Sev'er, and L. Driedger, "Ethnic Identity and Social Mobility: A Test of the 'Drawback Model'," *Ethnicity*, vol. 18, 1993, p. 179-98.
19. R. Breton, *The Governance of Ethnic Communities: Political Structures and Processes in Canada*, Toronto, Greenwood Press, 1991; A. Giddens, *Modernity and Self-Identity. Self and Society in the Late Modern Age*, London, Polity Press, 1991.

Jewish community, but also because of its history as a leading Francophone city.

As one participant noted, "I was not able to speak Hebrew, nor were my children, so Israel was out, though I cannot stand the winter, we chose Montréal because people speak French here (PM5)." This establishes an interesting connection to the cultural and ethnic identities of these participants. Another participant stated: "On a choisi Montréal, car il y a des Juifs ici, c'est francophone et tout le monde vit en paix. Les enfants ont aimé Montréal et c'est à cause d'eux qu'on a décidé d'immigrer (PM2)." A female respondent commented: "Oui, j'ai choisi de venir à Montréal, car tout le monde m'a dit qu'on vit bien ici en parlant français et qu'on peut aussi être Juive facilement ici (PF5)."

Language provides a way of marking out ethnic boundaries,[20] with the central linguistic element of French Jewish identity being comprised of classical ethnic languages, such as Hebrew, Ladino, and French.[21] All participants noted that they were not completely fluent in Hebrew or Ladino, yet they identified these languages as "the languages of the Jewish people (PM3)." For the purpose of this identity marker, however, fluency in the language may not be necessary, as was noted with Hebrew. It is enough for words and phrases from a mother tongue that "can remind others of a shared ethnic background",[22] as Hebrew is frequently used in prayers and services.

The participants' ability to speak French also helped to facilitate the integration process as "we already spoke French, and this made things so much easier on so many levels (PF1)." Similarly, another participant noted: "Le fait que j'ai parlé français m'a aidé dans la société québécoise, mais pas dans la communauté juive qui est majoritairement anglophone (PM2)." This suggests that the linguistic element played a role in the participant's decision to immigrate.

The multiple identities of French Jews in Montréal are also more pronounced on a nationalistic level, where all participants felt more "French" in Montréal than they ever did in France. As one participant noted: "Ici à Montréal, je me sens plus Française que jamais. C'est drôle, car en France, je ne me suis pas sentie Française, pas du tout,

20. R. D. Alba, *Ethnic Identity: Transformation of White America*, New Haven, Yale University Press, 1990.
21. P. Birnbaum, op. cit.; M. Weinfeld, op. cit.
22. R. D. Alba, op. cit., p. 85.

mais ici à Montréal, je me sens plus Française que jamais (PF4)." Similarly, another participant noted: "En France, j'étais Juif, et ici je suis Français, et je me sens Français... plus Français que jamais, avec les Juifs et aussi avec les Québécois (PM4)." These statements outline the common issues voiced by all interviewees, that while all participants felt Jewish in France, but and not French enough in France, after their immigration, they all felt more French than before their immigration, making their identities multiple and changing, depending on their biographies, or life circumstances.[23]

In this respect, as voiced by the quotes above, the identity networks of French Jews in Montréal are multiple and complex at the same time, as they not only share a common language of French, but also the Jewish community is of an Anglophone majority. This means that their relationships and ethnic ties are complex in terms of their migration and integration in Montréal.[24]

Danielle Juteau[25] reminds us that minority groups' external boundaries are always negotiated in relation to the majority group's own self-definitions, though the language of their identity assertion process tends to echo the language in which the majority group's own identity struggles and debates become encoded. As Jews from France in Montréal are French-speaking, their migration and integration processes may not only occur within the Jewish community of Montréal, but also externally, within the larger French-Canadian community and other French-speaking Jewish communities.[26] Not only is it then normal for all participants to retain their former identities in Montréal, but it is expected of them to retain this important sense of self from their former countries, even if they share a common language in Montréal, their experiences as Jews in France differ remarkably from other Francophone Jews and immigrants in Montréal.[27]

---

23. A. Giddens, op. cit.
24. S. Fortin, "Social Ties and Settlement Processes. French and North African Migrants in Montréal," *Canadian Ethnic Studies / Études canadiennes ethniques*, vol. XXXIV, no. 3, 2002, p. 76-98; D. Meintel and S. Fortin, "Identité et langue," in *Les enjeux démographiques et l'intégration des immigrants*, Commission des États généraux sur la situation et l'avenir de la langue française au Québec, Université de Montréal, 25-26 janvier 2001.
25. D. Juteau and S. Paré, "L'entrepreneurship à Côte-des-Neiges: le périmètre Victoria/Van Horne," in D. Meintel, V. Piché, D. Juteau, and S. Fortin (ed.), *Le Quartier Côte-des-Neiges à Montréal. Les interfaces de la pluriethnicité*, Paris, L'Harmattan, 1997, p. 129-72.
26. S. Fortin, loc. cit.; D. Meintel and S. Fortin, "The New French Fact," *Canadian Ethnic Studies / Études canadiennes ethniques*, vol. 34, no. 3, 2002, p. 1-4.
27. S. Fortin, loc. cit.

8. RELIGIOSITY AND FRENCH JEWS IN MONTRÉAL

Johnson[28] defines religiosity as "the quality of being religious." As such, the devoutness or "religiousness," being a characteristic or a phenomenon in the lives of others, makes a direct impact on our identities, especially for French Jews who consider themselves both a religious and ethnic group. Religiosity is a multi-faceted concept with many implications, which makes describing religion or religiosity extremely difficult and often subjective. For some, being religious simply means attending church, for others, it includes specific beliefs and practices such as prayer, rituals, and accepting certain values and morals.

This ambiguity makes operationalizing religiosity difficult, even in this study. As a result, many narrowly define their religiosity, or commitment to religion, simply as church, mosque, or synagogue attendance. The most recent attempt to square the circle can be found in the work of Hervieu-Léger,[29] who endeavours to integrate the best of both emphases through the concept of religious memory. The specificity of religiosity lies in a particular mode of believing, in which the idea of a chain of memory is crucial.

Religiosity becomes, therefore, "the ideological, symbolic and social device by which the individual and collective awareness of belonging to a particular lineage of believers is created, maintained, developed and controlled."[30] The aim is to include more than the beliefs and practices of universally acknowledged world faiths, and to avoid widening the agenda so far that it is difficult to distinguish the specifically religious from any other meaning system. In Europe, discussion relating to dimensions of religiosity takes a different form. The principal feature of the late-twentieth century appears to be the persistence of the softer indicators of religious life (that is, those concerned with feelings, experience, and the more numinous religious beliefs) alongside the undeniable, and at times dramatic, drop in the hard indicators (those that measure religious orthodoxy, ritual participation, and institutional attachment). These are the findings

28. A. G. Johnson, *Blackwell Dictionary of Sociology* (2nd ed.), London, Wiley-Blackwell, 2000, p. 278.
29. D. Hervieu-Léger, *La religion pour mémoire*, Paris, Cerf, 1993.
30. G. Davie, "Croire sans appartenir: le cas britannique," in G. Davie and D. Hervieu-Léger (ed.), *Identités religieuses en Europe*, Paris, Éditions La Découverte, 1996, p. 110.

of the European Values Study, a source of empirical information for a growing number of societies.[31]

All participants agreed that their Jewish identities had been strengthened by their immigration to Montréal. This not only made them attend services more frequently, but also resulted in their families growing closer, which was also a reason they initially picked Montréal as an immigration destination. All participants expressed that their experiences of Jewishness, or Jewish identity, would have been in danger had they stayed in France. As well, all participants experienced a higher level of religiosity, and "Jewishness" in Montréal, compared with their previous "Jewishness" in France. Since Jewish identity can be cultural, ethnic, and religious in nature,[32] then the complex identity of French Jewish immigrants to Montréal is an embodiment of all those elements and more.

One participant noted: "C'est plus facile d'être juif ici, en France on est agressé, attaqué, ici on porte la kippa, le tefillin, personne ne nous dérange (PM3)." In this regard, all participants agreed that Canada's reputation as a peaceful society also contributed to their decision to emigrate here. "Ici au Canada, on est en paix, tout le monde vit bien chez eux, on est en sécurité, donc on peut pratiquer plus facilement (PF1)." All participants attended synagogue more frequently, kept kosher, and agreed that they were far more religious in Montréal than in France; this was largely due to the participant's overall feelings of safety and security. A sense of "Jewishness" was also important and noted throughout each interview. When asked what being Jewish meant to them, each participant responded similarly citing not only the importance of respecting the historical traditions and past of Judaism, but also the future, and the promise of Israel.

31. D. Barker, L. Halman and A. Vloet, *The European Values Study 1981-1990*, Aberdeen, Gordon Cook Foundation, 1992, p. 1993.
32. P. Birnbaum, op. cit.; D. Pinto, "French and German Jewries in the New Europe: Convergent Itineraries?" in M. Brenner, V. Caron, and U.R Kaufmann (ed.), *Jewish Emancipation Reconsidered: the French and German Models*, Tübingen, Mohr Siebeck, 2003; M. Weinfeld, op. cit.

CONCLUSION

This article contextualizes French Jews and French Jewish identity, going well beyond the traditional measures of what it means to be Jewish. This provides an alternative to the debate over the conflicting labels of Jews as being an ethnic, versus a religious, versus a cultural group. In using these participants as an example, it is clear that French Jews have difficulty in using any single term to define themselves. By using various theories of identity and religiosity as a conceptual framework, the special circumstances of their history and the multiple experiences of persecution can be incorporated into their notion of Jewish identity. Past collective history and shared memory have both played enormous roles in defining this modern Jewish community.

The main objectives that guided this work were: to explore the identity of Jews from France who have immigrated to Montréal since 1999; to explore the relationship between this diverse Jewish identity, the reasons for immigration, and the relationship of anti-Semitism in France as a reason for immigration; and lastly, to examine all forms of changes this ethnic and religious identity may have endured as a result of the immigration and the integration processes in Montréal. We have posited that Jewish identity and a new form of anti-Semitism do indeed play a role in the decision of Jews from France to immigrate to Québec, and that, as a result of their immigration, their identities have strengthened, or changed in positive ways.

Only time will tell, but as history is prone to repeat itself, time and time again, many Jews from France seem unwilling to wait and see, while putting their own security at risk. While the threat to these French Jews seems to have influenced their decision to immigrate to Montréal, it may also serve as a warning for what may happen to Jews in France, and elsewhere.

CHAPITRE 12

LE QUÉBEC, SORTI DE LA RELIGION ?

Jean-Philippe Doucet

Dans son livre très remarqué *Le désenchantement du monde*[1], l'historien et philosophe français Marcel Gauchet avançait la thèse selon laquelle le christianisme serait « la religion de la sortie de la religion ». Sans toutefois suggérer une fin du « religieux » en tant que tel, M. Gauchet comprenait dans ce livre la « sortie de la religion » comme le retrait de l'Église comme pôle structurant le vivre-ensemble de la société. L'originalité de cette thèse s'affirme dans le rôle particulier que l'auteur attribue au christianisme dans la sortie institutionnelle de la religion qui caractérise, entre autres choses, le phénomène culturel de la modernité. En effet, pour Gauchet, cette « sortie de la religion » découlerait du développement d'éléments proprement « chrétiens » comme l'émergence de l'être humain comme sujet et agent de l'histoire. Le christianisme se veut ainsi « la religion de la sortie de la religion » à condition de comprendre cette sortie non pas comme la fin de la croyance religieuse, mais plutôt comme la fin de la religion en tant qu'instance organisatrice de la société[2].

---

1. Marcel Gauchet, *Le désenchantement du monde. Une histoire politique de la religion*, Paris, Gallimard, 1985.
2. Dans un entretien originalement publié sous le titre « La religion de la sortie de la religion » (*Autrement*, n° 75, décembre 1985), Marcel Gauchet expliquait ainsi sa position concernant la « fin » (= la sortie) de la religion : « Si fin de religion il y a, comme je crois, c'est en termes de fin du rôle social de la religion qu'il faut le comprendre [...]. Fin du rôle social de la religion ne signifie pas fin de la croyance religieuse, laquelle ne me paraît avoir aucune raison de disparaître à horizon historique prévisible. Ce qu'il s'agit d'apprendre à

En prenant comme point de départ cette thèse fondamentale de Gauchet, j'aimerais dans cet article apporter quelques réflexions critiques sur l'application de celle-ci dans le contexte de la modernité québécoise. Si l'on reconnaît sans peine aujourd'hui avec le philosophe français une certaine « sortie de la religion » au Québec, doit-on pour autant affirmer la « fin de la religion » comme celui-ci la comprend? Pour appuyer mes réflexions, je tiendrai compte en premier lieu du « réenchantement du monde » qui a marqué l'Occident et plus particulièrement la société québécoise depuis le début des années 1970. En deuxième lieu, je mettrai en relation ce réenchantement du monde avec le vide philosophico-religieux engendré par notre passage à la modernité. En troisième lieu, je soulignerai l'émergence d'une nouvelle sensibilité religieuse conditionnée par les nombreuses mutations culturelles et sociales que nous vivons au Québec depuis le début des années 1970: « réenchantement » du monde, nouvelles sensibilités écologiques et sociales et développement de ce que certains nomment une « conscience planétaire ». En quatrième lieu, je soulignerai qu'une importante facette de cette nouvelle sensibilité religieuse s'exprime chez certains auteurs dans la manière de comprendre et de revisiter notre héritage chrétien. Ces observations et réflexions me mèneront à conclure en me demandant si l'affirmation de la « fin » ou de la sortie de la religion chez Gauchet ne pourrait pas plutôt être formulée différemment comme la fin ou la sortie d'une certaine religion et marquer le passage vers un rapport à la religion « vécu autrement[3] ». Au terme de mes réflexions, l'avenir des religions en général et du christianisme en particulier apparaîtra finalement plus lumineux au Québec et ailleurs en Occident que celui que d'autres auteurs ne laissent présager.

---

penser, c'est l'existence de croyants dans un monde d'au-delà de la religion, d'au-delà de la société structurée par la dépendance envers les dieux. Monde où une majorité éventuelle de croyants, voire une quasi-unanimité en matière de foi, n'entraîne pas l'organisation religieuse de la cité. C'est le mystère du monde où nous vivons: si religieux que soient les individus, la société qu'ils forment, elle, reste athée, dans ses principes et dans ses rouages », texte repris dans Pierre Colin et Olivier Mongin (dir.), *Un monde désenchanté? Débat avec Marcel Gauchet*, Paris, Cerf, 1988, p. 95-100 (ici p. 95).

3. Cette critique que l'on peut adresser à Gauchet se trouve également chez Claude Geffré, *De Babel à Pentecôte. Essais de théologie interreligieuse*, Paris, Cerf, 2006, p. 192. Cet ouvrage récent du théologien français est consacré au thème du pluralisme religieux et de son impact sur le christianisme. On consultera en particulier l'épilogue intitulée « L'avenir des religions entre fondamentalisme et modernité », p. 343-356.

1. DU DÉSENCHANTEMENT AU «RÉENCHANTEMENT» DU MONDE

Affirmer un «réenchantement du monde», c'est déjà sous-entendre qu'il y a eu préalablement un «désenchantement du monde». Chez Gauchet, par exemple, l'expression prend une connotation politique. Comme nous l'avons déjà mentionné, elle renvoie au phénomène selon lequel l'État prend le relais de l'Église comme pôle structurant le vivre-ensemble. C'est la sortie institutionnelle de la religion ou encore la fin de la religion comme instance organisatrice de la vie en société. Cette situation coïncide souvent en Occident avec une diminution radicale de la pratique religieuse traditionnelle. Dans un article récent, le sociologue canadien Reginald W. Bibby soulignait la situation particulière du Québec par rapport au reste de l'Amérique du Nord, dans la mesure où l'on y observe «une baisse dramatique» de la pratique religieuse traditionnelle, qu'il mesure par le taux de participation à la messe dominicale. En l'espace de 22 ans, soit entre 1985 et 2007, ce taux est passé de 45% à 15%. On ne sera pas surpris d'appendre que cette baisse de la participation à la messe dominicale est particulièrement radicale chez les baby-boomers et les générations suivantes (postboomers) que chez les personnes qui appartiennent à la génération des «préboomers[4]». Cette situation de plus en plus commentée n'est pas sans poser la question de l'avenir de l'Église et du christianisme en général dans les sociétés qui, comme celle du Québec, ont opéré leur «sortie de la religion[5]».

Si l'État a pris le relais de l'Église comme pôle structurant du vivre-ensemble, on le reconnaît aujourd'hui sans peine avec Marcel Gauchet. Mais ce constat signifie-t-il forcément la fin de la religion, dans la mesure où le religieux véritable s'épuiserait dans sa fonction de cohésion pour le groupe social[6]? Bien que chez Gauchet, il ne soit pas question de la disparition du «religieux» malgré la fin ou la sortie de la religion[7], pourrait-on plutôt comprendre cette «sortie de la religion», de concert avec le théologien Claude Geffré, comme celle

4. Reginald W. Bibby, «The Catholic Situation in North America: Magnificient Opportunity, Breath-taking Responsibility», *Mission*, vol. 14, n° 1, 2007, p. 69-84 (ici p. 71).
5. L'ouvrage du théologien Normand Provencher, *Trop tard? L'avenir de l'Église d'ici?* (Ottawa, Novalis, 2002) est entièrement consacré à cette question.
6. Nous renvoyons ici aux réflexions de Claude Geffré dans son article «La modernité, un défi pour le christianisme et l'islam», dans *op. cit.*, p. 189-195 (section «La modernité en débat»).
7. Voir, par exemple, Marcel Gauchet, *op. cit.*, p. 292-303 («Le religieux après la religion»).

d'une certaine religion comprise comme aliénante et comme le passage à une religion qui serait vécue selon «le registre de la libre réponse de l'homme au don de Dieu[8]» ?

Bien qu'après la modernité, des auteurs aient constaté – à juste titre – un certain «désenchantement du monde», peu d'entre eux avaient anticipé, en plus de la résistance des grandes religions traditionnelles, un certain «réenchantement du monde[9]», qui s'exprime aujourd'hui dans ce que l'on appelle les «nouvelles religions» et aussi dans la «culture de masse» (littérature, cinéma, séries télévisées à succès) dans laquelle les thèmes du mystère, de l'inexpliqué et du surnaturel sont devenus omniprésents. À titre d'exemple, la publication détaillée d'une recherche sur les «nouvelles religions» par le théologien Richard Bergeron faisait déjà état au début des années 1980 de plus de 300 nouveaux mouvements religieux au Québec, dont «la nouveauté réside dans le fait que leur structure et leur modèle symboliques et idéologiques s'éloignent du système socioreligieux établi[10]».

Paradoxalement, ce que nous entendons ici par «réenchantement du monde» confirme l'hypothèse de Marcel Gauchet selon laquelle nous vivons dans un monde désenchanté ou sorti de la religion. En effet, le réenchantement du monde que nous évoquons ici est rendu possible en vertu de l'espace laissé vacant par le retrait de l'Église de l'organisation de la société et par la prise de distance des individus par rapport à l'influence de la religion traditionnelle. La culture technique et scientifique, malgré toutes ses promesses, ne suffit pas à elle seule pour combler cet espace. Il y a ainsi un vide à exploiter que les artisans de la culture de masse ont très bien saisi.

Dans nos sociétés capitalistes, ce réenchantement s'apparente à un supermarché du «spirituel» et du «religieux» où se côtoient les croyances les plus disparates. Sans associer trop rapidement ce type de réenchantement du monde avec un «retour du religieux» au sens

---

8. Claude Geffré, *op. cit.*, p. 192.
9. Cette idée de «réenchantement du monde» correspond à celle de «Desecularization of the World» en langue anglaise. On la trouve avec ses nuances particulières dans Peter L. Berger (dir), *Desacularization of the World. Resurgent Religion and World Politics*, Grand Rapids, W.B. Eerdmans, 1999, trad. française: *Le réenchantement du monde*, Paris, Bayard 2001. Voir aussi Michel Maffesoli, *Le réenchantement du monde. Une éthique pour notre temps*, Paris, Table ronde, 2007.
10. Richard Bergeron, *Le cortège des fous de Dieu. Un chrétien scrute les nouvelles religions*, Montréal, Paulines, 1982, p. 33.

strict, retour qui comporterait une conversion en profondeur et l'adoption d'une « forme de vie » spécifique, je comprends ce « réenchantement du monde » comme le symptôme d'un phénomène beaucoup plus profond qui concerne les fondations même de ce que nous nommons modernité.

2. UNE MODERNITÉ EN CRISE

Le réenchantement du monde qui s'observe dans la culture populaire se veut beaucoup plus qu'un simple épiphénomène. Il apparaît plutôt comme une conséquence de notre passage à la modernité. Alors que Marcel Gauchet comprend le désenchantement du monde comme la fin de l'encadrement de la vie en société par la religion, Max Weber attire l'attention sur un autre trait essentiel de la modernité, soit le passage à une culture technique et scientifique. Chez Weber, l'expression *Entzauberung der Welt*[11], « un monde qui se vide de sa magie », veut mettre en lumière la « perte de sens » chez l'être humain, comprise comme la perte de la signification fondamentale du monde et de l'existence au profit d'une explication purement scientifique de celui-ci. Pour un auteur comme Hans Urs von Balthasar, une des conséquences du passage à la période moderne est que nous soyons devenus des « analystes » du monde, désormais incapables de « voir une totalité[12] ». En perdant de vue l'ensemble au profit d'une vision restreinte et superficielle du réel dans sa totalité, la question philosophico-religieuse, comprise comme une réflexion sur le sens ultime du monde et de l'existence, est mise au second plan. Sous l'influence de Descartes et de l'esprit positiviste des sciences exactes, les « modernes » ont rejeté les interrogations sur la finalité posée comme cause première et « la possibilité d'entrevoir un sens supérieur, bien que toujours inscrit dans la totalité de l'être[13] ». L'historien de la philosophie Charles Werner rejoint ici le constat de Balthasar en soulignant les limites de la science positive :

---

11. L'expression *Entzauberung der Welt* chez le sociologue allemand Max Weber (1864-1929) découle du processus de rationalisation liée à l'émancipation de la raison scientifique moderne qui a remplacé une explication « magique » ou religieuse des phénomènes. Le mot allemand *Zauber* correspond à celui de magie dans la langue française. Voir Max Weber, *Sociologie des religions*, textes choisis et traduits de l'allemand par Jean-Pierre Grossein, Paris, Gallimard, 1996.
12. Hans Urs von Balthasar, *La Gloire et la Croix*, t. 1, *Apparition*, Paris, Aubier, 1965, p. 22.
13. *Idem*, *Épilogue*, Bruxelles, Culture et Vérité, 1997, p. 14.

> [...] ce n'est pas tout, pour la connaissance, que d'abonder en applications pratiques et de nous faire saisir les choses dans la mesure où nous pouvons agir sur elles et les tourner à notre profit: sa fonction principale est d'atteindre le réel, tel qu'il est en lui-même. Or la science positive, occupée de la matière et de la quantité, nous maintient à la surface de l'être, et c'est à la philosophie qu'est réservé de nous faire pénétrer dans sa profondeur et dans sa vie intime. Il importe donc que la vérité physique soit complétée par la vérité métaphysique. Entre ces deux vérités, il n'y a pas de contradiction[14].

En d'autres termes, il y a toute une partie du réel qui est occultée par la culture scientifique et technique et c'est notre rapport au réel dans sa totalité qui s'en trouve biaisé. Non seulement les temps modernes sont devenus oublieux de l'être, ils le sont aussi de Dieu[15]. Malgré les acquis incontestables de la modernité, il n'en demeure pas moins qu'il y a quelque chose qui cloche, un vide, qui met en lumière en même temps les limites et les ratés de ce phénomène culturel.

Balthasar ajoute que les religions ne sont pas étrangères au problème philosophique du sens, dans la mesure où «chaque religion voulait, et veut toujours, répondre à la question du sens ultime du monde et de l'existence, ce qui montre qu'elle contient toujours en soi le problème philosophique[16]». En dépit du fait que nous soyons à l'ère de la raison critique, technique et scientifique qui caractérise en grande partie ce que nous appelons la «modernité», le «réenchantement du monde» que j'ai décrit précédemment reflète le fait que pour plusieurs êtres humains, les questions existentielles auxquelles les grandes religions mondiales ont fourni et fournissent encore des réponses demeurent des questions incontournables. La «Déclaration sur les religions non chrétiennes» (*Nostra Aetate*) du concile Vatican II exprime bien les attentes à l'égard des religions:

> Les êtres humains attendent de diverses religions la réponse aux énigmes cachées de la condition humaine qui, autrefois comme aujourd'hui, agitent profondément le cœur humain: Qu'est-ce que l'humain? Quel est le sens et la finalité de notre vie? Qu'est-ce que le bien et qu'est-ce que le péché? Quelle est l'origine de la souffrance et quel en est le but? Quelle est la voie pour parvenir au vrai bonheur? Qu'est-ce que la mort, le jugement, la rétribution après la mort? Quel est enfin ce

---

14. Charles Werner, *La philosophie grecque*, Paris, Payot, 1962, p. 234.
15. Hans Urs von Balthasar, *La Gloire et la Croix*, t. 4, *Le domaine de la métaphysique*, vol. 3, *Les héritages*, Paris, Aubier-Montaigne, 1983, p. 383.
16. Hans Urs von Balthasar, *Épilogue*, p. 12.

mystère ultime et ineffable qui embrasse notre existence, d'où nous tirons notre origine et vers lequel nous tendons[17] ?

Ce vide philosophico-religieux laissé par notre passage à la modernité ne nous aide pas non plus à faire face aux défis importants de notre époque actuelle. En effet, une autre facette de cette modernité en crise est que malgré ses acquis positifs comme les valeurs démocratiques, la créativité humaine, l'autonomie de la raison et du sujet, le passage à la modernité a aussi entraîné des répercussions plus négatives qui menacent aujourd'hui l'équilibre planétaire, tant sur le plan environnemental que sur les plans social et humanitaire. En effet, il y a présentement un certain mode de vie associé à la modernité qui génère de la misère pour les trois quarts de l'humanité, sans compter les répercussions environnementales qui y sont associées. Il s'agit là d'un fait qui touche toutes les sociétés modernes. Après la modernité, ce n'était qu'une question de temps avant que ne se développe une nouvelle sensibilité religieuse conditionnée par le contexte inédit duquel elle émerge.

3. L'ÉMERGENCE D'UNE NOUVELLE SENSIBILITÉ RELIGIEUSE

Le passage à la modernité, dit le philosophe des religions Louis Dupré, « est un événement qui a transformé la relation entre le cosmos, sa source transcendante, et ses interprètes humains[18] ». À partir des réflexions précédentes, tout en reconnaissant à la fois la « sortie de la religion », comme la comprend Marcel Gauchet, et le développement de l'activité scientifique et technique de l'être humain comme des acquis incontournables de notre passage à la modernité, reconnaissons également que ceux-ci ne sont pas sans engendrer de nouveaux défis pour les « interprètes humains » que nous sommes.

« La religion », telle que circonscrite par Paul Tillich sous l'expression *ultimate concern* ou « ce qui nous préoccupe ultimement[19] », malgré un recul évident de la pratique traditionnelle, résiste et

17. Giuseppe Alberigo (dir.), *Les conciles œcuméniques*, t. II-2, *Les Décrets. Trente à Vatican II*, Paris, Cerf, 1994, p. 1965.
18. Louis Dupré, *Passage to Modernity. An Essay in the Hermeneutics of Nature and Culture*, New Haven, Yale University Press, 1993, p. 249.
19. « Religion is ultimate concern or the unconditional in meaning and being. It is ultimate concern, ultimate seriousness », Paul Tillich, *The Encounter of Religions and Quasi-religions*, Lewiston, E. Mellen Press, 1990, p. 102.

conserve aujourd'hui toute son actualité et sa pertinence. Cependant, quelle forme et quel avenir peut prendre la religion dans une société « sortie de la religion » comme celle du Québec ? L'idée d'un nouveau rapport à la religion est intéressante ; encore faut-il savoir de quelle religion il s'agit, d'autant plus que le processus de modernisation de nos sociétés a contribué à l'émergence de nouvelles instances créatrices de sens, qui ne se réfèrent plus nécessairement à un absolu ou à une religion organisée.

Il me semble que nous assistions aujourd'hui à l'émergence d'une nouvelle sensibilité religieuse, d'aucuns diront une « spiritualité » ou un « esprit religieux », qui se traduit chez certains par une nouvelle manière de comprendre le rapport à la religion et au christianisme en particulier. Un théologien comme Achiel Peelman soulignera l'importance des mouvements contemporains – par exemple, féministes et écologiques – où il est question de « spiritualité » sans se référer à une « religion » ou à un absolu[20]. Alors que des pays comme la Chine et l'Inde s'engagent à grande vitesse sur la voie de la modernisation et du développement technologique, il est vrai que l'on assiste en Occident à une sensibilité nouvelle pour une revalorisation de la création (mouvements écologiques, écothéologie) et pour la justice sociale (théologie de la libération), par exemple Peelman décrit le phénomène global de la spiritualité contemporaine comme une réponse à un besoin très profond de l'être humain : celui de trouver et d'établir les relations dont il a besoin pour réaliser son existence dans la plénitude :

> La spiritualité contemporaine est marquée par une prise de conscience très aiguë de la nature relationnelle de l'être humain. Il s'agit d'une prise de conscience vraiment planétaire, dans la mesure où elle englobe toutes les dimensions de la vie et qu'elle se produit simultanément partout dans le monde. [...] La conscience que tout est lié semble être le véritable moteur de la spiritualité contemporaine[21].

Une autre facette de ce que j'appelle cette nouvelle sensibilité religieuse se trouve exprimée chez Claude Geffré dans ce qu'il désigne sous l'expression « œcuménisme planétaire » : le phénomène selon lequel les êtres humains, à l'ère de la mondialisation et des moyens

20. Achiel Peelman, « Spiritualité et conscience planétaire », dans Camille Ménard et Florent Villeneuve (dir.), *Spiritualité contemporaine. Défis culturels et théologiques*, Montréal, Fides, 1995, p. 21-65.

21. *Idem*, Les *nouveaux défis de l'inculturation*, Ottawa, Novalis, 1997, p. 179.

de communication actuels, ont aujourd'hui conscience d'habiter une « maison commune », ce qui pose nécessairement la question d'un critère d'unité au sein de la grande famille humaine[22].

Ce que cette nouvelle sensibilité religieuse met en lumière, c'est la nécessité de dépasser aujourd'hui nos préoccupations individuelles pour développer un souci de l'humanité et de la création dans son ensemble, bref, de « ce qui nous relie » (une des racines du mot religion, *religare*, « relier ») aux autres, à la nature, au cosmos. Non seulement retrouvons-nous aujourd'hui le désir de réintégrer un « tout » plus vaste – la création, l'univers –, mais nous avons aussi la conscience toute moderne de posséder un pouvoir et une responsabilité sur cette création, au sens où nos actions ont un impact sur notre environnement humain et physique. À ce chapitre, il ne manque pas de « prophètes » aujourd'hui pour nous sommer de « changer nos comportements », que ce soit sur le plan économique (éthique économique), environnemental (développement durable) ou tout simplement humain en encourageant le dépassement de nos préjugés raciaux, ethniques et religieux. Il y a là un appel à une conversion profonde, à un changement de nos habitudes de vie, bref, à ce qui pourrait prendre la forme d'un authentique retour du religieux.

Ces observations tendent à donner raison à ceux qui ont déjà affirmé que le troisième millénaire sera « religieux » ou ne sera pas, pour autant que l'on comprenne ce religieux comme la recherche d'une nouvelle manière de vivre ensemble ou d'être « reliés » les uns aux autres, et ce, à partir même de nos différences. Cette nouvelle sensibilité religieuse s'avère beaucoup plus profonde que le type particulier de « réenchantement du monde » que nous avons décrit précédemment. Plutôt que de mettre fin aux religions particulières, ce nouvel « esprit religieux » invite celles-ci à se renouveler en obéissant à leurs propre racines. C'est pourquoi l'émergence de cette nouvelle sensibilité religieuse s'observe aujourd'hui dans le rapport que plusieurs de nos contemporains entretiennent avec leur héritage chrétien.

---

22. Claude Geffré, *Croire et interpréter. Le tournant herméneutique de la théologie*, Paris, Cerf, 2001, p. 105-109.

4. UN NOUVEAU RAPPORT AVEC NOTRE HÉRITAGE CHRÉTIEN

Avant de développer ce dernier thème, il serait intéressant de souligner des données qui, pour le sociologue Reginald W. Bibby, représentent un «phénomène intriguant» dans la mesure où «un nombre important de Nord-Américains catholiques qui ne sont pas activement engagés dans l'Église continuent non seulement de se percevoir comme catholiques, mais aussi de tenir plusieurs croyances conventionnelles[23] ». Bibby utilise les statistiques les plus récentes pour montrer qu'une majorité de nos contemporains continue de s'identifier comme « chrétienne », et ce, malgré la baisse radicale de la pratique religieuse traditionnelle. Au Québec, une majorité de Québécois (83 %) continue de s'identifier comme «catholique[24] ». La situation est similaire dans le reste du Canada et aux États-Unis où 78 % de Canadiens et 82 % d'Américains se considèrent «chrétiens[25] ». Pour le sociologue canadien, il s'agit là d'un défi majeur pour l'Église, une situation qu'il résume par le sous-titre de son article «Magnificent Opportunity, Breath-taking Responsibility». À la suite de ces observations, nous pouvons nous poser cette question: comment la nouvelle sensibilité religieuse que nous avons décrite précédemment affecte-t-elle le rapport à notre héritage chrétien, puisque celui-ci, malgré une certaine «sortie de la religion», continue de jouer un rôle important dans l'identité d'une majorité de nos contemporains?

En outre, le christianisme continue aujourd'hui d'être une source d'inspiration pour un nombre important de nos contemporains pour autant qu'on le dégage de l'ecclésiocentrisme étroit qui l'a longtemps caractérisé, pour y retrouver un esprit plus vivant et originel. Un des exemples se trouve chez le théologien Richard Bergeron qui s'est intéressé pendant plusieurs années au pluralisme. Selon lui, la sécularisation conduit clairement au pluralisme: «L'effritement du vieux cadre de signification et de valeurs socioreligieuses laisse le champ libre à un pluralisme illimité, tant au niveau des idéologies qu'au plan des comportements et des situations existentielles[26]. » Dans son livre le plus récent, *Hors de l'Église plein de*

23. Reginald W. Bibby, *loc. cit.*, p. 72.
24. *Ibid.*, p. 70.
25. *Ibid.*, p. 71.
26. Richard Bergeron, *op. cit.*, p. 10.

salut[27], le théologien québécois considère le pluralisme religieux comme un enjeu majeur de notre époque. Pour des chrétiens qui, comme lui, se sentent « à l'étroit dans leur Église » et sont « incapables de faire l'*opting out*[28] », il propose de retrouver la dimension ouverte et dialogale de la spiritualité chrétienne et de montrer comment celle-ci est susceptible de s'arrimer à notre culture séculière et pluraliste. Il s'agit d'une spiritualité fondée sur une vision relationnelle de l'absoluité, c'est-à-dire sur un absolu qui permet de fonder un rapport de complémentarité et de réciprocité entre le christianisme et les autres religions[29]. La spiritualité chrétienne, si elle veut être porteuse d'avenir, doit être pluraliste et interreligieuse. Il s'agit d'une relecture du christianisme dans le contexte actuel du pluralisme religieux qui met bien en valeur la nouvelle sensibilité religieuse que nous avons soulignée : importance de la spiritualité et de la dimension relationnelle de la personne, prise de distance par rapport aux formes traditionnelles de la religion, etc. D'autres exemples se trouvent du côté de l'éthique et de la justice sociale qui constituent des champs de recherche importants de la théologie actuelle et qui démontrent que la référence au christianisme est loin d'être abandonnée, mais qu'elle constitue plutôt une avenue pleine de promesses pour l'avenir.

CONCLUSION

Je voudrais enfin souligner que la manière particulière dont on discute de modernité, que ce soit au Québec ou ailleurs en Occident, ne peut être séparée de son rapport privilégié avec le christianisme, qui lui est d'ailleurs bien antérieur. L'idée que le christianisme ait pu être un vecteur de la modernité n'est pas seulement attribuable à Marcel Gauchet, mais aussi à d'autres historiens des idées. Ces penseurs soulignent que le processus culturel que l'on appelle modernité apparaît comme un phénomène isolé, propre à l'Occident (il apparaît d'abord en Europe) et qu'il s'est plus ou moins développé grâce et en réaction au christianisme. L'idée originale de Gauchet réside dans l'hypothèse que le christianisme serait la religion de la « sortie de la religion », rappelant encore une fois le lien très étroit

27. Richard Bergeron, *Hors de l'Église plein de salut. Pour une théologie dialogale et une spiritualité interreligieuse*, Montréal, Médiaspaul, 2004.
28. *Ibid.*, p. 14.
29. *Ibid.*, p. 205 et suiv.

entre christianisme, modernité et sécularisation. L'hypothèse est très intéressante, mais encore faut-il préciser de quelle religion nous sommes sortis et vers quelle religion nous allons.

J'ai noté dans cet article la réémergence absolument incontournable des thématiques philosophico-religieuses dans les médias culturels de masse. J'ai considéré cette émergence comme une réponse compréhensible au vide philosophico-religieux laissé par le passage à la modernité, dans le sens d'une mise à l'écart des interrogations métaphysiques et englobantes sur le sens de la vie et de l'existence.

Mes réflexions sur la sortie de la religion dans la modernité québécoise – et occidentale – comprennent un ensemble de facteurs très complexes qui dépassent largement les frontières des religions institutionnalisées, tout en interpellant celles-ci de manière radicale. Le phénomène culturel du passage à la modernité ne touche pas seulement le christianisme, mais l'ensemble des religions institutionnalisées, dans la mesure où ce phénomène culturel tend à s'étendre aujourd'hui au monde entier. Si j'ai noté avec Marcel Gauchet que le Québec moderne est indéniablement sorti d'une certaine forme de religion, j'ai également noté l'émergence d'une nouvelle sensibilité religieuse qui, loin de discréditer notre héritage chrétien, interpelle celui-ci de manière nouvelle et inédite. On peut aisément vérifier ce constat lorsqu'on regarde d'un peu plus près les recherches actuelles dans le domaine du pluralisme religieux, de l'éthique économique et de la justice sociale.

Ces réflexions sur le thème de « la sortie de la religion » au Québec invitent à réfléchir sur ce que le théologien Claude Geffré a récemment souligné : « Plutôt que de prophétiser la fin de la religion, il serait préférable de parler du *religieux autrement*[30]. » Que la modernité signifie moins la fin du christianisme qu'un nouveau rapport à notre héritage chrétien me paraît bien résumer l'essentiel de mon propos. Après le temps du Christ et celui de l'Église, le monde est peut-être prêt pour celui de l'Esprit. Il s'agit là d'une avenue pleine de promesses pour la recherche théologique actuelle et future.

30. Claude Geffré, *De Babel à Pentecôte*, p. 343.

Troisième partie

La religion et l'État

CHAPITRE 13

LE DROIT CIVIL QUÉBÉCOIS CONTEMPORAIN ET LA RELIGION : ENTRE DYNAMIQUE DE SÉCULARISATION ET DYNAMIQUE DE RECONNAISSANCE

Christelle Landheer-Cieslak

Au sein des sociétés occidentales, la Cité de Dieu et la Cité des hommes sont désormais distinguées. Au sein des sociétés occidentales nourries pendant des siècles par un christianisme émancipateur ayant contribué à leur « sortie de la religion[1] », la Cité des hommes n'est plus régie par les mêmes lois que la Cité de Dieu : d'un côté, les lois de l'État organisent l'existence éphémère des citoyens tout en réglant leurs tensions terrestres ; d'un autre côté, les lois religieuses structurent les communautés de croyants tout en interrogeant les perspectives eschatologiques de leur existence humaine.

Le Québec, comme toute société occidentale ayant connu un processus de sécularisation, participe de cette distinction qui s'est établie au terme d'un cheminement historique qui lui est propre, amorcé au XIXe siècle et trouvant sa pleine expression au moment de

1. Il s'agit de reprendre ici la thèse de Marcel Gauchet selon laquelle le christianisme est la « religion de la sortie de la religion ». Voir Marcel Gauchet, *Le désenchantement du monde. Une histoire politique de la religion*, Paris, Gallimard, 1985.

la Révolution tranquille dans les années 1960[2]. Dès lors, puisqu'au Québec il est possible de distinguer entre la sphère étatique et la sphère religieuse, quelles relations le droit québécois contemporain entretient-il avec la religion, réalité humaine complexe, désormais extérieure à l'ordre juridique étatique, très diversifiée au sein de la société québécoise et articulant tout à la fois des aspects individuels, collectifs et institutionnels? Difficile question que nous nous proposons d'envisager selon la perspective du droit civil contemporain qui s'incarne dans le Code civil du Québec entré en vigueur le 1er janvier 1994 et dont les règles se développent depuis cette date grâce à l'interprétation et à l'exégèse des juges et des auteurs de doctrine.

Expression de l'identité québécoise contemporaine principalement centrée sur l'utilisation de la langue française, le Code civil de 1994 manifeste la spécificité de la tradition québécoise de droit civil d'expression française, au croisement des influences juridiques de la France et de l'Angleterre, mais aussi au croisement des catégories classiques du droit civil et des théories modernes relatives aux libertés et droits fondamentaux de la personne, consacrées, au Québec, dans la *Charte des droits et libertés de la personne* de 1975[3]. Expression de l'identité québécoise contemporaine désormais émancipée de la tutelle de l'Église catholique, le Code civil du Québec de 1994 se révèle aussi traversé par deux dynamiques particulières à l'égard de la religion : premièrement, par une dynamique de sécularisation marquée par l'affirmation de l'autonomie du droit civil par rapport à la religion, plus particulièrement par rapport à la religion catholique (1) ; deuxièmement, par une dynamique de reconnaissance des religions grâce aux libertés et droits fondamentaux de la personne (2).

1. UNE DYNAMIQUE DE SÉCULARISATION

Depuis le début du XIXe siècle, le droit civil québécois est traversé par une dynamique de sécularisation, c'est-à-dire par une dynamique qui conduit, en premier lieu, à l'affirmation de l'autonomie

---

2. Sur cette question, voir les deux ouvrages suivants : dans une perspective historique, Lucia Ferretti, *Brève histoire de l'Église catholique au Québec*, Montréal, Boréal, 1999 ; dans une perspective juridique, Christelle Landheer-Cieslak, *La religion devant les juges français et québécois de droit civil*, Cowansville, Éditions Y. Blais (coll. « Minerve »), 2007.
3. *Charte des droits et libertés de la personne*, L.R.Q., c. C-12 [ci-après Charte québécoise].

de certaines institutions de droit civil par rapport aux droits religieux, notamment par rapport au droit canonique (1.1) et, en second lieu, à l'affirmation de l'autonomie du sujet de droit du Code civil par rapport à la religion (1.2).

1.1 L'affirmation de l'autonomie des institutions civiles

Historiquement, deux institutions de droit civil entretiennent des liens étroits avec la religion : les actes de l'état civil et le mariage. Ainsi, lors de la codification de 1866, les actes de l'état civil, « écrits instrumentaires dressés à recevoir, à conserver et à publier l'état d'une personne, caractérisé par les grands événements de la vie humaine[4] », sont tenus par les ministres du culte des communautés de croyants agissant en qualité de représentants de l'autorité ecclésiastique et de fonctionnaires de l'État. Quant au mariage, il est célébré par les ministres du culte, agissant, comme pour les actes de l'état civil, en qualité de représentants de l'ordre temporel et de l'ordre spirituel. En outre, lors de la codification de 1866, les conditions de fond du mariage puisent encore largement aux sources des droits religieux. Notamment, l'article 185 C.c.B.c. reprend explicitement la doctrine de l'Église catholique sur la question du divorce : le mariage entre deux êtres ne peut être dissous que par la mort naturelle des conjoints.

Or, par rapport à la situation en vigueur lors de la codification de 1866, le Code civil de 1994 s'affirme en rupture et consolide l'autonomie des deux institutions de droit civil que sont les actes de l'état civil et du mariage par rapport aux droits religieux.

1.1.1 L'exemple des actes de l'état civil

Le Code civil de 1994 consacre pleinement l'autonomie des actes de l'état civil. Selon l'article 103, alinéa 1 C.c.Q., « le directeur de l'état civil est le seul officier de l'état civil. » Désormais, dans le Code civil de 1994, le nouveau régime de l'état civil est simplifié et centralisé. Les actes de l'état civil relèvent des institutions de la seule province. Ils sont tenus uniquement par un officier public, le directeur de l'état civil, qui est chargé de dresser les actes, de les conserver et d'en assurer la publicité. Quant au contenu des déclarations, il est

---

4. Philippe Malaurie et Laurent Aynès, *Droit civil. Les personnes. Les incapacités*, Paris, Cujas, 1992, p. 84-86.

vidé de toute dimension religieuse : il ne fait plus mention des sacrements religieux.

Au Québec, cette réforme des actes de l'état civil s'imposait pour avoir une vision plus pertinente de la population québécoise. Certes, le système mixte, mis en place sous le Code civil du Bas-Canada dès 1926, articulant la compétence des ministres du culte et des greffiers des municipalités, avait fonctionné de manière satisfaisante aussi longtemps que la population était majoritairement catholique et subsidiairement protestante. Toutefois, il a présenté de forts signes de faiblesse lorsque le pluralisme religieux s'est développé au tournant du XXe siècle. Les difficultés de ce régime mixte se sont manifestées pour deux raisons principales. Premièrement, les registres de l'état civil étaient éclatés entre les nombreuses communautés de croyants existantes et il était difficile d'avoir une connaissance exacte de la population québécoise. Deuxièmement, le rôle des communautés de croyants en matière d'état civil a été remis en cause lorsque de nombreux Québécois ont commencé à ne plus être affiliés de manière explicite à une communauté de croyants, s'autorisant des adhésions religieuses lâches et susceptibles d'être remises en cause en raison de la liberté de religion qui leur était reconnue.

1.1.2 L'exemple du mariage

Dans le Code civil de 1994, la mixité de la célébration du mariage a été maintenue. Selon l'article 366 C.c.Q., des officiers publics célèbrent des mariages, mais les ministres du culte ont aussi conservé cette possibilité. Toutefois, comme pour les actes de l'état civil, les règles régissant le mariage ont évolué, d'une part, vers un renforcement du pouvoir de l'État fédéral et des provinces et, d'autre part, vers une émancipation des règles de fond du mariage civil par rapport aux droits religieux.

Tout d'abord, l'autonomie du mariage civil par rapport au mariage religieux résulte de la loi, plus particulièrement de la loi fédérale, compétente pour toute question relative à la définition du mariage selon l'article 91 de la *Loi constitutionnelle de 1967*. En effet, depuis la *Loi sur le divorce de 1968*[5], et désormais avec la *Loi sur le divorce de 1985*[6], au Québec et dans le reste du Canada, le mariage se

---

5. *Loi sur le divorce de 1968*, S.C. 1967-1968, c. 24.
6. *Loi sur le divorce de 1985*, L.R.C. (1985) 2e supp., c. 3.

dissout par le décès de l'un des conjoints ou par le divorce (voir l'article 516 C.c.Q.). Cette possibilité de dissolution du mariage du vivant des époux tranche avec la situation juridique du Québec avant 1968 où le divorce n'existait pas en tant que tel. Avant 1968, les époux ne pouvaient se séparer qu'en obtenant une loi privée spéciale du Parlement ou en obtenant une séparation de corps considérée par certains comme le divorce des catholiques.

Ensuite, c'est grâce aux jurisprudences canadienne et québécoise que l'autonomie du mariage civil par rapport au mariage religieux a aussi été affirmée. C'est la jurisprudence du XXe siècle qui a affirmé que la célébration d'un mariage par un ministre du culte ne comprend pas une nécessaire articulation des règles de droit civil et des règles des droits religieux pour définir les conditions de disparition du mariage. Ainsi, en vertu de cette jurisprudence, au Québec, lorsqu'un ministre du culte célèbre un mariage, cette célébration a pour effet de former deux mariages distincts: un mariage civil, régi par les seules règles du droit civil, et un mariage religieux, régi par les règles de la communauté d'appartenance du ministre du culte. Cette affirmation, pour une large part, est une conséquence des débats juridiques qui ont eu lieu sur l'interprétation de l'ancien article 127 C.c.B. au début du XXe siècle. En raison de la référence que cet article – abrogé par la loi du 2 avril 1981[7] – contenait aux « autres empêchements, admis d'après les différentes croyances religieuses », d'aucuns ont pu prétendre qu'il avait pour effet de permettre la réception en droit civil québécois des règles des différentes communautés de croyants régissant le droit du mariage religieux. Or, face à une telle analyse, la réponse du juge québécois de droit civil a presque toujours été la suivante: « l'annulation ou le refus d'annulation du mariage par le tribunal ecclésiastique doit rester étranger à l'application des règles de droit civil[8]. » Cette application ne peut donc être influencée par celle de la règle religieuse telle que l'ont décidée les tribunaux ecclésiastiques.

Dans la jurisprudence québécoise contemporaine du XXIe siècle, la juge Lemelin a réaffirmé l'autonomie du mariage civil par rapport au mariage religieux. Dans la décision *Hendricks* c. *Québec (Procureur*

---

7. *Loi concernant le mariage civil,* S.Q. 1968, chap. 82, art. 11.
8. Ces paroles ont été prononcées par le juge Mayrand dans *Dame Bergeron* c. *Proulx,* [1967] C.S. 579, p. 579.

général)[9] invalidant les dispositions fédérales et provinciales limitant le mariage aux conjoints de sexe différent au nom du droit à l'égalité consacré par l'article 15 de la *Charte canadienne des droits et libertés*[10] et par l'article 10 de la *Charte des droits et libertés de la personne* du Québec, la juge Lemelin a considéré que les principes des chartes devaient prévaloir sur les principes des religions ainsi que sur leurs droits: selon son analyse, « la sécularisation du mariage oblige le législateur à tenir compte que l'institution est civile et ne peut être définie par la religion [...] Le multiculturalisme, les croyances religieuses diverses, la laïcisation de plusieurs institutions témoignent de l'ouverture de la société canadienne. L'État doit s'assurer du respect de chaque citoyen mais aucun groupe ne peut imposer ses valeurs ou définir une institution civile. »

Par conséquent, en l'espèce, le droit au mariage du couple homosexuel demandeur devait être respecté : les dispositions légales, fédérales et provinciales, qui interdisaient le mariage civil des conjoints de même sexe, devaient être déclarées inconstitutionnelles, puisque contraires au droit à l'égalité en matière matrimoniale entre les conjoints homosexuels et hétérosexuels. D'ailleurs, le choix de la juge Lemelin avec d'autres juges canadiens de considérer le mariage civil comme autonome par rapport aux droits religieux a été repris par la Cour suprême du Canada qui, pour les mêmes raisons, dans un renvoi de 2004[11], s'est prononcée en faveur du mariage des conjoints de même sexe. Ensuite, le 28 juin 2005, la loi concernant les conditions de fond du mariage a été promulguée, reprenant les principaux arguments des tribunaux et des cours canadiennes ainsi que de la Cour suprême du Canada[12].

À la consécration de l'autonomie des institutions de droit civil dans le Code civil québécois de 1994 s'ajoute l'affirmation de l'autonomie du sujet de droit par rapport à la religion.

---

9. *Hendricks* c. *Procureur général du Québec*, [2002] R.J.Q. 2506, [2002] R.D.F. 1022 (rés.) (C.S.).
10. *Charte canadienne des droits et libertés*, Partie I de la *Loi constitutionnelle de 1982*, constituant l'annexe B de la Loi de 1982 sur le Canada (R.-U.), 1982, c. 11 dans L.R.C. (1985), App. II, n° 44 [ci-après Charte canadienne].
11. *Renvoi relatif au mariage entre personnes du même sexe*, 2004 C.S.C. 79 au paragraphe 22 : « La mention de la "chrétienté" est révélatrice. L'arrêt Hyde s'adressait à une société aux valeurs sociales communes, dans laquelle le mariage et la religion étaient perçus comme indissociables. Tel n'est plus le cas. La société canadienne est une société pluraliste. »
12. *Loi sur le mariage civil*, 2005, chap. 33 : article 2 : « Le mariage est, sur le plan civil, l'union légitime de deux personnes, à l'exclusion de toute autre personne. »

1.2 L'affirmation de l'autonomie du sujet de droit[13]

Le Code civil québécois de 1994, comme tout code civil, est « une espèce de roman légal » qui détermine au préalable les règles applicables aux rapports humains en envisageant successivement et de manière abstraite toutes les relations dans lesquelles un individu envisagé comme un sujet de droit peut être avec ses semblables[14]. Or, l'une des particularités du sujet de droit décrites dans le Code civil québécois de 1994 est d'être autonome par rapport à toute réalité communautaire et institutionnelle, notamment religieuse.

Dans le Code civil québécois de 1994, cette autonomie du sujet de droit par rapport à la religion se manifeste de deux manières distinctes : d'une part, par l'abstraction consacrée du sujet de droit (1.2.1.) ; d'autre part, par la reconnaissance et l'organisation de son autodétermination, c'est-à-dire de sa capacité à faire ses propres choix sur les questions essentielles de son existence, loin de toute influence étatique ou religieuse (1.2.2.).

1.2.1 L'abstraction du sujet de droit

Dans le Code civil québécois de 1994, l'individu est envisagé comme un sujet de droit abstrait, détaché de toute appartenance communautaire. Dans ce code, l'individu est isolé « comme citoyen égal aux autres et n'ayant pas de place préétablie par des critères religieux ou coutumiers[15] ». Dans la rédaction du Code civil de 1994, cette abstraction se manifeste par le choix des codificateurs de recourir au terme « personne » pour désigner le sujet de droit, la personne juridique, titulaire de droits et d'obligations. Par exemple, selon l'article 3 C.c.Q., « toute personne est titulaire de droits de la personnalité » et, selon l'article 2 C.c.Q., « toute personne est titulaire d'un patrimoine ». Ce terme « personne », du latin d'origine étrusque « persona » signifiant le « masque de l'acteur », manifeste le choix des codificateurs de jeter un voile sur les personnes humaines, auxquelles les règles de droit civil doivent être appliquées, et de ne pas prendre

---

13. Dans ce passage, le terme « sujet de droit » ne renvoie qu'à la personne physique. Il se réfère pas à la personne morale (les corporations, les associations, etc.).
14. Telle est la manière dont la méthode du Code civil est décrite par Joseph Elzéar Dominique Bernardi, *Nouvelle théorie des lois civiles*, Paris, Garnerey, 1801, p. 70.
15. H. Patrick Glenn, « Droit québécois et droit français : communauté, autonomie et concordance », dans H. Patrick Glenn (dir.), *Droit québécois et droit français : communauté, autonomie, concordance*, Cowansville, Québec, Éditions Yvon Blais, 1993, p. 588.

en considération la complexité de l'identité des personnes humaines. Ce terme « personne », par son abstraction, manifeste que les règles contenues dans le Code civil de 1994 sont des règles de droit commun, c'est-à-dire des règles qui ont comme vocation de s'appliquer à tout citoyen, membre de la communauté nationale, quelle que soit son origine culturelle, religieuse ou ethnique.

Cette nouvelle approche abstraite du sujet de droit est le résultat de la dissociation de l'identité nationale québécoise par rapport à l'identité religieuse catholique. Désormais, comme l'appartenance à la religion catholique n'est plus considérée comme un critère de l'identité nationale québécoise, le Code civil de 1994 n'a plus à définir des règles de droit civil qui s'appliquent selon des critères coutumiers ou religieux. Il peut définir des règles de droit civil s'appliquant à toute personne, sans critère d'appartenance communautaire préalable. Bien sûr, cette abstraction du sujet de droit est aussi une conséquence de l'étatisation et de la sécularisation de l'État québécois. Symbole de l'autonomie et de la capacité de la nation québécoise à se donner ses propres règles, le Code civil de 1994 peut désormais régir la situation de toute personne sans avoir à prendre en considération, de prime abord, l'influence directe des religions, notamment de la religion catholique.

Cette nouvelle approche abstraite du sujet de droit est différente de celle qui avait prévalu lors de la première codification du droit civil québécois en 1866. Les codificateurs avaient alors considéré que la survie du droit civil au Québec passait par une lutte « contre l'influence de la *common law*, bien-sûr, mais aussi contre l'influence du nouveau droit français égalitaire et moderne[16] ». Ce souci des codificateurs de 1866 de ne pas intégrer la rationalité et l'abstraction de la Révolution française avait eu pour conséquence, entre autres, de préserver la tradition de communauté en droit civil québécois, se manifestant notamment par l'intégration du sujet de droit dans des réseaux familiaux et communautaires, notamment religieux.

1.2.2 L'autodétermination du sujet de droit

Ce voile jeté sur les sujets de droit par l'abstraction préconisée dans le code a eu pour conséquence que ceux-ci sont désormais considérés comme pleinement maîtres des choix décisifs de leur

16. *Ibid.*, p. 581.

existence, de leur identité personnelle ainsi que de leurs orientations métaphysiques. Ce n'est plus au droit étatique de définir *a priori* l'identité adéquate des sujets de droit ainsi que leur « bonne vie ». Adoptant une perspective libérale au sens philosophique du terme, le Code civil de 1994 consacre désormais l'autodétermination des sujets de droit, c'est-à-dire leur capacité à être pleinement les artisans de leur existence et de leur identité.

De manière générale, cette autodétermination reconnue au sujet de droit dans le Code civil de 1994 a pour effet, par exemple, de reconnaître la personne humaine comme inviolable (voir l'article 10 C.c.Q., à mettre en lien avec l'article 1 de la Charte québécoise). Ainsi, nul ne peut porter atteinte à une personne sans son consentement libre et éclairé (article 10, alinéa 2 C.c.Q.), ce qui a pour conséquence, notamment, de permettre à l'adulte de refuser des soins médicaux vitaux, si telle est sa volonté[17].

De manière plus particulière, cette autodétermination reconnue au sujet de droit a aussi pour effet de conduire au refus du juge québécois ou canadien de se donner une définition *a priori* de la religion des parties. Dans les décisions québécoises et canadiennes, tout sujet de droit est l'artisan de son identité métaphysique, indépendamment des dogmes officiels des religions établies ainsi que de toute définition juridique du droit étatique. Comme l'affirme le juge Iacobucci, dans la décision *Syndicat Northcrest* c. *Amselem*, en droit québécois et canadien :

> essentiellement, la religion s'entend de profondes croyances ou convictions volontaires, qui se rattachent à la foi spirituelle de l'individu et qui sont intégralement liées à la façon dont celui-ci se définit et s'épanouit spirituellement [...][18].

Dans les litiges de nature religieuse, lors de l'analyse des faits, le juge ne se donne donc pas une définition *a priori* de l'identité religieuse des parties. Il ne se prononce pas non plus sur la « bonne identité religieuse » que les parties doivent avoir.

Comme nous venons de le constater, la dynamique de sécularisation qui traverse le droit civil québécois tend à effacer la dimension

---

17. Sur cette question, voir la décision *Nancy B.* c. *Hôtel-Dieu de Québec*, [1992] R.J.Q. 361 (C.S.).
18. *Syndicat Northcrest* c. *Amselem*, [2004] C.S.C. 47 au paragraphe [39]. Cette approche subjective de l'identité religieuse des parties est reprise par la juge St-Pierre dans la décision *Gabriel* c. *Québec (Directeur de l'état civil)*, [2005] R.J.Q. 470 (C.S.) aux paragraphes 43 et 44.

religieuse des institutions de droit civil et à affirmer la très grande autonomie des sujets de droit par rapport à la religion. Toutefois, le droit civil québécois, à l'égard de la religion, est aussi traversé par une dynamique de reconnaissance qui permet de considérer de nouveau la religion dans sa complexité ainsi que dans sa diversité grâce aux libertés et droits fondamentaux de la personne.

2. UNE DYNAMIQUE DE RECONNAISSANCE

Dans le Code civil de 1994, la religion des parties peut être reconnue dans les litiges de droit civil (2.1.). Toutefois, cette reconnaissance n'en est pas pour autant systématique : elle demeure encadrée (2.2.).

2.1 Une reconnaissance affirmée

Les libertés et droits fondamentaux consacrés dans les Chartes canadienne et québécoise sont au fondement de la reconnaissance de la religion des sujets de droit dans les litiges de droit civil (2.1.1.), reconnaissance qui n'est possible toutefois que si certaines conditions sont respectées (2.1.2.).

2.1.1 Les fondements de la reconnaissance

Au regard de la tradition de droit civil, le Code civil québécois de 1994 présente une particularité. Sa disposition préliminaire prévoit un lien nécessaire entre l'application du droit civil et le respect des libertés et droits fondamentaux de la personne. Ainsi, selon cette disposition, « le Code civil du Québec régit, en harmonie avec la *Charte des droits et libertés de la personne* et les principes généraux du droit, les personnes, les rapports entre les personnes, ainsi que les biens. » Dès lors, dans des litiges de nature religieuse, il est possible aux parties de revendiquer leurs libertés et droits fondamentaux à l'encontre des comportements des tiers et même à l'encontre d'une règle de droit civil. Notamment, cette disposition préliminaire permet aux parties, dans le cadre des litiges de nature religieuse, de revendiquer leur liberté de religion consacrée à l'article 2 a) de la Charte canadienne et à l'article 3 de la Charte québécoise. En se référant à la définition retenue par le juge Dickson dans *R.* c. *Big M Drug Mart Ltd.*, cette liberté leur permet soit, positivement, de justifier leurs actes de nature religieuse, soit, négativement, d'invoquer un droit subjectif à la liberté de religion pour empêcher des tiers ou l'État d'exercer des contraintes sur leurs pratiques religieuses[19].

Lors des litiges de nature civile, les parties peuvent donc invoquer devant les juges de droit civil leur droit à la liberté de religion pour faire reconnaître leur identité religieuse et les règles religieuses qu'elles ont fait siennes et ainsi obtenir des effets de droit particuliers au sein de l'ordre juridique québécois. Par exemple, dans *Gabriel* c. *Directeur de l'état civil*[20], une partie a pu invoquer son droit à la liberté de religion pour obtenir l'éviction à son égard de l'article 393 C.c.Q. selon lequel « chacun des époux conserve, en mariage, son nom. » Dans cette décision, malgré l'article 393 C.c.Q., il a été reconnu que l'épouse pouvait prendre le nom de son mari et ne pas conserver le sien. Ainsi, l'épouse baptiste a invoqué sa croyance sincère de la nécessitée de porter le nom de son mari pour respecter les exigences de sa foi et de sa religion, et ce fait a été jugé comme un motif sérieux au sens de l'article 58 C.c.Q. Dans *Syndicat Northcrest* c. *Amselem*[21], des copropriétaires juifs ont aussi pu invoquer leur droit à la liberté de religion pour obtenir l'éviction d'une obligation contractuelle prévue dans un contrat de copropriété leur interdisant toute construction sur les parties communes de la copropriété, notamment l'édification sur leur balcon, pendant une semaine par an, d'une cabane précaire leur permettant de respecter les prescriptions de leur religion juive.

2.1.2 Les conditions de la reconnaissance

Dans les litiges de nature religieuse, pour invoquer leur droit à la liberté de religion et en obtenir la reconnaissance, les parties doivent apporter une triple preuve : 1) que sont sincères les croyances religieuses qu'elles invoquent et qu'elles estiment atteintes ; 2) que leurs croyances sont entravées d'une manière plus que négligeable et insignifiante par la règle de droit ou l'obligation contractuelle mise en cause ; 3) que la protection de leurs croyances religieuses par leur droit à la liberté de religion n'a pas d'incidence sur l'exercice des droits fondamentaux d'autrui, pas plus qu'elle ne porte atteinte à la sécurité, à l'ordre, à la santé ou aux mœurs publics[22].

---

19. *R.* c. *Big M Drug Mart Ltd.*, [1985] 1 S.C.R. 295.
20. [2005] R.J.Q. 470 (C.S.).
21. *Syndicat Northcrest* c. *Amselem*, [2004] R.C.S. 553.
22. *R.* c. *Big M. Drug Mart Ltd.*, précité, paragraphes 295 et 337 ; *B.(R.)* c. *Children's Aid Society of Metropolitan Toronto*, [1995] 1 R.C.S. 315, paragraphe 107.

La première condition de la reconnaissance du droit à l'objection de conscience est une conséquence du choix des juges de ne pas s'ingérer dans les croyances religieuses profondes des individus. Comme, selon le juge Iacobucci de la Cour suprême du Canada, « l'État n'est pas en mesure d'agir comme arbitre des dogmes religieux[23] », les juges doivent développer le principe de « l'examen judiciaire de la sincérité des croyances ». Afin d'être prise en considération devant les tribunaux, la partie qui invoque son droit à la liberté de religion doit donc prouver que sa croyance est authentique et qu'elle a un sens dans son existence au moment où elle porte son action devant le juge.

La deuxième condition de la reconnaissance du droit à la liberté de religion imposant une atteinte plus que négligeable et insignifiante à la liberté de religion de la partie se fonde sur la nécessité de ne pas reconnaître de manière systématique à une partie une atteinte à sa liberté de religion. En effet, au Canada, la « jurisprudence n'autorise pas les gens à accomplir n'importe quel acte [au nom de leur religion][24] ». Ce deuxième élément implique donc pour l'individu, qui souhaite pouvoir invoquer son droit à la liberté de religion, de prouver que la contrainte qui lui est imposée par une règle de droit, par une action privée ou par une obligation contractuelle lui crée « un "intense désagrément", des "contraintes considérables", des difficultés "substantielles", d'où résulte une "atteinte grave" ou une "entrave importante" à sa capacité d'agir en conformité avec ses croyances religieuses[25] ».

Enfin, la troisième condition, la gestion contrôlée de la différence religieuse et le droit qui est reconnu à tout citoyen d'exercer ses libertés et droits fondamentaux supposent que la reconnaissance d'un droit à la liberté de religion n'entre pas en conflit ni en opposition avec les droits fondamentaux d'autrui. Elle ne doit pas entraver non plus la sécurité, l'ordre, la santé ou les mœurs publiques. En effet, pour la Cour suprême du Canada, « aucun droit – y compris la liberté de religion – n'est absolu[26] ». Son exercice et sa protection ne sont légitimes que s'ils ne viennent pas porter atteinte à des valeurs

23. *Syndicat Northcrest* c. *Amselem*, précité, paragraphe 50.
24. *Ibid.*, paragraphe 62.
25. Christian Brunelle, « Les droits et libertés dans le contexte civil », dans École du Barreau du Québec, *Droit public et administratif*, Cowansville, Éditions Yvon Blais, « Collection de droit 2006-2007, vol. 7 », 2006.
26. *Syndicat Northcrest* c. *Amselem*, précité, paragraphe 61.

collectives ou individuelles, jugées supérieures et constituant un ordre public qui vient borner l'exercice et la revendication de la liberté de religion des parties.

2.2 Une reconnaissance encadrée

Cette troisième condition manifeste que, dans des litiges de droit civil comme dans tout autre litige impliquant l'invocation par une partie de son droit à la liberté de religion, la reconnaissance de ce droit doit être bornée par un ordre public venant limiter les revendications des parties. Or, bien qu'attachés pendant longtemps à un encadrement de la liberté de religion par un ordre public limité (2.2.1.), certains juges peuvent avoir tendance, aujourd'hui, à vouloir évoluer vers un ordre public élargi (2.2.2.).

2.2.1 Par un ordre public limité

Dans le cadre des litiges de droit civil, en général, les juges retiennent une compréhension limitée de l'ordre public. Ils reconnaissent à l'exercice de la liberté de religion des parties des limites qu'ils apprécient *in concreto.* Par exemple, dans la décision *Droit de la famille-1456*[27], le juge Brossard a pu recourir à une analyse *in concreto* des effets des comportements d'une mère témoin de Jéhovah fondés sur sa norme religieuse pour lui interdire d'adopter avec son enfant certains comportements religieux. Notamment, il a interdit comme étant incompatible avec l'intérêt de l'enfant tout comportement qui avait pour conséquence de lui causer un préjudice, en l'espèce l'emmener aux réunions des témoins de Jéhovah ou faire du porte à porte. Selon lui, « le droit fondamental à la liberté de religion est tel qu'il autorise et justifie chacun des ex-conjoints de pratiquer librement sa religion en présence de l'enfant et d'enseigner à ce dernier les préceptes de la religion de son choix ». Cependant, « toute forme de prosélytisme, toute tentative d'endoctrinement forcé, tout enseignement dont soit la forme, soit le contenu, seraient de nature à perturber l'enfant ou à engendrer entre cet enfant et l'autre parent un état conflictuel ou un état de tension qui nuirait à l'intégrité de la relation parentale, justifieront l'intervention du Tribunal[28] ».

---

27. *Droit de la famille-1456,* [1991] R.D.F. 610 (C.A.).
28. *Ibid.*

Dans le cadre des litiges de droit civil, par une analyse précise des faits de l'espèce, la plupart des juges québécois se limitent donc à apprécier les incidences concrètes des comportements religieux des parties sur les tiers pour encadrer l'exercice de leur liberté de religion. L'analyse judiciaire *in concreto* des effets de l'exercice par une partie de sa liberté de religion présente donc la particularité d'avoir une portée limitée et, de ce fait, peut être qualifiée de contrôle *minimum*, répondant à la nécessité de respecter un ordre public limité.

2.2.2 Par un ordre public élargi ?

Dans la jurisprudence, certains juges ont pu toutefois exprimer la volonté de voir émerger un ordre public plus élargi conduisant à poser des limites à la liberté de religion davantage appréciées *in abstracto*. Par exemple, en matière de divorce, dans la décision *Bruker* c. *Marcovitz*[29], opposant une ex-épouse juive à son ex-conjoint qui a refusé de lui remettre le *get* pendant quinze ans, l'empêchant ainsi de se remarier selon les règles de la religion juive, la juge Abella a voulu affirmer que la liberté de religion pouvait être limitée, certes, par la mise en évidence d'obstacles concrets résultant de l'analyse des faits de l'espèce, mais aussi par « des valeurs canadiennes fondamentales » comme l'égalité entre les hommes et les femmes. En fait, pour cette juge, il est essentiel de définir des valeurs de référence qui ont pour finalité de dresser des obstacles à certains comportements religieux jugés comme contraires à la modernité et à des valeurs libérales fondamentales.

La juge Abella exprime le même souci dans le projet de la loi n° 63 visant à intégrer dans le préambule de la Charte québécoise le respect de l'égalité entre les femmes et les hommes[30]. Le résultat de cette modification pourrait être de refuser *a priori* toute revendication par une partie de son droit à la liberté de religion si elle invoque des principes ou des règles religieuses qui ne respectent pas des

---

29. *Bruker* c. *Marcovitz*, 2007 C.S.C. 54 aux paragraphes 1 et 2 : « Le Canada est fier avec raison de sa tolérance évolutive à l'égard de la diversité et du pluralisme [… Le] droit de chacun de s'intégrer dans la société canadienne avec ses différences – et malgré celles-ci – est devenu un élément déterminant de notre caractère national. Toutefois, le droit à la protection des différences ne signifie pas que ces différences restent toujours prépondérantes. Celles-ci ne sont pas toutes compatibles avec les valeurs canadiennes fondamentales et par conséquent les obstacles à leur expression ne sont pas toujours arbitraires. »
30. Projet de loi n° 63, *Loi modifiant la Charte des droits et libertés de la personne.*

valeurs fondamentales à la société canadienne et québécoise, comme l'égalité entre l'homme et la femme. Dès lors, peu à peu, en droit canadien et en droit québécois émerge l'idée que l'exercice de la liberté de religion des parties doit aussi être borné *in abstracto* par des valeurs fondamentales de référence.

Au terme d'un long processus de sécularisation, le droit civil québécois contemporain entretient des liens complexes avec la religion. D'un côté, une dynamique de sécularisation a conduit à la rédaction d'un Code civil promulgué en 1994 où l'autonomie des institutions civiles et des sujets de droit est affirmée par rapport à la religion, notamment par rapport à la religion catholique. D'un autre côté, la disposition préliminaire de ce code oblige à l'interprétation de toute règle de droit civil en harmonie avec les libertés et droits fondamentaux de la personne, entre autres, avec le droit à la liberté de religion. De ce fait, l'identité et les règles religieuses des parties peuvent être reconnues par les juges de droit civil dans leur complexité et dans leur spécificité pour les protéger contre les atteintes des tiers, voire contre les obstacles à leurs pratiques religieuses dressés par une règle de droit civil ou une obligation contractuelle. Toutefois, la reconnaissance de la religion des parties demeure encadrée par un ordre public évolutif. Pour certains juristes, cet ordre public sera nécessairement limité, mais, pour d'autres, il devra être de plus en plus élargi à des valeurs abstraites jugées comme fondamentales par la société québécoise.

Dès lors, si le droit civil québécois, comme la société québécoise dont il émane, est sorti de la religion, cette situation ne signifie pas que la religion lui est indifférente. Pour le droit civil québécois, la religion est désormais une réalité sociale et institutionnelle qui lui est extérieure, qui s'exprime dans un contexte pluraliste et avec laquelle, au fil des décisions judiciaires, il tisse des relations nouvelles mêlées de méfiance et de respect.

CHAPITRE 14

LES RELATIONS ENTRE LES ORGANISATIONS RELIGIEUSES ET L'ÉTAT AU QUÉBEC : VERS UNE RECONFIGURATION DE LEUR RÉGIME D'ASSOCIATION[1]

Lucia Ferretti

Je ne discuterai pas ici des théories qui cherchent à penser ensemble modernité et religion[2]. Les concepteurs de certaines d'entre elles ont cru pouvoir affirmer qu'une société est d'autant plus moderne qu'elle n'attend plus des Églises ni des religions sa légitimation ni ses valeurs, et qu'en son sein, l'État constitue une sphère de l'agir social aussi autonome que possible des Églises. Certes, les derniers siècles en Occident ont malmené la religion au point où l'on a pu écrire que le christianisme était désormais en voie d'« exculturation » dans nos sociétés[3]. Toutefois, on a assisté dans les trois dernières décennies à un « retour » du religieux, et pas seulement sous la forme de ces croyances personnelles « bricolées » déqualifiées par les sociologues, mais aussi en tant que réveil de l'islam, essor de l'évangélisme

1. Je remercie mes collègues Sylvie Taschereau, Stéphane Castonguay et René Hardy de leurs commentaires très pertinents sur une première version de ce texte.

2. Pour un panorama intéressant : Roland J. Campiche, « La régulation de la religion par l'État et la production du lien social », dans *Archives des sciences sociales des religions*, n° 121, janvier-mars 2003, p. 5-18.

3. Danièle Hervieu-Léger, *Catholicisme. La fin d'un monde*, Paris, Bayard, 2003.

protestant ou encore formation d'une mouvance intégriste dans toutes les confessions, y compris le judaïsme et le catholicisme[4]. Par ailleurs, on doit constater que, hormis dans les États de l'époque communiste, les Églises n'ont jamais entièrement perdu leur capacité d'influencer les lois, les appareils, voire les structures des États, même dans les quelques rares pays où le régime de séparation s'est appliqué historiquement avec rigueur[5]. En fait, depuis une trentaine d'années, la capacité des organisations religieuses d'informer l'État s'est accrue partout, c'est-à-dire également dans les pays de séparation, où celle-ci est devenue plus poreuse. Pour n'en donner que quelques exemples évidents, l'État laïc français finance désormais plus généreusement que le Québec ses écoles privées confessionnelles, à condition toutefois qu'elles soient reconnues d'utilité publique ; le soutien des évangélistes américains à Israël est sans conteste un des facteurs de la politique moyen-orientale des États-Unis, même sous Barak Obama ; le Vatican a réussi à faire reconnaître dans la Constitution de l'Europe « l'héritage religieux » de celle-ci ainsi que le rôle des Églises comme partenaires des institutions européennes[6].

C'est dans ce contexte qu'on peut poser qu'une redéfinition assez profonde du régime historique d'association entre les Églises et confessions et l'État est actuellement en cours également au Québec. Cette redéfinition s'explique par plusieurs facteurs : le détachement proprement religieux des Québécois catholiques ; les pressions d'intellectuels laïcistes ou communautariens, peu nombreux mais influents ; les lobbies des confessions minoritaires auprès des gouvernements du Québec et du Canada ; une interprétation excessivement large donnée au principe de liberté de religion par les tribunaux

4. Pour des analyses de la situation en France, ailleurs en Europe, aux États-Unis et en Amérique latine, voir, entre autres, Laurent Testot et Jean-François Dortier (dir.), *La religion. Unité et diversité*, Paris, Éditions Sciences humaines, 2005. Pour un point de vue différent sur ces phénomènes, voir Marcel Gauchet, *La religion dans la démocratie. Parcours de la laïcité*, Paris, Gallimard, 1998.
5. Pour des survols informés de la situation en Europe depuis la fin de la Seconde Guerre mondiale, Dominique Schnapper, *Qu'est-ce que la citoyenneté ?*, Gallimard, coll. « Folio », 2000, p. 173-197 ; Hans Maier, « Église et État dans l'Europe à venir », *Communio*, vol. XXVIII, n° 1, janvier-février 2003, p. 39-59.
6. « Aperçu des relations entre Église et État dans les nouveaux États membres de l'Union européenne », dans *Europe info*, n° 64, octobre 2004, sur le site Internet de la Commission des épiscopats de la communauté européenne, en ligne, <www.comece.org>, consulté le 1er avril 2008 ; Julien Bauer, *Politique et religion*, Paris, PUF, coll. « Que sais-je ? », n° 3467, 1999 ; Christian Terras, « Sous la pression des Églises », *Le monde diplomatique*, janvier 2004.

québécois et canadiens et, enfin, en partie aussi par le fait que la liberté de religion est devenue un instrument aux mains de la Cour suprême pour façonner le Canada selon sa vision du multiculturalisme. En conséquence, il semble que les conditions soient de plus en plus réunies pour compromettre l'élaboration d'une culture véritablement commune à partir des références historiques de la majorité, que portent de moins en moins les lois, le droit, les appareils et les structures de l'État; et pour favoriser, au contraire, la formation d'une société qui renforce l'identité confessionnelle des individus et facilite la juxtaposition des groupes confessionnels, dont certains s'organisent en groupes de pression en vue de faire pénétrer dans l'État des éléments de leurs propres normativités religieuses.

La tendance actuelle, il importe de s'en apercevoir, ne va pas du tout dans le sens d'une meilleure correspondance avec le modèle théorique libéral de laïcité, fait de séparation entre les organisations religieuses et l'État et d'une neutralité stricte de celui-ci. Un tel modèle n'est du reste réalisé nulle part au monde parce qu'il ne tient compte ni des cultures nationales ni des rapports de force au sein des sociétés[7]. Mais, et cela doit nous alerter davantage, l'évolution ne se fait pas non plus dans le sens de ce que souhaite une majorité de Québécois, dont les préoccupations ont été si mal relayées dans le rapport de la Commission Bouchard-Taylor déposé en mai 2008. Les Québécois exigent certes de l'État qu'il traite également tous les citoyens sans égard à leur appartenance ou non à quelque confession religieuse que ce soit; mais ils s'attendent aussi à ce que l'État se reconnaisse la responsabilité d'assumer la culture majoritaire et de faire de celle-ci le fondement d'une véritable culture commune, avec son principe d'égalité entre les hommes et les femmes tout comme avec ses aspects de comportement moral et social hérités du christianisme, surtout dans sa version catholique, et désormais sécularisés[8]. Ce sont d'ailleurs ces deux attitudes complémentaires – égalité de

---

7. Le plus pur credo libéral en matière de laïcité est exprimé par Micheline Milot, *La laïcité*, Montréal, Novalis, coll. « 25 questions », 2008. On trouvera une analyse réaliste des rapports entre État et confessions à l'époque actuelle dans Pauline Côté, « Culture séculière, culture religieuse, éthos civique et administration publique du symbole », *Social Compass*, vol. 46, nº 1, 1999, p. 57-74.
8. C'est la position qui se dégage avec le plus de constance des mémoires déposés devant la Commission Bouchard-Taylor à l'automne 2007. Malheureusement, le rapport est silencieux sur les moyens de favoriser l'émergence d'une véritable culture commune à partir des valeurs non négociables de la culture majoritaire.

traitement des citoyens et outil d'intégration à la culture nationale historique dont on veut faire une culture commune – qu'empruntent actuellement à différents degrés la plupart des États démocratiques européens[9].

Comment en est-on arrivé à ce que les relations entre les organisations religieuses et l'État à l'œuvre dans la société québécoise actuelle tendent à diverger si notablement du projet de société que souhaite une majorité de sa population ? C'est ce à quoi nous chercherons réponse ici.

Mais d'abord, une précision. On dit que depuis 25 ans, le Québec s'est beaucoup diversifié sur le plan religieux. C'est faux. Au recensement effectué par Statistique Canada en 2001, qui ne posait pas de question sur la foi, mais qui interrogeait par contre l'appartenance religieuse, 83,2 % des Québécois se sont déclarés catholiques ; 5,5 % de diverses dénominations protestantes, y compris celles de la mouvance évangélique ; respectivement 1,3 %, 1,4 % et 1,5 % juifs, chrétiens orthodoxes ou musulmans, tandis qu'un nombre non significatif statistiquement se sont dits adeptes d'autres confessions. En outre, à peine 5,6 % des Québécois ne se sont reconnu aucune appartenance confessionnelle. C'est dire que les confessions autres que catholique, protestantes et juive, anciennement implantées, équivalaient à seulement 4,1 % de la population québécoise en 2001. Quant aux minorités non chrétiennes, elles ne représentaient que 4,3 % des Québécois. Ainsi, le Québec apparaît beaucoup moins diversifié religieusement que le Canada ou l'Ontario, de même que Montréal l'est beaucoup moins que Toronto ou Vancouver[10] : sous le rapport

9. Le multiculturalisme, modèle qu'a tenté de promouvoir la Grande-Bretagne, par exemple, est de plus en plus considéré comme un échec, dans ce pays et ailleurs.

10. Au recensement de 2001, le Canada comptait : 43 % de catholiques, 33 % de protestants et autres « chrétiens », 16 % de sans-religion, 2 % d'orthodoxes, 2 % de musulmans, 1 % de juifs et 5 % d'adeptes d'autres religions. Les pourcentages pour l'Ontario sont quasi identiques à ceux du Canada, sauf pour les catholiques (35 %) et les protestants et autres chrétiens (38 %). Aucune confession n'atteint nulle part la moitié de la population d'une province canadienne, sauf les catholiques au Nouveau-Brunswick (53 % en 2001). Voir aussi Peter Beyer, « Transformations et pluralisme : les données des recensements de 1981 à 2001 », dans Solange Lefebvre (dir.), *La religion dans la sphère publique*, Montréal, PUM, 2005, p. 18 : « Les pourcentages affichés pour Montréal y montrent une présence chrétienne beaucoup plus forte, une plus faible proportion de personnes sans religion de même qu'une représentation moindre des autres grandes religions qu'à Toronto ou Vancouver. Il n'est donc guère surprenant de retrouver à Montréal un nombre beaucoup moins important d'inscriptions "Aucune religion" et d'adhérents totaux aux grandes religions non chrétiennes que dans les deux autres grands centres urbains. Personne ne

confessionnel aussi, la conformation québécoise est sans équivalent au Canada, et c'est pourquoi le Québec doit pouvoir imaginer et mettre en œuvre son propre modèle de société.

1. SÉCULARISATION DE LA CULTURE MAJORITAIRE ET LAÏCISATION DE L'ÉTAT

C'est principalement comme moule culturel sécularisé que les Québécois tiennent actuellement à leur héritage religieux, car dans les dernières décennies, ils se sont passablement détachés des Églises chrétiennes de longue implantation historique. Leur moindre soutien aux positions de l'Église catholique, par exemple, a finalement rendu possible en 1968 le vote de la première loi fédérale sur le divorce[11]. De même, la baisse des vocations a affaibli les effectifs congréganistes au point que l'Église a été somme toute soulagée par l'étatisation du système de santé et des services sociaux, survenue au début des années 1970, puis elle a pleinement consenti à se défaire de la responsabilité en matière d'état civil qu'elle partageait avec l'État depuis le début de la colonie[12].

Leur éloignement religieux a conduit les Québécois à accepter que prennent fin, plus récemment, d'autres aspects encore du régime séculaire d'association entre les Églises chrétiennes et l'État : les structures du système scolaire, par exemple, le cadre culturel du mariage ou encore l'obligation légale de fermer les commerces le dimanche.

Après l'adoption, en 1977, de la *Charte de la langue française*, couramment appelée « Loi 101 », les commissions scolaires protestantes ont dû développer un secteur français considérable : pendant

---

s'étonnera non plus de constater que Montréal compte à elle seule plus de catholiques que les deux autres métropoles réunies. »

11. Kristen Douglas, *Le divorce. État du droit au Canada*, révisé le 27 mars 2001, disponible sur le site Internet du Programme des services de dépôt du gouvernement du Canada, en ligne, <http://dsp-psd.pwgsc.gc.ca/Collection-R/LoPBdP/CIR/963-f.htm>, consulté le 1er avril 2008. De 1867 à 1968, aucun gouvernement fédéral n'avait osé faire voter une loi sur le divorce, pourtant clairement dans son champ de compétence en vertu de l'Acte de l'Amérique du Nord britannique de 1867 ; les provinces anglophones, sauf Terre-Neuve, s'étaient donc dotées de lois à cet effet, sans qu'elles soient contestées par Ottawa.
12. Anne-Marie Bilodeau, « Quelques aspects de l'influence religieuse sur le droit de la personne et de la famille au Québec », *Revue juridique et politique. Indépendance et coopération*, vol. 38, nº 2, 1984, p. 469-482. La responsabilité étatique exclusive s'est instaurée progressivement entre 1982 et 1994. Il est à noter, toutefois, que le mariage religieux continue d'avoir des effets civils au Québec.

des années, les enfants y ont été traités si piteusement, et leurs parents ont eu si peu d'influence sur les instances de décision que c'est une des principales raisons qui ont motivé le gouvernement du Québec à négocier avec Ottawa un amendement constitutionnel pour transformer les commissions scolaires confessionnelles en commissions scolaires linguistiques. Une autre raison poussait le gouvernement: mettre fin à la confessionnalité de certaines écoles publiques qui avaient pris un caractère pentecôtiste ou évangélique très net alors que le réseau protestant, contrairement au réseau catholique, avait décidé – sauf dans de rares écoles – de ne pas offrir aux élèves l'option de l'enseignement moral non religieux[13]. Du coup, en 1997, cette composante séculaire du régime d'association entre les Églises et l'État a disparu, sans provoquer trop d'états d'âme chez les Québécois. Ce qui ne fut pas le cas plus récemment avec l'option de l'enseignement religieux, sur lequel nous reviendrons.

Évoquons simplement, par ailleurs, le jugement de 2004 invalidant la section de la loi fédérale par laquelle le droit au mariage était accordé seulement à deux personnes de sexe opposé. La Cour suprême a choisi de reconnaître un caractère judéo-chrétien à la normativité étatique et a décidé de l'en expulser: une majorité de Québécois (et de Canadiens) a accepté ce jugement de bon gré.

Dans d'autres cas, l'extirpation de la normativité d'origine chrétienne qui colorait certaines lois a été la conséquence de jugements rendus dans des causes entamées par des membres de confessions minoritaires. La *Charte canadienne des droits et libertés* a ainsi favorisé, depuis 1982, une compréhension de la liberté religieuse de plus en plus large par les tribunaux. En 1985, par exemple, un commerçant juif a réussi à faire invalider par la Cour suprême la *Loi sur le Jour du Seigneur*, qui obligeait les commerces à fermer le dimanche. Déjà deux fois, en 1905 et en 1963, cette loi avait été maintenue par la même Cour. En 1963, par exemple, celle-ci avait jugé qu'elle ne contrevenait pas à la *Déclaration canadienne des droits*, entre autres, parce qu'elle n'empêchait personne de croire en une autre religion ni de la pratiquer sans contrainte. Mais en 1985, la Cour suprême a élargi le droit d'invoquer la liberté de religion aux personnes morales et non plus seulement aux personnes physiques; elle a aussi décrété

13. Christine Cadrin-Pelletier, « L'éducation à la diversité religieuse dans le système scolaire québécois. Modifications systémiques et enjeux culturels entre majorité et minorités religieuses », dans S. Lefebvre (dir.), *op. cit.*, p. 92-114.

que la liberté de religion devait être comprise non seulement comme le droit de croire ce qu'on veut et de pratiquer sa religion sans contrainte, mais aussi comme celui de ne pas subir de préjudice, y compris pour une entreprise la perte d'un jour d'affaires[14]. La loi fut déclarée inconstitutionnelle et, en conséquence, le droit de commercer le dimanche au nom de la liberté de la religion ainsi comprise a fait disparaître le jour de repos commun à tous qui pourtant, dans les années 1980, remplissait surtout une fonction de renforcement de la cohésion familiale et sociale pour tous les citoyens. Les lobbies procommerce se sont ensuite chargés d'empêcher les gouvernements provinciaux d'avoir envie de légiférer pour limiter les heures d'affaires en vue de recréer, sur une base séculière, un jour commun de repos. En conséquence, pour qu'un employé de commerce puisse être dispensé de travailler le dimanche, il doit désormais demander un accommodement raisonnable sur la base de son identité religieuse bien démontrée ; un non-croyant et un croyant peu pratiquant ne disposent quant à eux que de recours très limités.

En résumé, on voit bien que sous l'effet d'une sécularisation générale de la culture, il y a eu un certain consentement – actif ou passif – des Québécois à une progressive laïcisation de l'État, par laquelle celui-ci exprime de moins en moins la composante religieuse de l'héritage culturel national. Mais on remarque aussi, par le jugement de 1985 sur la *Loi sur le Jour du Seigneur*, que la décision de la Cour suprême d'interpréter la fermeture des commerces le dimanche comme relevant encore d'une norme religieuse, alors que la société vivait ce congé plutôt comme un trait culturel, conduit à renforcer l'identité confessionnelle des citoyens et, jusqu'à un certain point, à les ségréger sur cette base. On va maintenant voir que la jurisprudence et d'autres facteurs tendent désormais à créer les conditions pour la pénétration dans l'État de normativités religieuses de confessions minoritaires.

2. ÉTAT QUÉBÉCOIS ET CULTURE COMMUNE

Les pressions des organisations religieuses sur l'État pour que ses lois, ses politiques, ses appareils et ses structures incorporent le plus possible leurs normativités et, réciproquement, le désir de l'État

14. Roger Tassé, « L'influence de la religion en droit canadien », *Revue juridique et politique. Indépendance et coopération*, *op. cit.*, p. 430-440 ; Pauline Côté, *loc. cit.*

d'instrumentaliser les religions et les Églises à ses propres fins sont partout au monde aussi anciens que ces institutions elles-mêmes.

Par exemple, sous la Révolution tranquille: certes, le vote de la *Loi sur le divorce* signalait l'affaiblissement de l'Église catholique. Mais cette loi est restée marquée par la vision protestante de l'union conjugale. En effet, les pressions des Églises protestantes ont été si vives sur le Parlement que celui-ci n'a pas pu voter la loi comme le premier ministre Trudeau et les Québécois la voulaient. La première version ne contenait que l'échec du mariage comme motif du divorce; mais la version définitive réintroduit la notion de faute (adultère et cruauté notamment) et ne facilite en rien la procédure de divorce. Il en est encore de même dans la loi actuelle, qui date de 1985. Un autre exemple touche à l'éducation et aux services sociaux. Les pressions de la communauté juive sur Québec dans les années 1960 ont fait en sorte que le ministère de l'Éducation a fini par consentir un financement public aux écoles privées juives, à caractère très religieux, puis a élargi ce financement à toutes les écoles privées des confessions minoritaires, et ce, dès le primaire, alors que la plupart des autres écoles primaires privées n'en reçoivent aucun[15]. Cela a conduit à l'explosion du nombre d'écoles privées des confessions minoritaires depuis 40 ans[16]. Par ailleurs, la *Loi sur la santé et les services sociaux* de 1972, qui a entièrement étatisé le système, a fait une exception pour la communauté juive, qui a refusé net tous les accommodements que lui proposait l'État et a pu ainsi garder son propre réseau confessionnel de dispensation des services sociaux financé par les fonds publics[17]. Pour l'instant, les autres groupes confessionnels n'ont pas les moyens de se prévaloir du même droit, mais le précédent existe.

Les confessions minoritaires ont du reste accru récemment leur capacité à faire insérer des éléments de leurs propres normativités

---

15. Commission consultative de l'enseignement privé, *L'école privée et les communautés culturelles et religieuses*, Avis à la ministre de l'Éducation, 1993. Il est à noter que les écoles privées catholiques et une majorité d'écoles privées protestantes étaient quant à elles assez peu confessionnelles, déjà à cette époque. En France aussi, on remarque la sécularisation des écoles catholiques privées, tant chez les enseignants que chez les élèves, alors que les autres écoles privées, juives pour l'instant, mais peut-être bientôt musulmanes, sont très religieuses. Toutes bénéficient désormais d'un large financement public. Claude Langlois, « Citoyenneté, histoire et nouvelle laïcité. Les fondements d'une pratique française », dans S. Lefebvre (dir.), *op. cit.*, p. 303-327.
16. Commission consultative [...], *op. cit.*, p. 24-25.
17. Lucia Ferretti, « Les agences sociales à Montréal, 1932-1971 », *Études d'histoire religieuse*, vol. 66, 2000, p. 69-88.

religieuses dans les lois et les appareils de l'État, et ce, dans un sens strictement inverse à ce qu'appelle la culture des Québécois. Sous la pression des Églises évangéliques, qui rassemblaient en 2001 environ 10 % des Canadiens, davantage dans les provinces de l'Ouest[18], le droit criminel est en train de se durcir au Canada: peines de prison plus sévères, y compris pour les jeunes (au détriment de la réhabilitation, qui est une valeur très chère au Québec), et tentatives de criminaliser de nouveau l'avortement, notamment[19]. Dans le domaine civil, par ailleurs, toujours à cause des pressions de groupes évangéliques, le financement fédéral à la production d'œuvres artistiques qui iraient contre « l'ordre public » est en voie d'être remis en question. On se souvient en outre qu'en 2003, l'Islamic Institute of Civil Justice a cherché à utiliser la loi ontarienne de 1991, qui ouvrait la possibilité d'arbitrage privé pour les matières civiles de juridiction provinciale, en vue de fonder la légitimité d'un éventuel « tribunal » islamique basé sur une compréhension particulière de la *charia*. Il a fallu rien de moins que le tollé de la population et de groupes de femmes musulmanes pour que l'Ontario se décide finalement à abolir la loi de 1991, mettant ainsi un terme à l'arbitrage privé dans cette province. On dira que le Québec, contrée de droit civil, n'a jamais reconnu comme prescriptions civiles les décisions arbitrales en matière familiale des « tribunaux » religieux présents sur son territoire depuis le régime français[20]. Il n'en reste pas moins que cette affaire a ouvert la porte à toute une réflexion sur l'opportunité pour l'État d'encadrer, en les incorporant dans le droit civil, certains éléments des normativités des confessions minoritaires. Quoique inspirée par le motif sérieux de protéger les femmes contre la clandestinité de décisions prises en vertu de normes religieuses qui leur sont très défavorables, on ne peut s'empêcher de remarquer à quel point la réflexion en cours s'enracine dans la promotion du multiculturalisme et s'éloigne, entre autres, de la pratique

18. Peter Beyer, *loc. cit.*

19. Les projets de loi C-338, C-484, C-537 et C-543 ont été présentés devant le Parlement canadien respectivement en 2006, 2007 et, pour les deux derniers, en 2008. Tous sont des projets de loi privés qui poursuivent l'objectif de criminaliser de nouveau l'avortement en donnant un statut juridique au fœtus.

20. Depuis le XVIIe siècle existe à Québec un tribunal ecclésiastique, depuis le XIXe siècle il y en a un autre à Montréal, et un tribunal rabbinique siège à Montréal depuis les années 1930. Plus récemment, un tribunal ismaélien s'y est aussi implanté. Ces tribunaux traitent d'affaires qui concernent exclusivement leurs confessions, dans les matières familiales ou commerciales, notamment. Anne Saris, « Les tribunaux religieux dans les contextes canadien et québécois », *Revue juridique Thémis*, vol. 40, 2006, p. 353-425.

laïque française, dans laquelle le droit étatique conserve des éléments de normativité religieuse chrétienne sécularisée, que les juges appliquent à tout le monde en tant que normativité civile nationale et, donc, commune[21].

Au Québec, la *Charte des droits et libertés de la personne* a été utilisée depuis une trentaine d'années pour protéger la liberté personnelle de religion : elle a ainsi conduit à de nombreux accommodements raisonnables (rebaptisés « ajustements culturels »), dont la pertinence n'a pas été contestée par les Québécois tant qu'ils ont été certains que ces accommodements ne pouvaient être investis d'aucune portée plus large. Dans plusieurs cas, la liberté personnelle de religion a pu être invoquée avec succès même par des mineurs pour refuser de recevoir une transfusion sanguine par exemple, dans le cas où ils étaient témoins de Jéhovah[22], et ce, avec l'aval d'une population qui respecte cette liberté fondamentale. Cependant, l'évolution récente nous éloigne du modèle théorique de la laïcité, dans lequel l'État est expurgé de toute normativité religieuse et n'a pour obligation que de protéger la liberté religieuse des personnes. En effet, la Cour suprême a utilisé les dispositions de la *Charte canadienne des droits et libertés* pour faire de la liberté de religion un outil explicite de promotion du patrimoine multiculturel des Canadiens, ce qui a donné aux *groupes* confessionnels un outil supplémentaire pour se faire valoir en tant que tels. La Colombie-Britannique, par exemple, se méfie tellement de la Cour suprême qu'elle a hésité jusqu'en 2009 à poursuivre la communauté

21. Christelle Landheer-Cieslak et Anne Saris, « La réception de la norme religieuse par les juges de droit civil français et québécois : étude du contentieux concernant le choix de la religion, l'éducation et la pratique religieuse des enfants », *Revue de droit de McGill / McGill Law Journal*, vol. 48, 2003, p. 671-745 ; dans cet article, les auteures montrent que lorsque les juges français ont à juger de questions relatives au choix de l'éducation et de la pratique religieuse des enfants par les titulaires de l'autorité parentale, ils sont très soucieux de favoriser l'intégration de l'enfant à la culture française commune, y compris, par exemple, en favorisant sa participation à ces festivités familiales d'origine religieuse, mais largement sécularisées aujourd'hui que sont Pâques et Noël, au motif explicite de ne pas l'isoler de la pratique générale dans la société française. En fait, la norme catholique est considérée comme norme sociale, passée dans les mœurs civiles. Voir aussi : Denise Helly, « L'arbitrage religieux en matière familiale au Canada. Les limites à la pluralité de normes », *Estudios sobre el mundo arabe e islamico contemporaneo*, vol. XXIII, 2006, p. 103-129.

22. Claire Bernard, « Les droits de l'enfant au Québec et au Canada après la *Convention des Nations Unies relative aux droits de l'enfant* », Québec, Communication présentée au Sommet des membres du Tribunal des droits de la personne, 29 septembre 1999 (en particulier p. 12), disponible sur le site Internet de la Commission des droits de la personne et des droits de la jeunesse, document PDF, en ligne, <http://www.cdpdj.qc.ca/fr/publications/liste.asp?Sujet=24&noeud1=1&noeud2=6&cle=0>, consulté le 1er avril 2008.

mormone dissidente de Bountiful, qui pratique la polygynie au vu et au su de tous depuis des décennies, de peur que soit invalidée, au nom de la liberté de religion, la disposition de la *Loi sur le mariage* qui interdit la polygamie[23], pratique qui pourrait être ensuite revendiquée par des hommes d'autres confessions. De même, dans l'affaire du port du kirpan à l'école, la Cour suprême a décidé que la préservation sans altération de cet élément de l'identité religieuse sikh devait l'emporter sur les valeurs de toute une société, qui n'a pas compris pourquoi le kirpan en métal, même emballé (au lieu d'un autre en plastique, par exemple, adopté par plusieurs sikhs dans les lieux publics sensibles), aurait droit de cité dans les écoles quand il est interdit dans les avions. Du reste, cette décision a été critiquée par de nombreux juristes. Certains y ont vu la volonté de la Cour de persévérer dans l'élargissement qu'elle avait déjà donné à la liberté de religion, qui se fonde désormais sur la simple « sincérité de la croyance », un élément fort subjectif, plutôt que sur les obligations objectives de la pratique ; d'autres ont vu dans cet élargissement son intention d'utiliser cette liberté fondamentale comme moyen de promouvoir le multiculturalisme[24].

Congruent avec ce mouvement, on remarque aussi une augmentation considérable du financement étatique aux organisations religieuses, sous la forme d'exemptions fiscales ou de subventions[25]. En 2005, le B'Nai Brith a réclamé des trois paliers de gouvernement un financement public encore supérieur à ce qu'il recevait déjà pour son projet montréalais de résidence privée pour aînés pauvres ou à mobilité réduite[26]. La confessionnalité n'avait pas entièrement disparu du paysage de nos services sociaux, on l'a dit, et le déclin de l'État

---

23. Élisabeth Campos et Jean-Guy Vaillancourt, « La régulation de la diversité et de l'extrémisme religieux au Canada », *Sociologie et société*, vol. 38, n° 1, printemps 2006, p. 113-137.
24. Daniel Baril, « Le professeur Luc Tremblay estime que les jugements sur les accommodements religieux conduisent à la déconstruction de la démocratie », *Forum*, hebdomadaire d'information de l'Université de Montréal, 27 août 2007 ; Hélène Buzzetti, « Les affaires du kirpan et de la souccah juive. La Cour suprême s'est trompée », *Le Devoir*, 9 novembre 2007 (il s'agit d'une entrevue avec Claire L'Heureux-Dubé, ex-juge de la Cour suprême).
25. Il suffit d'aller sur le site de l'Agence des douanes et du revenu Canada pour consulter la liste des organismes de bienfaisance enregistrés qui bénéficient d'un traitement fiscal spécial : la plupart sont confessionnels. Voir la *Loi sur l'enregistrement des organismes de bienfaisance*, qui appuie les impératifs financiers des Églises et confessions religieuses.
26. Groupe de travail du B'Nai Brith Canada sur les élections 2005, « Questions d'intérêt et recommandations de mesures à prendre », sur le site Internet du *B'Nai Brith*, en ligne, <http://www.bnaibrith.ca/Electiongroupedetravail2005.html>, consulté le 1er avril 2008.

providence ouvre encore un peu plus largement la porte aux entreprises confessionnelles comme à toute autre entreprise privée[27].

On assiste donc actuellement à plusieurs tentatives des confessions minoritaires de pénétrer au cœur des États québécois et fédéral, à cette place qui est en train de se vider par l'expulsion de la plupart des traces de culture chrétienne sécularisée qui leur donnaient leur chair propre d'États exprimant l'identité culturelle majoritaire.

La population a commencé à exprimer ses réticences devant un tel mouvement. Certains ont pu être surpris de constater la vigueur avec laquelle elle a réaffirmé son attachement identitaire à des symboles comme le crucifix à l'Assemblée nationale; d'autres se souviennent que tant que les parents en ont eu l'occasion, ils ont dit qu'ils voulaient que soit maintenue l'option de l'enseignement religieux à l'école publique. Du reste, dans la plupart des pays démocratiques européens, l'école publique, comme appareil d'État, continue de transmettre, au moins en option, l'héritage culturel religieux des majorités historiques comme élément de culture commune[28]. L'État québécois ayant renoncé à se prévaloir de la clause «nonobstant», seul moyen de continuer à offrir l'enseignement religieux à l'école publique dans le cadre constitutionnel actuel, il apparaît d'autant plus illogique que des fonds publics considérables continuent de soutenir les écoles privées très strictement religieuses de certaines minorités confessionnelles. Mais au-delà de cette question, les Québécois réaffirment plus nettement depuis quelques années qu'ils n'entendent pas construire l'avenir en faisant table rase de l'histoire.

CONCLUSION

Or, sauf par les programmes de restauration du patrimoine religieux, qui possèdent à la fois une valeur identitaire et un important potentiel touristique, les Québécois sentent bien que leur État n'assume plus que marginalement la responsabilité de porter la

27. Aux États-Unis, où le système de services sociaux publics a toujours été peu développé, les diverses organisations religieuses jouissent d'un financement étatique considérable pour assurer leur présence sur ce marché. Pour une comparaison entre les États-Unis et divers pays européens: Édith Archambault, «Un projet à échelle européenne», *Mouvements des idées et des luttes*, n° 19, 2002, p. 60-67.
28. Francis Messner et André Vierling (dir.), *L'enseignement religieux à l'école publique*, Strasbourg, Éditions Oberlin, 1998.

culture majoritaire, et qu'il a cessé de pouvoir ou de vouloir faire de celle-ci le creuset d'une véritable culture commune[29].

Comment faire en sorte que l'État québécois défende la liberté religieuse des individus – celle des personnes physiques, s'entend ; qu'il soit fondé désormais sur une éthique sociale et un droit complètement sécularisés ; mais qu'il ne devienne pas amnésique pour autant et, donc, qu'il assume la culture majoritaire comme fondement d'une culture véritablement commune, nationale, ce qui est une condition incontournable d'une cohésion sociale réelle et durable[30] ? Comment protéger véritablement l'égalité des sexes, la réhabilitation, la justice sociale, l'équité culturelle, la liberté d'expression artistique et éviter que soit imposée aux Québécois la recriminalisation de comportements en fonction de principes moraux qu'ils ne partagent pas ? Comment accommoder tout autant l'individu sans religion que l'individu religieux ? Le défi du Québec est de puiser dans son enracinement déjà multiséculaire l'énergie pour construire l'avenir ; afin de faire société avec tous et chacun et non de faire courtepointe, simple juxtaposition de « communautés » encouragées à exacerber leur différence, confessionnelle ou autre. Il s'agit là d'un défi intellectuel et politique pressant.

---

29. L'abdication de l'État québécois en cette matière pourrait être considérée comme un exemple de plus de ce qui ressemble à son refus d'être un outil pour la nation : absence de contestation des empiétements fédéraux dans ses juridictions ou mollesse à défendre celles-ci, réduction des mesures de francisation des immigrants et, plus généralement, amoindrissement de la volonté de renforcer le français comme langue commune, démantèlement de l'État providence, consentement à la perte d'actifs économiques essentiels (ex., le refus d'intervenir pour empêcher la vente de la Bourse de Montréal), etc.
30. Sam Haroun apporte des réponses intéressantes à cette question en proposant, entre autres, le recours systématique à la clause « nonobstant », de manière à éviter que les jugements de la Cour suprême s'appliquent sur le territoire québécois. Sam Haroun, *L'État n'est pas soluble dans l'eau bénite. Essai sur la laïcité au Québec*, Sillery, Septentrion, 2008. Rappelons que le Québec n'a pas signé la Constitution de 1982.

CHAPITRE 15

LAÏCITÉ ET TOLÉRANCE AU QUÉBEC

Denis Jeffrey

La reconnaissance des expressions religieuses sur la place publique a nourri bien des débats en France et au Québec. Au cœur de ceux-ci reviennent sans cesse des questions sur le sens de la laïcité dans les sociétés démocratiques. Il est tout à fait actuel de se demander si la laïcité, comme principe de régulation des différences, reste un compromis acceptable dans la recomposition des espaces du vivre-ensemble. À la fin des années 1960, après des années d'appartenance à l'Église catholique romaine, une grande proportion de la population québécoise francophone a déserté ses lieux de culte. Depuis, comme le souligne Reginald W. Bibby[1], ces Québécois ne désirent plus s'identifier à leurs traditions religieuses, à un point tel, oserons-nous ajouter, qu'ils déconsidèrent les individus qui expriment leur identité religieuse. Pour nombre d'entre eux, en effet, la religion ne peut plus être un marqueur identitaire. Notre réflexion sur la laïcité prend appui sur le malaise de ces Québécois à l'égard de leurs propres traditions religieuses. Dans un premier temps, nous discutons une dimension de ce malaise. Dans un deuxième temps, nous proposons de montrer comment la laïcité, dans sa version québécoise, pourrait faire corps avec la tolérance comme rites de civilité.

---

1. « La religion à la carte au Québec. Un problème d'offre, de demande, ou des deux ? », dans Robert Mager et E.-Martin Meunier (dir.), dossier « La religion au Québec. Regards croisés sur une intrigue moderne », *Globe: Revue internationale d'études québécoises*, vol. 10, n° 2, 2007 / vol. 11, n° 1, 2008, p. 151-179.

1. RELIGION ET MODERNITÉ

Y a-t-il opposition entre religion et modernité? Doit-on continuer de croire avec Diderot et Voltaire que la religion fait obstacle à l'avènement de la Raison? Reprendre Compte et Condorcet pour confirmer la route du progrès de l'âge religieux vers l'âge postreligieux? Ou discréditer la religion avec Nietzsche, Marx et Freud parce qu'elle serait une source d'obsédantes illusions? Il est vrai que l'autonomie et la souveraineté individuelles, conquêtes modernes par excellence, ne font pas bon ménage avec l'autorité religieuse. C'est surtout sur le terrain de la morale que les tensions entre religions et modernité sont les plus criantes. Des spécialistes ont insisté pour dire qu'une majorité de francophones ne se reconnaissent plus dans la morale catholique[2]. C'est pourquoi ils auraient massivement déserté les lieux de culte. En se modernisant, les sociétés misent sur le droit et la morale privée en ce qui a trait à la régulation des conduites humaines. En effet, les règles de droit ont définitivement remplacé les morales religieuses. Au Québec, les gains juridiques sur les positions catholiques sont fort nombreux. Qu'on pense notamment à la contraception, à l'avortement, au divorce, à l'égalité de fait entre hommes et femmes et à la reconnaissance de l'union civile entre personnes de même sexe. La doctrine catholique, dans notre société, est considérée comme réactionnaire, sinon antimoderne[3]. Les revendications d'autonomie individuelle, en s'affirmant de plus en plus fortement, s'éloignent des positions morales de l'Église catholique. À bien des égards, la libération des mœurs constitue pour les Québécois un critère essentiel de la modernité.

La modernisation des mœurs a certes affaibli les positions de l'Église catholique, mais cela n'a pas le sens d'une disparition de la religion. Faut-il rappeler que la modernité a favorisé l'émergence de nouvelles religions et de nouveaux cultes? Pensons, entre autres, aux religions du Nouvel Âge qui valorisent la quête intérieure, la réalisation de soi et la morale personnelle. Aussi, certaines pratiques religieuses se perpétuent tout en s'ajustant au goût du jour. Les adhésions à un corps de croyances religieuses et de pratiques rituelles sont parfois circonstancielles – lors de la naissance, du mariage, d'une crise existentielle ou d'un décès –, mais parfois plus profondes. En

---

2. Guy Ménard et Jean-Marc Larouche, *L'étude de la religion au Québec: bilan et prospective*, Québec, PUL, 2001.
3. René Raymond, *Le christianisme en accusation*, Paris, Desclée de Brouwer, 2000, p. 30.

fait, des Québécois francophones de différents groupes d'âge admettent encore une appartenance au catholicisme. Nombre de sondages savants ou journalistiques le montrent bien.

Toutefois, ce qui chagrine le plus l'esprit moderne, c'est que la croyance religieuse ne soit pas toujours l'objet d'un libre choix. Si la religion pouvait faire l'objet d'un choix éclairé – dans la mesure où la religion peut faire l'objet d'un choix éclairé –, cela irait dans le sens de la modernité québécoise. Or, la religion se transmet habituellement dans la famille, à la condition qu'elle soit acceptée comme héritage et reconnaissance d'une filiation. Par contre, il y a une pression moderne typiquement franco-québécoise qui tend à briser la religion d'héritage entre générations. En effet, les religions qui font appel au sens communautaire, celles qui se vivent dans les familles, sont alors perçues comme traditionnelles, et même comme traditionnalistes, et sont par conséquent l'objet d'un discret mépris.

Il faut considérer cette pudeur franco-québécoise dans l'expression de l'appartenance religieuse des individus. Une pudeur qui les oblige à privatiser, et même à cacher leur vécu religieux. On peut se demander si un Franco-Québécois catholique se sent véritablement libre de confesser sa foi auprès de ses proches. Le silence et le malaise à l'endroit de sa propre religion montrent l'existence d'un interdit à cet égard. Il faut prendre au sérieux l'interdit de confesser son appartenance religieuse. Comment s'est-il mis en place ? Comment se maintient-il ? Pourquoi se maintient-il ? Nous aimerions répondre à ces questions, mais nous nous contenterons de constater que ce Québécois, qui a vécu la modernisation de sa société en accéléré, est forcé de vivre sa religion dans le privé, et à éviter toute confession publique afin de se protéger du mépris et de l'humiliation. Il est devenu trop gênant, et même honteux, pour ce Franco-Québécois qui se veut moderne, de confesser son appartenance religieuse. Il ne voudrait pas perdre la face devant les autres. Il craint le jugement péjoratif, a peur de ne pas être compris par ses proches. De leur côté, les Québécois anglophones, de confession plutôt protestante ou anglicane, ne souffrent pas de cet impitoyable interdit. Aussi, les fidèles du Nouvel Âge, des cultes néo-protestants et des nouveaux mouvements religieux d'inspiration orientale ne semblent pas éprouver le même malaise que les catholiques. Avec l'immigration massive des dernières années, des individus appartenant au judaïsme, à l'islam, au bouddhisme, au sikhisme et à l'hindouisme confessent leur foi sur la place publique. La gêne moderne des Franco-Québécois catholiques à l'égard de leurs convictions religieuses leur est étrangère.

Il devient tout à fait pertinent de se demander si la laïcité propose les meilleures conditions du vivre-ensemble en contexte multiconfessionnel. On voit la pertinence d'une laïcité fondée sur la tolérance, mais il faudrait encore définir le sens de cette tolérance. Un questionnement prometteur, concernant le Québec moderne, s'intéresse à la place de la tolérance dans les attitudes à l'égard des différences. Il y a peut-être lieu de se demander si une laïcité, soutenue par les rites civiques de la tolérance, permet à la fois les quêtes religieuses individuelles et la rencontre des différences.

2. LAÏCITÉ ET MODERNITÉ

Les définitions de la laïcité ne sont pas évidentes et varient selon les pays. Dans des sociétés multiculturelles comme le Québec, il importe de poser les frontières de ce qui est négociable ou non en matière de pratiques religieuses. On ne peut pas, notamment, tergiverser sur l'excision et les mariages forcés. Aussi, on ne pourrait défendre l'inégalité des sexes sur une définition ouverte de la laïcité. Par contre, il y a un devoir de discussion et de compromis pour le port du foulard et les congés religieux. La laïcité, vue sous cet angle, invite autant les institutions que les individus, dont les convictions diffèrent parfois radicalement, à une saine discussion. Les conflits pouvant être suscités par la rencontre des différences, à bien des égards, doivent se résoudre dans l'arène des débats publics. Faudrait-il alors voir dans la laïcité un principe moderne d'organisation de la vie sociale ? Ne serait-elle pas la condition du vivre-ensemble des groupes religieux et des différents courants de l'individualisme moderne ?

Comment définir cette laïcité dont il est ici question ? Quels principes sont à l'œuvre dans ses règles ? Peut-elle fonder une éthique de la rencontre entre les différences ? D'emblée, il importe de souligner que la laïcité est plurielle, à l'image des modernités[4]. La laïcité, dans sa version québécoise, promeut la défense du pluralisme religieux dans l'espace public contre la domination de l'une ou l'autre des confessions religieuses. Elle oblige l'État, par conséquent, à la neutralité sur les affaires religieuses. Le principe de neutralité de

4. Alain Touraine, *Un nouveau paradigme*, Paris, Fayard, 2005 ; Jean Baubérot, *Les laïcités dans le monde*, Paris, PUF, 2007.

l'État est d'autant plus important qu'il assure l'indépendance du politique et des institutions publiques par rapport aux normes religieuses, à la liberté de religion et à l'égalité des individus porteurs de convictions différentes[5].

L'État ne pourrait pas imposer une religion ni, en contrepartie, avoir une position antireligieuse. La laïcité ne doit pas être un choix pour ou contre la religion, mais la condition de la coexistence des individus et des groupes, soient-ils religieux, athées ou autres. Aussi, l'athéisme n'est pas l'aboutissement de la laïcité, et un individu laïc n'est pas, par définition, non religieux. La laïcité, comme principe de respect de la liberté religieuse, garantit à chacun, même à un politicien, le choix de ses convictions. Ainsi, un chef d'État peut fréquenter son église, mais dans ses fonctions politiques, il est tenu au devoir de discrétion. Il ne pourrait appuyer ouvertement une décision politique sur l'une ou l'autre de ses convictions religieuses.

La laïcité est exigeante pour l'État comme pour les individus, mais pour des raisons différentes. Pour l'État, la laïcité exige quatre principes : la séparation des pouvoirs ; la neutralité (éviter de privilégier une tradition religieuse, l'abstention d'arguments fondés en religion dans la prise de décision) ; la reconnaissance des religions ; l'égalité (respecter la liberté de conscience et de religion). Ce ne sont pas des principes absolus, puisque l'État peut légiférer sur des pratiques religieuses qui contreviennent aux normes communes. Aussi, il va de soi que la reconnaissance des religions suppose des conditions. Certes, les religions s'équivalent entre elles, mais elles doivent évoluer dans le respect des lois canadiennes et québécoises[6].

Même si la laïcité favorise le vivre-ensemble, cela ne garantit pas, dans les interactions sociales, le respect mutuel et réciproque entre individus. C'est pourquoi nous pensons qu'elle ne peut faire l'économie de ces deux obligations civiques : le respect des principes de la démocratie de droit qui, en soutenant la laïcité, reconnaît de fait la diversité des convictions ; la cohabitation pacifique avec les autres, quelles que soient leurs convictions et malgré leurs différences. La première obligation freine l'opposition au principe même de la

5. Micheline Milot, *Laïcité dans le Nouveau Monde : le cas du Québec*, Belgique, Éditions Brepols, 2002 ; *idem*, *La laïcité*, Ottawa, Novalis, 2008.
6. Daniel Baril, « Tolérer ne veut pas dire se taire », sur le site Internet de Tolérance.ca, le webzine sur la tolérance, en ligne, <http://www.tolerance.ca/Article.aspx?ID=72>, consulté le 1er septembre 2009.

laïcité. Si toutes les convictions peuvent être l'objet de négociations sur la place publique, la laïcité, qui est un principe de reconnaissance des convictions, et par le fait même des différences, n'est pas négociable. D'un point de vue éthique, la laïcité se présente comme une position universelle qui enchâsse la reconnaissance et la cohabitation des différences. La seconde obligation confirme la laïcité comme manifestation tangible du vivre-ensemble. Or, prescrire la cohabitation pacifique ne suffit pas pour qu'elle s'établisse. C'est pourquoi la seconde obligation doit s'appuyer sur les rites civils de tolérance.

3. LAÏCITÉ ET TOLÉRANCE

La laïcité ne s'oppose pas à la religion, mais elle permet plutôt aux expressions religieuses et non religieuses de se côtoyer dans l'espace public. Il faut donc se retenir, comme nous y invite Marcel Gauchet[7], de penser la laïcité contre la religion. La seconde obligation civique, celle qui concerne la cohabitation des différences, nous amène à la question de la tolérance. On pourrait d'ailleurs se demander si la laïcité n'est pas une forme de promotion de la tolérance. Comment considérer la tolérance à l'aune de la laïcité ? Ne s'agit-il pas, en fait, de synonymes ? John Locke, l'un des premiers défenseurs de la tolérance, disait qu'elle est une vertu politique devant permettre la coexistence pacifique des conceptions religieuses divergentes. Georges Leroux[8] a bien montré l'origine et les limites de cette vertu, toujours paradoxale, toujours fragile.

Dans le sens commun, il y a plusieurs manières d'embrasser des attitudes de tolérance. On peut être tolérant à l'égard de l'autre dans l'attente qu'il devienne comme nous. On lui accorde alors un sursis. Ce serait une tolérance à tendance assimilatrice. On pourrait aussi être tolérant par indifférence, par condescendance ou par mépris. C'est souvent la position du dominant. Mais alors, on se garde de rencontrer l'autre, de le connaître, de l'accueillir, de le fréquenter.

Sous un angle moral, on pourrait croire que la tolérance suppose l'acceptation des convictions différentes des siennes. Mais ce n'est pas le cas. Cette acceptation pourrait être perçue comme une légitimation de ce qui est toléré, alors que tolérer n'a pas le sens de

7. Marcel Gauchet, *Un monde désenchanté ?*, Paris, Pocket, 2007.
8. « Tolérance et accommodement. Le pluralisme et les vertus de la démocratie », *Éthique publique*, vol. 9, n° 1, Montréal, Liber, printemps 2007, p. 140-151.

légitimer ni d'accepter[9]. De plus, si on pose la question de la tolérance en termes d'acceptation des convictions surgit le risque de tomber dans le travers soulevé par François Grin : on tolère un peu ceci parce qu'on accepte ceci, et on tolère un peu moins cela parce qu'on n'accepte pas cela[10]. Nous sommes alors forcés de débattre du seuil de tolérance, de la tolérabilité et de ses limites. Il y aurait un seuil de tolérance à partir duquel un individu abdiquerait, souligne Grin. Mais un tel seuil demeure foncièrement personnel, et il est sujet à sondage pour le sensationnalisme des médias.

Nous nous permettons de concevoir la tolérance à partir de la notion de « rites d'interactions sociales » développée par le sociologue Erving Goffman[11]. Les rites d'interactions, dont font partie les rites de civilité, ne sont pas des devoirs moraux, mais des postures ou des stratégies individuelles qui facilitent les rapports à autrui. Par exemple, la politesse est un rite de civilité qui vise à désamorcer les réflexes de violence qu'entraînent certaines interactions sociales. On aime bien que celui qui nous marche sur un pied ou nous bouscule, volontairement ou involontairement, propose ses excuses. Cette parole salvatrice désamorce presque à tout coup une possible réaction violente. Les rites de salutations, de remerciements et d'excuses, longuement discutés par Goffman, induisent de la civilité. Ils ont un effet civilisateur. Remercier une personne à qui on a demandé une information est une marque de gratitude. La politesse est un atout important dans l'art de vivre parce qu'elle permet d'adoucir les mœurs. L'absence de politesse dans les rapports entre les individus pourrait avoir comme effet d'amplifier la violence d'une interaction sociale.

La tolérance, dans le cadre de rites d'interactions sociales, peut être comprise comme la *capacité de réserver son jugement sur les convictions d'une personne afin d'éviter de brimer sa dignité et de briser le lien social.* De ce fait, afin que la cohabitation des diverses convictions n'abîme pas le lien social, chaque individu, comme chaque communauté, est invité, de la même manière que tous sont invités à respecter les règles de politesse, à reconnaître la pertinence des rites de tolérance. Ces derniers constituent une posture civique incontournable dans les rapports avec autrui. En plus de respecter la personne humaine dans

---

9. Marc Angenot *et al.*, *La tolérance est-elle une vertu politique ?*, Québec, PUL, 2006.
10. François Grin, « Tolérance et tolérabilité », *Éthique publique*, vol. 9, nº 1, Montréal, Liber, printemps 2007, p. 9-20.
11. Erving Goffman, *Les rites d'interactions*, Paris, Minuit, 1973.

sa dignité, malgré la différence de ses convictions, la tolérance veut que nous réservions notre jugement sur ses convictions. Les rites de tolérance constituent alors des modèles d'interactions sociales (au sens de Goffman) dans les rapports avec des individus dont les convictions suscitent un sentiment de malaise, d'inconfort ou de désapprobation.

D'emblée, il est juste de distinguer la tolérance à l'égard des convictions du respect de la dignité de la personne humaine. Les rites de tolérance ajoutent de la civilité au respect moral et juridique que l'on doit à chaque personne. Ces rites, en fait, permettent de suspendre notre jugement afin de ne pas créer de frictions dans l'immédiat d'une interaction sociale. Par conséquent, on *respecte* la personne, mais on *tolère* ses convictions.

Dans la société démocratique de droits, chaque personne est reconnue dans sa dignité et c'est pour sa dignité qu'elle a inconditionnellement droit au respect. Or, les rites de tolérance ne concernent pas la personne, mais les convictions de cette personne et l'expression de ces convictions. Ce qui est en jeu dans les rites de tolérance n'est pas l'*acceptation* des convictions, mais bien une saine *réserve* à leur endroit. Ainsi, pour prendre un exemple parmi bien d'autres possibles, un patron d'usine pourrait refuser d'accepter les convictions d'un employé tout en lui accordant la place professionnelle qu'il mérite dans son entreprise. Il tolère alors les convictions – il met en veille son jugement sur les convictions –, mais il accueille favorablement un individu pour ses compétences. En revanche, il y aurait un danger de réduire autrui à ses convictions, car on ne distinguerait plus le respect de sa personne de la tolérance face à ses convictions.

Les rites de tolérance renvoient donc à une position de civilité qui est celle de la réserve : réserver son jugement devant autrui afin de permettre la rencontre. Ces rites, bien entendu, se déclinent de mille manières dans les rencontres avec autrui. Le rite est un jeu de communication et de langage. Il permet d'exprimer sa pensée sans offusquer son vis-à-vis. Il fournit les formes dans lesquelles les émotions peuvent se manifester sous un mode acceptable. En somme, la tolérance devient l'un des scénarios possibles des rites d'interactions sociales.

La tolérance est donc l'une des formes du devoir de réserve, un devoir civique par excellence qui, cependant, n'interdit pas la participation à un débat d'idées sur les convictions et les différences. En fait, ce qui est mis en réserve lorsqu'un individu pratique la tolérance doit être exprimé publiquement afin d'éviter des retours de refoulé. Un individu ne saurait suspendre son jugement dans une situation d'interactions sociales sans qu'on lui offre la possibilité de l'exprimer dans une autre situation prévue à cet effet. La Commission Bouchard-Taylor était bien le lieu d'expression de ces jugements gardés en réserve.

La tolérance est un juste refus du consensus à tout prix qui ne dissimule pas les conflits de normes, de modes de vie et de croyances. Il y a des parents catholiques qui refusent de participer au mariage de leur fille selon le rite musulman. Ils refusent alors la conversion de leur fille, leur gendre et l'islam. D'autres parents renient leur fille. Ce sont des positions d'intolérance, et même d'intransigeance. Certains parents tolèrent le mariage mixte de leur fille, même s'ils ne l'acceptent pas dans leur cœur. Cela peut paraître paradoxal, mais c'est une position qui permet l'honnêteté et la rencontre. Et qui sait, avec le temps, peut-être arriveront-ils à dépasser leurs propres préjugés ! C'est chaque fois un défi personnel de tolérer l'autre dans sa différence. Un défi qui demande un sentiment de confiance en soi, mais également un sentiment de confiance dans notre humanité commune.

CONCLUSION

Malgré la mort annoncée de tous les dieux, nous devons reconnaître que les Modernes n'ont pas tous abandonné le monde religieux. Une position cynique consisterait à affirmer que les croyants tardent à rejoindre la communauté des affranchis du religieux. Il serait vain de penser que l'avenir de l'Homme est dans une Raison épurée de la religion, et plutôt naïf de supposer que les rationalités modernes (économique, technoscientifique, juridique) excluent, par fonctionnement, les croyances. Les préjugés qui opposent religion et modernité sont légion. Pensons à cette situation où un athée fanatique propose d'interdire à l'homme croyant de participer à des travaux scientifiques ou de mener une carrière politique. Un individu peut à la fois calculer la distance entre deux galaxies et poser l'existence d'une puissance éternelle à l'origine de ce qui existe, croire à la vie après la mort et supposer la présence de formes de vie intelligente sur une autre planète. Cela ne fait pas un grand mystère que la vie intellectuelle et le monde des croyances ne s'opposent pas. Un homme de foi n'est ni moins intelligent, ni moins rationnel, ni moins émancipé qu'un autre. C'est un truisme de le dire, mais il apparaît important de le répéter à une époque où trop de Québécois opposent encore religion et raison.

Par ailleurs, la question de la laïcité et de la tolérance soulève naturellement celle du relativisme des convictions dans les sociétés modernes. Si un individu admet que d'autres convictions que les siennes sont possibles, aussi incompatibles soient-elles, doit-il alors relativiser ses propres convictions ? Cela signifierait que sa position de croyance n'a ni plus ni moins de valeur que la position de croyance d'un autre. La tolérance est une valeur civique qui permet d'éviter un tel relativisme. Si, pour l'État, le principe de neutralité appelle l'égalité des convictions, pour l'individu, la tolérance permet de continuer à croire que sa conviction est préférable à celle de l'autre, et même souhaitable pour lui et les siens, mais sans que cela ne compromette la possibilité d'une rencontre et d'un dialogue avec autrui en dépit, justement, d'une divergence de convictions. Il pourra la protéger, la défendre et la chérir, considérer qu'elle est indispensable à son identité, et même considérer que d'autres convictions ne sont pas acceptables. C'est que la tolérance se présente, en société moderne et multiculturelle, comme la condition d'une éthique du lien, c'est-à-dire d'une éthique capable de sans cesse reformuler son jugement sur soi et autrui.

En somme, on peut affirmer que la tolérance n'est pas l'indifférence, loin de là ! Elle n'est pas non plus l'acceptation béate de convictions, ni l'abandon de l'autre à son sort, ni la déconsidération de ce qu'il est, ni l'évaluation hautaine de ses croyances. La tolérance serait plutôt la capacité de réserver son point de vue sur les convictions d'une personne afin d'éviter de brimer sa dignité et de briser le lien social qui nous unit à elle.

CHAPITRE 16

L'OBLIGATION D'ACCOMMODEMENT RAISONNABLE : UNE CONCEPTION STATIQUE DE L'ÉCART CULTUREL

Danièle Letocha

Il existe d'autres moyens de « gérer la diversité » religieuse ou culturelle que notre obligation d'accommodement raisonnable. Ainsi, quand on juge décisif le rôle du peuple ou de la nation comme sujet historique appelé à agir encore dans le monde selon une cohérence évolutive (qui ne s'improvise pas dans le seul présent), on peut d'emblée poser une finalité intégrative à moyen ou à long terme, et cela au bénéfice de tous les citoyens. Car l'informe postmodernité a oublié que « [le] pluralisme entraîne dans son sillage l'indécidabilité et l'incertitude[1]. »

L'État est alors responsable de créer des lignes de convergence pour qu'un débat soit au moins possible, c'est-à-dire avec des termes communs et des règles communes. Les différences religieuses ou culturelles qui ne peuvent s'exprimer en accord avec le droit positif de la société[2] sont alors clairement appelées à se transformer ou à s'éteindre à la longue, dans une dialectique qui accorde le temps et les moyens de se rapprocher d'une identité publique commune, en la

1. Jacques Beauchemin, *La société des identités. Éthique et politique dans le monde contemporain*, Montréal, Athéna, 2004, p. 80.
2. Lui-même évidemment contestable par le débat et évolutif.

modifiant par le débat lui-même. La culture historique opère comme culture normative. On appelle les porteurs de différences à l'intégration sur une base citoyenne. C'est une conception dynamique de la différence qui s'inscrit dans un cadre politique.

Au contraire, quand on ne prend qu'un point de vue individuel sur les écarts de valeur, la coutume ou l'obligation religieuse alléguée avec bonne foi par l'un ou l'autre pour demander des changements prennent une légitimité quasi absolue. On ne voit pas de quel point de vue (autre que la faisabilité pratique) on pourrait les juger. Le principe d'inviolabilité des consciences prime. On fait droit à toutes les différences comme si elles se valaient. Il s'agit de reconnaître l'écart, de forcer les institutions à y faire droit, et ainsi de le consacrer et de le maintenir, sans en juger les contenus. La proposition multiculturaliste selon laquelle l'écart culturel est en soi légitime et souhaitable comme fait permanent se trouve énoncée dans l'article 27 de la *Charte canadienne des droits et libertés* de 1982 : « Toute interprétation de la présente Charte doit concorder avec l'objectif de promouvoir le maintien et la valorisation du patrimoine multiculturel des Canadiens. » Tant qu'il s'agit pour des individus de vivre ensemble sans se nuire, l'accommodement raisonnable accroît le caractère centrifuge en réifiant l'altérité[3]. Ici, on appelle chacun des membres de la majorité à la tolérance non critique devant les différences.

Dans l'espace limité alloué ici, on examinera deux versants de l'accommodement raisonnable tel qu'il se pratique en matière religieuse et culturelle avec ses retombées au Québec. C'est d'abord un *effet* des Chartes ; c'est ensuite une *cause* de changements sociaux (qu'on traitera plus brièvement).

1. L'ACCOMMODEMENT RAISONNABLE COMME EFFET

On le sait parce que les commissaires Bouchard et Taylor[4] l'ont répété à l'ouverture de chaque forum des citoyens, la catégorie d'accommodement raisonnable n'est inscrite ni dans la *Charte des droits et libertés de la personne* du Québec (1975) ni dans la *Charte canadienne des droits et libertés* (1982). Elle n'apparaît pas dans les règles

---

3. Et en subventionnant sa perpétuation avec des fonds publics.
4. Le présent texte a été écrit avant le dépôt du rapport de la Commission de consultation sur les pratiques d'accommodement raisonnable reliées aux différences culturelles (troisième semaine de mai 2008) et révisé après lecture du même rapport.

d'interprétation accompagnant ces Chartes, non plus que dans la *Loi sur le multiculturalisme.* L'obligation d'accommodement raisonnable n'est donc pas d'origine législative. Elle n'a pas été examinée, ni débattue ni adoptée par des corps élus. Cette notion a pourtant déjà modifié les rapports entre les citoyens, d'une part, et les rapports entre l'État et les citoyens, d'autre part. Il convient de s'interroger sur son statut non ratifié dans un régime démocratique.

L'accommodement, c'est une création des tribunaux qui me semble un bel exemple de chartisme, c'est-à-dire un cas de dérive vers le gouvernement par les juges, dans lequel les cours de niveau supérieur génèrent du droit, comme c'est le cas dans le régime judiciaire américain. C'est ce que reconnaît le texte descriptif détaillé de Pierre Bosset[5] qui conclut ainsi : « Création de juristes, l'obligation d'accommodement raisonnable continue d'être définie par des juristes. » Ayant noté l'émergence d'un consensus sur la nécessité d'une délibération publique sur la catégorie d'accommodement elle-même, il ajoute qu'il faudrait associer les juristes à la discussion[6].

En effet, nous avons affaire à une catégorie jurisprudentielle apparue il y a 24 ans, dans l'appel de la cause O'Malley *c.* Simpsons-Sears devant la Cour suprême en 1985[7]. Cette cause tranche un simple conflit entre l'observance d'une règle religieuse perçue comme absolument contraignante par l'employée (église chrétienne minoritaire) et l'horaire de travail dicté par l'entreprise sous peine de mise à pied, donc d'un rapport entre une citoyenne et une entreprise privée.

Dans cet arrêt, la Cour suprême a statué que Simpsons-Sears avait une obligation d'accommodement raisonnable de la demande d'horaire particulier pour satisfaire à l'interdiction religieuse de travailler le samedi. La cour a de plus statué que l'employeur ne pouvait invoquer ni la difficulté de gérer l'exception, ni les frais engendrés par cette exception, ni la crainte anticipée d'un effet négatif sur sa clientèle, ni l'éventualité de créer un précédent dans le

---

5. Pierre Bosset, « Les fondements juridiques et l'évolution de l'obligation d'accommodement raisonnable », dans Myriam Jézéquel (dir.), *Les accommodements raisonnables : quoi, comment, jusqu'où ?*, Cowansville, Yvon Blais, 2007, p. 3-28. L'auteur était alors directeur de la recherche et de la planification à la Commission des droits de la personne et de la jeunesse du Québec.
6. *Ibid.*, p. 27.
7. *Commission ontarienne des droits de la personne (O'Malley)* c. *Simpsons-Sears*, [1985] 2 R.C.S. 536. On ne sait pas quel accommodement la Cour aurait ordonné, la plaignante ayant quitté son emploi avant le jugement final.

personnel. Il incombait à l'institution de démontrer à la cour que cette demande eût produit des contraintes excessives (financières ou autres).

Il faut donc se rappeler qu'un avis/jugement recommandant/ordonnant un accommodement raisonnable est la forme que prend *une réponse à une plainte individuelle pour discrimination (directe ou indirecte) que la cour juge fondée. Cette discrimination doit faire partie des motifs interdits par la Charte des droits invoquée par le plaignant*[8].

Or, il est intéressant de voir que dans cette première cause, la cour n'utilise pas directement la liberté de culte pour accorder l'accommodement à la plaignante. Il y a un détour juridique. S'il est vrai que la « liberté de conscience et de religion » se trouve en première position dans la Charte canadienne, avant les libertés de pensée, d'opinion, d'expression, de réunion et d'association[9], c'est plutôt en invoquant un droit plus général à l'égalité, nulle part écrit, mais implicitement postulé par la Charte (fédérale, en l'occurrence), que l'obligation faite à Simpsons-Sears d'accommoder la demande de son employée est justifiée. La cour a fait de l'obligation d'accommodement raisonnable une « conséquence naturelle » du droit à l'égalité, lequel donne un sens à toutes les clauses anti-discrimination[10].

Depuis la décision rendue par la Cour suprême dans cette affaire, l'obligation d'accommodement raisonnable peut être considérée comme étant inhérente au droit à l'égalité. Nous la définirons comme étant une obligation juridique, applicable dans une situation de discrimination, et consistant à aménager une norme ou une pratique de portée universelle, dans les limites du raisonnable, en accordant un traitement différentiel à une personne qui, autrement, serait pénalisée par l'application d'une telle norme[11].

Le point le plus étonnant de ce jugement fondateur (qui fut contesté par trois opinions minoritaires) concerne le traitement de la règle religieuse invoquée par la plaignante. En effet, la Cour suprême a statué que Simpson-Sears devait accepter la demande sur le seul fondement de la *conviction subjective*. La cour elle-même n'a pas à

---

8. La première cause fut plaidée pour motif religieux, puis d'autres types de discrimination furent invoqués : le handicap physique (à égalité avec la religion), le sexe, la grossesse, l'âge et l'origine nationale ; *cf.* Pierre Bosset, *loc. cit.*, p. 9.
9. *Loi constitutionnelle de 1982*, Annexe B, Partie 1.2.a.
10. *Cf.* Pierre Bosset, *loc. cit.*
11. *Ibid.*, p. 10.

examiner les lois et les coutumes attestées par des religions ni à vérifier s'il s'agit de religions reconnues. La cour ne demande aucune expertise sur la conformité de la demande avec une norme reconnue. Elle ne donne aucune formation aux magistrats en matière de religion. Elle s'enlève ainsi le moyen de distinguer entre religion, secte et délire religieux individuel, en postulant la règle de sincérité. On ne saurait aller plus loin dans la tolérance psychologique individuelle. Mais s'agit-il vraiment de tolérance ?

Il se trouve que la Cour européenne des droits a statué dans le sens inverse et ne reconnaît que le critère de la *religion objective*, telle que définie par les instances officielles des religions reconnues avec leurs variantes admises. De plus, cette cour a séparé religion et culture, en invoquant le fait que l'on peut être catholique romain et Chinois, Portugais, Argentin ou Polonais, comme on peut être musulman et Indonésien, Turc, Comorien ou Kabyle. Ici, la religion n'est donc pas un trait culturel spécifique. C'est plutôt un englobant transnational. Mais justement, la doctrine européenne des droits fait appel à la notion d'État, à la nécessité d'induire des convergences citoyennes pour gouverner démocratiquement.

Ce même critère de la religion subjective avait été implicitement refusé par la Cour d'appel du Québec[12] dans la célèbre cause dite des *soukkot* sur le balcon, quand la médiation du rabbin avait affirmé au plaignant reconnaître comme valide la contre-proposition d'une *soukka* adjacente à l'immeuble, au niveau du sol, que lui avait faite le syndic des copropriétaires. Le plaignant ignora le rabbin et fut confirmé dans son droit d'interprétation personnelle de la règle religieuse quand la Cour suprême cassa le jugement de la Cour d'appel[13] par cinq opinions contre quatre.

Mais dans une très rare sortie de la réserve imposée aux juges, Claire L'Heureux-Dubé, juge à la Cour suprême aujourd'hui à la retraite, invoque des arguments culturels et historiques pour dénoncer comme « accommodements déraisonnables[14] » deux arrêts rédigés après sa retraite. La Cour suprême a erré dans deux causes, dit-elle dans une entrevue au *Devoir*[15] : celle des *soukkot*, précisément sur le

---

12. *Syndicat Northcrest* c. *Amselem*, [2002] R.J.Q. 906 C.A.
13. *Syndicat Northcrest* c. *Amselem*, [2004] R.C.S. 551.
14. C'est la même expression qu'avaient employée les porte-parole d'Hérouxville et, avant eux, Mario Dumont.
15. *Le Devoir*, 8 novembre 2007.

critère de religion subjective, et celle du kirpan à l'école[16]. Elle refuse la simple sincérité des croyances religieuses comme fondement valide et exclusif pour accorder un accommodement. Remontant à l'arrêt O'Malley, elle y voit la source « des jugements défaillants » rendus après son départ. « Tout accommodement n'est pas en soi raisonnable. Il faut qu'il respecte la laïcité des institutions publiques, la séparation de l'Église et de l'État et l'égalité pour tous sans discrimination. » Claire L'Heureux-Dubé relie ensuite les valeurs dominantes à leur validation par l'histoire d'une société. Les valeurs de la majorité historique sont directement posées comme possédant une légitimité qu'on ne peut renverser à la légère, dit-elle, se démarquant ouvertement par là du multiculturalisme de la Charte canadienne qui impose une vision synchronique de la société et du droit. Selon l'idée d'égalité qui a cours, les « autres » du dedans (minorités culturelles d'établissement ancien) valent les « autres » du dehors (immigrants reçus et citoyens nés ailleurs), avec la douloureuse exception des autochtones. Une telle intervention d'un ancien magistrat pour dénoncer les erreurs de la cour constitue un événement exceptionnel dans les annales judiciaires et vient prendre le contre-pied de ceux qui voient dans les accommodements de négligeables détails grossis et empoisonnés par les « gens d'Hérouxville » et par les médias, ce qui est le diagnostic du rapport Bouchard-Taylor[17].

Comme nous l'avons vu, la catégorie d'obligation d'accommodement est intrinsèquement liée aux Chartes. Elle est issue d'une conception individualiste et psychologique de la liberté qui ne conduit pas au politique. Ainsi Michèle Rivest, présidente du Tribunal des droits de la personne du Québec, définit cette conception de l'accommodement raisonnable comme liée aux valeurs d'entraide, de partage, de tolérance et de « fraternité[18] ». Ce sont là des valeurs éthiques concrètes et personnelles qui traduisent la sécularisation de l'impératif évangélique du « Aimez-vous les uns les autres ». On fait de la morale facile au lieu de penser le droit. Car si la diversité est une vertu, plus de diversité est meilleur encore. On ne voit pas comment valider un critère limitatif. Seul le nombre fournit un argument ; il est de type démocratique. La légitimité accompagne donc le poids

16. *Multani* c. *Commission scolaire Marguerite-Bourgeoys*, [2006] 1 R.C.S. 256.

17. Gérard Bouchard et Charles Taylor, *Fonder l'avenir. Le temps de la conciliation*, Gouvernement du Québec, 2008, p. 74-75.

18. Les guillemets sont dans le texte ; *cf.* « L'accommodement raisonnable ou le nécessaire retour aux sources : le droit à l'égalité », dans Myriam Jézéquel (dir.), *op. cit.*, p. 371-390.

démographique des communautés confortées par le droit différencié. Au-delà d'un point d'équilibre, la communauté d'accueil ne peut plus demander de démarches d'intégration. C'est la perception d'Ehad Lotayef, ingénieur et membre fondateur du mouvement Shalom/Salaam, qui s'identifie comme Égyptien et musulman de Montréal : « I don't want to be *accommodated.* Accept me for who I am. The Québec and Canadian charters were part of the deal when I came here[19]. » On ne cherche plus de convergence.

Or, comme l'écrit Jacques Beauchemin, en réduisant les individus à leurs caractéristiques ethniques, on les coupe de l'évolution, de leur droit de s'approprier l'héritage commun, enfin, on les éloigne de l'action politique, seule capable de changer leur situation : « Il nous faudra examiner ce qui représente sans doute le trait dominant des éthiques postmodernes, c'est-à-dire la volonté de sa refondation au niveau de *l'infrasocial* et dans le déni du politique[20]. » La tolérance n'est pas une politique. La conciliation non plus. Faudrait-il alors abandonner l'idée de justice ?

Dans cette perspective éthico-psychologique qui est imposée par le multiculturalisme, on prétend qu'accepter la différence (sans la mesurer), c'est montrer tolérance, respect, magnanimité, ouverture, acceptation de l'autre sur un pied d'égalité. Le groupe majoritaire doit accommoder les autres dans la coexistence passive et pacifique, le cadre de référence étant la vie quotidienne. Conformément aux doctrines néolibérales, la société est présentée comme le prolongement de la famille régulée par la bonne volonté, les bonnes manières et les attitudes altruistes. C'est une approche paresseuse. Elle est maintenant entrée dans la culture populaire, comme en témoigne une lettre signée Myriam Langlois au *Devoir*[21] : « Je suis d'avis que si, ensemble tous, on choisissait de voir les immigrants comme des membres de notre propre famille, on n'aurait pas besoin de se poser la fameuse question des accommodements raisonnables. »

Ici, on gomme les différences au lieu de les interroger. On reste alors dans le domaine du bon sens, des bons sentiments, du civisme simple, dans un monde infrajuridique et infrapolitique. Il s'agit seulement de vivre et laisser vivre. Or, cette attitude qui se donne pour

---

19. *The Gazette*, Montréal, 29 novembre 2007, section « Letters to the Editor ».
20. Jacques Beauchemin, *op. cit.*, p. 168-182.
21. *Le Devoir*, le 11 décembre 2007.

simple est, en fait, éminemment et arbitrairement construite (par d'autres). C'est le *politically correct* du jour.

Le journaliste et éditorialiste de *The Gazette*, Don MacPherson, a également cristallisé l'agacement primaire de Myriam Langlois dans sa formule devenue fameuse, « But why can't we all just get along ? », qui n'attendait pas vraiment de réponse. Si on vous demande en quoi le fait qu'une jeune fille a reçu le droit de porter un hidjab pour aller à une école privée catholique vous enlève quelque chose, que répondez-vous ? Que la question est mal posée.

Avant le rapport de la Commission Bouchard-Taylor, on a largement lu et entendu de ces pseudo-analyses qui, à partir d'un psychologisme réducteur, ramènent toute objection aux accommodements raisonnables à des états d'âme pathétiques: inquiétude identitaire, peur de l'inconnu, xénophobie, méconnaissance, haine de la religion, frilosité, repli, etc. En fin de compte, on présente les auditions de la Commission Bouchard-Taylor comme des espaces où la majorité serait venue ventiler ses pathologies cristallisées sur les accommodements prétendus raisonnables[22]. C'est la crispation identitaire et ça se soigne.

2. L'OBLIGATION D'ACCOMMODEMENT ET SES EFFETS INSIDIEUX

Cette création judiciaire n'est certes pas un détail s'ajoutant au droit. On doit la voir comme ayant lentement opéré un changement d'axes que certains comparent à une révolution copernicienne. Cependant, ce qu'elle a produit n'est pas conforme à l'intention du législateur. On peut même y voir des effets pervers.

Tout d'abord, il ne fait aucun doute qu'on avait principalement visé les personnes handicapées physiquement (infirmité, grossesse, perte provisoire de mobilité) pour forcer institutions publiques et privées, employeurs et universités, à leur donner accès ou répit. Nous parlons d'un état physique indépendant de la volonté humaine, qui ne peut se modifier ni se négocier. Or, dès le début, les plaintes pour discrimination demandant un accommodement visaient à prendre en compte une différence culturelle dans le monde symbolique. Le

22. C'est le cas du petit ouvrage de Jeff Heinrich et de Valérie Dufour, *Circus Quebecus [*sic*]. Sous le chapiteau de la Commission Bouchard-Taylor*, Montréal, Boréal, 2008.

sophisme ici consiste à traiter l'écart culturel comme une variante du handicap physique, un problème mécanique et fixe. La logique de l'obligation d'accommodement occulte le fait qu'il est possible de modifier le comportement culturel et d'aménager la règle religieuse du demandeur, comme le font spontanément toutes les grandes religions en milieu minoritaire. Le kirpan n'est pas une prothèse d'amputation : il faut l'enlever pour monter dans un avion. Ainsi, la Turquie compte 90 millions de musulmans et, depuis les lois laïques de Kémal Atatürk[23], il est interdit aux femmes de porter le hidjab à l'université. Or, en 1934, il y avait plus de femmes turques dans les facultés que de femmes canadiennes dans nos universités. Le conflit récent qui remet cette abstention en cause[24] montre qu'on peut perdre des acquis dans le domaine de la laïcité.

Ensuite, autre détournement, il est également évident que les droits garantis par les Chartes protègent les individus et que les plaintes pour discrimination sont traitées au cas par cas, avec une portée strictement individuelle. Il s'agit donc d'imposer une dérogation sur mesure pour rétablir l'égalité. Mais il était facile d'anticiper qu'on allait invoquer la discrimination religieuse. Tout le groupe religieux couvert par une décision concernant un seul de ses membres obtient le droit d'échapper à la loi commune et de former une communauté vivant sous une règle différente. Le droit à la différence s'est mué en une différence des droits[25], pour reprendre le titre du livre de Yolande Geadah contre les accommodements sur la base de la culture et de la religion[26].

L'extension communautaire s'est faite dans plusieurs cas : pour l'arrêt sur l'autorisation de construire des *soukkot* extérieures, dans le cas du port du kirpan à l'école et pour l'obligation faite à une école secondaire privée catholique d'autoriser le port du voile musulman à

---

23. Sur cette question d'aménagements pratiqués, *cf.* mon mémoire à la Commission Bouchard-Taylor : « Le multiculturalisme des chartes : une impasse juridique et politique au Québec », 2007, sur le site Internet de la Commission de consultation sur les pratiques d'accommodement reliées aux différences culturelles, document PDF, en ligne, <http://www.accommodements.qc.ca/documentation/memoires/Montreal-d/letocha-daniele06-0013-pe-00.pdf>, consulté le 30 mars 2009.
24. La Cour suprême vient de renverser la loi votée au Parlement sur la proposition du gouvernement Erdogan rétablissant le port du hidjab interdit par la Constitution.
25. La pluralité du droit est déjà inscrite depuis longtemps par la coexistence du Code civil français et la Common Law ainsi que par la *Loi sur les Indiens*, révisée en 1982.
26. *Accommodements raisonnables. Droit à la différence et non différence des droits*, Montréal, VLB, 2007. Ce livre a obtenu le prix Condorcet 2007.

deux élèves. Les communautés de juifs orthodoxes, de sikhs et de musulmans ont aussi indirectement reçu le droit accordé à l'un de leurs membres. Nous nous retrouvons donc avec des segments de la société qui, pour des motifs religieux, ne vivent pas sous le même droit, quoique les tribunaux religieux soient interdits en droit québécois.

Il est clair que les jugements imposant des accommodements raisonnables à répercussion communautaire ont encore élargi la plurijuridicité dans le pays. Les citoyens ne sont pas égaux devant la loi. Au Québec, l'effet dans le champ religieux est remarquable. Il va à l'encontre du mouvement de la Révolution tranquille qui tendait à distancier l'État des religions particulières. Il heurte les sentiments, mais non les lois. Il est vrai que par la désaffection spontanée, la culture publique au Québec s'est fortement sécularisée, surtout à cause des Franco-Québécois.

Mais soyons clairs: sécularisation n'est pas laïcité, selon la distinction fort utile de Jean Baubérot. Il n'y a jamais eu de véritable laïcité au Québec. Le principe n'est inscrit nulle part dans nos lois. Le mot est absent de la Charte québécoise. La Constitution canadienne qui s'applique au Québec (bien que non ratifiée par cette province) annonce en préambule la suprématie de Dieu. Pour mieux les intégrer, l'État québécois avait discrètement accordé à sept écoles hassidiques de Montréal un statut d'«écoles associées[27]» qui, quoique fermées aux enfants non hassidiques, recevaient un financement de 100% sans suivre l'intégralité du programme du ministère de l'Éducation. On se souviendra que ce régime d'apartheid fut révélé par des journalistes, et non reconduit à cause de la pression populaire. À mon jugement, donc, le gouvernement Charest ne pouvait guère évoquer la laïcité comme l'un des trois traits principaux de l'identité québécoise. Il n'existe pas de telle chose qu'une laïcité ouverte ou fermée[28]. Un État est laïque ou ne l'est pas. Ce que nous pratiquons sous le nom abusif de neutralité s'appelle la multiconfessionnalité dans l'espace et les institutions publiques. Nous sommes loin du principe d'abstention qui permettrait l'égalité citoyenne plutôt que l'équité compensatoire propre à l'obligation d'accommodement. Pour reconnaître, légitimer et renforcer le caractère normatif de la

---

27. Statut qui touchait également certaines écoles grecques.
28. Je m'accorde entièrement ici avec les vues exprimées par Daniel Baril, conseiller au Mouvement laïque québécois, dans «Quand la laïcité ouverte conduit à Duplessis» paru dans *Le Devoir* du 28 mai 2008.

culture majoritaire, il faut refuser l'égalité spécieuse qu'imposent les Chartes en matière de culture et de religion. La culture de l'autre, cela s'acquiert, comme la langue, et tant mieux si on y conserve un accent! La mémoire d'un peuple, cela s'apprend aussi, puisque ce n'est pas par nature que les héritiers l'assument. On peut se l'approprier et l'infléchir pour lui faire dire du nouveau. Sinon, la dissolution du tissu social s'accentuera[29].

En conclusion, l'affaire des accommodements raisonnables va-t-elle se résorber d'elle-même? Les réponses varient. D'un côté, les commissaires Bouchard et Taylor nous assurent qu'une fois la confiance en eux-mêmes revenue chez les « Québécois d'ascendance française » et les accommodements déjudiciarisés, comme il convient, il ne restera plus à faire que des ajustements de gré à gré, selon les règles du bon voisinage. Il s'agit, au fond, de quelques rares procédures de redressement de discriminations ponctuelles qui ne menacent personne. C'était également le sentiment de Will Kymlicka, dont le rapport s'inspire[30].

Quant à Pierre Bosset, il juge tout à l'opposé, ayant vu le nombre de plaintes augmenter à la Commission des droits de la personne et des droits de la jeunesse du Québec. La proportion de dossiers religieux augmente ainsi que l'invocation de tous les autres motifs de discrimination. « Pour cette raison, par ailleurs, il n'est pas exagéré d'affirmer que la plupart d'entre nous sommes susceptibles de bénéficier un jour d'un accommodement raisonnable au titre d'un motif de discrimination interdit par la charte[31]. » Il ne s'agit pas d'un petit recueil d'exceptions gonflé par les médias, mais bien d'un changement déterminant exercé par « le paradigme de l'égalité matérielle sur l'évolution du droit canadien et québécois de la discrimination[32] ».

De même, selon Idil Atak et François Crépeau, la caractéristique du multiculturalisme canadien est son juridisme extrême et toujours

29. Rowan Williams, archevêque de Cantorbéry et chef théologique de la religion d'État en Angleterre, déclarait que l'adoption d'une partie de la *charia* et l'instauration de tribunaux islamiques étaient devenues inévitables en Angleterre. Une enquête de 2006 avait établi que 40 % des musulmans du pays le souhaitaient. *Cf. Le Devoir*, 7 février 2008.

30. Pour les références exactes, on peut consulter mon mémoire sur le site de la Commission.

31. *Loc. cit.*, p. 14.

32. *Ibid.*

croissant[33], plus marqué que ceux de l'Australie et du Royaume-Uni. Le bon voisinage ne semble pas être pour demain…

Dans un Québec qui a choisi la discussion publique (dont les audiences de la Commission fournissent un exemple[34]), pouvons-nous aujourd'hui déclarer que toutes les différences ne sont pas recevables, que notre droit consensuel n'est pas compatible avec les normes immuables, sacrées et transcendantes des fondamentalismes religieux, que l'intégration dans une culture québécoise de référence est à l'avantage de tous les citoyens du Québec ? L'État s'appuie sur la vigueur du modèle interculturaliste (issu d'un document administratif unilatéral de 1991, non débattu, non adopté par l'Assemblée nationale) pour le croire et faire échec au multiculturalisme des Chartes. C'est fort naïf. Rien n'est plus vulnérable. En effet, ce document n'a pas fait l'objet d'une entente signée avec l'État fédéral. De plus, l'interprétation du rapport Bouchard-Taylor, tout en reconnaissant une spécificité à ce modèle, ne le traite-t-il pas aussi comme la variante québécoise du multiculturalisme canadien ? Enfin, comme c'est le cas pour la loi 101 et pour certaines décisions unanimes de la Cour d'appel du Québec, de simples plaintes suffiraient à faire invalider les traits principaux de cet énoncé de politique interculturaliste par Ottawa. On semble oublier ici qu'en tout état de cause, le multiculturalisme des Chartes s'applique aussi au Québec.

La multiconfessionnalité élargie par les accommodements raisonnables aura raison des velléités laïcisantes.

33. « Le multiculturalisme en droit : l'expérience canadienne », *L'observateur des Nations Unies*, vol. 23, n° 2, 2007, p. 253-266.

34. Je songe à tous les minoritaires et immigrants qui y ont fortement dénoncé le principe même de l'accommodement raisonnable.

Quatrième partie

La religion à l'école

CHAPITRE 17

ÉCOLE QUÉBÉCOISE, MODERNITÉ ET RELIGION

Jacques Racine

L'école est un terrain pertinent pour analyser les rapports entre modernité et religion dans toute société. Le Québec n'y fait pas exception. Cet article n'a ni la prétention de présenter l'évolution de ces rapports au cours des derniers siècles ni celle de décrire les divers cheminements des cinquante dernières années. Il se limitera à l'étude de deux événements: la création du ministère de l'Éducation, en 1964, et la mise en place d'un cours d'éthique et de culture religieuse, en 2008. Il proposera une interprétation des positions de trois des principaux acteurs qui sont intervenus lors de ces deux événements: les commissions et comités formés par les gouvernements, ces derniers et l'Église catholique.

La présentation et l'interprétation des prises de position des acteurs lors de ces deux moments historiques seront fondées d'abord sur l'analyse de textes officiels souvent ignorés. Elles permettront de préciser le sens des choix faits dans leur contexte et de cerner un peu mieux, en conclusion, les principales influences qui ont joué sur les décisions et sur la compréhension du rapport entre religion et modernité.

1. LA CRÉATION DU MINISTÈRE DE L'ÉDUCATION

1.1 La Commission royale d'enquête sur l'enseignement

Même si l'on ne partage pas l'idée souvent formulée que tout a commencé au Québec avec les années 1960, il faut néanmoins reconnaître que le rapport de la Commission royale d'enquête sur l'enseignement mise sur pied par le gouvernement Lesage, moins d'un an après son arrivée au pouvoir, a marqué la fin d'une période inaugurée en 1875 par le gouvernement de Charles-Eugène Boucher de Boucherville qui remplaçait alors le ministre de l'Instruction publique désigné à la suite de l'acte confédératif de 1867 par un surintendant de l'Instruction publique.

Le mandat premier de la commission Parent[1] est d'« étudier l'organisation et le financement de l'enseignement dans la province de Québec[2] ». Le premier tome de son rapport, qui en compte trois, est déposé en 1963. Il porte sur les structures supérieures de l'éducation et propose la mise sur pied d'un ministère de l'Éducation, d'un Conseil supérieur et des Comités catholique et protestant. Voici quelques arguments avancés par les commissaires pour expliquer la nécessité de ce changement qu'ils lient à leur compréhension de la modernité.

Parlant des exigences de l'enseignement dans la société moderne, premièrement, ils affirment : « On voit comment les progrès de la science et de la technique et l'évolution socioéconomique qui en a résulté confèrent à l'éducation une importance toujours plus grande et constituent de fait le fondement de la société moderne[3]. » Deuxièmement, les commissaires rappellent que « le droit de chacun à l'instruction, idée moderne, réclame que l'on dispense l'enseignement à tous les enfants sans distinction de classe, de race et de croyance ; et cela de l'école primaire jusqu'à l'université. L'éducation

1. On utilisera fréquemment les termes Commission Parent ou rapport Parent en référence à monseigneur Alphonse-Marie Parent, président de la Commission royale d'enquête sur l'enseignement.
2. Alphonse-Marie Parent, *Rapport Parent, rapport de la Commission royale d'enquête sur l'enseignement dans la province de Québec*, vol. 1, n° 1, 1965 (ici p. xiii). L'édition populaire en cinq volumes contenus dans un coffret sera utilisée dans cet article. Le terme « volume » ne rejoint pas dans ce cas le terme « tome » utilisé dans la version officielle de la Commission.
3. *Ibid.*, p. 70, n° 94.

n'est plus comme autrefois, le privilège d'une élite[4]. » Et, troisièmement, ils invoquent le rôle de l'État. « L'État qui avait toujours laissé à l'initiative privée, surtout aux Églises le soin de l'éducation, est devenu le principal agent d'organisation, de coordination et de financement de l'enseignement[5]. »

Qu'en est-il de la religion ? Arthur Tremblay, qui a été membre de la Commission Parent puis premier sous-ministre de l'Éducation, mentionne que la question de la confessionnalité scolaire selon l'article 93 de la Constitution canadienne de 1867 a été abordée pendant la première phase de la Commission, lors des discussions sur les structures[6]. Cependant, désireux d'assurer rapidement la mise en œuvre de leur premier rapport qui proposait la création du ministère de l'Éducation, les commissaires reportent à plus tard leurs études et recommandations sur la confessionnalité qui seront rendues disponibles dans le deuxième chapitre du troisième tome du rapport, en 1965. On y trouvera une information et une analyse qui gardent beaucoup de leur pertinence. Revoyons les principes évoqués et quelques-unes des recommandations qui décrivent bien la compréhension que les commissaires avaient du rapport entre religion et modernité et de sa possible concrétisation dans l'école publique québécoise.

En ce qui a trait aux principes généraux, la Commission affirme premièrement la neutralité de l'État. « Dans un pays de pluralisme religieux comme le nôtre, il importe que la politique de l'État soit marquée au coin du plus grand respect possible en cette matière, c'est-à-dire qu'elle soit fondée en principe et dans les faits sur la neutralité en matière religieuse[7]. » Deuxièmement, elle rappelle le droit à la liberté religieuse. « L'État et toute la société doivent reconnaître à chaque personne le droit de rechercher librement et de façon responsable la vérité en matière religieuse, de faire ses propres options, de pratiquer une religion ou de n'en pratiquer aucune, bref de suivre en cette matière les dictées de sa conscience personnelle[8]. » Troisièmement, elle formule le principe de l'acceptation d'options

4. *Ibid.*, p. 78, n° 109.
5. *Ibid.*, p. 78, n° 110.
6. Arthur Tremblay, *Le ministère de l'Éducation et le Conseil supérieur : antécédents et création, 1867-1964*, Québec, PUL, 1989, p. 190-195.
7. Alphonse-Marie Parent, *op. cit.*, vol. 4, p. 32, n° 51.
8. *Ibid.*, p. 33, n° 52.

différentes[9]. Enfin, les commissaires indiquent les limites imposées à l'État touchant la confessionnalité: « L'État est d'abord tenu d'assurer et de maintenir un enseignement public ouvert à tous et de protéger la liberté des consciences; il doit éviter la confusion des autorités en ne mettant pas son pouvoir au service des Églises pour forcer des gens à appartenir à un type d'école ou à suivre un enseignement religieux; il doit considérer le problème de la confessionnalité dans les limites qui lui sont imposées par l'obligation d'assurer à tous le meilleur enseignement possible[10]. »

Les commissaires sont cependant conscients du problème que posent certaines dispositions de l'Acte de l'Amérique du Nord britannique qui ne donne pas la pleine liberté aux gouvernements du Québec et de l'Ontario. Même si la commission proposait une réinterprétation de ces dispositions à partir de la Loi sur la liberté des cultes de 1851[11], elle en tient compte dans ses deux principales recommandations.

> Nous recommandons que le système d'enseignement public du Québec respecte la diversité des options religieuses des parents et des élèves et offre le choix entre un enseignement catholique, un enseignement protestant et un enseignement non confessionnel, dans la mesure où les exigences de la qualité de l'enseignement pourront être respectées dans chaque cas[12].

Pragmatiquement, les commissaires adoptent pour l'école une position de type communautarien en deux volets. Ils recommandent, d'une part, que l'école publique non confessionnelle offre l'option entre un ou plusieurs cours de religion et un enseignement moral et, d'autre part, que dans l'école confessionnelle publique, le droit à l'exemption soit reconnu et que l'on offre, si possible, un enseignement religieux diversifié ou un enseignement moral[13].

Malheureusement, cette étude importante sur la confessionnalité est arrivée trop tard pour alimenter les débats qui se sont tenus lors de la création du ministère de l'Éducation. Un changement de gouvernement se produit en 1966, et d'autres défis se posent: la création des polyvalentes, des cégeps et de l'Université du Québec ainsi

9. *Ibid.*, p. 33, n° 53.
10. *Ibid.*, p. 34-35, n° 55-5.
11. *Ibid.*, p. 35-37, n° 58.
12. *Ibid.*, p. 91, n° 147.
13. *Ibid.*

que la mise en place des structures du Ministère. Il n'y aura pas de troisième système d'enseignement, mais on s'inspirera en douce au cours des années de ce que le rapport Parent avait dit de la confessionnalité comprise dans un sens élargi et de la possibilité d'options ou d'exemptions.

1.2 Les décisions gouvernementales

Le gouvernement Lesage, à la demande de Paul Gérin-Lajoie, ministre de la Jeunesse, adopte le 6 juillet 1960 un décret qui rattache désormais à son Ministère le Département de l'instruction publique et les services et subventions relatifs à l'enseignement des arts et à l'enseignement postsecondaire. Il indique déjà là son intention d'assurer une coordination plus importante de l'éducation et une meilleure gestion des fonds publics dont il est directement imputable.

Ce même gouvernement institue, peu après, la Commission royale. Il est celui qui donnera suite au premier tome du rapport Parent en introduisant le projet de loi 60 à l'Assemblée législative seulement deux mois après le dépôt de ce dernier. Il reprend dans cette première version du projet de loi les principales recommandations de la Commission sur les structures, dont celle proposant la création d'un ministère

Paul Gérin-Lajoie se fait le promoteur du projet de loi. Il poursuit une tournée mémorable d'un bout à l'autre du Québec, à l'été et à l'automne de 1963. On peut trouver la substance des exposés de sa tournée dans *Pourquoi le bill 60 ?*[14]. Il y affirme, entre autres, que la modernité passe par la démocratisation de l'éducation à tous les niveaux et par le leadership de l'État. Il indique parallèlement la volonté du gouvernement de respecter la majorité et de maintenir les deux réseaux d'écoles, catholique et protestant.

De son côté, en juillet 1963, le premier ministre Lesage prend le contrôle du dossier en reportant à la session suivante le projet de loi 60 afin d'ouvrir une période de consultations qui s'étendra jusqu'en septembre. Il cherche à sauver ce qui est d'abord pour lui l'essentiel : le contrôle par l'État de l'organisation de l'éducation et de son financement. Il est préoccupé par l'obstacle que représentent les défenseurs de l'éducation chrétienne et de la confessionnalité. Conscient

14. Paul Gérin-Lajoie, *Pourquoi le bill 60 ?*, Montréal, Éditions du jour, 1963.

du blocage constitutionnel que constitue l'article 93 de l'Acte de l'Amérique du Nord britannique et de la nécessité pour le gouvernement de s'entendre avec les évêques afin de réaliser sa réforme, il cherche une stratégie qui lui permette d'atteindre ses objectifs politiques, à savoir la création d'un ministère de l'Éducation qui assure le rôle de coordination de l'État sur l'éducation tant au plan administratif que pédagogique et la mise sur pied d'un Conseil supérieur qui rassemble des représentants de divers corps intermédiaires.

Le gouvernement présentera en janvier 1964 un projet de loi dont les amendements répondront d'abord aux préoccupations de l'Assemblée des évêques. Pour Lesage, comme pour la vaste majorité de la population, modernité et religion peuvent cohabiter dans la mesure où chacun respecte le domaine de l'autre et travaille à la construction du bien commun. Cela semble d'autant plus réalisable que l'Église et l'État québécois vivent des transformations que l'on juge significatives. L'Église québécoise, en plein concile Vatican II, semble donner préséance en son sein aux catholiques qui depuis la guerre ont préparé, avec d'autres, la Révolution tranquille[15].

1.3 Les positions de l'Assemblée des évêques du Québec (AEQ)

L'Assemblée des évêques est intervenue à trois reprises dans le débat sur la création du ministère de l'Éducation. La première lettre, du 17 juin 1963, est privée et signée par Mgr Roy au nom de l'Assemblée avant le dépôt du projet de loi 60. Elle exprime les réticences de l'épiscopat sur les garanties données à l'école catholique par le rapport Parent. La deuxième lettre, du 29 août, est publique et signée par l'Assemblée des évêques. Elle propose des amendements au projet de loi 60. Au mois de décembre, une troisième lettre, signée par Mgr Roy, confirme la satisfaction de l'Assemblée en regard des amendements proposés par le premier ministre. Dans aucune de ces lettres, les évêques ne se sont opposés à la création d'un ministère de l'Éducation et d'un Conseil supérieur.

La lettre de l'Assemblée des évêques est adressée au premier ministre. C'est une intervention rendue publique dans le cadre de la consultation. Les évêques y expriment leur conception du rapport

15. E.-Martin Meunier et Jean-Philippe Warren, *Sortir de la « Grande noirceur ». L'horizon « personnaliste » de la Révolution tranquille*, Québec, Septentrion, 2002.

entre la modernité et la religion. Ils affirment en premier lieu qu'« il est légitime que, dans un projet de loi qui tend à coordonner les divers éléments d'un système d'éducation, l'État prévoie des structures qui lui permettent d'assumer pleinement ses responsabilités[16]. » Il s'agit d'une reconnaissance officielle du rôle de l'État en éducation. En deuxième lieu, ils affirment:

> [...] cependant, comme l'éducation est un domaine où sont engagés les droits fondamentaux de la personne, nous croyons qu'il serait particulièrement nécessaire que le projet de loi contienne une déclaration explicite des libertés et des droits de base en matière d'éducation: droit pour tout enfant de bénéficier d'un système d'éducation qui favorise le plein épanouissement de sa personnalité; droit pour les parents de choisir les institutions qui, selon leur conviction, assurent le mieux le respect des droits de leurs enfants; droits pour les personnes et les groupes de créer des institutions d'enseignement autonomes et, les exigences du bien commun étant sauves, de bénéficier des moyens administratifs et financiers nécessaires à la poursuite de leurs fins. Une telle déclaration serait comme l'âme du système d'éducation et des structures qu'on veut établir[17].

Cette déclaration sera intégrée au préambule de la seconde version du projet de loi 60.

En troisième lieu, l'épiscopat reconnaît que « loin de vouloir imposer aux autres leurs propres conceptions de la culture et de l'éducation, nos catholiques estiment nécessaire que, par des structures pluralistes et souples, le gouvernement assure à chacun une juste liberté[18] ».

Enfin, il est écrit que: « [les catholiques] demandent pour eux-mêmes des écoles confessionnelles et [...] apprécient le fait que le gouvernement, dans son projet de loi, ait voulu assurer le maintien d'écoles qui répondent aux aspirations de la population catholique[19]. »

Léon Dion conclura son étude sur le projet de loi 60 en affirmant: « L'étude comparative exhaustive des deux textes du bill faite par le service du ministère de la Jeunesse montre que la version

---

16. Assemblée épiscopale du Québec, *Lettre des évêques au premier ministre du Québec du 29 août 1963*, Montréal, Fides, coll. « L'Église aux quatre vents », 1966, p. 6.
17. *Ibid.*
18. *Ibid.*
19. *Ibid.*

révisée incorpore, le plus souvent de façon textuelle, les amendements proposés par les évêques dans leur déclaration du 29 août[20]. »

Dans leurs échanges, les évêques ne se présentent jamais comme membres du Conseil de l'instruction publique ou du Comité catholique auxquels on enlèverait des pouvoirs; ils se limitent à leurs responsabilités pastorales. Leur insistance sur les droits à l'éducation de même que leur ouverture aux gens qui ont d'autres convictions expriment une nouvelle façon de se situer en regard de la modernité. Leurs leaders, Maurice Roy et Paul-Émile Léger, sont sans doute influencés par le concile et par la lettre encyclique *Pacem in terris* de Jean XXIII qui a été rendue publique le jour de Pâques 1963 et qui faisait la promotion des droits de la personne. Il n'y a pas, à leurs yeux, d'opposition entre modernité et religion, mais plutôt de nouveaux rapports marqués par l'ouverture au pluralisme et la reconnaissance du droit à l'éducation pour tous. Par ailleurs, ils continuent à défendre l'école catholique animée par un esprit chrétien, ce qui suppose certaines exigences quant au contenu des programmes, à la qualité du matériel didactique et aux qualifications des éducateurs eux-mêmes. Assurer le respect de ces exigences sera la responsabilité première du Comité catholique jusqu'en l'an 2000.

2. LA MISE EN PLACE D'UN COURS D'ÉTHIQUE ET DE CULTURE RELIGIEUSE

2.1 Les orientations et les décisions gouvernementales

En mars 1997, avant même de donner un mandat explicite au Groupe de travail sur la place de la religion à l'école, la ministre de l'Éducation avait fait à l'Assemblée nationale une déclaration intitulée *La gestion de la diversité des attentes religieuses à l'École*[21]. Elle s'inscrivait dans le cadre de la présentation d'une motion gouvernementale exprimant la volonté du gouvernement d'être soustrait à l'application de l'article 93 de la Constitution de 1867. La ministre Pauline

20. Léon Dion, « Le bill 60 et la société québécoise », 1967, sur le site Internet Les classiques des sciences sociales, document PDF, en ligne, <http://classiques.uqac.ca/contemporains/dion_leon/bill_60_et_societe_qc/bill_60_et_societe_qc.html>, créé le 17 juillet 2007, consulté le 1er octobre 2008, p. 135.

21. On peut trouver cette déclaration à l'annexe 2 du *Rapport Proulx*: Jean-Pierre Proulx, *Rapport du Groupe de travail sur la place de la religion à l'école. Laïcité et religion. Perspective nouvelle pour l'école québécoise*, Ministère de l'Éducation, 1999, p. 261.

Marois y indiquait les trois orientations suivantes retenues par le gouvernement.

> Il convient de gérer les demandes en matière d'éducation religieuse et morale dans la perspective d'une société pluraliste ouverte [...] L'école publique se doit donc de respecter le libre choix ou le libre refus de la religion [...] Pour autant, l'école n'a pas à se montrer réfractaire à tout propos sur la religion. Elle doit se montrer ouverte et capable d'accueillir, par delà les convictions particulières et dans un esprit critique, ce que les religions peuvent apporter en fait de culture, de morale et d'humanisme[22].

Les deux autres lignes directrices insistaient sur le besoin de traiter cette question de la diversité des attentes religieuses de façon progressive et dans le respect de l'histoire et de la culture religieuses québécoises.

À la lumière de ces orientations, la ministre prévoyait trois aménagements : l'abolition de la confessionnalité des commissions scolaires ; un moratoire sur le statut des écoles afin de favoriser la mise en place harmonieuse des commissions scolaires linguistiques ; la confirmation du libre choix entre l'enseignement moral et l'enseignement moral et religieux catholique ou protestant « en conformité avec l'article 41 de la Charte québécoise qui prévoit la possibilité d'un enseignement conforme aux convictions des parents[23]. » Enfin, madame Marois évoquait l'hypothèse d'offrir aux élèves « une certaine formation au sujet du phénomène religieux, des cours de culture religieuse intégrant les diverses grandes traditions, des cours d'histoire des religions[24] ».

En octobre 1997, elle donnait à un groupe de travail présidé par Jean-Pierre Proulx le mandat général d'examiner la question de la place de la religion à l'école. Entre autres, elle lui demandait :

> de faire l'inventaire critique des différentes conceptions des rapports entre l'État et les religions à l'égard de l'éducation, de clarifier les rapports entre les droits fondamentaux de la personne et les droits des parents à l'égard de l'éducation religieuse de leurs enfants, de prendre en considération les points de vue des principales confessions religieuses et des groupes porteurs d'une vision séculière de l'éducation[25].

---

22. *Ibid.*
23. *Ibid.*, p. 262.
24. *Ibid.*, p. 263.
25. *Ibid.*, p. 265.

Les membres du Groupe de travail étaient déjà bien encadrés. *A posteriori*, on trouve, dans les orientations données par madame Marois, les fondements de toutes les décisions qui seront prises par les gouvernements sur la place de la religion à l'école au cours de la dernière décennie et qui se sont traduites en une déconfessionnalisation successive des commissions scolaires, des écoles, du système scolaire, de l'animation pastorale et, enfin, de l'enseignement – cette dernière décision ayant sans doute été retardée par le fait que la déclaration ministérielle de 1997 avait confirmé la liberté de choix des parents en lien avec l'article 41 de la Charte des droits et libertés de la personne du Québec. Il ne faut pas oublier cependant que l'hypothèse d'un cours de culture religieuse pour tous y était déjà évoquée.

On peut affirmer qu'à partir de ce moment, l'État a pris le leadership de la définition des rapports entre la religion et l'école. Les gouvernements successifs ont poursuivi les orientations de 1997 et les lois 118 et 95 ont été votées sans opposition par l'Assemblée nationale à la suite de deux commissions parlementaires. C'est dans la logique de cette dernière loi que le ministère de l'Éducation a conçu le programme d'éthique et culture religieuse dont les finalités sont la reconnaissance de l'autre et la poursuite du bien commun en vue d'un « vivre-ensemble » riche de sa diversité.

2.2 Le Groupe de travail sur la place de la religion à l'école

Le Groupe de travail présidé par Jean-Pierre Proulx produit son rapport en 1999. Il identifie l'évolution de la situation religieuse à une vaste mutation culturelle qu'il décrit en termes de sécularisation, de transformation des attitudes religieuses et de pluralisme. Il fonde ses recommandations sur trois argumentaires[26]. Le premier établit les principes et les finalités auxquels souscrit l'État en matière de religion : le principe de neutralité égalitaire de l'État et les intérêts fondamentaux des enfants en matière d'éducation ; l'ouverture à la diversité culturelle et morale ; le lien social. Le deuxième traite des rapports entre les droits fondamentaux et les droits des parents. Le Groupe de travail en démontre la hiérarchie et conclut à la limite des seconds. Il met en cause la confessionnalité du système scolaire québécois qui déroge aux droits fondamentaux et affirme que l'État doit veiller à ce qu'aucun groupe de parents, même majoritaire, ne dispose de droits

26. *Ibid.*, chapitre 4.

et privilèges dont ne bénéficient pas les autres groupes pour l'expression de leur appartenance ou non à une religion au cœur de l'école publique. Le troisième argumentaire renvoie à la politique du Québec à l'égard de la diversité culturelle, de l'intégration sociale et de l'égalité. Le rapport évoque la mission de socialisation de l'école, le rôle de l'école en matière d'intégration des immigrants, la nécessaire absence de discrimination en milieu scolaire et la reconnaissance des particularismes.

Ces argumentaires conduisent aux principales recommandations du rapport Proulx: la déconfessionnalisation totale du système scolaire ou l'établissement d'un système scolaire public laïque; la mise en œuvre d'un programme de culture religieuse et d'un service commun d'animation de la vie religieuse et spirituelle. Ce sont les arguments concernant les intérêts fondamentaux des enfants, l'ouverture à la diversité cultuelle et l'intégration sociale qui conduisent le Comité de travail à privilégier une neutralité étatique égalitaire de type républicain, mais ouverte à la religion, et à ne pas retenir une autre position, évoquée dans le rapport, qui respecterait les principes de la liberté de conscience et de religion: la neutralité étatique de type communautarien. Cette dernière fait place à tous les groupes religieux et à ceux qui ne désirent aucun enseignement religieux confessionnel en favorisant une diversité d'écoles et d'enseignements confessionnels tout en répondant aux exigences de ceux qui ne désirent aucun enseignement religieux.

La religion a sa place dans la modernité et dans l'école dans la mesure où elle sert des buts sociétaux et permet aux jeunes d'accéder aux biens culturels en matière religieuse en respectant la pluralité des points de vue. Ce sera la visée d'un cours de culture religieuse. Quant au service d'animation de la vie spirituelle et religieuse, il a pour finalité d'offrir un accompagnement de la quête de sens des élèves individuellement ou en groupe dans le respect de leurs convictions.

Il n'est plus question, comme en 1964, de concilier les relations entre l'État et les religions ou la religion, de nouer un nouveau partenariat ou d'assurer une redistribution des responsabilités; il s'agit plutôt de déterminer la place que l'État réserve au phénomène religieux en fonction de ses finalités propres et de la manière dont il conçoit les intérêts fondamentaux des étudiants en matière d'éducation.

2.3 Une position parmi les autres

Lorsque Pauline Marois a donné son mandat au Groupe de travail sur la place de la religion à l'école, l'Assemblée des évêques du Québec[27] ne jouissait plus d'une position de type concordataire comme en 1963. Elle n'était plus que la représentante de la principale confession religieuse dont on devait prendre en considération les points de vue. Bien plus, comme elle ne s'était pas opposée au changement à l'article 93 de l'Acte de l'Amérique du Nord britannique en 1997, elle ne pouvait plus recourir à l'acte constitutionnel pour défendre sa position. La réflexion officielle sur la place de la religion à l'école et de son enseignement n'était plus réservée exclusivement au Comité catholique et à un département spécifique du ministère supervisé par un sous-ministre de foi catholique. Le maître d'œuvre était maintenant la direction générale des programmes du ministère de l'Éducation.

L'AEQ a participé aux commissions parlementaires de l'Éducation en 1999 et en 2005. Tout en reconnaissant une nécessaire évolution du système, elle s'est opposée à la disparition d'une confessionnalité dite ouverte en rappelant l'importance de l'enseignement religieux et moral. Comme ils l'avaient affirmé à quelques reprises, les évêques restaient vigilants, en particulier sur la question de l'enseignement, en invoquant les droits des parents tels qu'ils étaient reconnus avant l'amendement dans l'article 41 de la Charte québécoise des droits et libertés de la personne[28]. Le fait que la Fédération des comités de parents, qui avait appuyé jusque-là la position des évêques, s'était prononcée en faveur de la loi 95 en 2005 affaiblissait cependant leur position, comme eux-mêmes le confirmaient dans une note[29].

Invitée en 2007 à la consultation sur le nouveau programme d'éthique et culture religieuse, l'AECQ participa à toutes les étapes de celle-ci, approuva les finalités du programme, tout en formulant

27. Elle deviendra en 2006 l'Assemblée des évêques catholiques du Québec (AECQ).
28. Voir l'évolution détaillée de l'ensemble des positions de l'AECQ depuis les années 1960 dans son document *L'école catholique au Québec. Éphémérides 1964-2007*, sur le site Internet de L'Assemblée des évêques catholiques du Québec, document PDF, en ligne, <http://www.eveques.qc.ca/documents/2007/20071108f.pdf>, créé le 8 novembre 2007, consulté le 1er octobre 2008.
29. AECQ, *L'école catholique au Québec*, p. 14, note 8.

des critiques précises et argumentées sur différents points[30]. Elle reprit le même exercice sur la seconde version du programme et fit parvenir une lettre à la ministre Courchesne, en mars 2008[31], lui faisant part de plusieurs avantages qu'elle reconnaissait à ce programme, mais aussi des limites et des difficultés qu'il posait. L'Assemblée y réitère sa préférence pour le respect du choix des parents en ce qui concerne les programmes scolaires relatifs à la religion. Elle signale que le programme pouvait constituer un certain risque d'atteinte à la liberté de conscience et aux droits des parents puisqu'il est obligatoire et qu'il n'est pas possible à l'école publique d'offrir un enseignement confessionnel complémentaire. Elle reprend ainsi certaines critiques formulées d'abord par l'Association des parents catholiques. En contrepartie, elle affirme : « Le programme en lui-même ne nous semble pas prêter flanc à une telle contestation [la demande d'exemption] liée à la violation de la liberté de conscience[32]. »

Dans ce dernier débat, les évêques ont manifesté publiquement une diversité de positions qui rejoignait celle de la population. Ils étaient sans doute tiraillés, comme en 1963, entre deux interprétations théologiques qui appelaient à des interventions publiques différentes: celle voulant que l'Église se situe au cœur du monde et participe à la construction du bien commun avec les hommes et les femmes de bonne volonté ; celle qui voit dans l'Église une institution avec ses objectifs propres, se définissant comme un groupe de pression dont les membres sont partagés sur les moyens à prendre pour assurer sa mission. Dans l'épiscopat, comme dans le Peuple de Dieu, cohabite la pluralité des lectures de la Tradition, de Vatican II, de l'ecclésiologie et de la modernité, d'où la pluralité des orientations, des pratiques pastorales ou des interventions sociopolitiques.

---

30. Comité sur les affaires religieuses, *Consultation sur le projet de programme Éthique et culture religieuse. Rapport à la ministre de l'Éducation, du Loisir et du Sport*, Québec, mai 2007.
31. AECQ, « Lettre à la ministre sur le Programme d'éthique et de culture religieuse », sur le site Internet de L'Assemblée des évêques catholiques du Québec, document PDF, en ligne, <http://www.eveques.qc.ca/documents/2008/ECRLettre%20Ministre11mars08.pdf>, créé le 11 mars 2008, consulté le 1er octobre 2008.
32. *Ibid.*, p. 4.

3. EN GUISE DE CONCLUSION

Des liens entre modernité et système d'éducation sont établis, dès 1960, par les trois acteurs dont il est question dans ce texte. Chacun d'eux reconnaît à l'État une responsabilité première en éducation en fonction des besoins économiques, scientifiques et démographiques, dans le respect du droit de chacun à une éducation de qualité et dans la reconnaissance de la liberté de conscience et de religion.

En 1963, le gouvernement a négocié avec l'Église les conditions nécessaires à l'atteinte de ses objectifs politiques, à savoir l'organisation d'un système moderne d'éducation et l'unification de ses pôles administratifs et pédagogiques. Pour ce faire, il a garanti la confessionnalité de l'école publique. Une réflexion plus systématique sur les rapports entre religion et modernité à l'école a été réalisée par la Commission Parent, mais seulement dans le troisième tome de son rapport dont la publication a suivi le débat sur la création du ministère de l'Éducation. Après cette publication, aucun gouvernement n'a été intéressé à créer un troisième système d'éducation non confessionnel. Les réflexions du rapport Parent sur les caractéristiques d'une confessionnalité élargie ont cependant inspiré les pratiques des quarante dernières années: droits d'option et d'exemption; passage de la catéchèse à l'enseignement religieux; projet éducatif centré sur la pédagogie.

En mars 1997, la ministre de l'Éducation a formulé de façon claire les orientations que l'État voulait promouvoir sur la place de la religion à l'école. Le Groupe de travail a confirmé ces positions en s'appuyant sur diverses études. Il a poussé la logique jusqu'au bout en recommandant la déconfessionnalisation totale du système scolaire et la mise en place d'un cours de culture religieuse. Ces recommandations seront adoptées presque telles quelles par l'Assemblée nationale sur une période de près de dix années. L'AECQ a pris acte de ces décisions tout en participant publiquement, à partir de son expertise, aux débats qui les ont précédées. Elle ne les a pas influencées comme en 1963. Alors que, dans son étude sur le projet de loi 60, Léon Dion affirmait que les associations libres n'avaient manifestement eu aucune influence directe, même minime, sur le déroulement et le dénouement du processus de décision conduisant à la création du ministère de l'Éducation[33], on peut affirmer, au contraire, que l'opinion des diverses associations du monde de l'éducation a joué un rôle prépondérant dans les positions gouvernementales depuis les États généraux de l'éducation.

Parmi toutes les décisions qui ont été prises, ces dernières années, c'est le programme d'éthique et de culture religieuse qui cerne le mieux l'originalité du rapport entre modernité et religion dans l'école québécoise, dans la mesure où il fait une certaine place aux religions dans une grande institution publique plutôt que de les reléguer au privé, comme le voudraient un certain nombre d'interprètes de la laïcité. Par sa première finalité qui promeut la reconnaissance de l'autre, ce programme reconnaît à l'élève la liberté d'expression de sa religion ou de sa non-religion, à l'école, dans le respect des autres. Il reconnaît le sujet croyant ou incroyant. Certains auteurs parleraient alors moins du rapport entre religion et modernité que de la présence des religions dans des sociétés postséculières.

---

33. Léon Dion, *op. cit.* Le titre du deuxième chapitre de la troisième partie est « Inefficacité des associations libres », p. 101-120.

CHAPITRE 18

MODERNITÉ, RELIGION ET ÉDUCATION AU QUÉBEC : DE LA RÉGULATION RELIGIEUSE DE L'ÉDUCATION À LA RÉGULATION POLITIQUE DU SPIRITUEL

Jacques Cherblanc

Depuis le 1er juillet 2008, le système scolaire québécois est entièrement déconfessionnalisé et laïque, l'enseignement moral et religieux catholique ou protestant ayant été remplacé par le nouveau programme d'éthique et de culture religieuse (ECR). Toutefois, cette laïcisation et cette déconfessionnalisation n'ont pas conduit à la disparition pure et simple du phénomène religieux dans les écoles publiques de la province. En effet, les « traditions religieuses », la « dimension spirituelle » de l'élève et l'accompagnement de sa « vie spirituelle » et de sa « quête de sens » font à présent partie des missions de l'école québécoise[1]. Ainsi, le religieux présent à l'école n'a pas disparu, mais il s'est transformé : sa place et son rôle sont différents aujourd'hui de la situation qui pouvait exister il y a une cinquantaine d'années. C'est ainsi qu'actuellement, le pluralisme religieux, l'individualisme et l'humanisme constituent « les nouvelles valeurs inscrites au fronton de

1. Voir, notamment, la *Loi sur l'Instruction publique,* articles 6, 36 et 226 (Gouvernement du Québec : http://www2.publicationsduquebec.gouv.qc.ca).

l'école québécoise[2] » alors que c'était le christianisme – en particulier le catholicisme – qui en constituait le cœur et les finalités depuis les premiers établissements européens en Nouvelle-France. Les rapports entre religion et éducation au Québec se sont donc modernisés, et il apparaît que cette modernisation ait entraîné un bouleversement des rapports de pouvoir entre le religieux et le politique, notamment en ce qui concerne la détermination de la place et du rôle de chacun dans l'éducation et les institutions scolaires. La réflexion qui suit cherche à questionner ce processus de modernisation d'un point de vue sociologique, afin de comprendre l'évolution de la place et du rôle du phénomène religieux dans le système scolaire québécois. Le présent article vise à montrer que cette évolution est caractérisée par une rationalisation: le phénomène religieux, jadis concentré dans la notion de religion ou d'Église, a de nos jours fait place à deux concepts distincts: *les religions*, d'une part, et *le spirituel*, d'autre part.

1. DE LA RELIGION AU SPIRITUEL À L'ÉCOLE

Quatre périodes semblent caractériser les relations entre l'éducation publique et le phénomène religieux au Québec.

La première période s'étend de 1608 à 1960. Il s'agit d'une ère assez longue, caractérisée par l'omniprésence de la religion pour tout ce qui concerne les choses de l'instruction publique. La religion est la pierre d'assise, la raison d'être de l'éducation. Longtemps, ce sont des religieux-ses qui enseignent dans les paroisses, les écoles, les collèges et les universités, et c'est la religion qui gère l'ensemble de l'éducation au niveau provincial. Malgré quelques tentatives de prise en main par le gouvernement central, puis provincial, ce sont les congrégations religieuses catholiques – et dans une moindre mesure le clergé protestant – qui contrôlent les institutions scolaires québécoises, et ce, jusqu'à la Révolution tranquille. Les membres du Conseil de l'instruction publique, largement composé de clercs, se prononcent sur tous les enseignements: des mathématiques à l'écriture, la religion est partout et teinte chaque aspect de l'école et de l'éducation qui y est donnée[3]. On peut donc dire que, jusqu'au début des années 1960,

---

2. Paul Francœur, « Au fronton de l'école québécoise, une frise de valeurs constructives », *Vie pédagogique*, n° 143, avril-mai 2007.
3. Louis-Philippe Audet, *Histoire de l'enseignement au Québec*, t. 1, Montréal/Toronto, Holt, Rinehart & Winston, 1971, p. 30 et suiv.; Andrée Dufour, *Histoire de l'éducation au Québec*, Montréal, Boréal, coll. « Boréal Express », 17, 1997, p. 16 et suiv.

lorsqu'on parle d'institutions éducatives au Québec, le religieux est omniprésent. Or, ce religieux est la religion et cette religion est le christianisme, surtout le catholicisme[4].

La deuxième période, très courte puisque caractérisée par la rupture: la décennie 1960. «Le Québec entre dans sa révolution pendant qu'à Rome se déroule le Concile Vatican II. La société et l'Église du Québec en sortiront bouleversées[5].» C'est également l'époque des mouvements de protestation de «contre-culture» un peu partout en Europe et en Amérique du Nord. Le rapport Parent constitue une rupture sur de nombreux points, notamment concernant la place et le rôle de la religion dans le système scolaire. Dans ce rapport, en effet, le christianisme se trouve relativisé par rapport aux autres religions et, surtout, sa fonction commence à changer. Ainsi, pour les commissaires, le christianisme n'est plus le principe qui unit la société et l'école, ce rôle étant désormais dévolu au savoir et à la science. Le phénomène religieux, dorénavant caractérisé par le pluralisme, devient une source de diversité et non plus d'«uniformité» sociale: le rapport parle de «conscience individuelle religieuse». Dès lors, le christianisme ne représente plus une dimension collective et pour les gouvernants, la religion commence à devenir un problème; problème difficile à résoudre pour un État qui se veut neutre religieusement. C'est la raison pour laquelle, dans l'esprit des commissaires, la religion doit être renvoyée dans le domaine privé où, dans les faits, elle «disparaît» aux yeux du public et de l'État[6].

Il faut toutefois nuancer cette perception de la religion au Québec: elle n'est pour l'heure qu'un principe présent essentiellement dans le discours des commissaires[7]. De plus, l'Église catholique constitue toujours une force avec laquelle il faut négocier.

---

4. Notons qu'il convient d'ajouter le judaïsme, même si légalement, les juifs ont longtemps été considérés comme des protestants. Paul-André Linteau *et al.*, *Histoire du Québec contemporain: de la Confédération à la crise, 1867-1929*, Montréal, Boréal Express, 1979, p. 526-533; Arlette Corcos, *Montréal, les juifs et l'école*, Sillery, Septentrion, 1997.
5. François Hamel, *Les enjeux de la confessionnalité scolaire au Québec – une boîte de Pandore*, Québec, Les Presses d'Amérique, 1995, p. 11, 14-15, 166.
6. Commission royale d'enquête sur l'enseignement dans la province de Québec, *Rapport de la Commission royale d'enquête sur l'enseignement dans la province de Québec*, tome III: *L'administration de l'enseignement*, Partie A: «Diversité religieuse, culturelle, et unité de l'administration», Québec, Gouvernement du Québec, juin 1966, t. 4, rec. 1, 6-7, p. 91.
7. Sylvain Nadeau, *Le discours de l'État québécois sur la place de la religion à l'école (1964-1998)*, Gouvernement du Québec, Ministère de l'Éducation, 1999.

En effet, durant les années 1970 et 1980, la tension entre l'Église catholique et le gouvernement va être constante en matière d'éducation. Mais en même temps, c'est à cette époque qu'émerge la notion de « spirituel », appelée à se développer et à occuper une grande place dans l'éducation publique québécoise.

Tout d'abord, en ce qui concerne les tensions Église-État, il convient de comprendre la volonté gouvernementale de moderniser le système d'éducation, notamment en déconfessionnalisant ses structures administratives. Divers projets de loi sont ainsi proposés – et seulement quelques lois sont adoptées – dans la continuité des recommandations du rapport Parent et dans la lignée de la Charte des droits et libertés de la personne adoptée en 1975 : il s'agit d'aller dans le sens d'une laïcisation des structures administratives du système scolaire tout en conservant les prérogatives confessionnelles, entre autres, en recourant aux clauses dérogatoires. Peu à peu, il devient clair pour l'État qu'il est urgent de remplacer la confessionnalité par une structure linguistique. Du côté de l'Église, l'usage du juridisme permet d'éviter la déconfessionnalisation et même de renforcer la confessionnalité scolaire au Québec, tout en développant un réseau parallèle d'écoles privées confessionnelles[8]. Ainsi, c'est le *statu quo* qui caractérise cette période, alors que l'État et l'Église s'affrontent bien souvent en coulisses ou devant les tribunaux. C'est finalement la vision linguistique qui l'emporte en 1988, avec l'adoption de la Loi 107 ou Loi sur l'instruction publique[9]. Cette période montre bien par ailleurs combien la religion semble de plus en plus « déliée » de l'éducation aux yeux des gouvernants, en particulier lorsqu'il s'agit de sa gestion et de son administration publique. L'enseignement religieux pose moins question et problème étant donné qu'il devient possible pour chaque élève de s'y soustraire.

Une autre caractéristique de cette époque est l'apparition d'une nouvelle représentation du religieux, moderne et rationnelle, dans les écrits mêmes du Comité catholique. Construisant anthropologiquement et de manière fonctionnaliste l'objet « religion », le Comité

---

8. Pierre Lebuis, *Faire la vérité sur la confessionnalité scolaire. Analyse du discours des instances catholiques officielles en matière de confessionnalité scolaire au Québec : 1963-1982*, Mémoire de maîtrise, Université du Québec à Montréal, 1984.
9. La reconnaissance de la constitutionnalité de cette loi n'est déclarée qu'en 1993 et il faut attendre 1998 pour que les commissions scolaires confessionnelles soient remplacées par des commissions scolaires linguistiques, une fois modifié l'article 93 de la Loi constitutionnelle de 1867.

cherche à démontrer le caractère unique et utile de la présence de la tradition catholique à l'école. À cet égard, le document *Voies et impasses* constitue une tentative particulièrement poussée de démontrer la pertinence éducative de la présence de la religion dans les écoles, en utilisant les concepts de la sociologie religieuse à des fins argumentatives[10]. Et ces arguments sont non seulement toujours bien présents aujourd'hui dans le discours épiscopal, mais ils se sont également répandus dans les structures gouvernementales (Comité sur les affaires religieuses) et jusque chez les tenants d'une laïcité plus (Centrale d'enseignement du Québec) ou moins (rapport Proulx) fermée.

Ainsi, selon le Comité catholique, la place de la religion dans les écoles serait justifiée par des raisons éducatives, soit les « cinq apprentissages fondamentaux » qu'elle permet :

1) fonction de signification : donner un sens à sa vie ;
2) fonction d'appartenance : vivre en communion avec les autres ;
3) fonction de contact avec le sacré : entrer en contact avec le plus grand que soi, donc Dieu ;
4) fonction de guide moral : orienter les conduites individuelles de manière réfléchie selon « les valeurs qui assurent la qualité et la promotion de la vie » ;
5) fonction d'intégration : faire une place pour l'inexplicable en soi et établir des liens entre les différents domaines d'apprentissage[11].

Il apparaît clairement ici que la présence de la religion est justifiée par des raisons pédagogiques. Pour en faire la démonstration, le Comité illustre comment chaque « fonction » de la religion a une utilité pédagogique dans l'école. C'est donc en empruntant aux arguments de l'adversaire – de l'État et, surtout, du laïcisme – qu'il cherche à défendre la place de la religion dans l'école.

10. Andrew Greeley, *Unsecular Man*, New York, Schoken Press, 1972, p. 16 et suiv. Cet auteur demeure « la » référence dans le domaine de l'éducation religieuse au Québec, son ouvrage cité ici apparaissant régulièrement dans les documents du Comité catholique.
11. D'après le Comité catholique, *Voies et impasses, 1 : « Dimension religieuse et projet scolaire »*, Québec, Conseil supérieur de l'éducation, Éditeur officiel, 1974, n. 49, p. 33 ; n. 75, p. 44-45.

Toutefois, ce faisant, d'une part, le Comité dénature le type de religieux qui était présent dans l'école[12] et, d'autre part, il participe de la rationalisation du monde scolaire en démontrant l'utilité sociale et éducative de la religion, donc en l'instrumentalisant. C'est du même mouvement d'ailleurs que participe l'Assemblée des évêques en recourant au juridisme, reconnaissant ainsi la défaite du religieux traditionnel et autojustifiant dans un Québec en pleine modernisation.

Au début des années 1990, un nouveau document du Comité catholique renforce cette raison d'être instrumentale de la religion à l'école avec une notion qui ne cesse de prendre de l'importance depuis lors: la spiritualité. S'inspirant d'une certaine théologie paraconciliaire[13] et reprenant les fonctions significatives, cohésives et « éthiques », pour ne pas dire « morales », de la religion, le document *Éthique, spiritualité et religion au Cégep* élimine les aspects « problématiques » de ce que l'on entend habituellement par religion, soit le rapport à Dieu et à une communauté de foi[14], pour définir la spiritualité comme une sorte de religiosité individuelle. Dès lors, on peut parler de « spiritualité » pour caractériser les fonctions dorénavant acceptables de la religion: donner un sens à sa vie et aussi se doter de principes moraux qui amènent l'élève à se comporter de manière active – citoyenne – auprès de sa communauté. Et le Comité catholique propose de donner une grande place à cette spiritualité, de partir d'elle pour éduquer l'élève.

De cette façon, c'est au sein d'un comité catholique *et* étatique qu'un nouveau type de religieux socialement acceptable dans l'école est valorisé. Par la suite, les agents politiques et religieux finiront par accepter généralement d'accorder une place à cette spiritualité ainsi

12. Ainsi, le phénomène religieux dont il est question ici n'est plus celui qui avait cours traditionnellement, soit le catholicisme comme phénomène englobant, unique et dont l'école est au service, mais bien un ensemble de fonctions anthropologiques, propres à chaque tradition religieuse et mises au service de l'école.
13. Celle de Hans Urs von Balthasar, « L'Évangile comme norme et critique de toute spiritualité dans l'Église », *Concilium*, 9, Paris, Beauchesne, 1965, p. 11-24, cité dans François Nault, « La spiritualité relève-t-elle (de) la religion dans un monde désenchanté ? », dans Comité sur les affaires religieuses, *Le développement spirituel en éducation, Actes du colloque tenu à Québec, 11 et 12 novembre 2003*, Québec, Ministère de l'Éducation, Les Publications du Québec, 2004, p. 37-48.
14. Comité catholique, *Éthique, spiritualité et religion au Cégep: rapport d'une recherche du Comité catholique du Conseil supérieur de l'éducation*, Québec, Conseil supérieur de l'éducation, 1992. Ces aspects paraissent problématiques du fait du pluralisme religieux grandissant et, donc, de la nécessaire neutralité de l'État dans ce domaine.

définie : un religieux utile – même délié de ses fonctions d'appartenance communautaire et sans contact avec un dieu particulier –, un religieux, en fait, réduit à des fonctions éducatives, sociales et psychologiques.

C'est d'ailleurs ce type de religieux qui est repris depuis lors, plus ou moins complètement, dans le rapport Proulx et les lois qui encadrent la déconfessionnalisation du système scolaire depuis 1998.

De façon très sommaire, rappelons que le rapport Proulx recommandait de déconfessionnaliser les structures scolaires, tout en laissant une place à l'école – des heures et des locaux – et dans l'enseignement aux religions (*au pluriel*) et de « reconnaître la dimension spirituelle de la personne », fondatrice de sens et d'engagement social[15]. Il est clair ici que ce n'est plus la religion qui réunit, au contraire, mais bien la dimension spirituelle, nouveau religieux réunissant tous les élèves et théoriquement neutre, car non confessionnel. C'est en partie ce nouveau religieux que retient la Loi 118, qui déconfessionnalise les écoles québécoises et instaure un service d'animation spirituelle et d'engagement communautaire (le titre du service reflète bien, par ailleurs, les liens entre le sens à la vie et l'engagement social). Et c'est également la disparition de la religion, comme matrice identitaire commune, que vient sanctionner la Loi 95 en 2005 avec la déconfessionnalisation des enseignements et leur remplacement par un cours unique d'éthique et de culture religieuse. Le phénomène religieux est donc toujours bien présent dans l'école québécoise, mais il a dû se transformer.

2. LES RELIGIONS ET LE SPIRITUEL

Cette transformation s'inscrit dans la vision fonctionnaliste du religieux qui s'est imposée dans l'école québécoise. Il en ressort deux dimensions « utiles » et relativement étanches entre elles : la fonction de lien communautaire et identitaire (la religion) et la fonction significatrice (le spirituel).

15. Groupe de travail sur la place de la religion à l'école, *Laïcité et religions. Perspectives nouvelles pour l'école québécoise*, Québec, Ministère de l'Éducation, Les Publications du Québec, 1999, p. 229-231.

2.1 La religion : la dimension collective

Du point de vue collectif, les religions, en particulier le christianisme – et, notamment, le catholicisme –, sont toujours bien présentes dans le système scolaire québécois, dans les structures administratives comme dans l'enseignement. Ainsi, il faut rappeler que le Comité sur les affaires religieuses doit toujours comprendre deux théologiens pour un professeur de sciences religieuses et un de philosophie parmi ses 13 membres[16].

Toujours du point de vue d'un religieux collectif, le nouveau programme d'ECR représente dans l'école un enseignement *sur* les religions, du primaire à la fin du secondaire. En outre, cet enseignement donne toujours une plus grande importance aux faits religieux catholiques et protestants par rapport aux traditions amérindiennes, juives ou musulmanes, par exemple. Néanmoins, les finalités du programme d'ECR sont là pour guider l'enseignant vers l'essentiel : amener les élèves à la reconnaissance de l'autre et la poursuite du bien commun[17]. La connaissance et la compréhension des faits religieux sont dès lors mises au service de la formation citoyenne.

De plus, le fait de présenter et de décortiquer les religions en contenus et en thèmes transversaux en utilisant les outils et les grilles sociologiques ou anthropologiques (rites, mythes, règles, etc.) entraîne une indéniable « démythification » du phénomène religieux. Et il ne peut en être autrement, en fait, puisque le programme d'ECR ne vise pas une meilleure appropriation d'une *foi*, mais bien une meilleure connaissance et une meilleure compréhension des *croyances*[18]. Autrement dit, pour prendre un exemple au sein des contenus de formation du programme d'ECR au deuxième cycle du secondaire, il ne s'agit plus – comme en enseignement confessionnel traditionnel – de faire vivre aux élèves des expériences religieuses, de leur faire vivre la foi, mais de « [p]rendre appui sur des types

---

16. Québec, *Loi sur l'instruction publique*, chapitre VII, section II.1. C'est toutefois pour des raisons bien pragmatiques, et non concordataires, que ces membres ont leur place au sein du Comité.
17. Ministère de l'Éducation, du Loisir et du Sport, *Éthique et culture religieuse. Programme de formation de l'école québécoise*, Québec, 2007.
18. Selon la célèbre distinction de Pascal : « C'est le cœur qui sent Dieu, et non la raison. Voilà ce que c'est que la foi, Dieu sensible au cœur, non à la raison », *Pensées*, Éd. Brunschwig, 1969, § 278.

d'expériences religieuses relatées dans la littérature pour en démontrer la nature et des effets de celles-ci[19] ».

D'une certaine manière, le programme d'ECR *désenchante* le religieux, en présentant « à plat » les différents éléments fondamentaux de chaque « tradition religieuse », en faisant des liens entre ces éléments, et ce, dans une perspective citoyenne et non plus strictement religieuse. Car les contenus religieux servent avant tout à développer des compétences chez les élèves, compétences fondamentalement rationnelles et éthiques. Le religieux collectif qui demeure dans l'école québécoise est donc un religieux désenchanté, qui représente avant tout une caractéristique identitaire et culturelle – on dirait aujourd'hui « communautaire » – et, en ce sens, tout à fait moderne et conforme aux idéaux de la rationalité occidentale.

2.2 Le spirituel : la dimension individuelle

En ce qui concerne la dimension personnelle du religieux, ce qui demeure présent dans le système scolaire québécois est à chercher à l'intérieur des individus et en particulier des élèves : le religieux qui n'est pas de l'ordre du culturel, c'est le spirituel. Ce spirituel, ce religieux personnel, a sa place à l'école, l'État québécois ayant fait le choix de la « laïcité ouverte ». On devrait donc trouver cette dimension personnelle du religieux au cœur des préoccupations de tous les acteurs de l'école québécoise[20]. Toutefois, cette place est dans les faits limitée[21] et même le service complémentaire spécialisé dans l'accompagnement spirituel, le Service d'animation spirituelle et d'engagement communautaire (SASEC), à qui échoit le développement de la dimension spirituelle dans l'école, a de plus en plus de difficultés à accomplir son rôle du fait des « rationalisations » – terme éloquent ! – opérées par les directions d'école[22]. Lorsqu'il est présent, son rôle est d'aider l'élève à toujours poursuivre sa quête spirituelle, pour

19. Ministère de l'Éducation, du Loisir et du Sport, *Programme de formation de l'école québécoise*, mai 2008, p. 543.

20. *Loi sur l'instruction publique*, article 36.

21. Cette absence de préoccupation pour le cheminement spirituel de l'élève par les membres de l'équipe-école a d'ailleurs été clairement identifiée par le Comité sur les affaires religieuses : *Le cheminement spirituel des élèves. Un défi pour l'école laïque, Avis au ministre de l'Éducation, du Loisir et du Sport*, Gouvernement du Québec, février 2007.

22. Solange Lefebvre (dir.), *Gestion de la diversité religieuse dans l'espace scolaire : nouvelles pratiques. Rapport présenté au Secrétariat aux affaires religieuses*, Ministère de l'Éducation, du Loisir et du Sport, février 2007, p. 50-96.

progresser sans cesse et en faire bénéficier l'ensemble de la société, grâce à l'engagement communautaire.

3. LA RATIONALISATION DU RELIGIEUX

Le rapide survol historique effectué jusqu'ici montre bien que le religieux présent à l'école aujourd'hui est fondamentalement et fonctionnellement différent de celui qui structurait l'école québécoise avant les années 1950.

3.1 La modernisation, le désenchantement du monde et la persistance du religieux

Pour expliquer cette évolution, les théories sur la modernité apparaissent les mieux à même de mettre en perspective les bouleversements que nous venons rapidement de décrire. Ainsi, le Québec a participé de la *sécularisation* et de la *laïcisation* qui ont caractérisé une bonne partie des pays occidentaux depuis le XIXe siècle[23]. C'est ce qui explique la perte de puissance de la religion institutionnelle au sein de la société et des institutions étatiques.

De plus, on perçoit très bien derrière la valorisation d'un religieux aux fonctions sociales et individuelles bien précises une nouvelle rationalité à l'œuvre dans les mentalités québécoises, celle de la *rationalité instrumentale* si bien définie par Weber[24].

Il est clair également que le religieux aujourd'hui présent dans les écoles est fortement *désenchanté*. Ainsi, le religieux présent dans le programme d'ECR est un contenu culturel et n'a donc pas du tout d'objectifs « religieux » à proprement parler, mais bien des finalités en grande partie *politiques*, soit de connaître l'autre pour le comprendre afin de coexister harmonieusement. L'école québécoise participe de cette façon du *désenchantement du monde* décrit et prophétisé par Weber et, plus récemment, par Gauchet[25] : ce n'est plus le symbolique qui prime maintenant, mais la science, le visible et l'observable. Toutefois, en tant que phénomène social, le religieux ne disparaît

---

23. Micheline Milot, *La laïcité en 25 questions*, Montréal, Novalis, 2008.
24. Annette Disselkamp, *L'éthique protestante de Max Weber*, Paris, Presses universitaires de France, 1994.
25. Marcel Gauchet, *Le désenchantement du monde*, Paris, Gallimard, 1985.

jamais totalement, même avec la modernisation; il se transforme plutôt.

Comme l'explique Simmel[26], le religieux est une forme permanente de la réalité (comme la science ou l'art) et ne peut donc disparaître. Toutefois, dans le processus de « sociation », l'interaction entre les acteurs amène les formes à perpétuellement voir leur contenu changer. Ce sont donc les contenus des formes qui changent lorsqu'ils ne sont plus suffisamment en corrélation avec la sociation. Au Québec, la religion a par conséquent dû moderniser son contenu pour s'adapter à la modernisation. Elle s'est individualisée, pluralisée, et l'on a assisté à la fin des monopoles du croire en même temps qu'à l'émergence de nouveaux modes du croire, plus rationnels. Toutefois, en se modernisant, la forme religieuse a emprunté des contenus qui l'ont profondément modifiée, du fait de la force sociale des formes dont sont issus ces contenus: la science, l'économie, le juridique, le politique. De cette façon, le religieux se modernise en empruntant aux formes les plus modernes qui l'entourent. Cela est particulièrement clair dans le nouveau programme d'ECR, mais aussi dans le type de religieux développé dans le SASEC. Néanmoins, les modifications au contenu de la forme religieuse sont parfois telles que l'on peut se demander si le religieux est encore bien présent à l'école québécoise ou si ce n'est pas une autre forme (le politique, l'économique) qui a emprunté des contenus à la religion pour s'inscrire dans la place laissée vacante par celle-ci.

3.2 La transformation du religieux et les enjeux de pouvoir

Face à cette vision moderniste de la place et du type de religieux présents dans l'école québécoise, une question demeure : qui contrôle ce nouveau religieux, moderne et fortement formé de contenu politique ou économique ?

Selon la théorie des champs de Pierre Bourdieu, un capital symbolique comme celui du religieux ne peut rester « libre » très longtemps du fait de l'intérêt qu'il comporte et du pouvoir qui lui est

26. Pour une présentation synthétique de la pensée de Simmel sur le religieux, voir Danièle Hervieu-Léger et Jean-Paul Willaime, « Georg Simmel (1858-1918). Permanence et fluidité de la religiosité », dans *Sociologies et religion. Approches classiques*, Paris, Presses universitaires de France, 2001, p. 111-146.

associé[27]. Notons que Bourdieu parle de *champ* religieux et non de *forme*, mais que sa vision interrelationnelle de la société le rapproche beaucoup des perspectives simmeliennes sur la sociation. Pour Bourdieu, donc, chaque champ est composé d'un certain capital symbolique dont la valeur varie selon les relations sociales et le contexte. Dans cette perspective, il faut savoir que le capital religieux est aujourd'hui et depuis les années 1960 un capital symbolique de moins en moins contrôlé par le monopole de l'Église[28]. D'autres agents (du champ religieux, mais aussi d'autres champs) tentent de se l'accaparer ou de le contrôler pour leur propre profit. Une partie de ce capital religieux, le spirituel, a été laissé de côté dans le discours théologique à partir des années 1960, et ce, au profit de l'engagement social[29]. Or, le capital symbolique rattaché à cette notion prend de plus en plus d'importance au cours des années 1960 et 1970 du fait de l'individualisation du religieux et de la nouvelle doxa néolibérale. Ce capital, en gain de valeur, devenait libre de contrôle et c'est pourquoi divers agents et même l'État auraient cherché à se l'approprier pour le contrôler en le modelant selon leurs intérêts. On en revient donc à la même question : ce spirituel présent dans les écoles du Québec, est-ce bien du religieux aujourd'hui ? N'est-ce pas plutôt un capital que le champ politique, économique ou autre s'est approprié en le transformant ?

CONCLUSION

L'étude de l'évolution de la place et du type de religieux valorisés dans le système scolaire québécois montre une évolution de la place et du type de phénomène religieux présent et valorisé dans l'école québécoise : un passage de la *religion* au *spirituel*. Ce passage est caractéristique de la modernisation du Québec, mais il montre également

27. Pierre Bourdieu, « Le champ religieux dans le champ de manipulation symbolique », dans Université des sciences humaines de Strasbourg, Centre de sociologie du protestantisme (dir.), *Les nouveaux clercs : prêtres, pasteurs et spécialistes des relations humaines et de la santé*, Genève, Labor et Fides, coll. « Histoire et société », 6, 1985, p. 255-261 (ici p. 257).

28. Voir, notamment, Raymond Lemieux et Micheline Milot (dir.), *Les croyances des québécois. Esquisses pour une approche empirique*, Québec, Groupe de recherche en sciences de la religion – Université Laval, coll. « Les cahiers de recherche en sciences de la religion », 11, 1992.

29. Giuseppe Giordan, « Spirituality: From a Religious Concept to a Sociological Theory », dans Kieran Flanagan et Peter C. Jupp (dir.), *A Sociology of Spirituality*, Burlington, Ashgate, 2007, p. 161-180.

un cas bien particulier de transformation, voire de rationalisation, du religieux dans l'espace public – et même institutionnel – d'une société moderne.

Cette évolution est bien entendu propre au Québec et à l'histoire de son système scolaire. Cependant, une évolution semblable, bien que différente en de nombreux points, peut être observée dans les soins de santé au Québec avec le passage de la religion omniprésente à l'actuel service de soins spirituels dans les hôpitaux de la province. De même, une étude diachronique menée dans divers pays occidentaux sur l'utilisation de la notion de « spirituel » montre une même tendance à ne plus rejeter la religion, mais à la rationaliser en privilégiant une distinction spirituel/religion[30].

Tout cela nous amène à penser notre monde contemporain en des termes non pas antimodernes, mais bien postmodernes, afin de prendre en compte le dépassement de la modernité en « projet », cette modernité éradicatrice du religieux, mais aussi et, surtout, afin de comprendre les paradoxes et les enjeux de la socialisation en cours.

Parmi ces enjeux, l'un, fondamental pour l'analyse du champ religieux, semble être celui de la possession du *spirituel*, ce nouveau capital religieux qui n'appartient encore, de fait, à personne, mais que se disputent de nombreux agents. Et cet enjeu ressemble beaucoup à celui qui accompagnait l'apparition de l'éthique, en concurrence avec la morale, il y a de cela quelques années…

30. *Ibid.*

CHAPITRE 19

BERNARD DESCOULEURS ET LE RELIGIEUX DANS L'ENSEIGNEMENT : UN HÉRITAGE PORTEUR DE SENS

Pierre Cardinal

Catéchète français, Bernard Descouleurs a laissé sa marque quant à la manière dont la laïcité de l'État et l'enseignement du fait religieux devraient s'articuler au sein de l'école publique. Ses interventions citées dans ce texte traitent toutes, à des degrés divers, de l'importance de ne pas évacuer de l'enseignement le religieux dans sa dimension humaine[1].

Nous entendons présenter les principaux axes de réflexion sur lesquels se fonde son « approche laïque des religions », avec les risques d'approximation que font courir les renvois fréquents à ses articles qui n'abordent pas tous le sujet sous le même angle. Au terme de ce trajet, nous examinerons le nouveau programme d'éthique et de culture religieuse. Sans prétendre en faire une étude exhaustive, nous nous pencherons sur un élément important de la pensée de Bernard

1. À titre indicatif, l'article « Culture scolaire, culture laïque, culture religieuse » (*Bulletin de l'Institut catholique de Lyon*, vol. 122, n°s 119-120, octobre 1997 et mars 1998, p. 25-34) en donne un bon aperçu de son traitement du sujet. Parmi ses publications récentes, voir : « L'enseignement du "Fait religieux" à l'école – La dimension religieuse de l'Homme dans la culture », *Partie Prenante*, n° 2 (avril-juin 2004), p. 22-29 ; « À nouvelles communautés, nouveaux types de croyants ? Approche anthropologique et psycho-spirituelle », *Lumen Vitae*, vol. 62, n° 4, 2007, p. 405-417.

Descouleurs afin de mesurer sa prise en compte dans l'élaboration du cours.

1. QUELQUES REPÈRES FONDAMENTAUX

Bernard Descouleurs est né à Argenteuil (Val d'Oise, France) en 1930. Il était marié, père et grand-père. Son décès, survenu le 13 août 2007, a subitement mis un terme à une carrière prolifique au cours de laquelle il a écrit de nombreux livres à vocation catéchétique ou destinés à l'initiation sacramentelle, dont plusieurs ont été rédigés en collaboration avec son épouse, Christiane Gaud. Il a aussi abordé dans ses travaux les « voies d'initiation spirituelle », que l'on adhère ou non à une confession religieuse[2].

L'initiation spirituelle chez Descouleurs s'inscrit dans une démarche raisonnée. Il est d'ailleurs très conscient des « exigences intellectuelles qui accompagnent souvent la demande de spiritualité chez bon nombre de nos contemporains[3] ». L'aspiration à une élévation spirituelle s'enracine dans ce qu'il appelle « le sens de la dignité absolue de l'homme[4] ».

L'ouverture à l'altérité est un des éléments sur lesquels il insiste souvent, la qualifiant de « dimension constitutive de l'être humain[5] ». « L'homme n'est pas sa propre origine, dira-t-il, tel est le message essentiel de la religion[6]. » Dans son ébauche d'une spiritualité laïque, il note bien la tension que cela fait surgir chez celui qui entreprend une telle démarche et « la déprise de soi » qu'elle exige[7].

Bernard Descouleurs était membre du conseil de direction de l'Institut de formation pour l'étude et l'enseignement des religions

---

2. Voir, notamment, *Repères pour la spiritualité*, Paris, Desclée de Brouwer, 2002, 272 p.
3. Bernard Descouleurs, « Réflexion à propos d'une spiritualité laïque », *Lumen Vitae*, vol. 57, n° 2 (juin 2002), p. 161-172 (ici p. 166).
4. Il s'agit d'un thème cher à l'auteur : « Religion et spiritualité », *Bulletin de liaison de l'association « Cultures & Foi »*, vol. 17, novembre 2005, p. 11-14 (ici p. 11) ; « Cours de religion non confessionnel et initiation spirituelle. Enjeu d'un débat actuel en France », dans Arnaud Join-Lambert (dir.), *Enseignement de la religion et expérience spirituelle*, Bruxelles, Lumen Vitae, coll. « Haubans », n° 2, 2008, p. 85-102 (ici p. 95). Voir aussi « Culture scolaire et recherche de sens », dans Michel Barlow, Bernard Comte, Bernard Descouleurs *et al.*, *Dieu est-il laïque ? Recherche de sens et laïcité. Essai de théologie pratique*, Paris, Desclée de Brouwer, 1998, p. 51-75 (ici p. 59).
5. *Idem*, « Religion et spiritualité », p. 14.
6. *Ibid.*, p. 12 ; « Cours de religion [...] », p. 100.
7. *Idem*, « Réflexion à propos [...] », p. 167.

(IFER) où il y a occupé le poste de conseiller scientifique pendant une dizaine d'années[8]. Ses interventions dans les colloques de même que ses nombreux écrits trahissent un grand désir de faire découvrir aux élèves la richesse de leur intériorité.

2. CONSTATS ET NOUVELLES RÉALITÉS

Les réflexions de Bernard Descouleurs visent à réorienter l'approche du fait religieux dans l'enseignement. Ses propositions découlent de deux constats. Il observe d'une part une inculture religieuse marquée qui exige que l'on pose des gestes concertés. Il constate d'autre part que la modernité a provoqué une rupture épistémologique de sorte que l'école, lorsqu'elle aborde les phénomènes religieux, doit le faire en plaçant l'être humain au centre de la démarche d'apprentissage.

2.1 Les sources de l'inculture religieuse

Depuis les lois de Jules Ferry en 1881-1882 et la loi établissant la séparation de l'Église et de l'État en 1905, l'enseignement religieux en vient, en France, à se donner dans un temps et un espace différents de l'école[9].

Dans plusieurs de ses articles, Descouleurs rappelle les principales étapes d'une prise de conscience devant « l'effacement culturel du christianisme dans notre société[10] ». En 1989, le rapport Joutard s'inquiétait de l'inculture religieuse des enfants, ce qui les privait des clés nécessaires à la compréhension des codes religieux[11]. Le taux de catéchisation ayant considérablement baissé depuis l'instauration de l'école laïque, la majorité des enfants ne bénéficient plus maintenant

---

8. L'IFER fait partie intégrante du Centre universitaire catholique de Bourgogne (Dijon) fondé en 1993 et associé à l'Université catholique de Lyon. Pour une brève présentation du Centre universitaire catholique de Bourgogne et de sa mission, voir Bernard Descouleurs, Mireille Estivalèzes, Daniel Faivre *et al.*, *La laïcité a-t-elle perdu la raison ? L'enseignement sur les religions à l'école*, Paris, Parole et Silence, 2001, p. 13.
9. Bernard Descouleurs, « La demande de culture religieuse à l'école. Une nouvelle donne dans les rapports du système éducatif français et de la religion ? », dans Pierre-Marie Beaude et Jacques Fantino, *Le christianisme dans la société. Actes du colloque international de Metz (mai 1996)*, Paris, Cerf – Université de Metz – PUL, 1998, p. 175-180 (ici p. 175).
10. *Ibid.*, p. 176.
11. *Idem*, « Culture scolaire, culture laïque [...] », p. 28 ; « Culture scolaire et recherche [...] », p. 69.

de cet apport de connaissances religieuses utiles à la compréhension du monde occidental. Descouleurs y voit une « rupture culturelle[12] » et, citant le rapport, il souligne qu'un pan entier de notre mémoire collective est par là menacé[13].

Le rapport de Régis Debray recommandait, en 2002, la prise en compte du fait religieux dans les cours, afin de passer « d'une laïcité d'incompétence (le religieux ne nous regarde pas) à une laïcité d'intelligence (il est de notre devoir de le comprendre)[14] ». Bernard Descouleurs avait formulé une telle requête depuis un bon moment déjà[15]. Cet enseignement du fait religieux présenterait aussi l'avantage de « fournir les outils rationnels d'intelligibilité et de discernement[16] ».

Parallèlement à cela, Descouleurs signale que la Ligue de l'enseignement avait conscience, dès 1982, de l'importance pour l'école publique d'une ouverture à l'ensemble du champ des connaissances, incluant notamment celui des religions[17].

2.2 Le religieux, une affaire humaine

Descouleurs note que le développement des sciences positives a modifié grandement le rapport qu'entretient l'homme avec l'univers matériel qui l'entoure, ce qui, par voie de conséquence, a entraîné un changement radical dans la représentation qu'il se fait de la conduite de sa destinée[18]. Il cite Gauchet : « Nous vivons comme *problématique* ce qui nous est donné pour *résolu* dans le cadre des systèmes spirituels[19]. »

S'appuyant sur les propos d'Yves Ledure, il décrit le changement épistémologique qui nous a fait entrer dans « l'âge anthropologique[20] ». Il constate avec lui que le bouleversement culturel provoqué

---

12. *Idem*, « Culture scolaire, culture laïque […] », p. 27 ; « Culture scolaire et recherche […] », p. 69.
13. *Ibid.* ; voir aussi « La demande de culture […] », p. 176.
14. *Idem*, « Cours de religion […] », p. 88, citant le rapport.
15. Pensons au colloque international de Metz en 1995. *Idem*, « La demande de culture […] », p. 179.
16. *Idem*, « La place problématique de la religion en régime de laïcité », *La pensée*, vol. 342, n° 2 (avril et juin 2005), p. 107-118 (ici p. 113).
17. *Idem*, « L'approche laïque des religions est-elle théologiquement concevable ? », dans Bernard Descouleurs, Mireille Estivalèzes, Daniel Faivre *et al.*, *La laïcité a-t-elle perdu la raison ?*, p. 85-108 (ici p. 86).
18. *Idem*, « Culture scolaire et recherche […] », p. 177.
19. *Ibid.* ; voir aussi « Cours de religion […] », p. 91.
20. *Idem*, « Culture scolaire et recherche […] », p. 177 ; « Cours de religion […] », p. 90.

par l'avènement de la modernité a mené l'homme à la détermination de soi[21]. Il en résulte « une modification radicale du rapport de l'homme au religieux[22] ». Prenant acte de ce virage anthropologique, Descouleurs croit qu'il faille désormais considérer la religion « essentiellement à partir de l'homme et du point de vue de l'homme[23] ».

3. L'APPROCHE LAÏQUE DES RELIGIONS

Descouleurs propose une approche qui entend resituer la religion dans le champ anthropologique. Mais il ne s'agit pas seulement pour lui de pallier l'inculture religieuse des élèves. Son approche « s'inscrit au cœur même de la mission de l'enseignement qui consiste fondamentalement à servir les élèves dans la construction de leur humanité[24] ». Cela passe d'abord par une reconnaissance culturelle.

3.1 Vers une reconnaissance culturelle

Bernard Descouleurs a défendu ardemment l'appartenance de la religion à la culture générale, notamment dans un article paru dans la revue *La pensée*[25]. Il déplore qu'une certaine compréhension de la laïcité ait conduit à confiner le religieux dans le registre cultuel, le privant ainsi de légitimité culturelle[26]. Ailleurs, il constate que l'expérience du Dieu d'Israël ne s'exprime pas autrement que dans et à travers les cultures[27].

Une démarche laïque véritable « considère le fait religieux comme fait de culture[28] ». La culture religieuse ne devrait pas être considérée comme quelque chose de distinct de ce qu'on appelle communément la culture générale[29]. Les dimensions religieuse et spirituelle en font partie[30].

---

21. *Idem*, « Culture scolaire et recherche […] », p. 67-68, 177-178; « Culture scolaire, culture laïque […] », p. 32.
22. *Idem*, « Cours de religion […] », p. 91.
23. *Idem*, « Culture scolaire, culture laïque […] », p. 31 ; *idem*, « Culture scolaire et recherche […] », p. 178.
24. *Idem*, « Culture scolaire, culture laïque […] », p. 32.
25. *Idem*, « La place problématique […] », p. 110-114.
26. *Ibid.*, p. 111-112.
27. *Idem*, « Culture scolaire et recherche […] », p. 187.
28. *Idem*, « L'approche laïque […] », p. 90.
29. *Ibid.*, p. 87.
30. *Idem*, « Cours de religion […] », p. 90.

Nous aimerions porter à l'attention du lecteur les livres de la collection « Histoire des religions. Cultures et religions ». Bernard Descouleurs et René Nouailhat, directeur du Centre universitaire catholique de Bourgogne, ont dirigé ces volumes[31]. Les enseignants pourront consulter à profit ces ouvrages qui illustrent l'approche préconisée par Descouleurs.

3.2 Pour une herméneutique religieuse

Ce que Bernard Descouleurs entend par « culturel » ne correspond pas à un enseignement culturel des religions, entendu comme un exposé descriptif des particularismes religieux[32]. Il plaide pour une approche laïque des religions qui pratiquerait une véritable herméneutique à travers les différentes expressions religieuses de l'homme, afin de découvrir le sens profond de ses représentations[33]. C'est pourquoi il préfère parler d'*approche* laïque des religions, pour signifier que la démarche proposée s'inscrit véritablement dans un processus de compréhension des phénomènes religieux qui, dans leurs manifestations, participent de notre histoire commune[34].

L'attention portée aux textes sacrés constitue le chemin privilégié pour arriver à cette fin. En outre, l'approfondissement de ces textes évite de tomber dans le récit des coutumes, des rites et des fêtes[35]. Ce travail d'herméneutique religieuse devrait couvrir l'ensemble des genres littéraires propres à ce domaine d'expression : récits fondateurs, littérature de sagesse, textes mystiques, homilétiques et liturgiques[36].

Devant l'opinion contraire exprimée par Nicolas Sarkozy dans l'un de ses livres, Bernard Descouleurs défend la pertinence d'étudier ces textes en classe[37]. Il rappelle que selon les programmes de

31. *Idem*, *Enseignement, littérature et religion*, Paris et Besançon, Desclée de Brouwer et CRDP de Franche-Comté, 2000, coll. « Histoire des religions. Cultures et religions », 218 p. ; *Approches des religions de l'Antiquité*, Paris et Besançon, Desclée de Brouwer et CRDP de Franche-Comté, 2000, coll. « Histoire des religions. Cultures et religions », 223 p. ; *Réformes, révolutions et modernité*, Paris et Besançon, Desclée de Brouwer et CRDP de Franche-Comté, 2002, coll. « Histoire des religions. Cultures et religions », 293 p.
32. *Idem*, « L'approche laïque [...] », p. 87.
33. *Ibid.*, p. 91.
34. *Ibid.*, p. 87-88.
35. *Ibid.*, p. 91.
36. *Ibid.*, p. 92 ; « Cours de religion [...] », p. 93.
37. *Idem*, « La place problématique [...] », p. 113-114. Le livre de Nicolas Sarkozy auquel il fait référence s'intitule *La République, les religions, l'espérance*, Paris, Cerf, 2004. Celui qui allait

l'Éducation nationale, ceux-ci « font partie intégrante du patrimoine de l'humanité » et qu'en tant de tel, ils constituent des « documents » à étudier[38]. Il fait également valoir qu'apprendre à situer le texte « selon le genre littéraire, ses conditions de production, sa contextualité, permet d'en dégager le sens[39] ». Une telle étude objective peut aussi bien s'appliquer aux textes religieux qu'aux œuvres poétiques, politiques ou philosophiques.

L'approche critique des textes sacrés est d'ailleurs « parfaitement recevable dans la démarche laïque[40] ». Ceux-ci témoignent, en effet, de la manière dont l'humanité a géré les questions ultimes qui la préoccupent: « C'est à travers ces textes que l'on peut le mieux percevoir les vibrations de l'âme religieuse[41]. »

3.3 Alimenter une réflexion sur le sens

Cette démarche laïque d'approfondissement « prend son sens dans la visée de connaissance et de compréhension de la condition humaine, exigence nécessaire pour former des citoyens capables de maîtrise d'eux-mêmes et de la société[42] ». Selon Descouleurs, la formation des enseignants devrait donc faire intervenir au premier chef l'anthropologie, « pour que le fait religieux puisse être reconnu et interprété comme une production de l'humanité en recherche de sens[43] ».

La recherche de sens occupe une place prépondérante dans la pensée de Bernard Descouleurs. Il conçoit une approche qui permette aux étudiants de cerner les questionnements intérieurs qui relèvent de la condition humaine. Se façonne ainsi leur humanité à travers l'enseignement des différentes disciplines[44]. Les réponses à la question du sens sont à chercher dans la littérature, la philosophie, l'éthique, l'histoire, des questions auxquelles la science ne peut

---

devenir président de la république se prononce sur le rapport Debray aux pages 158 à 161, où il émet une opinion défavorable à l'étude de ces textes en milieu scolaire.

38. *Ibid.*, p. 114.
39. *Ibid.*
40. *Ibid.*, p. 99.
41. *Ibid.*, p. 92.
42. *Ibid.*
43. *Ibid.*, p. 92-93.
44. *Idem*, « Culture scolaire, culture laïque [...] », p. 32-33; « Culture scolaire et recherche [...] », p. 68.

apporter de réponse[45]. Une véritable laïcité donne à l'homme les possibilités libres de sa quête de sens[46].

Historiquement, la question du sens n'est pas totalement absente de la culture scolaire laïque, mais il importe de replacer l'homme au centre de l'entreprise culturelle[47]. Descouleurs insiste sur la prise en compte de la dimension anthropologique dans l'enseignement de toute discipline pour réaliser ce qu'il appelle, avec Guy Coq, un « réinvestissement culturel » de l'école[48]. Ainsi, l'école pourra transmettre cette conception de l'homme qui est au cœur de notre culture, un être humain « autonome et responsable, lucide autant que faire se peut, grâce à la connaissance et à la réflexion critique, ouvert à autrui et solidaire[49] ».

3.4 L'importance de la pensée symbolique

Descouleurs note qu'une démarche laïque qui resterait au simple niveau descriptif du fait religieux négligerait « le nécessaire travail de compréhension qui permet d'en découvrir le sens[50] ». Il regrette que la rationalité scientifique, par l'approche positiviste qu'elle privilégie, ne donne qu'une explication phénoménale de la réalité qui n'aille pas au-delà d'un simple récit descriptif[51].

La rationalité scientifique n'est pas incompatible avec l'étude du fait religieux, qu'on aborde celui-ci sous l'angle théologique ou suivant l'approche laïque[52]. Il importe cependant que l'on étudie le religieux sous le mode auquel il se donne à lire. C'est pourquoi Descouleurs insiste sur un aspect incontournable qui caractérise

45. *Idem*, « Culture scolaire, culture laïque [...] », p. 33 ; « Culture scolaire et recherche [...] », p. 68.
46. « Dans la mesure où la démarche laïque vise la connaissance et la compréhension de la réalité humaine, il me semble essentiel, s'agissant du fait religieux, qu'elle aille jusqu'au bout de son chemin pour déchiffrer dans la démarche religieuse la quête humaine de l'au-delà de l'homme, de l'Absolu, de l'illimité, de l'invisible. » *Idem*, « L'approche laïque [...] », p. 107.
47. *Idem*, « Culture scolaire et recherche [...] », p. 67. Pour un historique de la mise en place, à l'école, d'une morale laïque conforme à l'idéal humaniste en France, voir p. 55-65.
48. *Ibid.*, p. 67.
49. *Idem*, « Culture scolaire, culture laïque [...] », p. 32 ; « Culture scolaire et recherche [...] », p. 68.
50. *Idem*, « L'approche laïque [...] », p. 106.
51. *Idem*, « Le fait religieux en Français », dans Bernard Descouleurs, Mireille Estivalèzes, Daniel Faivre *et al.*, *La laïcité a-t-elle perdu la raison ?*, p. 281-294 (ici p. 291).
52. *Idem*, « L'approche laïque [...] », p. 97-100 ; « La place problématique [...] », p. 114-117.

toutes les religions, à savoir la pensée symbolique: « Nous fonctionnons habituellement dans le "contre-sens" en prenant l'expression religieuse au premier degré, en confondant le signe avec la réalité qu'il désigne[53]. » Le discours religieux est indissociable de la pensée symbolique. Descouleurs la qualifie de « formidable capacité humaine de transfiguration de la réalité[54] ». Elle donne également accès au langage mythique : « Le professeur peut aussi faire découvrir les représentations qui sous-tendent le texte, les représentations fondatrices de notre culture, les mythes[55]. » Se référant à Michel Meslin, Descouleurs souligne que la vérité des récits fondateurs à caractère mythique « n'est pas de l'ordre de l'événementiel, mais de l'existentiel[56] ».

Sur un autre plan, il souligne aussi l'importance d'une ouverture au symbolique dans un cheminement spirituel, cette ouverture permettant de sonder ce qu'il appelle « la profondeur du réel[57] ».

3.5 Laïcité et neutralité

Bernard Descouleurs dénonce une certaine attitude à l'égard du fait religieux qui consiste à ne pas l'aborder dans l'enseignement, à pratiquer une « laïcité d'abstention[58] », une « laïcité silencieuse[59] ». Il faut éviter, selon lui, de confondre laïcité et neutralité de l'État, car « contrairement à ce que l'on affirme trop souvent et trop rapidement, la laïcité n'est pas la neutralité[60] ».

Dans une étude laïque des textes sacrés, on s'intéressera aux questionnements qu'ils suscitent, aux réflexions qu'ils génèrent, en somme, à leur production de sens. S'il importe de suspendre l'activité interprétative et attestataire de la foi dans ce contexte, le travail herméneutique « *ne saurait être identifié à la neutralité*, qu'on ne s'y méprenne pas[61] ! ». En outre, apprendre à discuter des phénomènes

53. *Idem*, « Discours religieux et discours scientifique », *Partie Prenante*, n° 1 (janvier et mars 2005), p. 23-25 (ici p. 24). L'article est consacré à la pensée symbolique et aux implications de ce mode de pensée pour l'interprétation des textes religieux, notamment les récits fondateurs d'Israël.
54. *Idem*, « Le fait religieux [...] », p. 290.
55. *Idem*, « Culture scolaire, culture laïque [...] », p. 33.
56. *Idem*, « Le fait religieux [...] », p. 290.
57. *Idem*, « Religion et spiritualité », p. 13 ; « Cours de religion [...] », p. 97.
58. *Idem*, « L'approche laïque [...] », p. 104.
59. *Idem*, « La demande de culture [...] », p. 176 ; « Culture scolaire, culture laïque [...] », p. 25.
60. *Idem*, « L'approche laïque [...] », p. 89.
61. *Ibid.*, p. 101. L'auteur souligne.

religieux et s'en faire une opinion circonstanciée doit aussi faire partie du bagage intellectuel des futurs citoyens[62].

4. LA SITUATION QUI PRÉVAUT AU QUÉBEC

4.1 Quelle place au développement spirituel ?

Ce qui distingue la démarche intellectuelle de Bernard Descouleurs, c'est cette conviction que la recherche de sens est légitime dans une société laïque et que l'école devrait par conséquent accompagner l'élève dans cette voie. Voyons maintenant si cette vision des choses trouve un écho dans le nouveau programme québécois d'éthique et de culture religieuse.

Solange Lefebvre a écrit un article intéressant pour notre propos, un texte dans lequel elle consacre une section à la prise en compte du développement spirituel dans les différents rapports qui ont été produits au fil des ans et qui ont mené à la création du nouveau cours[63]. Elle se réfère aux avis exprimés par le Comité des affaires religieuses, aux recommandations du rapport Proulx ainsi qu'aux publications du défunt Comité catholique (Conseil supérieur de l'éducation). Dans un avis daté de mars 2004, le Comité des affaires religieuses souscrit à l'objectif du développement spirituel dans la perspective d'une éducation à la religion qui aille au-delà de la seule dimension culturelle[64]. Le développement spirituel ne faisait toutefois pas partie des objectifs de l'enseignement culturel des religions tel que proposé par le rapport Proulx en 1999. Tout au plus envisageait-on que la demande de sens pût trouver dans ce cours une assise, mais seulement comme une conséquence de l'éveil aux phénomènes religieux[65].

---

62. *Ibid.*, p. 104. À la page 105, l'auteur met en garde contre la tentation d'un « enfermement dans la neutralité ».
63. Solange Lefebvre, « Éduquer à la religion : connaissances, reconnaissance et dialogue », dans Fernand Ouellet (dir.), *Quelle formation pour l'éducation à la religion ?*, Québec, PUL, 2005, p. 63-84 (ici p. 68-70).
64. Les publications de ces organismes sont disponibles en ligne sur le site Internet des Affaires religieuses du gouvernement du Québec à l'adresse suivante : http://www.mels.gouv.qc.ca/affairesreligieuses/, consulté le 18 novembre 2008.
65. Notre propre interprétation, non celle de l'auteure. Voir Solange Lefebvre, « Éduquer à la religion […] », p. 70, où elle cite le rapport.

Or, une nouvelle disposition de la Loi sur l'instruction publique stipule que pour favoriser l'épanouissement de l'élève, l'école doit notamment faciliter son cheminement spirituel (article 36). Le gouvernement a cependant retenu l'approche laïque plus conservatrice du rapport Proulx à cet égard, le nouveau programme québécois d'éthique et de culture religieuse n'ayant pas pour but « d'accompagner la quête spirituelle des élèves[66] ». C'est le Service d'animation spirituelle et d'engagement communautaire qui s'est vu confier la responsabilité de répondre à ce volet fondamental de la mission éducative de l'école[67]. Ce Service en milieu scolaire peut, bien sûr, contribuer au développement spirituel des jeunes, mais cette solution minimaliste revient en quelque sorte à poser la pratique sans la théorie, la spiritualité n'étant pas nourrie d'un apport réflexif soutenu et cohérent.

4.2 Quête de sens et cheminement spirituel

Comment situer le développement spirituel par rapport à la recherche de sens telle que Bernard Descouleurs la présente ? Une complète équivalence entre les deux expressions n'est certes pas possible à établir. Le développement spirituel n'est pas assimilable à la recherche de sens, pas plus que l'une n'englobe l'autre. Les deux notions peuvent cependant se recouper.

Plutôt qu'un objectif à atteindre, Descouleurs appréhende la quête de sens davantage comme un processus qu'il importe d'enclencher à l'école à partir d'une approche anthropologique. Elle revêt un caractère éminemment personnel, sans exclure pour autant la discussion[68]. Cette réflexion, toute personne la poursuit à l'âge adulte et l'enrichit à partir des questionnements que suscite son propre vécu.

Devant cette humanité « confrontée à la gestion des forces obscures qui surgissent de ses profondeurs[69] », l'être humain se sent interpellé dans sa dimension spirituelle. Le cheminement spirituel

---

66. Description du programme d'éthique et culture religieuse (version approuvée), p. 6.
67. Dans un autre avis du Comité des affaires religieuses, on insistera sur l'importance du rôle dévolu à ce Service de façon à satisfaire aux exigences de la loi (février 2007).
68. La recherche de sens est ce « travail de la conscience pour formuler la question du sens de la vie (signification et direction) et envisager les éléments de réponse à cette interrogation, afin d'élaborer une position personnelle ». Définition donnée en introduction du livre de Michel Barlow *et al.*, *Dieu est-il laïque ?*, p. 19.
69. Bernard Descouleurs,. « Religion et spiritualité », p. 11 ; « Cours de religion [...] », p. 95.

peut trouver une place dans le parcours scolaire, mais il s'agira seulement d'une première étape, d'une initiation, comme dans ce cours de religion non confessionnel que Descouleurs situe « en amont de toute adhésion à une confession religieuse[70] ».

Décrivant quelques facettes d'une spiritualité hors institution, il affirme qu'une démarche de spiritualité laïque « pourrait peut-être apparaître comme une étape indispensable dans la quête du sens, représentant le transit nécessaire pour passer de l'indifférentisme [...] à un premier repérage de notre dimension spirituelle[71] ».

4.3 Quelle laïcité pour le Québec ?

Est-ce à dire que le nouveau programme néglige la quête de sens chère à Bernard Descouleurs ? Il semble que la conception française de la laïcité scolaire ne permette à l'enfant que d'entrevoir ce « souffle intérieur » évoqué par Descouleurs[72]. Il lui revient de poursuivre sur cette voie, hors de l'école, s'il veut véritablement explorer la dimension spirituelle de l'être.

Les conditions favorisant cet épanouissement pouvaient cependant trouver leur juste place dans les écoles du Québec, où le cheminement spirituel de l'enfant est clairement énoncé dans la Loi sur l'instruction publique. Même si le fait religieux se voit consacré ici un cours à part entière, on peut regretter que cet aspect de la quête de sens n'ait pas été davantage pris en considération dans l'élaboration du nouveau programme, la spiritualité demeurant un objectif somme toute assez vague du mandat éducatif, puisqu'elle est entendue dans son acception la plus générale[73].

CONCLUSION

Les réflexions de Bernard Descouleurs conservent toute leur pertinence lorsqu'on les transpose dans la situation québécoise et les

70. *Idem*, « Cours de religion [...] », p. 94.
71. *Idem*, « Réflexion à propos [...] », p. 171.
72. Il s'agit du souffle intérieur qui « élève l'âme » et qui s'accompagne d'aspirations nobles. « Religion et spiritualité », p. 11 ; « Cours de religion [...] », p. 96.
73. Voir, à ce propos, le récent avis du Comité des affaires religieuses dans lequel on traite des pistes d'initiation spirituelle de manière plus limitée que ne le faisait Bernard Descouleurs, notamment en ce qui a trait à l'intériorité et au sens de l'altérité (février 2007, section 2.4).

discussions en cours sur l'approche à adopter quand vient le temps de parler de religion à l'école.

Replacer l'homme au centre de l'entreprise culturelle suppose que l'on doive aborder sa quête de sens. Bernard Descouleurs considérait tout à fait possible de pratiquer, dans l'enseignement, l'étude de productions religieuses riches de signification, tout en respectant le caractère laïque de l'institution publique.

Cinquième partie

Penser la religion en régime moderne

CHAPITRE 20

LA STRATIFICATION DU DISCOURS RELIGIEUX ET LA MODERNITÉ

Jacques Pierre

À mon ami Guy

1. INTRODUCTION

Cette réflexion procède d'une longue pratique de l'interprétation sur des objets culturels appartenant au champ institutionnel des religions ou se situant à la marge de celui-ci dans le domaine à la fois plus vaste et plus diffus du mytho-symbolique, mais qui ont tous en commun le fait d'être en prise directe sur la modernité. Or, cette pratique s'est heurtée de diverses manières à des problèmes d'hétérogénéité et à la coexistence au sein de ces objets de modes d'existence du religieux qui sont sémiotiquement disparates. Le religieux perdure, en effet, dans les représentations de la modernité de différentes façons et ces modes d'existence cohabitent le plus souvent au sein du même discours, appelant de la sorte des procédures différenciées adaptées aux multiples registres de déterminations qui convergent dans ces représentations.

Pour donner une tournure plus concrète à notre propos, un film comme *La Matrice*, des frères Wachowski, prélève dans diverses traditions religieuses des matériaux qu'il décontextualise ; il repique ensuite ces matériaux sur un canevas mythologique plus ancien qui est typiquement occidental ; et, enfin, il fait servir ce canevas à un dessein idéologique qui, lui, est parfaitement contemporain. Or, quand elles sont religieuses, ces strates de discours ne le sont pas de la même façon. Il va de soi, donc, qu'une telle production cinématographique ne puisse être analysée comme on le ferait d'un rituel bouddhiste de Birmanie. Le film *La Matrice* n'appartient pas à une religion au sens institutionnel du terme. Mais, comme beaucoup d'autres artefacts culturels de notre époque, il met en scène des contenus religieux, articule sa vision du monde dans des catégories mythologiques, et cela même si, d'entrée de jeu, il est entendu qu'il s'agit d'une œuvre fictionnelle.

Par ailleurs, même en supposant une différence de principe entre ce qu'on pourrait appeler le domaine des « religions » et celui du « religieux », où naissent et prospèrent de telles productions « laïques », ce qui frappe dans cette distinction entre les strates de discours et leur statut véridictionnel, c'est qu'elle s'applique aussi au christianisme moderne. N'est-il pas devenu chose couramment admise que le récit de la Genèse est une fiction ? Ce qui suppose que ce texte ne soit plus considéré comme un objet compact et qu'il faille le déplier pour le lire en conformité avec les exigences nouvelles d'une différenciation entre des régimes distincts de vérité, de causalité et de temporalité. Comment dès lors rendre compte de cette rémanence de contenus religieux tout en ne faisant pas l'impasse sur l'ambiguïté et la complexité introduites dans la vérité de ces discours par leur dimension fictionnelle ? Si tant est qu'on puisse dire du *Macbeth* de Shakespeare ou des *Belles-sœurs* de Michel Tremblay qu'ils sont vrais, ils ne le sont pas de la même façon qu'une épître de saint Paul pour la communauté chrétienne de Corinthe ; laquelle épître, à son tour, ne l'est pas de la même façon que les évangiles et l'épisode du jardin d'Éden. L'entreprise récente de traduction de la Bible par les éditions Bayard, en associant biblistes et gens de lettres, dit bien ce changement de statut qui affecte l'un des textes fondateurs de l'Occident. Reprenant une distinction qui sous-tend l'introduction du nouveau programme d'éthique et de culture religieuse dans les écoles du Québec, la Bible, dans cette entreprise, a cessé d'être un objet exclusivement *confessionnel* pour devenir un objet *culturel*. Le texte n'en est pas devenu faux pour autant ; il n'a même pas cessé d'être actuel, mais il a été assorti d'une posture interprétative mobile et stéréoscopique où le sens ne va plus de soi et, avec lui, le lieu d'où il parle.

C'est pourquoi, sur le plan méthodologique d'abord et sur le plan épistémologique ensuite, il nous a fallu penser ensemble différence et identité. Différence, pour pallier les inévitables contresens qui guettent tôt ou tard une lecture panreligieuse de la culture ; et identité, pour surmonter le cloisonnement myope et, au fond, terriblement ethnocentrique d'une lecture cantonnée dans le domaine de l'institué.

2. STRATIFICATION ET DÉCOUPLAGE

Comme le langage constitue pour ainsi dire le milieu de la pensée, le discours religieux est décisivement affecté par les modalités générales de son fonctionnement. Ces modalités sont nombreuses et fluctuantes et certaines sont assez anciennes pour remonter jusqu'aux aurores de la civilisation occidentale. D'autres, par contre, sont nouvelles, mais combinées avec les autres, elles peuvent entraîner des transformations importantes de la conjoncture. L'invention de l'écriture, la séparation du *mythos* et du *logos* au moment de l'Antiquité grecque, la structure grammaticale des langues indo-européennes, l'hétéronomie introduite dans la représentation du monde par le Dieu judéo-chrétien sont de ces modalités plus anciennes qui ont décisivement affecté le fonctionnement du discours religieux en Occident. L'omniprésence de la société de marché et l'instrumentalisation corrélative et généralisée du monde en sont de nouvelles. Le cadre de cet article ne nous permet pas de nous attarder sur l'apparition de ces modalités, sur ce qu'elles introduisent de transformations au cours de l'histoire dans les conditions d'exercice du discours au sein des différentes conjonctures épistémiques. Ce que d'aucuns, par exemple, ont pu appeler la *postmodernité* tient, pour nous, à la banalisation du sens et à sa transformation en un objet de consommation comme un autre, à la désintégration consécutive des grands ensembles sociaux indispensables à l'émergence et au triomphe de l'*homo consumus*. Mais cette société de marché est déjà tout entière contenue dans la modernité ; elle découle de la normalisation du monde instaurée par la pensée technicienne à l'œuvre depuis longtemps en Occident et à l'autonomisation de la sphère de la représentation qui s'amorce avec l'Antiquité classique. Et elle ne fait que connaître une brutale accélération à la faveur des moyens technologiques nouveaux mis à la disposition des forces productives.

Ce qui intéresse notre propos ici est que ces modalités, pour nouvelles ou anciennes qu'elles soient, ont d'abord contribué à une stratification du discours religieux et ensuite à un découplage des différents registres sémiotiques qui le traversent. Aussi, pour comprendre le fonctionnement actuel du discours religieux, il faut distinguer en lui les registres du *matériau*, de la *structure* et de la *fonction*.

2.1 Matériau

Il en est des cultures comme de ces villes en perpétuelle reconstruction. De l'une à l'autre, seul au fond varie le rythme du chantier: des quartiers voués originellement à une fonction sont réinvestis autrement, des immeubles à l'abandon sont démantelés et recyclés pour partie dans des constructions nouvelles. Répondant sans cesse aux impératifs renouvelés du présent, les cultures sont tenues pour survivre de réorganiser continuellement leurs représentations, les réaménageant, en abandonnant certaines devenues désuètes, en élaborant de nouvelles; et de procéder chaque fois à ce réarrangement à partir des matériaux à leur portée. Ces matériaux, elles les trouvent dans les circonstances du présent – représentations désuètes de leur propre passé, rencontres avec d'autres cultures, etc. Ce faisant, dans ce travail incessant de recomposition et de bricolage, les cultures laissent derrière elles des signifiants qui ont perdu leur sens, qu'elles pourront éventuellement redécouvrir plus tard, et elles en convoquent de nouveaux auxquels elles donnent le statut de signes par une allocation nouvelle de sens.

Nous appelons *matériau* la réserve de signifiants à la disposition d'une culture pour construire sa représentation du monde. Ces signifiants s'inscrivent dans la durée non pas tant pour eux-mêmes, dans la mesure où ils cessent de faire sens avec la disparition de leur contexte d'origine, que pour la longévité de leur substrat.

On pense immédiatement aux ensembles architecturaux ou aux inscriptions dans la pierre qui, dans la longue durée, sont assurés de continuer d'exister longtemps après qu'ils aient cessé d'avoir du sens. Mais il peut s'agir aussi du substrat immatériel de la tradition, d'une mémoire collective où des coutumes se perpétuent à travers la folklorisation. Le matériau, par sa seule force d'inertie dans une forme de mémoire, persiste avant de s'évanouir, comme ces corps en mouvement qui, privés d'impulsion, mettent du temps avant de s'immobiliser.

C'est pourquoi le matériau est *hétéro-déterminé*. Les représentations dont il est porteur sont soumises à un ordre de déterminations qui leur sont extérieures et qui s'exercent sur elles sous le mode de la contingence, comme le ciseau du sculpteur qui fouille et fourrage aveuglément la pierre. En tant que matériau, ce n'est pas aux intimations intérieures à l'œuvre elle-même qu'il répond, ni aux contraintes d'équilibre, de proportion ou de vraisemblance que l'artiste pourrait avoir en vue. Il répond à une causalité externe: tantôt le coup de ciseau du sculpteur, tantôt le coup de marteau du moine iconoclaste ou encore, les conditions climatiques adverses qui l'altèrent et le dégradent.

Quand Karl Marx situe les déterminants fondamentaux d'une société au niveau économique et qu'il conçoit l'idéologie comme un habillage discursif légitimant la propriété des moyens de production, il pense ces représentations comme un matériau. Elles sont les échos d'une causalité extrinsèque et dont le sens s'épuise dans les conditions historiques de leur émergence.

Aussi le matériau n'a-t-il ici quelque chose de religieux que par sa référence à l'ensemble dans lequel il a été prélevé et où le sens commun reconnaît une religion. Est religieux le tesson d'une urne funéraire dans une nécropole paléochrétienne, est religieux le couteau sacrificiel inca derrière la vitrine au Musée de la civilisation. Les critères d'une telle assignation relevant d'une définition *substantive* de la religion, une approche du matériau religieux repose pour l'essentiel sur l'érudition, sur la capacité de suivre le réseau de filiation qui rattache la partie au tout; elle s'accommode prioritairement d'outils historiques.

* * *

Nous donnerons deux exemples: celui du catholicisme québécois et celui de la production cinématographique contemporaine. En ce qui concerne le premier, il a laissé partout les traces de son inscription dans l'espace social. Les édifices religieux, la toponymie des villes, le calendrier des fêtes, l'architecture civile, l'organisation topographique de nos villages en sont autant de marques dans le substrat de notre société et constituent un matériau. Ce dernier étant toujours solidaire d'une époque, il a cependant été rendu plus ou moins opaque par la transformation rapide de son contexte d'intelligence et de pertinence, avec pour corollaire le fait que ces signifiants sont devenus un passif symbolique qu'il aurait fallu, en temps et lieu, ou bien abandonner ou bien réinvestir autrement. Une institution vivante est en prise sur la singularité de son moment historique par son matériau. C'est dans le matériau que s'incarnent les structures plus abstraites de la croyance qui la fonde. On comprend du même coup pourquoi ce matériau exige d'être revisité en fonction de la conjoncture, en regard des déplacements qui affectent immanquablement les conditions dans lesquelles s'exerce la croyance, en fonction des questions toujours nouvelles posées par l'évolution de l'environnement culturel. Même si le matériau n'est jamais complètement adéquat à la structure et à la fonction, même si les registres du discours ont cessé d'être totalisables avec la fin des sociétés traditionnelles, il reste qu'une institution religieuse ne peut se permettre de bouder son inscription dans les signifiants de son temps sans encourir une perte de crédibilité, sans que la stratification qui est inhérente à son discours et qui représente pour elle un chantier permanent ne menace de devenir un découplage.

Or c'est exactement la situation de l'Église québécoise d'aujourd'hui. Elle n'a plus les moyens financiers d'un maintien de son matériau, non plus que les ressources herméneutiques de son actualisation. Une fois épuisé « l'air d'aller » de la mémoire, son matériau ne pourra survivre au titre de la religion. Déjà tombé dans le domaine public, il achèvera d'être décontextualisé et recyclé pour sa valeur utilitaire, commerciale ou historique. La chose vaut pour ces quelques églises transformées en unités d'habitation, pour ces ostensoirs trônant sur les manteaux de cheminée dans certaines demeures bourgeoises, mais elle vaut aussi pour ces représentations mythologiques que la littérature, le cinéma et les arts contemporains ont récupérées à leur tour. De toutes parts, le matériau historique de l'Église catholique lui échappe parce qu'elle n'est plus capable de l'habiter elle-même. D'un côté, l'Église est embarrassée d'un matériau dont elle ne sait plus quoi faire si ce n'est y assurer une vigile passéiste et nostalgique d'un contexte de pertinence qui s'est, depuis longtemps, évanoui ; d'un autre côté, elle ne trouve plus de signifiants à lui substituer qui lui permettraient de se réinventer dans le discours.

Par la force des choses, la littérature, le cinéma et l'art contemporains en ont hérité, mais sans ambition confessionnelle et en poursuivant pour lui-même leur propre projet de sens. Dans la mesure où les artistes contemporains ne sont plus commis à la perpétuation vivante d'une mémoire collective, ils entrent dans le christianisme comme dans un magasin de pièces détachées. Dans le film de Wim Wenders, *Les ailes du désir*, la représentation de l'ange, par exemple, est réinvestie d'une façon esthétiquement saisissante pour devenir le siège d'une interrogation philosophique sur la condition humaine. Dans le film *Magnolia*, de Paul Thomas Anderson, l'épisode de la deuxième plaie d'Égypte, avec la pluie de grenouilles au milieu d'une petite ville du centre des États-Unis, devient, par son absolu surréalisme, un ressort esthétique et narratif prodigieux, mais qui n'a plus grand-chose à voir avec l'Exode. On a déjà évoqué le film *La Matrice* des frères Wachowski ; les références bibliques y côtoient allègrement le bouddhisme zen, la gnose, le taoïsme ou le récit d'*Alice aux pays des merveilles* dans un collage peu embarrassé par son éclectisme.

Dans toutes ces œuvres, il y a un matériau religieux. Cela étant, on ne peut tenir pour acquis le fait qu'il sera accolé aux autres registres du discours religieux. Le cinéma contemporain utilise le judéo-christianisme comme les auteurs classiques du XVIIe siècle ont usé de la mythologie grecque. Cette dernière, en effet, n'a pu coexister avec un catholicisme triomphant et intolérant qu'au prix d'une parenthèse esthétique qui en limitait la portée philosophique et existentielle et permettait de lui faire servir la mise en scène du pouvoir politique. Cela ne pouvait se faire sans que la décontextualisation des contenus mythologiques n'ait, au préalable, neutralisé l'effet performatif qui caractérise habituellement le langage religieux, sans que cette parenthèse ne lui ait enlevé toute virulence sur le marché des biens symboliques et n'ait rendu sa souche inoffensive pour le monopole de l'institution catholique.

C'est pourquoi, en contexte de découplage systématique du discours, il faut garder à l'esprit qu'un matériau religieux peut toujours être détourné de son contexte, recyclé dans une structure et pour une fonction idéologiques séculières.

2.2 Structure

La structure constitue le deuxième des registres du discours. Prenant en charge le matériau, elle donne un sens aux signifiants en les organisant dans un réseau de relations. Elle constitue par ailleurs une représentation générale du monde : l'ordre naturel des choses, l'organisation sociale et l'ensemble des finalités axiologiques et des régulations normatives qui en découlent pour la vie collective. La structure constitue donc le cadre du pensable et, tendant à faire corps avec le monde lui-même, elle *va sans dire.*

La structure appartient ainsi à un autre régime de temporalité que le matériau. Pouvant renouveler son matériau sans que le système des places qu'il occupe ne soit fondamentalement altéré, elle appartient à la longue durée des civilisations. Les circonstances historiques traversées par une civilisation appelant d'incessantes adaptations de la culture, c'est elle qui assure une certaine continuité dans le temps et une permanence de l'identité à travers la singularité des situations historiques.

À l'opposé, la durée du matériau ne tient pas tant à un lien organique avec cette structure qu'à la pérennité matérielle des signifiants que la même structure peut tour à tour abandonner ou reprendre, de sorte que les signifiants peuvent survivre à leur allocation de sens et fermer la marche d'une culture comme les vestiges insistants et têtus d'un autre âge.

Une structure se maintient donc dans le temps par son propre fait. À la différence du matériau qui répond d'une causalité externe, elle est un système autorégulateur. En contrepoint au matériau, elle est *autodéterminée* et *autodéterminante*[1]. Elle constitue de ce fait une réalité *sui generis.* Il est donc possible de comprendre le fonctionnement du discours sans faire intervenir quelque extériorité historique, sociale ou psychologique, et simplement en dressant la carte de ces rapports. On comprend dès lors qu'une structure donnée, élaborée dans un cadre confessionnel, puisse s'émanciper de son matériau religieux et lui survivre à titre d'idéologie.

* * *

L'exemple nous en est donné par la civilisation judéo-chrétienne. Avant d'essaimer et de se diffracter dans le domaine séculier, le christianisme y a été longtemps et exclusivement une religion. Depuis

1. On se souviendra que Pierre Bourdieu définit la religion comme une réalité structurée/structurante. Cette conception se rapproche de la nôtre en ceci que la religion s'y trouve être à la fois cause et effet par rapport au reste de la société. Elle diffère toutefois en ceci que ce qui cause et ce qui est causé pour nous appartiennent à des registres distincts de discours: «Genèse et champ du religieux», *Revue française de sociologie,* XII, 1971, p. 295-334.

la fin du Moyen Âge, on constate, en effet, que sa représentation du monde s'est peu à peu délestée des signifiants religieux. Certes, le judéo-christianisme est resté une religion ; mais il a commencé aussi à exister comme idéologie. Il se perpétue notamment dans l'*ethos* des sociétés occidentales, dans la place centrale que les droits de la personne y occupent à travers le dispositif juridico-éthique, place tributaire, faut-il le rappeler, de la dignité intrinsèque d'un sujet qui a été créé à l'image de Dieu[2].

Le discours thérapeutique de la psychologie moderne est dans une large mesure encore imbibé de cette idéologie. La thèse de Marcel Gauchet sur le désenchantement du monde suppose, à son tour, la conception d'un monde vidé de toute sacralité par la transcendance d'un Dieu unique. On n'en finirait pas non plus de recenser, dans l'histoire des sciences en Occident, les concepts qui ont une préhistoire idéologique et religieuse[3].

Fût-ce pour le subvertir, le contester ou le déconstruire[4], les productions littéraire et cinématographique contemporaines supposent, elles aussi, le canevas idéologique de cette structure ; ce qu'on a appelé le théâtre de l'absurde procède en inversant les signes de celle-ci. Dans *En attendant Godot* de Samuel Beckett, l'attente messianique, qui en contexte judéo-chrétien est faite pour porter l'espérance, fonctionne ici *a contrario* et génère le désespoir. Le récit achemine vers la parousie d'une déshérence où les mots et la mémoire ensemble se défont. Dans le film *La Matrice*, cette même attente messianique est conservée intacte, sans être inversée, mais pour prendre en charge, cette fois, un matériau hétéroclite, prélevé sur différents contextes religieux et qui, par le fait même, est dénaturé. Dans *Les ailes du désir*, les anges ont pour eux l'éternité, mais une

---

2. Ce qui, du reste, explique les tiraillements que suscite, au sein d'une enceinte comme celle des Nations Unies, la volonté de l'Occident d'universaliser les droits de la personne et de les incorporer au fonctionnement politique des autres civilisations. Ce qui explique encore pourquoi c'est le succès du christianisme en tant qu'idéologie qui, au Québec, a privé l'institution catholique d'assise culturelle au moment de la Révolution tranquille. Dans la mesure où elle a été absorbée par les institutions civiles, l'idéologie chrétienne a perdu sa raison d'être un lieu distinct. La chose a été d'autant plus vraie au Québec que, dans l'*aggiornamento* conclu avec le pouvoir colonial britannique, l'Église catholique a complètement investi les relais idéologiques de la nation canadienne-française.
3. *Cf.* Amos Funkenstein, *Théologie et imagination scientifique*, Paris, PUF, 1995 ; B.J.T. Dobbs, *The Foundation of Newton's Alchemy*, Cambridge, Cambridge University Press, 1983.
4. Groupe de recherche ASTER, *Le déluge et ses récits : points de vue sémiotiques*, Québec, PUL, 2005.

éternité vidée et désincarnée; ils sont captifs dans la stase d'un savoir qui n'a pas de corps et qui cherche confusément son Salut dans la condition fugitive et mortelle de l'humanité. Là encore, on conserve une structure, mais en en inversant la polarité axiologique.

Au Québec, le catholicisme a longtemps été l'ossature idéologique de la société. Mais voilà, l'idéologie a survécu à la religion dans les institutions publiques de la Révolution tranquille. La social-démocratie prenant le relais des institutions scolaire et caritative, la structure idéologique a investi d'autres matériaux qui, en l'occurrence ici, étaient séculiers.

On comprend du coup pourquoi la structure n'est jamais religieuse en elle-même[5]. Si elle l'est, c'est en référence à un passé où, conjointe avec un matériau religieux, elle constituait une religion au sens substantif du terme. Si elle l'est, ce peut être aussi en regard de la fonction à laquelle elle vient s'adosser. C'est ce qui reste à voir.

2.3 Fonction

À la différence des sémiotiques animales, le langage humain requiert d'être fondé. Du fait que les plans du signifiant et du signifié sont mobiles l'un par rapport à l'autre, le signe n'y sert pas à encapsuler un domaine d'expérience comme dans la communication indicielle chez les mammifères où à tel cri correspond, de façon univoque, tel message (menace, nourriture, etc.). Le langage humain balise plutôt le champ de l'expérience en y introduisant des repères mobiles dont l'arbitraire introduit, au cœur même de l'organisation de l'expérience humaine, une virtualité qui l'ouvre sur une puissance créative inédite et menace en même temps de le faire s'effondrer par une perméabilité généralisée des identités.

> C'est n'avoir pas saisi le statut du langage dans l'« économie » de l'être, qui est toujours à côté de lui-même parce qu'il porte aussi l'Autre. C'est l'irréductibilité de la métaphore, modalité absolue de la connaissance, qui permet de le comprendre. C'est en visant à côté (le langage) de l'objet à connaître (la réalité) qu'on accède à la connaissance[6].

5. C'est la raison pour laquelle Claude Lévi-Strauss a pu s'intéresser à la structure des mythologies en mettant de côté la question du sacré.
6. Shmuel Trigano, *Qu'est-ce que la religion ?*, Paris, Flammarion, 2001, p. 313.

Pour sauvegarder cette ouverture entre le Même et l'Autre sans qu'ils ne passent l'un dans l'autre, la culture doit pouvoir exercer une forme de confinement à l'égard de cette virtualité ; elle doit pouvoir faire cercle autour du domaine du pensable pour en faire un monde. Or, c'est sur cet horizon du monde que campe le religieux. C'est sa fonction que de fonder le langage humain en lui permettant d'intégrer l'expérience de sa propre limite.

Mais, concrètement, comment intégrer cette possibilité de l'Autre sans l'entamer et la dénaturer en la nommant ? Comment la laisser là où elle est et en même temps la penser ? Par des tournures particulières de parole et d'action que l'on appelle le mythe et le rituel. Le religieux y met en œuvre un discours qui, à même sa propre constitution, *dit* le dicible et *montre* l'indicible, un discours qui dit le Même, qui fait l'Autre et qui fait ce qu'il dit, un discours, donc, dans lequel se réalise l'horizon.

À leur façon et sans toujours théoriser le fait de l'horizon en tant que tel, plusieurs des grandes théories en sciences des religions se recoupent autour de cette question. Quand Claude Lévi-Strauss définit le mythe comme un moyen de surmonter les contradictions inhérentes à l'expérience du monde dans le langage, il le comprend comme un métalangage destiné à refermer la béance constitutive de l'expérience dans le langage. Quand Émile Durkheim donne le totémisme comme le modèle séminal de toutes les productions religieuses, il affirme que l'ordre dans le cosmos et l'organisation sociale peuvent se replier l'un sur l'autre, qu'ils sont une métaphore réciproque et que ce chassé-croisé nature/culture, en ne laissant aucun reste pensable, permet d'assigner une limite au monde. Quand Mircea Eliade affirme que le mythe est le récit fabuleux des commencements, que le mythe raconte comment la réalité est venue à l'existence à travers la geste divine et les exploits des ancêtres, il dit comment la religion naturalise la culture, comment elle permet de faire coïncider l'arbitraire de l'un avec la nécessité de l'autre.

Que ce soit par la convergence paradoxale des catégories du pensable, par le récit d'une origine absolue ou la voûte d'une classification totémique, toutes ces théories montrent comment la culture cherche et se donne une borne où, en même temps qu'elle peut adosser son arbitraire, s'ouvre la possibilité de ce qu'elle n'est pas. Dès lors qu'il y a chez l'être humain une puissance de symbolisation, cette dernière appelle aussitôt la capacité de tracer une limite entre ce monde-ci et l'autre, de faire la part des choses entre la réalité et le rêve, de penser le destin des êtres au-delà de l'absence que leur mort ouvre dans notre expérience. Il y faut un horizon.

De là deux conséquences: la première est que ce registre du religieux est *hétéro-déterminant.* Il n'est pas déterminé, comme le matériau, par une causalité externe; il n'est pas non plus autodéterminé comme la structure. La fonction agit sur la culture: en l'occurrence ici, elle la rend humainement possible. Pour cela, elle ne se tient pas en retrait dans quelque antériorité fondatrice à partir de laquelle pourrait se déployer la culture; elle lui est plutôt coextensive.

La seconde conséquence est que ce registre du discours jouit d'un régime de temporalité extrêmement long: plus long, bien entendu, que le matériau, mais plus long aussi que la structure. À vrai dire, elle accompagne toute l'histoire humaine depuis l'apparition des premières sépultures au paléolithique. Si tant est que l'humain soit un être de langage, on peut dire qu'il est aussi *homo religiosus.*

Ce qui est vrai de la diachronie l'est aussi de la synchronie. Cette fonction ne procède pas nécessairement à partir d'un matériau et d'une structure religieuse. La morphologie religieuse, mythe et rite, peut se déployer sur la culture à chaque instant et en n'importe quel point de sa superficie, en sorte qu'une culture séculière peut présenter les traces d'une telle morphologie. Avant même que la trace n'en soit systématisée dans un ensemble religieux cohérent, la morphologie religieuse peut s'amorcer à partir de n'importe quelle singularité. Il suffit qu'une réalité se détache radicalement sur le fond de l'expérience pour qu'une ligne de fracture lézarde le réel à partir de ce point et qu'il faille aussitôt la suturer par des formes mythiques et rituelles. Pour Eliade,

> Il faut nous habituer à accepter les hiérophanies n'importe où, dans n'importe quel secteur de la vie physiologique, économique, spirituelle ou sociale. En somme, nous ne savons pas s'il existe *quelque chose* – objet, geste, fonction physiologique, être ou jeu, etc. – qui n'ait jamais été quelque part, au cours de l'histoire de l'humanité, transfiguré en hiérophanie[7].

On comprend du coup pourquoi la phénoménologie de la religion et la religiologie, basées l'une et l'autre sur une *définition fonctionnelle* du religieux, aient pu encourir le reproche d'englober la culture entière dans le phénomène religieux et d'y inclure des

7. Mircea Eliade, *Traité d'histoire des religions*, Paris, Payot, 1968, p. 24.

manifestations qu'il répugne au sens commun de considérer comme telles. Mais on comprend aussi pourquoi ce sont ces disciplines qui, les premières, se soient intéressées à ces moments de basculement où une idéologie séculière, dès lors qu'elle se dote d'un horizon, commence à fonctionner comme un discours religieux; que ce soient encore ces disciplines qui aient suivi ces rémanences de formes mythiques et rituelles où la préoccupation fondationnelle se dissémine dans la culture.

On comprend encore que la définition substantive du religieux, basée sur le matériau, ait pu encourir le reproche inverse, c'est-à-dire être accusée de réifier des occurrences datées du religieux, bref de prendre le christianisme comme étalon. C'est que son objet étant, par définition, indissociable d'un contexte de pertinence, il est toujours singulier, rendant du même coup problématique la comparaison entre les cultures et les époques à partir de ce qui survit à ce contexte de pertinence. Si tant est que cette approche puisse se suffire de l'érudition, elle peut se passer d'une telle perspective. Mais elle ne peut pour autant l'exclure sans révéler ses préjugés positivistes.

* * *

Une culture n'est donc jamais prise dans l'alternative consistant à être fondée ou à ne pas l'être; elle est plus ou moins fondée selon que le réseau de mythes et de rituels prend en charge plus ou moins extensivement la culture. Une culture est plus ou moins fondée aussi selon que ce troisième registre du discours soit en prise ou non sur la structure et le matériau de sa culture. Il n'est pas exclu, en effet, qu'un discours fondationnel ne fonde plus rien du tout; il lui suffit de se distancer des formes de sensibilité de son époque pour n'avoir plus rien à dire sur le monde d'où sourd l'interpellation de l'Autre, pour exercer sa fonction dans les limbes de l'autosatisfaction.

Nous l'avons dit, la société de marché procède à un découplage systématique du discours, mais il faut savoir que les cultures qui se meurent à toutes les époques le font de la même façon, en se désarticulant et en se laissant cannibaliser par d'autres qui en récupèrent, en tout ou en partie, les vestiges. Une institution religieuse qui fonctionne à vide est dans l'antichambre de la mort.

On aura compris sans doute ici que je parle du catholicisme québécois. Il propose des réponses à des questions dont on ne se souvient plus. Et il faudrait à toutes forces que l'on revienne à un monde où ces questions avaient encore un sens pour pouvoir entendre les réponses qu'il propose? On ne peut pas faire barrage au devenir et se soustraire au travail herméneutique qui attend chaque culture vivante. On ne choisit pas les questions qui nous habitent, ce sont plutôt elles qui nous choisissent.

En ce qui concerne la production culturelle contemporaine, elle fonctionne, on l'a vu, en mode de découplage. Rien ne nous assure jamais qu'il y aura stratification entre les registres de discours, continuité entre le matériau, la structure et la fonction. Et puis, ces formes de parole et d'action sont plus ou moins systématiques. Le cas de *La Matrice* est exemplaire à cet égard. Il comporte indéniablement des formes mythiques; l'aporie de la vérité et du mensonge ne peut être dépassée que dans le corps ressuscité de Thomas Anderson/Néo, dans un être donc qui, étant des deux côtés de la limite entre la vie et la mort, fait horizon. Mais ces formes mythiques en restent là et ne débouchent pas sur une prise en charge éthique et rituelle de l'action. Un *jeu de langage*, dirait Ludwig Wittgenstein, est assorti à une *forme de vie.*

La béance qui affecte l'expérience humaine n'est pas que cognitive. Elle passe aussi entre les mots et les choses. Tôt ou tard, fonder le monde implique de surmonter en direction de l'horizon ce qu'il y a de tragique dans la parole de saint Paul: «Je ne fais pas le bien que je veux, mais le mal que je ne veux pas, c'est cela que je fais» (Rm 7, 19). C'est pourquoi, dans une tradition religieuse, il y a toujours un efficace du mythe. «En connaissant le mythe, on connaît [...] l'origine des choses et par suite, on arrive à les maîtriser et à les manipuler à volonté[8].»

Le monde de la science-fiction est donc révélateur des limites à l'intérieur desquelles opèrent le plus souvent les univers fictionnels, mais il offre aussi des cas où cette limite est repoussée pour annexer l'action et où l'univers dès l'abord littéraire devient une religion à part entière. Là où le film *La Matrice* s'arrête court pour fonder le seul domaine des représentations, la scientologie, elle, poursuit au-delà. Il faut savoir, en effet, que Ron Hubbard, fondateur de l'Église de scientologie en 1954, a commencé par être un auteur de

8. Mircea Eliade, *Aspects du mythe*, Paris, Gallimard, 1973, p. 30.

science-fiction[9]. Or, ce qui frappe à la lecture de la doctrine scientologique, c'est que les représentations littéraires de son auteur y ont été complètement absorbées. Des formes mythiques de représentations issues de la science-fiction sont donc susceptibles de s'aboucher à des formes d'action rituelle pour élargir le cercle fondationnel et, allant à rebours du découplage du discours, fonder une religion nouvelle.

3. CONCLUSION : LA RELIGION ET LE RELIGIEUX

On aura remarqué notre emploi alternatif des mots *la religion* et *le religieux*. Cet emploi n'est pas fortuit. Il en va de ces deux termes comme des mots *la politique* et *le politique*. Le premier terme, *la politique*, renvoie à des institutions spécialisées relatives à l'exercice explicite du pouvoir. De ce point de vue, les institutions politiques sont un sous-ensemble de la société. *Le politique*, quant à lui, est beaucoup plus diffus et renvoie à tous les rapports et réseaux informels de pouvoir qui irriguent le corps social. Aussi le politique est-il coextensif à l'ensemble de la société. On l'atteint non pas en le soustrayant de l'espace social par un prélèvement, mais en effectuant une coupe transversale.

Comme *la* politique, *la* religion renvoie à un corps institué de personnes, de représentations et de pratiques relatives à ce que nous avons appelé un *horizon fondationnel*. Comme la politique, la religion constitue un sous-ensemble de l'espace social.

La conjoncture épistémique dont nous sommes les héritiers a fait en sorte toutefois qu'il y a eu différenciation dans le discours et stratification entre trois registres sémiotiques distincts que nous avons appelés matériau, structure et fonction.

Ces trois registres n'étant jamais parfaitement adéquats les uns aux autres, cette stratification se traduit par une tension intérieure aux traditions religieuses et par un incessant travail de reprise herméneutique destiné à résorber partiellement l'écart entre ceux-ci.

Cette stratification appelle aussi une théorisation différenciée et des méthodologies assorties aux déterminations qui organisent ces registres.

---

9. Voir la bibliographie dans l'article « L. Ron Hubbard », sur le site Internet de *Wikipédia*, en ligne, <http://fr.wikipedia.org/wiki/L._Ron_Hubbard#Livres_de_fantasy_et_science-fiction>, modifié le 5 novembre 2008, consulté le 24 novembre 08.

Registre	Détermination	Définition	Théories
Matériau	Hétéro-déterminé	Substantive	Weber Marx
Structure	Auto-déterminée Auto-déterminante	Nil	Lévi-Strauss Dumézil
Fonction	Hétéro-déterminante	Fonctionnelle	Durkheim Berger Eliade

Le domaine de ce que nous appelons *le religieux* est comme *le politique*: il constitue une nébuleuse sans contours définis qui traverse l'ensemble de l'espace social. Le religieux est issu d'un découplage entre les registres du discours dont la possibilité est déjà présente tout au long de l'histoire occidentale dès lors qu'un corps de représentations y périclite; mais il est ici systématisé par la société de marché. Toutes les possibilités d'une combinatoire entre le religieux et le séculier sont alors envisageables: un matériau religieux qui est couplé, à titre de survivance folklorique, à une idéologie et une fonction séculières; une idéologie issue d'un contexte religieux qui n'a plus de fonction religieuse; ou une fonction religieuse qui s'exerce à même des contenus séculiers.

Aussi, proposons-nous de distinguer la religion et le religieux de la façon suivante:

Religion $\Rightarrow$ $(\mathbf{M} \cap \mathbf{S} \cap \mathbf{F})$

Religieux $\Rightarrow$ $(\mathbf{M} \cup \mathbf{S} \cup \mathbf{F})$

où
M = Matériau
S = Structure
F = Fonction
$\cap$ = Intersection
$\cup$ = Union

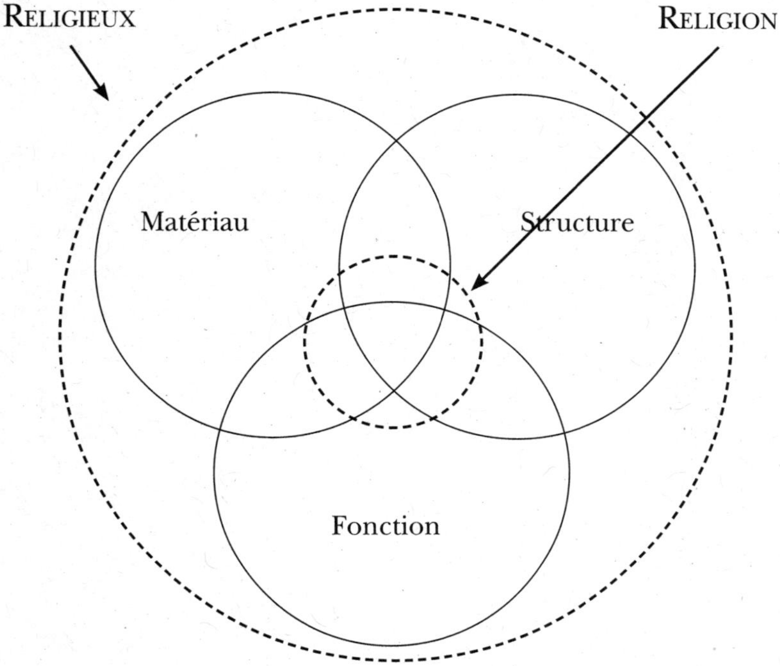
Religieux
Religion
Matériau
Structure
Fonction

CHAPITRE 21

LE DISCOURS SUR LA RELIGION AURAIT-IL ÉPUISÉ SON UTILITÉ ?

Michel Despland

Un outil conceptuel sous-tend tous mes propos sur la modernité et la religion, c'est la distinction sociologique établie par Troeltsch en 1912 entre secte et église[1]. Cet outil est, en effet, indispensable si l'on veut comprendre la nouvelle économie de la vie des croyants dans le contexte de la forme libérale de société qui prévaut à partir de 1800. Les individus ont dès lors la liberté de «faire société» hors de la société politique. Ils peuvent en particulier s'associer à des fins religieuses[2]. La secte est une association d'adultes qui ont été convertis et font acte d'association. Dans le christianisme, la secte ne baptise que des adultes. L'église est une association transgénérationelle qui, sous sa forme chrétienne, est fermement pédobaptiste[3]. Volontariat d'une part, tradition de l'autre. Les sectes ont de la peine à transmettre l'appartenance aux enfants. En utilisant les termes du débat identitaire

1. Ernst Troeltsch, «Christianisme et société. Conclusions des *Soziallehren*», *Archives de sociologie des religions*, vol. 11, n° 1, 1961, p. 15-34.
2. Marcel Gauchet utillise l'expression «faire société» pour désigner ce qui est à la base de l'essor de telles associations dans la sphère civile. *La religion dans la démocratie. Parcours de la laïcité*, Paris, Gallimard, 1998, p. 56.
3. Il existe évidemment des formes intermédiaires entre les deux types. Par exemple, les Églises baptistes du sud des États-Unis ont acquis les caractères d'une église et l'on verra que plusieurs groupes ayant un passé en tant qu'églises ont été amenés à fonctionner un peu comme des sectes.

actuel et de la recomposition identitaire[4], on dira que la secte nourrit une identité d'appartenance active, alors que l'église débouche souvent sur une identité de référence[5]. En sociologie, les termes sont indispensables pour contraster deux types idéaux attestés de manière quasiment universelle.

Jonathan Z. Smith a repris la distinction en l'amplifiant et en la modifiant quelque peu pour les fins de la recherche contemporaine, en opposant la religion utopique et la religion localisée. La première se focalise sur une façon de vivre l'attente messianique, en particulier la fin ou la rédemption de monde, alors que la seconde s'installe dans l'espace pour le sacraliser et y installer des rites[6]. Cette distinction recoupe assez bien celle entre secte et église. Une juriste américaine, W.F. Sullivan, analysant un litige qui opposait des juifs, des catholiques et des orthodoxes à l'administration municipale d'un cimetière, y a vu un affrontement entre deux types de religions. Les uns pensaient à la religion comme étant privée, volontaire, individuelle, textuelle et objet de croyance ; les autres la voyaient comme étant publique, coercitive, communautaire, orale et débouchant sur des actes. On trouve ici encore une variation de la distinction entre secte et église[7].

En français, le terme *secte* a des connotations négatives. Henri Desroche – qui s'est taillé une réputation dans l'étude de ceux qui, au lieu de rester dans une tradition religieuse, en sont sortis pour former un groupe religieux dissident – a raconté comment on lui proposa l'étiquette de sectologie, terme où il ne manqua pas de voir une nouvelle forme d'hérésiologie. Il a fini par publier ses travaux sur les religions de l'opposition face à celles du pouvoir sous le titre *Les*

4. Louis Rousseau, « Le vivre-ensemble et la recomposition des différences religieuses », Mémoire soumis à la Commission Bouchard Taylor, 20 octobre 2007, p. 6.
5. Depuis le XIXe siècle, même les églises qui dans leur théologie se fondent sur une révélation originelle se maintiennent dans les faits grâce à l'adhésion des fidèles. La secte est simplement plus explicite sur ce fait de l'adhésion choisie et librement entretenue.
6. Jonathan Z. Smith, « Here, There and Anywhere », dans *Relating Religion. Essays in the Study of Religion*, Chicago, University of Chicago Press, 2004, p. 325 ; voir aussi p. 15. Paul Tillich avait déjà formulé la distinction en termes plus philosophiques dans *Théologie de la culture* (Paris, Éditions Planète, 1968), y logeant son christianisme surtout à l'enseigne du temps. Louis Rousseau a montré comment l'Église a organisé la durée au Québec dans le cadre limité de l'année (« L'institution religieuse du temps », dans Gilles Pronovost et Daniel Mercure (dir.), *Temps et société*, Québec, Institut québécois de recherche sur la culture, 1979, p. 65-92).
7. Winnifred Fallers Sullivan, *The Impossibility of Religious Freedom*, Princeton, Princeton University Press, 2005, p. 8.

religions de contrebande[8]. Marcel Gauchet a opposé la religion de réception à la religion de quête et a vu la France basculer de la première à la seconde en 1970[9]. Il a proposé une importante distinction, mais il a passé sous silence cinq siècles d'histoire de l'Occident ainsi que les sectes qui ont su conjuguer réception et quête.

Le modèle de la secte domine la culture religieuse des États-Unis. Avec lui vient la méfiance vis-à-vis de l'État, et surtout à l'égard de toute interférence de celui-ci dans la vie de la religion. (Rappelons que les sectes ont su montrer du courage dans certains grands affrontements avec l'État. Ce sont des sectes qui ont fait la guerre à Charles Ier et l'ont jugé coupable de trahison.) La culture religieuse du Canada, par contre, relève du modèle de l'église. Jusqu'au milieu du XIXe siècle, les gouverneurs britanniques s'efforcèrent de remettre des terres de la Couronne à l'Église anglicane et de donner un statut officiel à une Église (ou à deux, puisque certains presbytériens voulaient un statut semblable pour les fils de l'Église d'Écosse). La Constitution de 1867 promulguait que les écoles au Québec seraient soit protestantes soit catholiques. L'argent des contribuables était donc utilisé à des fins religieuses et le « mur de séparation entre l'Église et l'État » n'existait pas. Mais le Canada n'est pas religieux comme les États-Unis. Par exemple, il est de rigueur pour un candidat à la présidence de faire acte d'appartenance à une religion. Le modèle du témoignage rendu en public y est donc bien vivant. Une déclaration de foi religieuse de la part d'un politicien canadien embarrasse. Ce n'est pas qu'on n'aime pas la religion, mais on est mal à l'aise avec ceux qui se comportent selon le type de la secte. Les sondages indiquent que les Canadiens anglais sont relativement nombreux à dire qu'ils pourraient changer de religion, alors que plus rares sont les Canadiens français prêts à en faire autant. Pour la secte, la religion est comme des habits ; on ne porte pas ceux de ses parents. Pour l'église, elle est comme un de ces meubles que l'on se transmet dans les familles.

Cela dit, il est évident que, durant les deux dernières décennies, les deux sociétés ont évolué loin de la pureté de leur modèle initial. Avec la majorité morale et la levée de boucliers contre l'avortement, le mariage gai et le gouvernement par les juges, les Américains ont manifesté des aspirations de type église. Cela fut renforcé par la rhétorique

---

8. Voir l'« Introduction », Paris, Maison Mame, 1974.
9. Marcel Gauchet, *op. cit.*, p. 147-151.

du président Bush et par de nouvelles lois, dont celle permettant le financement fédéral des « faith-based initiatives ». Avec la place accordée à la Déclaration canadienne des droits de la personne par la Constitution de 1982, le Canada s'est mis à bouger dans l'autre sens. La tendance s'est confirmée avec les modifications à la Constitution pour permettre la déconfessionalisation des écoles au Québec et à Terre-Neuve.

Mais le changement dans les grandes orientations de la loi n'est pas *ipso facto* un changement dans la culture. Cela se vérifie dans une foule d'événements récents. On pense notamment au recours à la religion dans les débats publics, qui devient vite confus. Les discussions sur les accommodements raisonnables l'ont abondemment montré. La religion est aujourd'hui devenue (ou redevenue ?) un objet difficile à gérer par l'État.

La catégorie « religion » est souvent mise en cause dans les analyses universitaires. La notion de *world religions*, qui ne fut jamais beaucoup utilisée en français, a été récemment dénoncée comme une stratégie qui a permis à la chrétienté recyclée sous le vocable d'Occident de maintenir son hégémonie dans le discours. L'universel a été défini de manière telle que seul l'Occident paraît porteur de valeurs universelles. Les chercheurs découvrent que des religions dites autrefois d'importance régionale sont, en fait, translocales. On était porté à croire que le candomblé était confiné à la province de Bahia. Aujourd'hui, des réunions de prêtres et de prêtresses rassemblent, en plus des Africains, des Brésiliens, des ressortissants des États-Unis et d'autres de presque tous les États situés entre les deux. Les études sur les diasporas sont nombreuses ; elles exigent une révision des catégories. Le syncrétisme était conçu comme portant atteinte à l'essence d'une religion (d'une orthodoxie, en fait) ; c'est devenu une catégorie qui mène le chercheur vers la foule de phénomènes liés à l'acculturation[10].

Si la notion de religion est aujourd'hui remise en question, la confusion s'accroît lorsque le débat sur la religion cache une interrogation, voire un malaise identitaire[11]. La question devient alors encore plus difficile, car en touchant aux identités, elle touche à des

10. Anita M. Leopold et Jeppe S. Jensen, *Syncretism in Religion. A Reader*, Routledge, 2005.
11. Pour une analyse des relations entre religions et identités, voir Raymond Lemieux, « Le fanatisme ou les jeux pervers du pouvoir et du sacré », *Religiologiques* 29, printemps 2004, p. 13-42.

phénomènes sociaux fluides et complexes dont les dynamiques avaient été occultées lorsque le tout était englobé dans une identité ethno-religieuse maintenue par la tradition.

Pour examiner de plus près les propos qui circulent sur l'identité et la religion des peuples à l'ère des grands flux migratoires, j'évoquerai les pages de Jacques Derrida commentant le recours par Hegel aux métaphores du puits et de la pyramide[12]. Hegel nous dit que l'esprit, c'est-à-dire le sujet connaissant, trace un chemin allant du puits à la pyramide. Il précise que l'eau du puits est dans l'obscurité alors que la pyramide, forme pure, s'élève en plein soleil. Ce que les hégéliens appellent le travail du concept[13] consiste à tirer vers la conscience plus ou moins sûre d'elle-même ce qui reste inconscient dans la mémoire faite de dépôts successifs laissés par des expériences inscrites dans le corps. (Notons que saint Augustin voyait la mémoire comme une vaste caverne intérieure ; certes, le moi s'y perdait, mais le milieu était minéral, moins grouillant que ce que le puits hégélien nous suggère[14].) Le chemin qui part du puits est « un progrès vers la vérité ». Construire la pyramide pour se hisser jusqu'à elle est donc une victoire sur « le principe rebelle de la singularité ». Pour Hegel, accéder à la pyramide n'est pas la fin du sujet ; ce monument conserve « l'hégémonie de l'âme » ; la pyramide résiste à l'œuvre du temps, en tant que « dur texte de pierres couvertes d'inscriptions[15] ». Certes, Hegel savait que la pyramide est un tombeau. Une fois mort, Pharaon a quitté le langage (inférieur) de l'espace, c'est-à-dire la liste des terres sur lesquelles il mène bataille et amasse du butin, pour entrer dans le langage du temps. Le tombeau « thésaurise la vie en montrant qu'elle continue ailleurs » ; l'âme sortie du puits s'est consciemment exposée à la mort, mais elle reste en vie en étant signifiée pour toujours.

Identités et associations religieuses s'articulent le long du chemin qui va du puits à la pyramide. Au bas du chemin, le vécu est passionnel ; le langage est pur témoignage. En montant, le discours se

12. Jacques Derrida, « Le puits et la pyramide. Introduction à la sémiologie de Hegel », dans *Marges de la philosophie*, Paris, Les Éditions de Minuit, 1972, p. 79-127.

13. « Les pensées vraies et la pénétration scientifique peuvent seulement se gagner par le travail du concept. Le concept seul peut produire l'universalité du savoir », Georg W.F. Hegel, « Préface », *Phénoménologie de l'esprit*, vol. 1, Paris, Aubier, 1939, p. 60.

14. Augustin, *Confessions*, livre X.

15. Jacques Derrida, *Marges de la philosophie*, p. 95.

fait plus consensuel. Mais l'identité n'acquiert jamais la clarté stable de la pyramide.

Cela dit, revenons à nos problèmes concrets de voisinage. Deux peuples ont cru réussir à mettre leur identité en mots et en monuments. Les États-Unis et la France enseignaient à leurs enfants toute une série de textes et de pages d'histoire à forte résonance affective, amenant ainsi l'identité au niveau de phrases et de faits mémorables. Il y a été possible de présenter l'histoire nationale en termes simples et, surtout, finalisés. On a donc cru pouvoir tracer le chemin vers le concept, et l'école laïque, publique et obligatoire travaillait à sortir les enfants du puits pour les mener à la lumière[16].

Nous sommes loin d'un tel état de choses. S'affronter au sujet de la religion sur la scène publique est une lutte sociale et politique qui repose sur des sentiments en partie obscurs. Ce combat semble condamné à rester dans les zones boueuses de la conscience. Je me range, pour ma part, à l'opinion de Jonathan Smith : *religion* n'est pas une notion indigène, mais une de second ordre, utilisée par les savants pour rendre compte de certains aspects de ce qu'ils étudient. Ce terme permet un degré de distanciation par rapport à ce que font les êtres humains – et contribue à l'intelligibilité de la vie que nous menons en commun. Ce terme n'a pas de retombées pratiques ; il se compare aux termes latins qu'utilisent les ornithologues : les oiseaux volent, mais ignorent ce vocabulaire[17]. L'idée de religion a eu son heure de gloire dans la rhétorique publique de l'Occident ; elle a eu son utilité dans la conduite de la vie des peuples. Je pense ici aux pages de Tocqueville. Mais cette utilité n'existe plus.

Je peux m'appuyer ici sur l'essai de Jacques Bouveresse intitulé « Faut-il défendre la religion ? » L'auteur y cite une page de Renan : « La raison ne peut plus entendre les cloches englouties[18]. » Il avance ensuite que la religion a beaucoup de faux amis qui sont fort actifs. Ces propagandistes parlent d'un retour de la religion et prophétisent d'heureux résultats. En y regardant de plus près, on voit que ces propos trahissent un recours à la religion à des fins politiques, toujours

16. Jean Baubérot montre comment, depuis les années soixante, l'école laïque a fléchi dans l'accomplissement de son devoir identitaire. *Laïcité 1905-2005. Entre passion et raison*, Paris, Seuil, 2004, p. 250-255.
17. Jonathan Z. Smith, *loc. cit.*, p. 179, 204, 208.
18. Citation des *Souvenirs d'enfance*, aux p. 39 et 250 de Jacques Bouveresse (*Peut-on ne pas croire ? Sur la vérité, la croyance et la foi*, Paris, Agone, 2007). Renan faisait allusion à une légende bretonne de ville engloutie.

de droite. Une vulgate sociologique qui a cours en France bénit l'effet conservateur des pratiques et des institutions religieuses. Qu'il faille avoir quelque chose de sacré semble être ce que l'on retient de Durkheim. Le malheur est que ces apologétiques profanes sont susceptibles de servir n'importe quelle espèce de religion. Alors va pour l'intégrisme en France, le fondamentalisme aux États-Unis et l'islamisme radical en Iran. « La religion » de ces apologistes ne va pas très loin sur le chemin qui sort du puits pour aller vers plus de lumière.

Prenons des exemples choisis plus avant sur le chemin entre le puits et la pyramide. On trouve, en Occident, une forte et longue histoire d'affrontement entre le pouvoir spirituel et le pouvoir temporel. Tous les siècles ont tenté de penser les rapports entre communauté chrétienne et communauté civile[19]. Il y eut d'abord d'éclatantes victoires du pouvoir spirituel : Ambroise au Ve siècle et Grégoire VII au XIe. Mais à partir du XIVe siècle, le vent tourne. L'État l'emporte sur l'Église et le conflit entre le temporel et le spirituel se déplace sur d'autres terrains pour définir ce qu'il y a de pensable chez les modernes au sujet des rapports entre le politique et le religieux[20].

La dialectique ouverte entre le politique et la communauté chrétienne (je renonce au vocable ambigu de religion) est facile à trouver tout au long de l'histoire de la théologie. Augustin a donné le ton quand il a eu l'audace d'écrire que la conversion de l'empereur ne changeait pas profondément la nature de l'Empire. Puis Thomas a recueilli pour la théologie chrétienne la philosophie politique d'Aristote. Les fins naturelles étaient affirmées valables et distinctes des fins surnaturelles. Protestantisme et modernité ont vécu dans diverses symbioses. Un tournant important y fut pris dès l'origine : défaire le couple entre l'histoire sainte providentielle et l'histoire séculaire ou des royaumes. Ceux qui ont rallié la Réforme en Allemagne affirmaient à la fois que la pratique pontificale de puiser dans le trésor des mérites du Christ pour assurer une diminution des

19. J'emprunte l'expression à l'essai de Karl Barth, *Communauté chrétienne et communauté civile*, Genève, Labor et Fides, 1958. Le texte a le mérite d'être une discussion proprement théologique qui ne s'embarrasse pas des différences entre l'État que connurent Jésus et Paul et celui que nous connaissons.

20. Marcel Gauchet résume ses travaux sur ce « déplacement » et sur « la sortie de la religion » dans les premières pages de *La religion dans la démocratie*. Il y décrit une transformation de l'économie de la représentation (p. 13).

séjours au purgatoire était contraire aux Évangiles, et que les Italiens ne pourraient plus exploiter la crédulité des Allemands. En Angleterre, on a jugé qu'après la guerre civile (Guerre des Roses), il était politiquement impératif que le roi divorce pour donner à la nation un héritier mâle. La rupture avec Rome n'était pas un prix trop lourd à payer vu que la vie religieuse pouvait fort bien être dirigée de Londres. En France, ceux qui ont épousé la cause réformée affirmaient à la fois des convictions théologiques et une théorie proprement politique de la monarchie constitutionnelle. Ainsi retrouve-t-on à chaque siècle une forme de la double citoyenneté mise en place par le Nouveau Testament[21]. La distinction entre vie nationale et vie ecclésiale a permis à Tocqueville d'écrire une analyse magistrale : *De la démocratie en Amérique* décrit le fonctionnement de la société et la conduite des membres du clergé. Dans ce classique de la pensée libérale, Tocqueville démontre que l'égalité des conditions est un fait générateur dans les sociétés modernes et il soutient que le catholicisme souscrit à cette égalité, contrairement au protestantisme qui valorise surtout l'indépendance[22]. On peut avancer que la valeur la plus profondément ancrée chez les Québécois est l'égalité. Ceux-ci n'ont pas été sous l'emprise du système féodal sur les rives du Saint-Laurent et encore moins dans les Pays d'en haut. On peut admettre que l'égalité est dans notre nature et qu'une sociologie peut en rendre compte et y voir une passion capitale.

Mais Tocqueville est aussi historien. Les Américains, note-t-il, ont commencé leur vie nationale sur des bases démocratiques. Cela leur a ouvert une possibilité historique particulière. Mais, au contraire de l'égalité, la liberté n'est jamais dans la nature d'un peuple. La liberté se conquiert; elle relève non d'une tendance profonde, mais d'un devenir historique. Elle relève d'un art qui se pratique chaque jour[23]. Nos Chartes donnent des listes de libertés fondamentales, mais cela ne fait qu'ouvrir des portes. Encore faut-il vouloir s'engager dans les sentiers ainsi dégagés. Les droits sont là pour nous protéger, les

21. Voir Julia Kristeva, *Étrangers à nous-mêmes*, Paris, Gallimard, 1991, surtout le chapitre « Saint Paul et saint Augustin ».

22. Si le catholicisme « dispose les fidèles à l'obéissance », il ne les prépare pas à l'inégalité. Alexis de Tocqueville, « Introduction », *De la démocratie en Amérique*, Paris, Laffont, 1986, I, 2, 9.

23. Je m'appuie ici sur l'article de Claude Lefort : « De l'égalité à la liberté. Fragments d'interprétation de *La démocratie en Amérique* », dans *Libre. Politique, anthropologie, philosophie*, Paris, Payot, 1976, p. 211-246.

libertés, pour nous faciliter les choses. Dans l'histoire, l'avancée des libertés connaît des drames ; on ne la voit à l'œuvre que grâce à des récits. Ainsi, d'une liberté sur la défensive, Lefort distingue une liberté active qui réussit à construire une société avec ceux qui sont à côté de nous. Les auteurs contemporains s'accordent : l'identité est de moins en moins socialement octroyée ; chacun a un rôle de plus en plus large dans la construction de la sienne[24]. Le jeu de la quête de reconnaissance, qui est constitutif de la réalité sociale, se joue à plusieurs. Et ce jeu ne se gagne pas sans réciprocité. Certes, l'identité d'un peuple est issue de son histoire et portée par elle. Mais l'histoire, c'est comme le rétroviseur : il ne faut pas le regarder trop longtemps, sinon on se prend le mur en pleine face.

Tocqueville l'historien a noté un second hasard beaucoup moins heureux lors de la fondation des États-Unis. La nation alors mise en forme n'incluait ni les Amérindiens ni les esclaves africains. Et lorsque le mouvement abolitioniste prit son essor, les amis des Noirs voulurent les transporter en Afrique où ils aidèrent à fonder pour eux le Liberia. Ceux qui sont restés jouissaient en principe du droit de vote, mais il fallut un siècle avant que les Afro-Américains n'entrent vraiment dans le jeu des forces politiques. Tocqueville désigne du terme *consensus universalis* l'accord tacite qui rassemble les citoyens[25]. Les Noirs en étaient exclus et n'étaient donc guère invités à participer au plébiscite de tous les jours qui, selon Renan, constitue une nation.

Ce qui s'est passé au cours du siècle qui a suivi l'émancipation montre que la barrière maintenant l'exclusion était très élevée. C'est autour de ces barrières que l'on observe le lent travail de la liberté, qui s'est étendu sur un siècle. Au terme d'une réflexion soutenue sur la différence et la rencontre avec les autres, Jonathan Smith note que toutes les cultures ont eu, de tout temps, des zones de contact plus ou moins conflictuelles et se sont comparées les unes avec les autres. Puis il ajoute une observation fort pertinente : l'altérité sociale est toujours relative et jamais absolue. Les « autres » qui font problème sont ceux qui sont proches. (Les immigrants musulmans qui se sont imposés à la conscience des Québécois sont ceux qui parlent français et souhaitent vivre dans cette langue.) Enfin, Smith souligne que les autres ne sont

---

24. Jean Baubérot, *op. cit.*, p. 157. L'auteur renvoie au livre de Jean-Claude Kaufmann, *L'invention de soi. Une théorie de l'identité*, Paris, Armand Colin, 2004.
25. Alexis de Tocqueville, *op. cit.*, I, ii, 10.

ni parfaitement transparents ni complètement opaques[26], quoique certains soient évidemment plus opaques que d'autres[27]. Il y a donc dans les sociétés un processus général enclenché pour organiser, malgré tout, un vivre-ensemble dans la proximité. Les règles de la communication et de la réciprocité se trouvent dans tous les cas de figure. Ce que l'on observe, si l'on y regarde de plus près, c'est que tout n'est pas affaire de domination. « La démocratie produit un mouvement où chaque individu passe constamment de son monde personnel au "monde commun" dont il est devenu co-responsable[28]. »

Attirer l'attention sur la capacité des individus de négocier, dans une certaine mesure, certaines des conditions de leur vie avec les autres nous place dans la mouvance des grandes théories du contrat social, qui ont jeté les bases de la pensée politique moderne. Le moment n'est pas venu d'examiner ces théories qui sont diverses et fort complexes[29]. Contentons-nous de rappeler les pages de Charles Taylor traitant de la « grande extrication » qui a tenté de soustraire la personne à toutes ses relations sociales pour en faire un individu autonome, conçu comme étant hors du monde et apte à négocier toutes ses appartenances[30]. Le cosmos, l'histoire, la famille ne lui parlent plus. Envahie par l'idéologie de textes fondateurs, l'américanité adhère à la fiction d'un consentement original à un contrat librement conclu d'où découlent mœurs et obligations. Cette fiction domine notre culture sociale et politique. Rappelons que tous les actes constitutionnels canadiens – de 1783 à 1867 et jusqu'à celui de 1982 – ont été conçus pour contourner le fait français.

Malgré ma réticence à parler de religion, on me demandera peut-être quelle est la place de « la religion » dans cette culture sociale et politique. Admettons que les cloches englouties de Renan soient encore audibles, mais elles ne parlent plus. Elles sont retombées plus bas dans le grand itinéraire qui va du puits à la pyramide. Elles

---

26. Voir « Differential Equations […] » et « What a Difference […] » dans *Relating Religion*, p. 230-250 et 251-302.
27. Il n'est peut-être pas inutile de rappeler que le jeu entre l'opaque et le transparent se trouve aussi dans les relations de couple et que chaque invidu trouve du transparent et de l'opaque en lui-même.
28. Jean Baubérot, *Vers un nouveau pacte laïque ?*, Paris, Seuil, 1990, p. 97.
29. Simone Goyard-Favre, *L'interminable querelle du contrat social*, Ottawa, Éditions de l'Université d'Ottawa, 1983.
30. Charles Taylor, « The Great Disembedding », dans *A Secular Age*, Harvard University Press, 2007, p. 146-158.

n'énoncent plus de doctrines aptes à créer l'unanimité, ne donnent pas de directives générales et n'enseignent donc plus ce que l'on appelait naguère « la religion ». Je dirai qu'elles sont devenues des symboles. Jean Baubérot défend vigoureusement une distinction entre le symbolique et le religieux. Le symbolique est situé dans un espace social plus vaste que le religieux[31]. Mais le symbolique, qui est fruit de l'histoire, reste flou et n'a pas d'assemblée délibérative pour le définir, encore moins de hiérarchie pour en dicter le catéchisme ou de bureaucratie pour l'organiser. Les Églises, par contre, ont une vie communautaire dirigée et partagée (je crois que cela est vrai de toutes, malgré les différences en ecclésiologie). Elles ont des bouches pour parler, des bras et des mains à salir dans l'action. Je place donc, sur le chemin qui va du puits à la pyramide, la religion ecclésiale plus haut que le symbolique qui, diffus, reste souvent implicite.

Entre les symboles nationaux et les convictions des chrétiens, il y a un terrain d'échange : c'est ce que Charles Taylor appelle « l'imaginaire social ». Il désigne par ce vocable la manière dont les membres d'une société imaginent leur existence sociale et ce qui se passe entre eux, les attentes habituelles et les notions normatives qui justifient ces attentes[32]. Nos sociétés réussissent à rester en vie au jour le jour, et non à partir de théorèmes. C'est ça l'histoire. Et il faut bien admettre que les associations de type secte ont été plus souples, plus critiquement actives que les associations de type église. On voit se constituer un peu partout dans le christianisme une modernité ecclésiale qui s'inscrit dans l'histoire et ses luttes et qui se comporte à toutes fins utiles comme une grosse secte. En proposant aux Églises une communication avec la société dans son ensemble, modelée selon le type de la secte, je m'éloigne de tout discours réifiant sur les valeurs essentielles et autres principes fondamentaux.

Postulant que toute société doit se forger une représentation de son unité, Claude Lefort a tenté une analyse des formes caractéristiques de ce processus dans la société moderne. Il note que plusieurs discours essaient de simplifier et de stabiliser ce qu'offre la dimension symbolique du champ social. Ces tentatives visent à conjurer un double péril : la société est divisée et, de plus, elle est historique. Dans

31. Jean Baubérot, « Pour un ordre symbolique juste », note du 16 décembre 2007, sur le site Internet Laïcité et regard critique sur la société, en ligne, <http://jeanbauberotlaicite.blogspirit.com/archive/2007/12/index.html>, consulté le 18 septembre 2008.
32. Charles Taylor, *A Secular Age*, p. 171-176.

les faits, assure Lefort, le champ symbolique n'est jamais à l'abri des conflits et des changements, et cela, malgré tous les efforts de pensée et les débats sagement menés. Et pourtant, certains discours contemporains prétendent que les repères symboliques peuvent être convertis en déterminations naturelles. C'est la marque de l'idéologie de prétendre faire une lecture du réel à partir du réel, et d'avancer un discours impersonnel marqué au sceau de la nécessité propre aux concepts et aux essences[33].

Je rejoins donc les conclusions de Troeltsch. Une carrière est ouverte aux églises dans la société moderne, dans la mesure où celles-ci se conçoivent comme des associations et œuvrent dans le social. Quand l'Église était une institution, les catholiques recevaient automatiquement une instruction religieuse pour leurs enfants dans le cadre de l'école publique confessionnelle. La participation des parents n'était pas nécessaire et n'était peut-être même pas souhaitée. Aujourd'hui, la catéchisation des enfants suppose un choix et un minimum d'engagement de la part des parents. Les associations ne vivent que par la volonté de leurs membres[34]. L'Église ou les Églises ont beaucoup à apporter au débat identitaire, à condition qu'elles s'appuient sur leur qualité d'associations respectées. Le travail du concept ne fait pas tout. Il reste encore à faire le travail social au quotidien.

L'apport spécifique des chrétiens sera, et là je m'aventure sur le terrain théologique, de restaurer ou de renforcer la dimension d'espérance ou de projet. Le malaise de l'identité s'alimente du sens d'un amoindrissement, d'un éloignement par rapport à un passé dont on parle sans trop préciser en quoi il était bon, sinon qu'on y avait le sens des valeurs. Fernand Dumont trouvait dans son catholicisme la source d'une inquiétude, mais, tout en acceptant l'héritage avec gratitude, il n'attendait pas que le passé lui dicte un projet.

Au terme de ses réflexions sur la religion en Amérique, Tocqueville trouve une affinité entre la vie de la foi et le goût de l'avenir. Le premier volume *De la démocratie en Amérique* montre que la religion

33. Claude Lefort, « Esquisse d'une genèse de l'idéologie dans les sociétés modernes », dans *Les formes de l'histoire*, Paris, Folio, 2000. La plus grande partie de ce texte avait déjà paru dans le volume XVII, *Organum* de l'*Encyclopedia Universalis*.

34. On peut aussi noter que les musulmans au Québec qui souhaitent demeurer musulmans doivent s'inventer une vie associationnelle, tâche à laquelle leur passé dans les sociétés musulmanes ne les a pas préparés. Voir Jean Baubérot, *Laïcité 1905-2005*, p. 242-246. Les juifs, par contre, étaient mieux préparés à cette situation.

aux États-Unis alimente des mœurs qui stabilisent la société en tempérant les tendances individualistes caractéristiques de la démocratie moderne. Il faut donc considérer ce penseur comme l'un de ceux qui ont conforté le conservatisme dont parle Bouveresse. Mais le deuxième volume, plus sombre, montre comment la religion tend à se laisser absorber par une société marquée par le conformisme (le renoncement à la différence) et le matérialisme, où « tout est à la fois agité et monotone » et où la violence dégrade les humains sans les tourmenter[35]. Au-dessus des individus s'élève « un pouvoir immense et tutélaire ». « Il est absolu, détaillé, régulier, prévoyant et doux. Il ressemblerait à la puissance paternelle si, comme elle, il avait pour mission de préparer les hommes à l'âge viril; mais il ne cherche, au contraire, qu'à les fixer irrévocablement dans l'enfance[36]. » Tocqueville reconnaît que la société est opaque et entreprend « de clarifier le sens des mots pour aller aux "choses mêmes" ». C'est dans ces pages-là qu'il entre véritablement dans « la chair du social[37] ». Le lecteur se trouve alors loin des idéologues, des auteurs « scientifiques » ou des apologistes qui manient des concepts abstraits.

Tocqueville propose de tenter d'habituer « les citoyens à songer à l'avenir dans ce monde ». Une grande tâche, qui nous ramène vers le versant utopique du christianisme et sa capacité à nier le « réel » pour resymboliser l'existence humaine. Et c'est de cette religion-là, et d'elle seule, que l'on peut espérer. Heimonet dit les choses fort clairement: « Dans l'immesure où elle libère et garde ouverte une zone souveraine de sociabilité donnant sur l'au-delà de la raison utilitaire, la religion est indispensable à la gestation sans terme du projet démocratique[38]. » Toute société a besoin d'autorités; la raison utilitaire règne sur notre continent et n'interroge pas beaucoup les autorités en place, puisqu'elles sont « douces », pas plus qu'elle ne s'interroge sur le principe même de l'autorité. Ce qu'il faut faire pour réussir son adaptation au réel semble acquis; par conséquent, les citoyens acquiescent, obtempèrent, obéissent[39]. Mais Hannah Arendt rappelle

---

35. Alexis de Tocqueville, *op. cit.*, II, 3, 6 et 17.
36. *Ibid.*, 4, 7.
37. C'est ainsi que s'exprime Claude Lefort dans son article sur l'écriture de Tocqueville, « Démocratie et art d'écrire », dans *Écrire à l'épreuve du politique*, Paris, Calmann-Lévy, 1992, p. 55-90.
38. Jean-Michel Heimonet, *Tocqueville et le devenir de la démocratie. La perversion de l'idéal*, Paris, L'Harmattan, 1999, p. 354. Voir mon compte-rendu dans *Spirale*, n° 64, juillet-août 2000.
39. Alain Caillé, *Critique de la raison utilitaire*, Paris, La Découverte, 1989, 2002.

la formule de Proudhon : « La fécondité de l'imprévu excède de beaucoup la prudence de l'homme d'État. » C'est en général le propre de l'action de venir interrompre ce qui était prévisible[40].

Au moment de la mise en place de l'État moderne, Étienne de la Boétie, dans *Le Discours de la servitude volontaire* (dont il confia le manuscrit à Montaigne avant sa mort, en 1563), a dressé le portrait d'une vie sociale stable régie par une autorité efficace. Tous s'amassent autour de l'homme puissant, écrit-il, « et le soustiennent pour avoir part au butin et estre sous le grand tiran tiranneaux eusmesmes[41] ». Ainsi, petit à petit, le peuple, écrit Claude Lefort, « devient nécessairement occupé à forger les instruments de sa capture ». « L'amour de la liberté, ajoute-t-il, n'est pas chose naturelle[42]. » Le rêve d'égalité est un rêve beaucoup plus doux. Déjà, le prophète Isaïe dénonçait ceux de ses contemporains qui se mettaient au service de l'occupant étranger : « Ils s'appuient sur ceux qui les frappent. » Pour discerner les origines du rêve de liberté, je me dirige du côté du messianisme. En effet, selon Isaïe, l'espoir messianique, c'est la disparition des couches hiérarchiques où la domination des uns crée la dépendance chez ceux qui s'y soumettent et où ceux qui souffrent se consolent en faisant souffrir ceux qui sont plus faibles qu'eux-mêmes. « En ce jour là [...] les survivants de la maison de Jacob cesseront de s'appuyer sur ceux qui les frappent (Is 10, 20). »

---

40. Cité dans Hannah Arendt, « Sur la violence », dans *Du mensonge à la violence*, Paris, Calmann-Lévy, 1972, p. 110, 134.
41. *Le Discours de la servitude volontaire*, Paris, Payot, 1976, p. 153. Cette édition donne l'histoire du texte et des commentaires par Miguel Abensour, Marcel Gauchet, Pierre Clastres et Claude Lefort.
42. Claude Lefort, « Le nom d'Un », dans Étienne de la Boétie, *op. cit.*, p. 299.

CHAPITRE 22

GADAMER, LA RELIGION ET LES RELIGIONS

Dany Rodier

> Alors que, des décennies durant au cours de notre siècle, les religions sont apparues, selon l'idée éclairée et positiviste, comme des formes d'expérience « résiduelle » destinées à disparaître à mesure que s'imposait la forme de vie « moderne » (rationalisation techno-scientifique, démocratie politique, etc.), elles apparaissent à nouveau aujourd'hui comme des guides possibles pour le futur[1].

L'œuvre philosophique de Hans-Georg Gadamer[2] offre des concepts éclairants pour penser les rapports de la modernité occidentale avec son héritage religieux. Elle jette notamment une lumière précieuse sur la relative *rupture* avec la religion qui marque la réalité sociopolitique contemporaine de plusieurs cultures de l'Ouest. Dans le présent article, il sera question de la place que peut occuper, dans la perspective de Gadamer, la religion (au sens générique du terme)

1. G. Vattimo, *Espérer croire*, Paris, Seuil, 1998, p. 18.
2. Dans la présente contribution, le sigle « GW » renvoie à l'édition des œuvres rassemblées (*Gesammelte Werke*) de Gadamer, paru chez J.C.B. Mohr (Paul Siebeck) de 1985 à 1995.

dans l'*ethos* occidental. Mon propos consistera dans un premier temps à souligner brièvement la pertinence de l'herméneutique gadamérienne pour la mise en relief de la place que conserve la religion dans la situation herméneutique de l'Occident actuel, en prenant pour concept phare celui de travail de l'histoire (*Wirkungsgeschichte*). Je chercherai dans un deuxième temps à dégager, à partir des écrits plus tardifs de Gadamer, quelques indications sur le rôle que peut jouer la religion dans le devenir solidaire de l'humanité.

1. LA RELIGION DANS LA SITUATION HERMÉNEUTIQUE OCCIDENTALE

1.1 Le travail de l'histoire (*Wirkungsgeschichte*)

L'herméneutique philosophique de Gadamer trouve sans aucun doute son point nodal dans la notion de travail de l'histoire[3] (*Wirkungsgeschichte*). Exposée dans la deuxième section de la deuxième partie de *Vérité et méthode*[4], elle constitue à la fois l'apogée et le pivot de l'œuvre. On peut dire, avec Jean Grondin, que tout ce qui la précède y conduit et tout ce qui la suit en dégage les conséquences[5]. Dans la « Préface à la seconde édition » de *Vérité et méthode*, Gadamer insiste lui-même sur l'importance de ce concept pour l'ensemble de son œuvre :

> Mes investigations […] visent […] à montrer que comprendre n'est jamais un comportement subjectif à l'égard d'un « objet » supposé donné, mais appartient au « travail de l'histoire », autrement dit : à l'être de ce qui vient à être compris. […] Ma thèse, dans cet ouvrage, est que le « travail de l'histoire » est un élément constitutif qu'on trouve à l'œuvre dans toute compréhension portant sur la transmission du passé, et qui le reste, même là où la méthodologie des sciences histo-

---

3. Je retiens la traduction de « *Wirkungsgeschichte* » proposée par J. Grondin : le « travail de l'histoire ». Pour une justification de cette traduction, voir J. Grondin, « La conscience du travail de l'histoire et le problème de la vérité en herméneutique », *Archives de philosophie*, vol. 44, 1981, p. 435-453 (ici p. 437-438). Par souci de clarté, je substituerai, dans toute citation de Gadamer, l'expression « travail de l'histoire » à toute autre servant à traduire le terme « *Wirkungsgeschichte* ».
4. H.-G. Gadamer, *Vérité et méthode. Les grandes lignes d'une herméneutique philosophique*, Paris, Seuil, coll. « L'ordre philosophique », 1996, p. 322-329/*GW* 1, p. 305-312.
5. J. Grondin, *loc. cit.*, p. 435.

riques modernes a pénétré et a transformé toute réalité historique, tout contenu historique transmis, en un « objet »[6].

Le concept de travail de l'histoire veut mettre en lumière le rôle de premier plan que joue l'histoire dans la compréhension humaine. Prenant pour assise l'intelligence heideggérienne du cercle herméneutique[7], Gadamer montre que la compréhension est toujours déjà guidée par des anticipations de sens. Son concept central pour l'explicitation de la situation historique de l'interprète est celui de préjugé (*Vorurteil*), dont il réhabilite le sens positif, perdu depuis les Lumières. C'est qu'un préjugé n'est pas automatiquement erroné ; il s'agit simplement d'un jugement préliminaire, provisoire et sujet à révision. Il y a en fait des préjugés tout à fait légitimes[8]. Les préjugés renvoient aux traditions dans lesquelles l'humain, en tant qu'être historique, se tient nécessairement. Pour la plupart inconscients, ils définissent la compréhension que chacun a de son monde. Dès la naissance, ils forment ce que l'on pense, ce que l'on est :

> Bien avant que nous accédions à la compréhension de nous-mêmes par la réflexion sur le passé, nous nous comprenons de manière spontanée dans la famille, la société et l'État où nous vivons. Le foyer de la subjectivité est un miroir déformant. La prise de conscience de l'individu par lui-même n'est qu'une lumière tremblante dans le cercle fermé du courant de la vie historique. C'est pourquoi les préjugés de l'individu, bien plus que ses jugements, constituent la réalité historique de son être[9].

Loin d'être un obstacle à la compréhension, les préjugés en sont une condition, car c'est par eux seuls que les choses se présentent avec un minimum de compréhensibilité. Les préjugés établissent une entente primordiale sur les choses que toute expérience herméneutique présuppose[10]. Ils forment le point de départ – qui n'en est véritablement pas un[11] – de la compréhension, dans la mesure où ils assurent une relation préalable du sujet avec ce qu'il lui s'agit de comprendre. « Dans mes travaux, écrit Gadamer, j'ai [...] souligné combien l'interprète avait partie liée avec ce qu'il interprétait.

6. H.-G. Gadamer, « Préface à la seconde édition » dans *Vérité et méthode*, *op. cit.*, p. 7-19/*GW* 2, p. 437-448 (ici p. 12, 14/p. 441, 443).
7. *Vérité et méthode*, *op. cit.*, p. 286-292/*GW* 1, p. 270-276.
8. *Ibid.*, p. 290-292/*GW* 1, p. 274-275.
9. *Ibid.*, p. 298/*GW* 1, p. 281.
10. *Ibid.*, p. 470-471/*GW* 1, p. 450.
11. *Ibid.*, p. 497/*GW* 1, p. 476.

Quiconque cherche à comprendre apporte toujours déjà quelque chose qui le relie par avance à ce qu'il cherche à comprendre[12]. » Comprendre signifie primordialement confirmer ou infirmer un préjugé, car « toute compréhension relève essentiellement du préjugé[13] ». Il y a donc, suivant Gadamer, primat de la précompréhension sur la compréhension[14].

Dans sa célèbre analyse phénoménologique du jeu[15], Gadamer avait montré que c'est le jeu lui-même, et non le joueur, qui est le véritable sujet du jeu, et que c'est de l'intérieur de l'espace que lui ouvre le jeu que le joueur prend part à son déroulement. Cette même dynamique est constitutive du phénomène de la compréhension que veut désigner le travail de l'histoire. L'histoire, porteuse des préjugés, ouvre à chacun, dans la situation herméneutique qui lui est propre, un espace de compréhension où advient toute expérience de vérité. Ce sont ces préjugés, marques de notre appartenance à l'histoire, qui forment la substance, le substrat permanent, le sujet véritable du *jeu* de la compréhension. Ainsi peut-on saisir cette affirmation, de prime abord étonnante, de Gadamer : « En vérité ce n'est pas l'histoire qui nous appartient, c'est nous au contraire qui lui appartenons[16]. » La compréhension n'est pas l'action d'un sujet qui appréhenderait un objet extérieur à lui, mais l'« *insertion dans le procès de la transmission* où se médiatisent constamment le passé et le présent[17] ». On peut encore lire dans *Vérité et méthode* :

> Tout savoir de soi-même a pour point de départ une donnée historique préalable, qu'avec Hegel nous appellerons substance, parce qu'elle porte toute opinion et toute attitude du sujet, de même qu'elle ébauche ainsi et limite toute possibilité de comprendre une tradition dans son altérité historique[18].

Dans ce passage, Gadamer met en relation le *sujet*, c'est-à-dire l'interprète qui vit l'événement herméneutique, et la *substance*, c'est-à-dire les traditions historiques qui portent cet événement. Le sujet

---

12. *Idem*, « L'herméneutique, une tâche théorique et pratique », dans *L'art de comprendre*, t. II : *Écrits 2. Herméneutique et champs de l'expérience humaine*, Paris, Aubier, 1991, p. 329-349/ *GW* 2, p. 301-318 (ici p. 347/p. 317).
13. *Vérité et méthode*, *op. cit.*, p. 291/*GW* 1, p. 274.
14. *Ibid.*, p. 315-317/*GW* 1, p. 299-300.
15. *Ibid.*, p. 119 et suiv./*GW* 1, p. 107 et suiv.
16. *Ibid.*, p. 298/*GW* 1, p. 281.
17. *Ibid.*, p. 312/*GW* 1, p. 295.
18. *Ibid.*, p. 324/*GW* 1, p. 307.

véritable de la compréhension n'est pas l'interprète, mais cette substance historique qui lui sert de substrat. Gadamer ne fait pas pour autant l'économie de la subjectivité de l'interprète, même s'il la relègue au second plan et en redéfinit le rôle au sein de la compréhension.

À la notion de travail de l'histoire s'ajoute celle, corrélative, de *conscience du travail de l'histoire* (*wirkungsgeschichtliches Bewusstsein*). L'expression recèle une ambiguïté heureuse, justifiant un double sens que Gadamer lui-même relève[19]. Elle qualifie d'abord tout simplement la conscience de l'humain, qui est conditionnée par le travail de l'histoire, et ce, qu'il en soit conscient ou non. Mais la conscience du travail de l'histoire désigne aussi la prise de conscience par l'humain de sa propre détermination historique. C'est qu'il ne peut prétendre pouvoir contrecarrer sa propre historicité; la conscience du travail de l'histoire correspond ainsi à un aveu de l'impossibilité d'une transparence entière de la conscience vis-à-vis de ses déterminations. Elle est, pour le dire avec Gadamer, « plus être que conscience, c'est-à-dire qu'elle est beaucoup plus travaillée et déterminée historiquement qu'elle n'a une conscience expresse de cet être-travaillé ou de cet être-déterminé[20] ». Par là, Gadamer oppose à la surévaluation moderne de la rationalité la thèse d'une secondarité de la raison par rapport à la tradition[21]. « En tant qu'êtres qui comprennent, nous sommes, écrit-il, entraînés dans un advenir de vérité et nous arrivons en quelque sorte trop tard si nous voulons savoir ce que nous devons croire[22]. »

Être conscient de sa situation herméneutique, c'est être conscient que l'on s'insère inévitablement dans le travail de l'histoire et que notre compréhension est portée par des préjugés qui sont pour la plupart inconscients. Le travail de l'histoire conditionne toujours déjà la manière dont les choses se présentent à nous; il « détermine d'avance ce qui à nos yeux fait problème et est objet de recherche[23] ».

---

19. *Idem*, « Préface à la seconde édition », p. 14/*GW* 2, p. 444.
20. *Idem*, « Kant et le tournant de l'herméneutique », dans *Les chemins de Heidegger*, Paris, Vrin, coll. « Bibliothèque des textes philosophiques », 2002, p. 69-79/*GW* 3, p. 213-222 (ici p. 77-78/p. 220-221).
21. J. Grondin, « Canonicité et philosophie herméneutique », *Théologiques*, vol. 1, nº 2, 1993, p. 9-23 (ici p. 16).
22. *Vérité et méthode*, *op. cit.*, p. 516/*GW* 1, p. 494.
23. *Ibid.*, p. 322/*GW* 1, p. 305-306.

1.2 L'héritage de la religion

Le concept gadamérien de travail de l'histoire jette un éclairage révélateur sur les ruptures qui ponctuent l'histoire humaine et, par suite, sur la rupture avec la religion qui caractérise dans une importante mesure la modernité occidentale. Gadamer démontre que notre histoire est composée bien davantage du *prolongement* des traditions qui nous constituent que de leur *interruption*:

> Même quand la vie, qui change, est soumise à de violents bouleversements, en période révolutionnaire, par exemple, se conserve, sous le prétendu changement de toutes choses, une part du passé beaucoup plus considérable que l'on ne pense et qui retrouve dès lors autorité en s'alliant à ce qui est nouveau[24].

L'impression de radicalité que produisent sur nous les moments de transformations historiques n'est en fait, comme le souligne Gadamer, que la marque de la « perpétuelle surexcitation » de notre conscience finie[25].

> Ce qui se transforme attire l'attention avec incomparablement plus de force que ce qui reste dans son état ancien. C'est là une loi générale de notre vie spirituelle. Les perspectives qui résultent de l'expérience du changement historique risquent toujours pour cela de n'être que de vaines déformations, parce qu'elles méconnaissent la présence cachée de ce qui se perpétue[26].

En dépit des nombreuses ruptures avec la religion qui marquent notre histoire occidentale – car le phénomène est loin d'être la seule affaire des modernes –, nous demeurons fondamentalement conditionnés par nos traditions religieuses.

Même en me limitant aux traditions judéo-chrétiennes, la question du conditionnement de l'Occident contemporain par son héritage religieux est trop vaste pour recevoir ici un traitement convenable. Il n'est d'ailleurs pas dans mon intention de participer aux débats ouverts visant à prendre la mesure de cet héritage judéo-chrétien[27]. Mon propos, dans la première partie de cet article, consiste seulement, suivant ce qui a été annoncé, à mettre en exergue la pertinence

24. *Ibid.*, p. 303/*GW* 1, p. 286.
25. *Ibid.*, p. 14/*GW* 1, p. 4.
26. *Ibid.*, p. 13-14/*GW* 1, p. 4.
27. La littérature sur cette question abonde. On pourra notamment consulter le collectif, publié en 2002 sous la direction de C. Michon, *Christianisme: héritages et destins*, Paris, Librairie générale française, coll. « Livre de poche / Biblio essais 4318 ».

de l'herméneutique philosophique de Gadamer pour expliciter la situation herméneutique occidentale. Il me suffira de noter que si plusieurs exemples de préjugés occidentaux conditionnés par les traditions judéo-chrétiennes pourraient être donnés, d'autres n'apparaîtront qu'à la lumière d'une plus grande distance herméneutique, et d'autres encore resteront sans doute inaperçus. « Il se pourrait bien, écrit en effet Gadamer, que ce qu'une antique et longue histoire chrétienne nous a inculqué comme modèle d'humanité soit encore plus vivant et puisse revenir davantage à la conscience de soi que nous ne le voyons aujourd'hui[28]. » Ces propos nous fournissent une belle occasion de nous tourner vers la deuxième question directrice de cette contribution, à savoir celle de la place que continue à occuper la religion dans le projet œcuménique de la solidarité planétaire.

2. LA RELIGION DANS LE DEVENIR SOLIDAIRE DE L'HUMANITÉ

2.1 La philosophie pratique

Le titre de cet article s'inspire d'une remarque formulée par Gadamer lui-même au sujet de l'orientation contemporaine de la question de la religion. Appelant l'attention sur l'expression « la religion et les religions », il écrit : « C'est tout simplement sous cet angle que, maintenant, le problème de la religion devient central dans le monde actuel[29]. » Deux convictions trouvent expression dans cette brève remarque : la question de la religion est en droit d'occuper une place prééminente dans les réflexions contemporaines sur le devenir de l'humanité ; et les considérations sur cette question doivent aujourd'hui nécessairement prendre en compte le caractère pluriel de la religion. Il s'agit, dans cette deuxième partie du présent article, d'élucider la place que Gadamer reconnaît à la religion dans ses réflexions sur la solidarité planétaire.

---

28. H.-G. Gadamer, « Qu'est-ce que la praxis? Les conditions de la raison sociale », dans F. Couturier, *Herméneutique : traduire, interpréter, agir*, Montréal, Fides, 1990, p. 13-33/*GW* 4, p. 216-228 (ici p. 33/p. 228).
29. *Idem*, « Dialogues de Capri », dans J. Derrida et G. Vattimo (dir.), *La religion*, Paris, Seuil, 1996, p. 221-233 (ici p. 222).

Les écrits de Gadamer postérieurs à *Vérité et méthode* prolongent essentiellement son *opus magnum*, soit en précisant, soit en corrigeant certaines thèses qui y avaient été développées. Il demeure que quelques thèmes de son herméneutique en viennent à se démarquer de l'ensemble par l'importance que ces écrits tardifs leur accordent. C'est le cas de la *philosophie pratique*, édifiée, sur la notion aristotélicienne de *phronêsis*. *Vérité et méthode* n'avait pas manqué de mettre en valeur la *phronêsis*, mais, devant la prégnance de l'idéal méthodique de savoir mis en avant par la science moderne, Gadamer écrit lui-même avoir senti la nécessité de consacrer ses travaux à établir la légitimité de cet autre modèle de scientificité pratique qui veut tenir compte de l'application inhérente à toute compréhension[30].

Corrélativement, la dimension éthique de l'œuvre philosophique de Gadamer gagne en profondeur dans ses écrits tardifs. Cette portée éthique de l'herméneutique va de soi quand on prend conscience que son domaine ne se réduit pas à la sphère cognitive de l'expérience, mais touche de manière tout aussi décisive la sphère du vécu pratique. C'est l'herméneutique, soutient Gadamer, qui rend compte des « questions "les plus importantes", celles qui sont déterminantes pour l'homme et pour son choix du "bien"[31] ». Cette orientation éthique des écrits postérieurs à *Vérité et méthode* se focalise tout particulièrement sur la question de la *solidarité planétaire*[32]. Gadamer voit dans son herméneutique philosophique, et dans la notion de dialogue qui lui est si centrale, le moyen par excellence de favoriser cette solidarité. Et il va d'ailleurs même jusqu'à aiguiller la dimension pratique de sa philosophie en ce sens précis: « "Qu'est-ce que la praxis?" la praxis, c'est se comporter et agir en solidarité[33]. »

Dans la même lignée, ces écrits tardifs sont l'occasion de dénoncer les dérives du régime technocratique de l'Occident contemporain. La civilisation occidentale moderne est sévèrement critiquée, parce qu'elle substitue la raison calculante et l'expertise scientifique à la sagesse pratique et au jugement moral et, par là, « méconnaît les forces qui, écrit-il, sont déterminantes pour donner forme à la vie humaine, celles qui [...] sont les seules en mesure d'user avec raison

30. *Idem*, « Entre phénoménologie et dialectique. Essai d'autocritique », dans *L'art de comprendre*, t. II: *Écrits 2. Herméneutique et champs de l'expérience humaine*, Paris, Aubier, 1991, p. 11-38/ *GW* 2, p. 3-23 (ici p. 36/p. 23).
31. *Idem*, « L'herméneutique [...] », p. 348-349/*GW* 2, p. 318.
32. Voir, par exemple, H.-G. Gadamer, « Qu'est-ce que la praxis? [...] », p. 33/*GW* 2, p. 28.
33. *Ibid.*

et discernement de la science comme de tout pouvoir humain et de répondre de cet usage[34] ». Il déplore que la culture moderne se coupe progressivement de tout moyen de former les consciences à des valeurs profondément humaines. La raison scientifique est, à ses yeux, incapable d'assurer la nécessaire formation du jugement moral. Entre les deux postures extrêmes vis-à-vis de la rationalité moderne que sont, d'une part, l'optimisme qui envisage l'avenir de manière confiante en s'attendant à ce que la raison parvienne graduellement à résorber par elle-même ses propres lacunes et, d'autre part, le pessimisme qui prophétise la désintégration progressive par la raison calculante des valeurs qui font l'humain, Gadamer se situe clairement, comme son maître Heidegger, du côté de la seconde. Le débat bien connu entre Gadamer et Habermas a donné une nette expression à ce face à face des postures vis-à-vis de la rationalité moderne. À la critique habermasienne de l'idéologie, écrit Gadamer,

> [...] s'oppose de ma part le scepticisme profond que je nourris à l'égard de la surestimation de soi fantastique que s'arroge la pensée philosophique en ce qui concerne son rôle dans la réalité sociale – autrement dit: contre la surestimation irréaliste de la raison par comparaison avec les motivations émotionnelles du cœur humain[35].

2.2 La contribution de la religion

La critique gadamérienne de la civilisation occidentale veut sans aucun doute s'accompagner d'une revalorisation de la tradition humaniste, à laquelle Gadamer se rattache volontiers[36]. Mais elle semble aussi suggérer, sans le dire tout à fait explicitement, qu'il faudrait conserver dans les sociétés contemporaines des espaces pour la religion, dans toute sa pluralité, afin que sa voix, d'une tonalité à bien des égards distincte de celle de la voix de la raison instrumentale, soit également entendue. Dans sa transcription de l'entrevue que Gadamer lui a accordée, Jens Zimmermann nous rapporte: « Gadamer croit [...] que la religion forme en toute culture une importante part de la tradition et que, pour cette raison, son rejet au nom de la pensée

34. *Idem*, « Entre phénoménologie et dialectique [...] », p. 35/*GW*2, p. 23.
35. *Idem*, « Postface », dans *L'art de comprendre*, t. I: *Écrits 1. Herméneutique et tradition philosophique*, Paris, Aubier, 1982, p. 89-121/*GW*2, p. 449-478 (ici p. 106/p. 466).
36. *Ibid.*, p. 89/*GW*2, p. 449.

rationnelle est herméneutiquement irresponsable[37]. » Cela est d'autant plus important pour Gadamer qu'à son avis, la paix mondiale dépend principalement du dialogue interreligieux[38].

Sur fond de ces quelques considérations sur la philosophie pratique de Gadamer, il est possible de dégager au moins deux rôles essentiels que peut jouer la religion dans le monde contemporain. D'une part, par la place déterminante qu'elle occupe dans le monde de la vie (*Lebenswelt*), la religion peut contribuer à la formation du jugement moral. Rappelons que, pour Gadamer, les valeurs morales qui orientent notre vécu ont pour fondement ce qu'avec Aristote il appelle l'*ethos*, c'est-à-dire la situation historique qui nous détermine concrètement à travers l'éducation et les expériences de la vie[39]. Cet *ethos* se construit au sein des milieux naturels que sont la famille et la société. Gadamer aurait été entièrement d'accord avec le cardinal Ratzinger quand ce dernier a soutenu que « la science comme telle ne saurait apporter un *ethos*, que par conséquent une conscience éthique renouvelée ne se constitue pas comme un produit né de débats scientifiques[40] ». La religion, en tant que l'un des possibles éducateurs de la conscience morale, peut définitivement jouer un rôle clé dans la formation de cet *ethos*. D'autre part, en faisant état de ses convictions dans les débats publics, la religion peut avoir un impact positif sur la vie en société. En défendant des valeurs qui ne coïncident pas toujours avec celles de la rationalité instrumentale, la religion peut instiguer ou consolider des mouvements de dissidence qui ne seront que bienfaisants pour l'ensemble de la société. La raison, on le sait aujourd'hui, peut elle aussi constituer un grand danger pour l'humanité, comme l'explique Ratzinger :

> Si auparavant nous posions la question de savoir si la religion était à proprement parler une force morale positive, c'est maintenant le doute de pouvoir compter sur la raison qui doit nous assaillir. Mais en fin de compte, la bombe atomique aussi était un produit de la raison ; et finalement la culture en éprouvette et la sélection des hommes ont

---

37. J. Zimmermann, « *Ignoramus*: Gadamer's Religious Turn », *Symposium : Journal of the Canadian Society for Hermeneutics and Postmodern Thought*, vol. 6, n° 2, 2002, p. 203-217 (ici p. 207 ; je traduis).
38. *Ibid.*, p. 212 ; H.-G. Gadamer, « Dialogues de Capri », p. 225.
39. H.-G. Gadamer, « Sur la possibilité d'une éthique philosophique », dans *Herméneutique et philosophie*, Paris, Beauchesne, coll. « Le grenier à sel », 1999, p. 109-127/*GW* 4, p. 175-188 (ici p. 119-120/p. 182).
40. J. Habermas et J. Ratzinger, « Les fondements prépolitiques de l'État démocratique », *Esprit*, vol. 306, n° 7, 2004, p. 5-28 (ici p. 19).

elles aussi été inventées par la raison. N'est-ce pas inversement la raison qui devrait être maintenant placée sous surveillance[41] ?

Dans l'heureux dialogue qui les a réunis, Ratzinger et Habermas s'entendent pour insister sur la nécessité d'une forme de corrélation entre la science et la religion dans la sphère publique. Si une telle idée n'apparaît pas comme telle chez Gadamer, elle s'inscrit sans aucun doute dans le prolongement de sa critique des sociétés occidentales. Ratzinger et Habermas proposent un modèle de société postsécularisée où, dans les débats publics, la religion aurait le même droit de parole que la science. Je me permets cette longue citation, tout à fait limpide, de Habermas :

> La neutralité du pouvoir d'État quant aux conceptions du monde, qui garantit la liberté éthique égale de chaque citoyen, est incompatible avec l'universalisation politique d'une vision du monde sécularisée. Quand les citoyens sécularisés assument leur rôle politique, ils n'ont le droit ni de dénier à des images religieuses du monde un potentiel de vérité présent en elles ni de contester à leurs concitoyens croyants le droit d'apporter, dans un langage religieux, leur contribution aux débats publics. Une culture politique libérale peut même attendre des citoyens sécularisés qu'ils participent aux efforts pour faire passer du langage religieux en un langage accessible à tous des contributions pertinentes[42].

Notons au passage que cela est vrai pour la religion, mais ce l'est, bien sûr, également pour toutes les autres sources de culture puisées dans les trésors des traditions. Dans la mesure où la religion véhicule des valeurs morales constructives, elle se révèle un important partenaire dans le dialogue qui nous constitue en tant qu'humanité[43].

Les considérations de Gadamer sur la philosophie pratique permettent de reconnaître une place importante à la religion dans l'*ethos* occidental contemporain. S'il ne fait pas de doute que la religion est profondément enracinée dans les traditions constitutives de la situation herméneutique occidentale, Gadamer suggère qu'il est souhaitable pour le devenir de l'humanité qu'elle continue à exercer sur elle son influence positive. Cela dit, la place qu'il ouvre à

---

41. *Ibid.*, p. 23.
42. *Ibid.*, p. 18.
43. Sur le rôle positif de la religion, voir également H.-G. Gadamer, « Dialogues de Capri », p. 225.

la religion n'est pas laissée indéterminée, car, nous le verrons, Gadamer propose un modèle d'œcuménisme religieux qui n'est pas sans impliquer pour les religions une limitation significative de leurs prétentions.

2.3 Le problème de la religion

La préoccupation de Gadamer pour la solidarité planétaire le conduit à porter une attention soutenue au dialogue interreligieux. Il discute d'ailleurs longuement de cette question avec Jens Zimmermann dans l'entrevue mentionnée précédemment. Zimmermann en a publié l'essentiel dans son article intitulé « *Ignoramus*: Gadamer's Religious Turn ». J'aimerais formuler quelques remarques sur l'intelligence de la religion qui s'en dégage. On peut déjà s'attendre à ce que la conception gadamérienne de la religion réponde directement à son souci de favoriser la solidarité sur la terre. Outre cela, on peut relever deux caractéristiques essentielles de la religion telle que la conçoit Gadamer. La première est qu'elle doit admettre la finitude radicale de sa connaissance des réalités religieuses. Il lui faut accepter une fois pour toutes qu'elle n'est pas détentrice d'un savoir divin, mais qu'elle est, elle aussi, située dans l'histoire, solidement ancrée dans le sol de l'expérience humaine, trop humaine. La deuxième caractéristique essentielle de la religion, selon Gadamer, est l'expérience de la transcendance. C'est cette expérience qui est la substantifique moelle de toute religion – et c'est d'ailleurs l'une des tâches urgentes de la philosophie de le montrer[44]. Ces deux traits de la religion, reconnaissance de la finitude et expérience de la transcendance, vont naturellement de pair. Car faire l'expérience de quelque chose qui me transcende, n'est-ce pas du même coup reconnaître la limite de ma compréhension ? Et vers quoi pointe cette limite sur laquelle je bute, sinon vers quelque chose qui me transcende ?

L'intelligence gadamérienne de la religion comme expérience finie de la transcendance est l'héritière de la conception kantienne de Dieu comme concept limite, « d'où ne saurait être tirée aucune connaissance authentique par la vertu de la philosophie[45] ». Mais elle est sans doute bien davantage tributaire de la compréhension du divin que Gadamer reconnaît au Socrate platonicien. Dans une

44. J. Zimmermann, « *Ignoramus* [...] », p. 207.
45. H.-G. Gadamer, « Préface à la seconde édition », p. 18/*GW*2, p. 446.

importante étude consacrée à l'*Euthyphron*, dialogue de Platon sur le thème de la piété, il s'intéresse à la conception socratique du divin, et la description qu'il en donne n'est pas sans faire écho à ses propres idées sur la transcendance divine. Il vaut la peine d'en citer ce passage éloquent, où il se montre solidaire de la docte ignorance socratique eu égard au divin :

> Dans l'*Euthyphron*, Socrate ne prétend pas être ignorant à sa manière habituelle. Il insiste davantage sur son ignorance. Dans le cas du divin, ses paroles semblent moins ironiques qu'à l'habitude. On peut difficilement s'imaginer qu'une personne possède, au sens strict, des connaissances sur le sacré. Il est significatif que Socrate fasse référence à sa propre ignorance comme à notre ignorance (*Euthyphron*, 6 b)[46].

On voit tout de suite que la conception socratique-gadamérienne de la religion comme piété du non-savoir est lourde de conséquences pour la compréhension de soi des religions positives. Zimmermann en mesure bien les incidences :

> Pour les religions, cela suppose que nous devons abandonner toute prétention dogmatique et toute doctrine religieuse particulière afin que nous puissions reconnaître la mesure dans laquelle tout être humain cherche en fin de compte la même chose et respecter les limites de notre connaissance[47].

Dans cette compréhension gadamérienne de la religion comme expérience de la transcendance, qui, ainsi que le remarque Zimmermann[48], n'est pas sans rappeler la notion schleiermacherienne de sentiment de dépendance absolue, la religion se trouve réduite à l'extrême, déboutée de toutes ses prétentions, comme l'exprime cette autre citation tirée de l'entretien entre Gadamer et Zimmermann :

> J'ai demandé à Gadamer si l'exigence d'une transcendance universelle n'avait pas pour effet de détruire la religion plutôt que de l'établir. Après tout, les religions du monde ne peuvent pas tout bonnement se débarrasser de toute révélation positive en faveur d'une expérience religieuse indéfinissable [...]. Gadamer est bien conscient de cette tension problématique, mais il insiste qu'il ne voit aucune voie permettant de garantir le dialogue interreligieux, sinon en réduisant

---

46. *Idem*, « La piété du non-savoir socratique », dans *Interroger les Grecs. Études sur les Présocratiques, Platon et Aristote*, Montréal, Fides, 2006, p. 161-201/*GW* 7, p. 83-117 (ici p. 163-164/p. 85). Voir également les réflexions de Gadamer sur la signification de l'emploi du neutre grammatical pour la désignation du divin (p. 163-166/*GW* 7, p. 85-87).
47. J. Zimmermann, « *Ignoramus* [...] », p. 207-208 (je traduis).
48. *Ibid.*, p. 208.

toutes les religions à leur dénominateur commun : l'expérience de la transcendance[49].

Dieu, ou le divin, est ce qui transcende toutes les idées que nous pouvons nous en faire. Gadamer écrit d'ailleurs, au sujet de la conception socratique du divin : « "Le divin" n'est pas [...] quelque chose qu'on pourrait prétendre connaître [...]. "Le divin" est autre chose, une donnée insaisissable dont l'existence nous est connue comme omniprésente, comme une présence indéterminée[50]... » L'expérience religieuse de la transcendance, il la nomme « *ignoramus* » ; c'est *le savoir du non-savoir.* On ne s'étonnera pas que, conséquemment, on ne puisse rien en dire : il s'agit d'une expérience que l'on vit et qui échappe à toute détermination. La seule assertion positive que l'on puisse en faire, c'est qu'elle existe[51]. Ainsi comprises, les religions, qui ne peuvent plus présenter de contenu positif, sont nivelées à tel point que l'on doive plutôt parler d'une seule et unique religion œcuménique, d'*un culte à un dieu inconnu.*

On pourrait débattre longuement de la pertinence de cette conception gadamérienne de la religion, qui n'est pas sans soulever plusieurs questions. À commencer par la suivante : l'humanité pourra-t-elle, voudra-t-elle un jour se satisfaire d'une telle piété du non-savoir ? L'aveu d'ignorance ne sera-t-il pas toujours l'occasion de l'apparition de nouvelles croyances qui prétendront enfin savoir ? Par ailleurs, l'intelligence gadamérienne du dialogue interreligieux présuppose que la religion *doive* être soumise à la finalité de la solidarité planétaire et, plus fondamentalement encore, que la solidarité n'est possible que dans la dissolution des convictions religieuses divergentes. Mais j'aimerais surtout porter à l'attention, pour conclure, la tension qui se fait jour dans les réflexions gadamériennes sur la place de la religion dans les civilisations contemporaines.

La philosophie pratique de Gadamer permet deux postures possibles vis-à-vis de la religion. D'une part, la religion est souhaitable au sein de notre monde, car elle favorise, entre autres, le développement du jugement moral par sa contribution à la constitution de l'*ethos* de chacun et elle donne voix à des options sociopolitiques qui peuvent contrer les déviances de la rationalité dominante. D'autre part, la religion, du moins la religion positive, est aux yeux de Gadamer

49. *Ibid.* (je traduis).

50. H.-G. Gadamer, « La piété du non-savoir socratique », p. 166 / GW 7, p. 88.

51. J. Zimmermann, « *Ignoramus* [...] », p. 213.

un obstacle, voire le principal obstacle à la paix dans le monde. Car les religions – au pluriel – élèvent parfois des prétentions qui ne sont pas sans se tenir en tension avec le projet œcuménique de la solidarité planétaire. Or, à supposer que la religion de l'*ignoramus* en vienne à faire l'unanimité sur la terre, ne constituant de la sorte plus une entrave à la solidarité planétaire, serait-elle toujours en mesure de jouer son rôle positif, notamment dans la formation de l'*ethos* et dans les débats sociopolitiques ?

CHAPITRE 23

LA THÉOLOGIE DANS LA DÉMOCRATIE. UNE LECTURE DE MARCEL GAUCHET[1]

Patrice Bergeron

> L'effort véritable pour maintenir l'idée de vérité dans la contradiction qui est la condition nouvelle imposée à la pensée par le fait démocratique reste totalement à entreprendre. Ce n'est pas une question qui intéresse les seuls croyants, mais une question qui concerne le ressort de la vie démocratique elle-même[2].

Les travaux de Marcel Gauchet sur la religion, la modernité et leurs rapports ont l'avantage de complexifier et de renouveler un ensemble de questions qui ont pu paraître et paraissent effectivement encore parfois simples et résolues. Ils permettent de *problématiser* des questions qui méritent d'être traitées en profondeur, ce qui ne va pas sans un certain recul ou une certaine distance. L'empressement à

1. Le présent article reprend l'essentiel de ce qui a fait l'objet d'un mémoire de maîtrise : « La pertinence publique de la théologie chrétienne après le désenchantement du monde. Une lecture de Marcel Gauchet », Faculté de théologie et de sciences religieuses, Université Laval, août 2008.
2. « Le catholicisme français à l'âge du pluralisme. Entretien avec Marcel Gauchet, Daniel Lindenberg et Paul Valadier », *Esprit*, vol. 151, 1989, p. 45-58 (ici p. 55).

refermer les questions entourant le devenir des sociétés modernes en matière religieuse est bien souvent commandé, au Québec comme ailleurs, par des intérêts avoués ou inavoués, ou encore par des peurs plus ou moins bien enrobées.

Un bon nombre de ces questions concerne le statut des différents *discours religieux*. Manifestement pluriels, ces discours sont à la fois d'origines et de natures diverses et sont véhiculés de manières elles aussi diverses. Faire une distinction entre les différents types de discours religieux m'apparaît essentiel. Pour ne s'en tenir qu'au seul christianisme, la télé-évangélisation, les témoignages personnels, les catéchèses, les prises de parole publiques d'un évêque, d'une assemblée d'évêques ou d'un groupe de chrétiens engagés socialement et la théologie universitaire sont autant de phénomènes qui gagnent à être distingués.

Dans mes recherches, je me suis intéressé de manière spécifique à la question de la pertinence publique de la théologie chrétienne[3]: en quoi la théologie chrétienne peut-elle rendre un service public ? La question ne concerne pas que les théologiens, les théologiennes[4] et leurs étudiants. Au plus profond, c'est la participation des chrétiens à la vie démocratique qui est en jeu. En cela, l'ensemble de la société québécoise est concerné.

J'ai choisi d'aborder la question de la pertinence publique de la théologie chrétienne à partir des travaux de Marcel Gauchet. Ses analyses de la modernité, tant dans sa genèse que dans ses récents développements, m'ont semblé propices à une problématisation de la pratique théologique. En effet, Gauchet pense le mouvement de la modernité comme « sortie de la religion[5] » et accorde un statut

3. La question de la pertinence publique de la théologie chrétienne a fait l'objet de quelques travaux issus presque exclusivement du monde anglophone. Un nombre assez important de chercheurs travaillent dans le champ de ce qu'il est convenu d'appeler la « théologie publique », qui est à distinguer de la « théologie politique » et de la « théologie de la libération ». Dans une littérature abondante, quelques titres: Don S. Browning et Francis Schüssler Fiorenza (dir.), *Habermas, Modernity and Public Theology*, New York, Crossroad, 1992 ; Ronald F. Thiemann, *Constructing a Public Theology. The Church in a Pluralistic Culture*, Louisville (Ky.), Westminster/John Knox Press, 1991 ; David Tracy, *The Analogical Imagination. Christian Theology and the Culture of Pluralism*, New York, Crossroad, 1981.
4. Pour la suite, le genre féminin sera omis, mais dans le seul but d'alléger la lecture.
5. Gauchet a donné une définition succincte de la « sortie de la religion » : « Sa thèse centrale consiste à soutenir qu'avant de devenir la croyance religieuse que nous connaissons, dissociée du fonctionnement collectif, la religion a constitué un mode de structuration des communautés humaines, une manière d'être globale de l'établissement humain-social.

particulier au christianisme qui serait « *la religion de la sortie de la religion*[6] ». Mes recherches m'ont permis de vérifier non seulement que rien n'exclut chez lui la possibilité d'une pratique théologique publiquement pertinente, mais que ses analyses fournissent des indices quant aux formes qu'une telle pratique pourrait, sinon devrait prendre. Si le christianisme n'a plus d'avenir *devant* la démocratie, cela ne signifie pas, selon lui, qu'il n'ait plus d'avenir *dans* la démocratie.

Mes recherches ont aussi été l'occasion d'approfondir une frange des travaux de Gauchet qui a peu été étudiée par les théologiens et qui porte sur le sort présent du christianisme et des sociétés sorties de la religion[7].

De façon générale, la pertinence publique de la théologie chrétienne chez Gauchet me semble pouvoir être pensée selon *deux voies.* D'abord, la théologie chrétienne peut rendre un service public en jouant certains *rôles* en fonction des difficultés des sociétés contemporaines. Ensuite, la théologie chrétienne peut intervenir de manière pertinente en répondant aux *défis* que lui pose la recomposition du religieux dans le monde sorti de la religion. En effet, le religieux et les religions ont un statut bien particulier en modernité et cela pose des défis, tant pour la réflexion que pour la vie démocratique.

1. QUELQUES RÔLES POUR LA THÉOLOGIE CHRÉTIENNE

Quels rôles la théologie chrétienne peut-elle jouer dans un monde sorti de la religion ? Je ne peux répondre à cette question sans dire quelques mots sur l'état actuel des sociétés sorties de la religion,

---

Une manière d'être à laquelle l'originalité de la modernité, telle qu'elle commence à poindre autour de 1500, va être d'échapper – mieux de la renverser point pour point, qu'il s'agisse de la composition du corps politique, de la définition du lien de société, de la forme du pouvoir, de l'organisation de la pensée ou de la relation à la nature. » Marcel Gauchet, *La démocratie contre elle-même*, Paris, Gallimard, coll. « Tel » 317, 2002, p. xvi. On peut consulter aussi Patrice Bergeron, *La sortie de la religion. Brève introduction à la pensée de Malcel Gauchet*, Montréal, Athéna, 2009.

6. Marcel Gauchet, *Le désenchantement du monde. Une histoire politique de la religion*, Paris, Gallimard, coll. « Bibliothèque des sciences humaines », 1985, p. ii.

7. La réception de Gauchet en théologie a surtout porté sur *Le désenchantement du monde.* Voir Danny Roussel, « Deux lectures théologiques du *Désenchantement du monde*: Jean Richard et Pierre Gisel », dans François Nault (dir.), *Religion, modernité et démocratie. En dialogue avec Marcel Gauchet*, Québec, PUL, 2008, p. 147-166. Un article qui traite des thèses défendues par Gauchet dans *La religion dans la démocratie* fait cependant exception : Anne Fortin, « Les conditions de l'expérience religieuse dans la modernité: "Publicisation d'un privé" », *Laval théologique et philosophique*, vol. 56, n° 1, 2000, p. 81-91.

car c'est en fonction de certaines difficultés des démocraties contemporaines que Gauchet pense ces rôles. J'emploie ici «démocraties contemporaines» et «sociétés contemporaines» comme synonymes pour désigner les sociétés sorties de la religion telles qu'elles se développent actuellement[8].

«À un moment qui doit se situer vers 1970 ou peu après, dit Gauchet, nous avons été soustraits, sans nous en rendre compte, à la force d'attraction qui continuait à nous tenir dans l'orbite du divin, même de loin. [...] Nous sommes devenus, en un mot, métaphysiquement démocrates[9].» Il considère donc la sortie de la religion comme quelque chose d'accompli. Pourtant, il la considère aussi comme un «processus» toujours en cours. Si le monde moderne se transforme encore, c'est parce que «la sortie de la religion *continue*[10]».

L'essentiel des transformations actuelles tient dans la *recomposition du privé et du public.* Selon Gauchet, la bipartition du collectif est un fait structurel des sociétés sorties de la religion. Il n'y a pas de société moderne sans séparation entre la société civile et l'État, sans différenciation entre une sphère du privé et une sphère du public. Ce qui caractérise la situation actuelle des démocraties est précisément la fin du rapport hiérarchique entre le public et le privé. Tant et aussi longtemps que la démocratie s'est comprise et affirmée par rapport à son opposé, qui est la religion, l'État a surplombé la société civile et la chose publique a gardé sa transcendance. Mais «la fin du combat religieux[11]» change la donne.

8. Si, aux yeux de Gauchet, il y a bien *des* modernités et non pas *une seule*, ces modernités partagent néanmoins une histoire et une dynamique générales. Manifestement, Gauchet porte davantage son attention sur les traits communs que sur les différences. La société québécoise, comme société moderne, est donc concernée par ses analyses. Il importe cependant de souligner que la spécificité du cas français marque ses travaux. Pour une application des thèses gauchetiennes à la spécificité du cas québécois, voir Robert Mager et Patrice Bergeron, «Sortir la religion de l'école ou l'école de la religion? Le débat québécois sur la confessionnalité scolaire (1960-2000)», dans François Nault (dir.), *op. cit.*, p. 167-196.

9. Marcel Gauchet, *La religion dans la démocratie. Parcours de la laïcité*, Paris, Gallimard, coll. «Folio/essais», 1998, p. 11.

10. *Ibid.*, p. 20.

11. *Ibid.*, p. 153. Le «combat religieux» n'a pas eu le même impact au Québec qu'en France. Voir Gilles Labelle, «Sens et destin de la colère antithéologique après la Révolution tranquille», dans Bernard Gagnon, Alain-G. Gagnon et Jacques Palard (dir.), *Diversité et identités au Québec et dans les régions d'Europe*, Québec, PUL; Bruxelles, Les Presses interuniversitaires européennes/Peterbourg, 2006, p. 337-364.

La société civile gagne en importance. Les intérêts privés peuvent s'affirmer avec une nouvelle vigueur. Les multiples identités qui constituent la société civile prennent le relais de la politique et de l'histoire en tant que sources de sens de l'existence collective. En retour, elles demandent à l'État de reconnaître leurs particularités. Si, d'un côté, la « société civile se "publicise" », de l'autre coté, « l'État se "privatise"[12] ». Sa raison d'être, l'État ne la trouve plus en lui-même, mais dans la société civile, avec ses multiples identités. L'État se retourne vers la société civile nouvellement indépendante et se met en quelque sorte à son service ; il se met à la représenter, au sens fort du terme[13]. Dans ce retournement, le politique perd sa transcendance. S'il en conserve une certaine part, ce n'est que sous la forme d'une « transcendance discrète[14] ». Il serait erroné de penser ici qu'il y a fusion entre le privé et le public. C'est plutôt l'approfondissement de leur différence qui explique leurs nouveaux rapports.

Dans ce contexte, les religions retrouvent un certain droit de cité :

> Ce mouvement [...] ne concerne pas que les individus en tant que responsables du sens. Il regarde également les religions, les morales, les philosophies constituées – l'ensemble, en fait, des doctrines capables de répondre, à un titre ou un autre, à une question du bien commun que la politique ne parvient plus à pourvoir d'une solution intrinsèquement consistante[15].

Cette relégitimation des religions, qui n'est pas un retour des religions, s'explique par le fait que l'histoire et la politique ne sont plus porteuses de sens en elles-mêmes. C'est en tant que sources de sens *privées* que les religions sont réhabilitées dans l'espace public[16]. Les religions ne sont plus *devant* la démocratie, mais *dans la démocratie*, et c'est de l'intérieur de celle-ci, à partir des *individus* seulement, en tant qu'identités, qu'elles refont surface. En ce sens, les

12. *Ibid.*, p. 136.
13. L'État devient « pour de bon représentatif, si l'on entend par là qu'il tend à se transformer en espace de représentation de la société civile, sans plus de supériorité hiérarchique vis-à-vis d'elle ni de rôle d'entraînement historique », *ibid.*, p. 155.
14. *Ibid.*, p. 139.
15. *Ibid.*, p. 105-106.
16. Contrairement à José Casanova qui, dans *Public Religions in the Modern World* (Chicago, University of Chicago Press, 1994), parle d'une « dé-privatisation » des religions, Gauchet parle de la « *publicisation d'un privé* », car si la croyance tend à prendre place dans l'espace public, paradoxalement et du même coup, elle « entend conserver sa liberté et sa singularité privée », *ibid.*, p. 137-138.

religions sont irrémédiablement passées du côté de la sphère privée. Tant la manière de les vivre intérieurement que la manière de les habiter, s'en trouvent transformées[17].

La nouvelle dynamique identitaire fait également entrer les démocraties dans une nouvelle situation de *crise*. Cette crise se présente sous les traits d'une « re-consécration de l'individu[18] ». Celui-ci doit toujours davantage se distinguer, affirmer sa singularité. Le cadre sociohistorique et les institutions ne valent qu'en fonction de l'espace qu'ils dégagent pour l'affirmation de l'individu. Une nouvelle forme d'idéologie voit le jour: l'idéologie des droits de l'homme. « Le droit, sous l'aspect des droits de l'homme, s'érige en vérité exclusive de la démocratie, en refoulant la considération du politique et du social-historique, en s'installant à leur place, en se donnant pour eux[19]. » Il en résulte un culte de « l'individu au présent » et de ses droits, qui tient lieu tout à la fois de discours social et politique.

C'est à l'intérieur de cette situation particulière – trop rapidement résumée – que Gauchet traite des rôles possibles pour les institutions et la théologie chrétiennes. Ces rôles sont au nombre de trois et sont liés à trois difficultés des démocraties contemporaines.

D'abord, les sociétés sorties de la religion, autant les collectivités que les individus eux-mêmes, s'interrogent sur leurs valeurs et leurs fins. Non pas que la question *éthique* ait moins d'importance. Bien au contraire, elle est plus que jamais d'actualité. Simplement, elle se pose autrement. La nouveauté réside dans le fait que la question des fins et du sens de la vie en collectivité, si elle continue de se poser, ne peut engager de réponses qu'individuelles, car la chose publique n'est plus porteuse de sens en elle-même.

Si les discours des Églises chrétiennes en matière éthique ont perdu leur statut public, c'est-à-dire ne valent plus pour l'ensemble de la collectivité, la « désofficialisation s'accompagne [...] d'un gain en visibilité et en légitimité sociales des instances religieuses, en tant que sources morales et spirituelles. Elles sont reconnues apporter quelque chose dont l'existence en commun ne saurait se passer et

17. Gauchet ne continue de parler de la religion ou des religions contemporaines que pour désigner ce qui subsiste aujourd'hui des traditions religieuses. Si ces traditions subsistent, elles évoluent maintenant à l'intérieur d'un monde qu'elles ne structurent plus. Il n'y a donc pas de retour en deçà de la sortie de la religion.

18. Marcel Gauchet, *La condition historique*, Paris, Stock, coll. « Les essais », 2003, p. 329.

19. Marcel Gauchet, *La démocratie contre elle-même*, p. 355.

que la chose publique n'est plus en mesure de fournir par elle-même[20]. » Participer aux débats éthiques de manière rigoureuse constitue donc un premier rôle que les institutions chrétiennes peuvent jouer[21].

Les sociétés contemporaines ont également des difficultés à prendre en charge leurs dimensions culturelle et historique[22]. La crise actuelle des démocraties rend hautement problématique la transmission effective de la culture. La difficulté vient du fait que la culture, par définition, précède l'individu. Or, les démocraties contemporaines, toutes tournées qu'elles sont vers l'individu et ses prérogatives, se rendent aveugles à l'antécédence de la culture et à son caractère extérieur. La transmission de la culture devient alors impossible, le geste de transmission étant toujours perçu comme faisant « violence » aux individus. C'est en éducation que la difficulté se fait le plus vivement ressentir.

Cette « difficulté de première grandeur[23] » des sociétés sorties de la religion concerne directement le christianisme et ses institutions, puisque c'est en bonne partie la transmission du *passé chrétien* qui fait problème, « et du passé chrétien en tant que partie maîtresse du passé européen et occidental[24] ». Aux yeux de Gauchet, l'enjeu est de « faire vivre cette mémoire systématiquement et dans ses différentes dimensions, bien au-delà du monde chrétien ou catholique ». Les institutions chrétiennes ont à « inventer [...] des modes de présence au monde », ce qui suppose aussi selon Gauchet « un changement d'attitude important[25] ». En somme, la « singularité » des institutions chrétiennes comme institutions de tradition et de transmission « *les désigne pour une fonction plus vaste à l'échelle de la collectivité*: celle de gardienne et de passeuse de l'histoire profonde où nous avons nos origines[26] ».

---

20. Marcel Gauchet, *Un monde désenchanté?*, Paris, Les Éditions de l'Atelier / Éditions Ouvrières, 2004, p. 186.
21. Je souligne au passage les travaux de Guy Jobin, dont *La foi dans l'espace public. Un dialogue théologique avec la philosophie morale de Jean-Marc Ferry* (Québec, PUL, 2004), qui met en valeur la dimension narrative de la théologie et sa possible participation au débat éthique.
22. Pour le cas particulier du Québec, voir E.-Martin Meunier et Joseph Yvon Thériault (dir.), *Les impasses de la mémoire: histoire, filiation, nation et religion*, Montréal, Fides, 2007.
23. Marcel Gauchet, *Un monde désenchanté?*, p. 244.
24. *Ibid.*, p. 245.
25. *Ibid.*, p. 245.
26. *Ibid.*, p. 246. Je souligne.

Une autre difficulté des sociétés sorties de la religion, à laquelle correspond un autre rôle pour les institutions chrétiennes, concerne leur idée de l'homme. L'importance de la culture quant à l'identité historique des sociétés modernes vient d'être évoquée. Mais il y a davantage. L'idée de transmission culturelle suppose aussi une certaine vision de l'homme comme *être de culture*:

> La culture apparaît [...] comme l'élément même de l'humain, son milieu intellectuel et spirituel vital. Elle implique une vision de l'homme comme cet être non immédiatement donné et présent à lui-même, mais institué, élevé à lui-même par le truchement d'une culture dont l'appropriation est inséparable d'un travail sur soi-même[27].

Devant la déshumanisation qui accompagne la déculturation, tous sont concernés: «les institutions religieuses, et les institutions chrétiennes de manière élective, ont un rôle à jouer dans la sauvegarde d'une idée de l'homme comme être de culture, au sein d'un monde au péril de la déculturation[28]». Penser et traduire dans l'espace public l'idée de l'homme que véhicule le christianisme est une tâche à laquelle peuvent contribuer les institutions chrétiennes[29].

Les rôles qui viennent d'être définis – participer aux débats éthiques, contribuer à faire vivre la mémoire culturelle de l'Occident et sauvegarder une idée de l'homme comme être de culture –, Gauchet les pense en fonction des institutions chrétiennes, et non en fonction de la *théologie chrétienne*. Or, c'est bien la pertinence publique de la théologie chrétienne que je cherche à concevoir. Si je me suis permis d'attribuer à la théologie des rôles que Gauchet attribue aux institutions[30], c'est que certaines distinctions relatives à la fonction théologique et à ses rapports avec les Églises et la tradition chrétiennes me paraissent échapper à Gauchet. Les rôles qu'il attribue aux institutions relèvent notamment, me semble-t-il, de la fonction

27. *Ibid.*, p. 246-247.
28. *Ibid.*, p. 247.
29. À ce titre m'apparaissent exemplaires les travaux du théologien Karl Rahner, notamment son *Traité fondamental de la foi. Introduction au concept du christianisme* (Paris, Le Centurion, 1983).
30. Gauchet emploie l'expression «institutions religieuses» dans un sens large: «J'entendrai donc sous ce nom d'institutions religieuses les organisations de la société civile à but spirituel, en y incluant, au-delà des magistères ecclésiaux proprement dits, l'ensemble des structures qui se rattachent d'une manière ou d'une autre à une identité confessionnelle.» La théologie est une de ces structures. Marcel Gauchet, *Un monde désenchanté?*, p. 238.

théologique, dans la mesure où ils nécessitent un travail de réflexion critique[31].

2. QUELQUES DÉFIS POUR LA THÉOLOGIE CHRÉTIENNE

Il existe une autre voie pour penser la pertinence publique de la théologie chrétienne chez Gauchet. Il s'agit, cette fois, de prendre la mesure des *défis* que la sortie de la religion pose à la théologie. Il y a trois défis qui concernent la foi et la question de Dieu[32] et qu'il importe à la théologie chrétienne de relever, cela, dans l'intérêt de toute la collectivité.

Lorsque la référence à Dieu n'organise plus la société, c'est d'abord *le statut du divin* qui est à repenser. Plus que jamais auparavant, le destin de l'homme est placé entre ses propres mains. Cette condition caractéristique des sociétés sorties de la religion a pour effet de creuser l'altérité de Dieu. Gauchet est clair: «l'idée de Dieu conserve un sens», mais c'est d'abord comme «inimaginable séparé[33]» qu'elle le conserve. Dieu est passé du côté de l'irreprésentable.

En plus d'avoir à repenser le statut du divin, la théologie doit repenser *le statut du monde*, de ce monde «qui n'est pas sans Dieu, mais hors de la prise de Dieu[34]». L'éloignement de Dieu qui caractérise la sortie de la religion confère au monde «un surcroît de consistance[35]». En effet, il est généralement admis aujourd'hui que le destin

31. Je précise un peu. S'il est vrai que la théologie exerce une fonction *interne*, c'est-à-dire qu'elle est pour une part liée à la communauté ecclésiale et à ses impératifs d'autocompréhension et de survie, il importe de voir que là n'est pas sa seule fonction, du moins dans la longue tradition chrétienne. En effet, la théologie exerce également une fonction *externe*. Si elle travaille sur et à partir d'une tradition particulière, elle n'est pas à penser strictement comme une «fonction d'Église». Son «horizon est [...] celui du monde» (Pierre Gisel, «La contingence et la révélation», dans Pierre-Olivier Monteil [dir.], *La Grâce et le Désordre. Entretiens sur la modernité et le protestantisme*, Genève, Labor et Fides, 1998, p. 167-193 [ici p. 181]) et c'est d'abord là qu'elle pose la question de Dieu ou de l'absolu. Puisqu'une tradition est appelée à traverser les époques, la critique lui est nécessaire.
32. Marcel Gauchet, *Un monde désenchanté?*, p. 186-189, 230-234.
33. Marcel Gauchet, dans Luc Ferry et Marcel Gauchet, *Le religieux après la religion*, Paris, Bernard Grasset, coll. «Nouveau collège de philosophie», 2004, p. 73-74. L'idée de Dieu conserve un sens, et ce, par-delà une certaine «réorientation éthique» des religions: «ce serait aller trop vite en besogne que d'en conclure à la résorption tendancielle du théologique dans l'éthique.» Marcel Gauchet, *La religion dans la démocratie*, p. 150.
34. Marcel Gauchet, *Un monde désenchanté?*, p. 127.
35. *Ibid.*, p. 231.

des hommes ne repose que sur eux-mêmes. Quel est le statut du monde lorsque Dieu, qui ne cesse pourtant pas sa relation avec le monde, s'en éloigne radicalement ?

Un troisième défi pour la théologie chrétienne, étroitement lié aux deux premiers, mais sans doute plus crucial, est de repenser *le statut du croire*. La foi chrétienne n'étant plus assumée socialement et collectivement, il en ressort que l'acte de croire est d'abord l'acte d'un sujet. Alors qu'elle était « la foi de nos Pères », la foi d'aujourd'hui est avant tout un acte qui prend racine chez un sujet.

> C'est de nous que part le ressort de la croyance, et c'est à nous qu'il revient – mais c'est une raison de plus pour croire et, peut-être, la meilleure. En cela, [la conscience religieuse] se fait critique au sens savant. Elle était toute du côté de la foi dans l'objectivité de son objet ; elle s'ouvre à l'idée que son fondement est dans le sujet avec ce que cela signifie de limites quant au statut de son objet[36].

La question est donc la suivante : quel statut donner à la dimension subjective de l'expérience croyante ? Entre chercher à redonner à l'objet la consistance qu'il a pu avoir autrefois – au risque de conduire la théologie et les communautés croyantes à l'isolement – et minimiser l'objet pour se concentrer presque exclusivement sur la dimension subjective – au risque cette fois de compromettre l'entreprise théologique comme telle –, il y a un difficile équilibre à trouver.

Mais en quoi les trois défis qui viennent d'être évoqués – penser le statut du divin, du monde et du croire – concernent-ils la pertinence publique de la discipline théologique ? Ces défis, surtout le problème du croire, renvoient à la question générale du statut du *religieux* dans un monde sorti de la *religion*. La théologie fait face à une « métamorphose du pensable religieux » qui, si elle la concerne directement, la dépasse également :

> Le noyau anthropologique qui a porté millénairement le religieux est destiné à se perpétuer. [...] Je tends à croire, dit Gauchet, qu'on trouvera à toutes les époques, de par cette disposition, de la religion dans les communautés humaines, en continuité avec les religions du passé. Sa présence pourra être très minoritaire, elle n'en sera pas moins significative. Mais ce noyau anthropologique me semble destiné surtout à trouver d'autres expressions. Le mouvement est largement engagé[37].

36. Marcel Gauchet, *La religion dans la démocratie*, p. 150-151.
37. Marcel Gauchet, dans Luc Ferry et Marcel Gauchet, *op. cit.*, p. 109.

En effet, dans le monde sorti de la religion, « il se reconstitue en dehors des croyances religieuses toute une série d'expériences qui, même sans que les individus les interprètent nécessairement comme religieuses, participent du même esprit que les diverses expériences religieuses dans l'histoire de l'humanité[38] ». Il en va ainsi de l'expérience esthétique, de l'expérience intellectuelle, de l'expérience de l'être-soi et de l'expérience éthique, qui se structurent dans un rapport à l'altérité. Ce « noyau anthropologique » et ces expériences contemporaines ouvrent sur une « question critique », celle de comprendre « ce qui fait de nous des *êtres de l'autre*, divisés d'avec nous-mêmes et invinciblement portés à scinder le sensible d'avec un suprasensible[39] ». Il n'y donc pas que le théologien qui soit concerné par la question du « croire » et du rapport à l'altérité. Tous le sont. Plus encore, cette question « redoutable » concerne, selon Gauchet, « l'avenir de la pensée, et, rajoute-t-il, nous n'en sommes qu'aux balbutiements[40] ».

Les trois défis auxquels la théologie fait face et qui renvoient à la question du statut du religieux et du croire, loin de marginaliser la théologie chrétienne dans le concert des discours contemporains, conduisent plutôt à l'en rapprocher. En effet, les transformations quant au statut du religieux et du croire posent d'importants défis intellectuels. La théologie chrétienne, au même titre que les autres disciplines, doit y faire face, même si elle le fait de manière originale, c'est-à-dire en posant la question de Dieu, ou de l'absolu.

Il convient cependant d'aller un peu plus loin, parce qu'un tel travail théologique est d'intérêt général pour une autre raison qui « concerne le ressort de la vie démocratique elle-même[41] ». La question à laquelle la théologie ne peut pas ne pas faire face, et qui résume les trois défis, est la suivante :

> qu'est-ce que cela peut vouloir dire que de se référer à un absolu, puisque c'est cette référence qui organise la conscience religieuse, tout en

---

38. Marcel Gauchet, « S'il ne se passe rien, il ne restera plus grand-chose », dans Yves de Gentil-Baichis (dir.), *Chrétiens, tournez la page*, Paris, Bayard, 2002, p. 63-80 (ici p. 74).
39. Marcel Gauchet, *La démocratie contre elle-même*, p. 295. Cette question, dit Gauchet, « Kant l'avait initiée, voici deux siècles » (p. 294).
40. Marcel Gauchet, dans Luc Ferry et Marcel Gauchet, *op. cit.*, p. 131. C'est « une donation qu'il s'agit d'élucider » (p. 134). Il faut penser à nouveaux frais « l'anthropogenèse ». L'homme se construit lui-même, mais à partir de ce qui lui est donné, et non simplement à partir de lui-même.
41. Marcel Gauchet, dans un entretien avec Lindenberg, Mongin et Valadier, *loc. cit.*, p. 55.

acceptant simultanément de s'installer dans un espace où cet absolu sera forcément traité par les autres comme relatif[42] ?

Cette question trouve son équivalent en philosophie. En effet, quel peut bien être le statut de la vérité dans un univers démocratique, où la dissension est structurante? Un «énorme travail de construction intellectuelle[43]» est donc à entreprendre. La nécessité et l'urgence d'un tel travail sont redoublées par la nouvelle dynamique identitaire et l'idéologie des droits de l'homme qui menacent les démocraties de l'intérieur.

Résoudre le problème qu'entraîne cette dynamique commande non pas d'ignorer les religions et leurs nouvelles expressions, mais de s'y intéresser. Loin d'être un épiphénomène, la relégitimation des religions dans l'espace public est le fruit du processus de sortie de la religion. Le phénomène religieux, s'il fait partie du problème, fait tout autant partie de la solution. Tel est le «paradoxe» :

> La laïcité ancienne manière n'est pas débordée par la remontée des eaux de la foi. Elle est entraînée dans une redéfinition de ses repères par le tarissement de leur débit, laquelle redéfinition se traduit, là réside le vif du paradoxe, par *l'attribution d'une place de choix aux religions auparavant comprimées*[44].

La situation actuelle des démocraties pose problème et requiert le développement d'un pluralisme plus exigeant. En répondant aux défis qui lui sont adressés, la théologie chrétienne est en mesure de favoriser un tel développement. Du coup, elle participe au combat intellectuel d'aujourd'hui, qui est d'éclairer ce qui échappe le plus à la conscience contemporaine, à savoir «l'articulation de l'individuel et du collectif[45]». La participation du théologien à un tel travail est d'autant plus plausible et requis que la figure de l'intellectuel est, elle aussi, selon Gauchet, à «*réinventer*[46]».

42. *Ibid.*, p. 53.
43. *Ibid.*, p. 55.
44. Marcel Gauchet, *La religion dans la démocratie*, p. 36. Je souligne.
45. Marcel Gauchet, *La condition historique*, p. 353.
46. Marcel Gauchet, «L'intellectuel à réinventer», *Le Figaro magazine*, le samedi 8 novembre 2003, p. 36-37 (ici p. 37). Je souligne.

3. QUELS LIEUX POUR LA THÉOLOGIE CHRÉTIENNE ?

J'ai tenté de montrer en quoi les travaux de Marcel Gauchet permettent de penser la pertinence publique de la théologie chrétienne. D'abord, la théologie chrétienne peut rendre un service public en jouant certains *rôles* en fonction des difficultés des sociétés contemporaines. Ensuite, elle peut intervenir de manière pertinente en répondant aux *défis* que lui pose la recomposition du religieux dans le monde sorti de la religion. Dans la mesure où la théologie prend au sérieux ces rôles et ces défis, elle peut rendre un véritable service public. Cela suppose une théologie attentive à sa fonction externe et à la dimension critique de son travail.

Je conclurai en posant la question des *lieux* pour la théologie chrétienne. C'est que l'enjeu de sa pertinence publique ouvre à la question de son inscription dans l'université publique[47]. Si une certaine théologie, tout en demeurant associée à une tradition religieuse particulière, est en mesure de rendre un véritable service public, si elle peut être profitable non seulement aux chrétiens mais à toute la collectivité, comme j'ai tenté de le montrer, peut-on aller jusqu'à lui accorder un espace dans l'université publique, financée par l'ensemble de la population ? J'irai plus loin : là où cette théologie trouve déjà à s'exercer à l'université, comme c'est le cas au Québec, faudrait-il la protéger, voire la mettre en valeur ? Et là où ce n'est pas le cas, faudrait-il lui faire une place ? Autant de questions qu'il importe de se poser. D'ailleurs, Gauchet ne souligne-t-il pas que le dépassement de la présente crise des démocraties – à laquelle l'institution universitaire n'échappe pas – passe par « l'attribution d'une place de choix aux religions auparavant comprimées[48] » ? On pourrait aller plus loin et se demander quels *changements institutionnels* ou quelles *décisions politiques* impliquerait l'attribution de cette nouvelle place de choix aux religions.

---

47. Au Québec, en 2008, la théologie chrétienne est enseignée et pratiquée dans trois universités francophones – Laval, Sherbrooke et Montréal – et dans deux anglophones – McGill et Concordia.

48. Marcel Gauchet, *La religion dans la démocratie*, p. 36.

CHAPITRE 24

RELIGION, COMMUNAUTÉ ET MÉMOIRE. UNE RELECTURE DE HEGEL ET DE CHARLES TAYLOR

Georges Leroux

Je propose ici une réflexion sur le destin de la religion, dans son lien le plus intime et le plus substantiel avec l'histoire du Québec. Faisant retour vers une histoire religieuse qui appartient de plein droit à l'histoire nationale, je cherche à la relire non pas seulement à partir de son inscription politique, mais d'abord pour elle-même, c'est-à-dire à partir de son autocompréhension, à partir de l'interprétation qu'elle peut produire d'elle-même, alors que s'accomplit cette phase d'érosion du christianisme que nous observons partout en Occident et en particulier au Québec. La sécularisation, avec son cortège d'effets de déplacement, présente ici le même visage que celui qui est si abondamment décrit dans les sociétés européennes. D'abord, l'avènement d'une société horizontale et en rupture avec toute référence transcendante; ensuite, la marginalisation d'une société cléricale faite de hiérarchies et de privilèges. Je prends acte de cette sécularisation, considérée comme le résultat le plus direct de la modernité, mais je suis désireux d'en interroger les conséquences pour la religion elle-même, plus que pour la société et l'État. Si la sécularisation apparaît, ici comme ailleurs, telle la figure d'un destin, c'est qu'elle est à la fois l'achèvement d'un cycle au sein duquel la modernité se conquiert sur l'ancienne société, et l'ouverture d'une promesse, l'avènement d'une destination nouvelle de la société. Que ce cycle exige l'accomplissement d'un deuil aussi douloureux que nécessaire, le moment présent semble le montrer avec évidence, mais ce deuil est aussi bien celui de la religion elle-même et pour elle-même.

Je m'intéresserai cependant moins au futur et à la promesse qu'au passé et au présent, moins à l'indécidable qu'à ce qui a déjà pris figure, moins à tout ce qui arrive de l'avenir – et en particulier de l'avenir de la religion comme ce qui vient dans la promesse de la justice et de la démocratie annoncée par l'Évangile – qu'à ce qui est déjà arrivé de cette promesse dans une société qui désormais ne cherche plus seulement son avenir, mais aussi sa mémoire : le messianisme inhérent à l'annonce chrétienne n'est, en effet, que l'horizon ouvert de la question que je cherche à poser en considérant le passé, mais ce messianisme est associé de si près aux fondations de la colonie, à l'origine mystique du Canada français, à l'histoire de sa survie, aux tensions de l'ultramontanisme et du libéralisme que je crois possible de le lire rétrospectivement comme figure centrale du destin de la communauté. C'est en ce sens précis que je crois nécessaire de parler de prophétie. Ce destin ne serait lisible qu'au regard d'une histoire qui prendrait en compte la vocation, par essence religieuse, de la fondation, mais la principale exigence d'une autocompréhension sécularisée de cette histoire n'est-elle pas le renoncement à cette essence ? La communauté elle-même n'est-elle pas vouée à la disparition, dans le processus de l'avènement moderne d'une société plurielle et séculière ? Cette notion de communauté fait problème tout autant que celle du destin historique qu'elle a mission de constituer, elle appartient à cet ensemble de concepts qui sont érodés par la sécularisation : de quelle communauté peut-on encore parler, s'agissant de l'histoire religieuse du Québec, sinon de celle qui est disparue[1] ? La communauté d'origine et de foi appartient, en effet, à ce regard mythique du destin et même quand nous en déconstruisons tous les présupposés imaginaires, elle demeure active. Quand donc commence le Canada français religieux catholique ? Quand donc subit-il les premiers coups qui font apparaître des fissures telles

1. Je tiens à remercier Gilles Labelle pour sa lecture de ce texte ; ses questions m'ont permis d'aller plus loin. Je voudrais par ailleurs raccorder cette étude à un travail antérieur, publié à l'occasion d'une réflexion sur le concept de communauté ; voir mon étude « Appartenance, association, fraternité. Les voies de la communauté aujourd'hui », dans Monique Dumais et Jean Richard (dir.), *Église et communauté*, Montréal, Fides, coll. « Héritage et projet » vol. 73, 2007, p. 171-201.

que la communauté ne parvient pas à rendre compte de son organicité ? Comment sa mémoire est-elle constitutive de son identité ?

Je regarde le long de la vallée du Saint-Laurent le chapelet de ces églises anciennes, je contemple leurs clochers, je pense aux autels sculptés de la Côte-de-Beaupré, je revois les rites et les saisons, les baptêmes et les communions, les funérailles et les adieux. Je revois tout ce qui dans le monde commun de la communauté prenait sens et couleur[2]. J'ai dans ma famille un arrière-grand-père charpentier qui s'honorait d'avoir construit du mobilier d'église, son souvenir me relie à ce monde premier. Je pense à cette nappe de lin, brodée d'une bordure d'épis d'or, que je reçus d'une de mes amies qui l'avait conservée de sa famille à Saint-Denis-de-Kamouraska, où elle avait été offerte pour l'ordination d'un oncle prêtre. Lorsque ma fille aînée se maria, elle eut l'idée d'y faire tailler un voile, et personne autour de moi ne comprit que je m'y opposai au point d'entrer en colère. Dans cette colère, je reconnus le symptôme du deuil impossible, du deuil inachevable, du deuil nécessaire. Pliée dans sa boîte, cette pièce de tissu sacré portait avec elle non seulement l'aura du passé, mais elle était pour moi l'épiphanie de ce monde autre, à la fois disparu et présent, ces paroisses du Saint-Laurent, où dans ma jeunesse montréalaise je n'aimais rien tant que reconnaître la vérité du christianisme, son essence communautaire et historique. Je m'interroge donc à la fois sur la mélancolie de la communauté, qui ne cesse de ressurgir dans l'affirmation toujours répétée de l'identité chrétienne du Québec, une affirmation à tous égards incompréhensible dans une société déchristianisée et pleinement sécularisée et sur la signification de cette mélancolie dans un christianisme endeuillé : c'est la raison de mon titre, « religion, communauté et mémoire », alors que je considère une communauté qui pourrait n'être plus que mémoire, une religion qui ne serait plus communauté.

Ma question se porte donc à la rencontre de toutes ces explications, si importantes et si complexes aujourd'hui, qui veulent éclairer comment l'histoire sociale et politique du Québec a été nourrie de l'intérieur par la foi catholique. Comme tous, je suis à l'écoute de ces recherches, dont l'objet demeure la production du social et de la modernité, la compréhension des influences et des réciprocités, des

2. On trouvera dans le recueil préparé par Madeleine Landry et Robert Derome un choix important d'œuvres d'art religieux de la Côte-de-Beaupré ; voir *L'Art sacré en Amérique française. Le trésor de la Côte-de-Beaupré*, Québec, Septentrion, 2005.

avancées et des résistances. Les historiens qui s'y engagent sont parvenus à dépasser le réflexe adolescent du rejet d'une histoire théologique, ils apportent, au contraire, un regard essentiel sur l'avènement de la modernité au sein même du religieux. Prenant appui sur une relecture soucieuse de dépasser la « mémoire honteuse », ils proposent un paradigme où la mémoire n'est pas seulement celle d'un dépassement des aliénations, mais aussi de liens substantiels et de promesses toujours à tenir. Mais je ne m'engagerai pas sur le même chemin, je chercherai de mon côté plutôt, dans un sens rétrospectif, à en frayer un autre : je voudrais comprendre ce que cette foi, en elle-même et par elle-même, nous invite à penser concernant son destin dans une communauté entrée dans un procès de perte et d'abandon, de deuil et de mélancolie.

Mon questionnement s'inscrit donc dans le deuil de la foi chrétienne, mais à l'intérieur d'elle et non pas dans la reconstitution du processus social de la perte. Je ne demande pas que ce deuil soit partagé – ce qui exigerait une adhésion originaire et une fusion dans le manque ou la négativité –, je cherche seulement à l'interroger de l'intérieur. Je distingue, en effet, deux questions, souvent traitées sans égard à leur différence essentielle : la première concerne la place de la religion catholique dans l'identité du Québec, une question qui examine autant l'histoire de la survivance d'un peuple que celle de son accès à la modernité sociale et politique et je la reçois du travail des historiens sans m'y engager ; la seconde, qui sera au foyer de ma réflexion, est imbriquée dans la première, mais je crois qu'il est nécessaire de la dégager : elle concerne ce qui dans l'expérience religieuse historique, au moment de son retrait et de son érosion, se désarticule, mais en même temps se transforme en fondement ou en horizon de vie et qui devient injonction pour une nouvelle prophétie et pour la mémoire. Cette question concerne donc le passage du devenir politique de la religion, sa force immanente au délestage, au deuil, à son inévitable érosion ; elle concerne aussi les effets de la modernité sur la conscience religieuse dans le moment de son retrait. Cela ne signifie pas que le manque ou la négativité aient entièrement reflué du champ social, mais, au contraire, que renonçant à la fiction d'une communauté historique, et plus encore à toute figure de pouvoir, on accepte de penser une autre communauté.

Il m'arrivera d'utiliser le terme de *théologie politique* et j'essaierai de préciser, chaque fois, en quel sens je crois possible d'en penser la réalité dans le cas de notre histoire. Le concept en est ancien et récent: ancien dans la conception augustinienne de l'histoire et des deux cités; récent dans la fondation moderne du politique. Les philosophes auxquels je me référerai n'ont cessé de s'y affronter, et nous leur devons d'abord d'en avoir montré les apories. Il est, de fait, plus habituel d'analyser les effets de la théologie politique pour le politique lui-même que pour la théologie, comme si par essence, la théologie désirait cette fondation. La tradition augustinienne illustre ce projet, mais elle révèle du même coup l'impasse théologique de toute fondation dans un contexte sécularisé. Je procéderai par étapes et fragments, en me reliant toujours, dans une attitude de vénération et de souvenir, à ce qui de la religion même a été déposé dans notre culture, mais je m'efforcerai surtout de saisir ce qui, dans notre accès à la modernité, a poussé la religion catholique à une transformation critique, au point de la contraindre à un retranchement, à une marginalité, où non seulement la communauté historique montre son épuisement, mais où l'autointerprétation identitaire atteint sa limite. Nous aurions donc été cela, mais comment l'avons-nous été, selon quelle intériorité, selon quelle justice? Et cela que nous aurions été, si nous ne pouvons le dire, comment pouvons-nous proposer de l'être encore et toujours?

Mon parcours doit beaucoup à la pensée de Charles Taylor, qui m'a conduit à une relecture de Hegel[3], mais aussi à celle de Fernand Dumont et à celle de Jean-Luc Nancy: je n'ai cessé de leur adresser des questions concernant l'extériorité du christianisme dans une société qui, encore aujourd'hui, ne semble pas capable d'accepter cette extériorité et de faire le deuil d'un christianisme fusionnel et identitaire, d'un christianisme politique. Je ne propose pas une lecture de leur pensée de la déchristianisation, ce qui serait une tâche qui dépasse mes capacités; j'ai plutôt modestement recours à leur pensée pour tenter de comprendre dans leur sillage le destin politique du christianisme ici et la nécessité de son dépassement. Si je leur offre ce voilé brodé où j'ai reconnu le symptôme mélancolique qu'ils ont eux-mêmes affronté, chacun à sa manière, je leur demande aussi de m'aider à le dépasser.

3. Principalement dans son étude *Hegel et la société moderne*, traduction de Pierre R. Desrosiers, Québec, PUL, coll. « Prisme », 1998.

1. LA SCÈNE DE LA COMMUNAUTÉ : HEGEL

Je voudrais commencer par une scène qui n'a pas connu son véritable lieu dans notre société, la scène de la séparation et de l'affrontement, alors que la religion se retourne contre le politique pour lui demander justice. À la suite de Charles Taylor, qui n'a cessé d'en méditer la portée, je la reprends d'un écrit de jeunesse de Hegel, alors que toute la question de la théologie politique européenne émerge dans la conscience du grand philosophe récapitulateur. Cette scène mérite qu'on la considère, car elle constitue le moment hégélien de la religion dans la modernité : si elle n'a pas eu lieu ici, pas encore ou pas assez, c'est qu'il ne s'agit plus d'un effort du christianisme pour investir le politique et le contrôler, mais, au contraire, pour l'affronter de l'extérieur en s'en séparant. Cette extériorité n'est, en effet, possible qu'à compter d'un épuisement de la fusion historique, d'une acceptation de la marginalité, d'une contestation qui renonce à la fondation : le processus de cette fusion est lent et irréductible, il conduit à une forme politique de la religion, mais il est inévitablement suivi d'une désagrégation progressive, qu'accompagne une mélancolie de perte où rien n'est relancé ou repris de l'objet perdu. Cette absence d'une scène de confrontation nous fournit un point de départ, car elle révèle un fond messianique, c'est-à-dire une identité et une mission toujours déjà associées au politique – depuis saint Jean-Baptiste, le libérateur est attendu –, mais peut-être surtout un rêve de fusion, alors que l'Église apparaît, depuis les origines jusqu'à la Révolution tranquille, comme la figure totalisante de l'expérience politique, son origine et son symbole communautaire le plus assuré. Le messianisme, de fait, n'est possible que dans la séparation, il est par essence interpellation radicale. Si je retourne vers Hegel, c'est donc d'abord pour tenter d'y ressaisir, à la suite de Charles Taylor qui s'en est fait le lecteur rigoureux, la signification et les conséquences d'une pensée de la communauté, dans une situation où cette communauté émerge à la fois par l'Église et contre elle. Cette scène devrait nous aider à comprendre l'absence de confrontation dont je parle, dans la mesure où la figure principale de cette confrontation, l'interpellation prophétique, résulte de la modernité elle-même. Nietzsche imprécateur n'en est-il pas la première incarnation ?

La figure de Jésus hante, en effet, la phénoménologie et l'idéalisme historique de Hegel, où elle joue le rôle critique de représenter l'appel à la justice sur la scène politique de l'empire : venue de l'extérieur et assumant pleinement son extériorité prophétique, elle provoque une transformation. Hegel décrit Jésus comme un prophète moderne, en ce qu'il assume une individualité capable de se rebeller contre la tyrannie de la Loi et de lui opposer les exigences d'une justice transcendante. Par comparaison, les sociétés qui ont connu, comme le Québec, un christianisme institué présentent, au contraire, la figure d'une fusion complète et absolue, où aucune extériorité de la justice n'est possible. Pour le dire autrement, l'Église n'a jamais eu, au Québec, l'extériorité que je m'apprête à décrire, une extériorité que nous pouvons pourtant observer dans les sociétés révolutionnaires et politiquement souveraines comme la France ou les États-Unis. La méditation de Hegel me semble essentielle pour comprendre comment une religion peut relever, ou croire pouvoir relever pour elle-même, le destin de la communauté, alors qu'elle a accepté depuis le début la fusion politique qui ultimement la dénature et la prive du geste moderne de la révolte. Pour Hegel, le message évangélique était d'abord une relève adressée de l'extérieur au politique et un appel au détachement. Le contraire donc du pouvoir, de l'appropriation institutionnelle, de la soumission, et encore plus de la fusion et de l'identité. La notion même d'une relève fait appel à ce qui dans tout affrontement met en jeu la puissance d'un refus, d'une négation : relever, c'est donc reprendre dans l'abaissement ce qui peut encore être promis. Nous devons à Hegel, et à tous les interprètes modernes de la religion qui ont accepté la nécessité de cette relève, la possibilité de penser la « sortie » dont Marcel Gauchet a fait un élément essentiel de sa thèse du christianisme comme « religion de la sortie de la religion ». Car l'extériorité conquise dans cette sortie n'a rien d'une disparition, elle constitue plutôt la condition d'un écart, d'une distance rendant possible la relève.

Comme tous les romantiques, Hegel avait développé dans sa jeunesse une lecture exaltée de la civilisation grecque, où il ne voyait qu'extase collective et sentiment orgiastique de la divinité. Plus tard, dans son cours d'esthétique, il reviendra avec insistance sur ce sentiment du sublime, excité par la profusion des temples et des rites et transcrit au théâtre dans les rituels bachiques de la poésie chorale et les processions. Le dyonysisme agraire lui paraissait alors la vérité de toute religion authentique, c'est-à-dire la capacité de donner sens et unité à l'expérience collective de la communauté. C'est d'abord à cette communauté fusionnelle qu'il pense quand il veut comprendre le terrible détachement qui est exigé de celui qui, constatant l'irruption de la raison dans l'histoire, doit accepter que ce monde de l'effusion et du sentiment est destiné à disparaître. Il ne peut, en effet, que disparaître devant l'avènement de l'individu, et ce destin d'effacement est l'énigme de l'histoire moderne, le mystère de la modernité : unie dans la foi, où elle croit reconnaître son identité et son destin politique, chaque communauté affronte tôt ou tard le fractionnement de la différence et l'irruption de la raison qui pose la différence comme condition du moderne. Quand nous lisons le passage de la *Phénoménologie de l'esprit* où Hegel décrit la perte totale de la fusion communautaire dans l'état du droit, nous entendons un discours connu :

> Muette est devenue la confiance dans les lois éternelles des dieux, aussi bien que la confiance dans les oracles qui devaient connaître le particulier. Les statues sont maintenant des cadavres dont l'âme animatrice s'est enfuie, les hymnes sont des mots que la foi a quittés. Les tables des dieux sont sans la nourriture et le breuvage spirituel, et les jeux et les fêtes ne restituent plus à la conscience la bienheureuse unité d'elle-même avec l'essence[4].

Pourquoi des sociétés parfaites, témoignant d'une vie politique où le différend et le conflit sont en apparence, et par l'effet de mythes fondateurs puissants, réduits par la sublimité de la référence mystique, pourquoi donc des sociétés établies dans cette « bienheureuse unité » sont-elles, au moment où elles s'y attendent le moins, fragmentées de l'intérieur par l'œuvre de la rationalité, soumises à la critique et livrées aux souffrances de la séparation et de l'aliénation ? Si la formulation de Hegel nous intéresse, ce n'est pas d'abord parce qu'elle met à nu le lien sentimental de la communauté unie dans la foi – lien mythique entre tous –, c'est surtout parce qu'elle y reconnaît le lien du bonheur et de l'essence. Pourquoi ce qui apparaissait aux Grecs comme leur liberté la plus originaire doit-il se dissoudre dans cet abîme de souffrance qui se montre dans l'écart, l'écartèlement de la différence et la perte de la reconnaissance de l'unique lien d'une identité perdue ? Pourquoi, enfin, ces sociétés doivent-elles renoncer à l'effusion mystique de leurs cérémonies et de leur calendrier de fêtes et céder devant le triomphe de l'individu et de la philosophie ? La réponse à ces questions est toujours la même : parce que le destin de l'identité communautaire est l'immobilité et l'enfermement, l'autorité et le pouvoir ; parce qu'il constitue l'oppression, l'aliénation,

---

4. G.W.F. Hegel, *Phénoménologie de l'esprit*, vol. II, traduction de Jean Hyppolite, Paris, Aubier, coll. « Philosophie de l'esprit », 1947, p. 261.

l'hypocrisie des normes, l'artificialité des pratiques, la négation de l'individu. L'idéalisation de la Grèce ne peut contrer cela, pas plus que le romantisme du christianisme médiéval, agricole et seigneurial que nous avons importé ici.

C'est précisément cet individu qui se lève dans la figure prophétique et se met à accuser, à invoquer une autre justice et à dénoncer la Loi : Socrate, Jésus. Hegel ne connaissait pas l'anthropologie des sociétés sans écriture, il ne connaissait de ces traditions orales que ce qui, à travers Homère et Sophocle, avait conduit la culture grecque à ces sommets archaïques des premières cités, regroupées autour des agoras et des théâtres ; il n'en retenait que la fusion et l'extase, il n'en exaltait que les vertus d'amour et d'orgie. Mais il n'aurait pas hésité, comme Herder et d'autres après lui le firent de manière élaborée, à étendre cette représentation de la communauté mystique à toute société politiquement fusionnée dans la religion. Qu'il ait ensuite reconnu que cette fusion est toujours la source de l'aliénation peut être considéré comme l'intuition essentielle de sa philosophie de l'histoire. Qu'il ait ensuite associé la figure de Jésus à celle de Socrate, en les considérant comme témoins de l'individu accusateur et critique, nous instruit beaucoup de sa vision de l'affrontement avec la communauté. Qu'il ait enfin représenté la modernité comme processus de libération et de mémoire nous rappelle que les tâches associées à la « relève » de l'aliénation sont toujours déjà prophétiques et mémorielles : c'est le sens dans son œuvre de l'interpellation révolutionnaire, dans son lien fondamental au processus de la remémoration et de la constitution de la galerie des figures.

Par comparaison, et ce fut l'expérience de sa jeunesse consignée dans ses écrits de Francfort entre 1797 et 1799[5], la religion chrétienne apparaissait à Hegel dans ses origines comme une religion de séparation ; malgré son message d'amour, et on pourrait dire aussi en raison même de ce message de charité non fusionnelle exigeant l'amour de l'ennemi et de l'étranger, elle était d'abord une opposition au monde et recherchait la construction d'une autre communauté au sein du monde, mais qui n'était pas de ce monde. Elle avait donc peu en commun avec la communauté grecque, dont

---

5. Voir notamment les textes de la période de Francfort (1797-1799) recueillis par Jean Hyppolite dans *L'esprit du christianisme et son destin*, traduction de Jacques Martin, Paris, Librairie philosophique J. Vrin, 4e édition, coll. « Bibliothèque des textes philosophiques », 1981.

elle dénonçait les illusions d'essence et d'identité. À la communauté mondaine, représentation toujours illusoire du politique, la religion chrétienne venait donc opposer une communauté de résistance, une opposition se concevant comme le ferment d'une autre justice, d'une justice de «relève». Sa lecture de l'évangile de Matthieu porte à cet égard les marques d'une inquiétude par moments angoissée, à l'idée que cette relève demeure hors d'atteinte, mais on y lira peut-être surtout l'expression d'une mélancolie déjà endeuillée par ce que le christianisme annonce de la nécessité de la séparation. La phrase de Paul dans la deuxième Épître aux Corinthiens (6, 17), «Séparez-vous», affecte, pour ainsi dire depuis l'origine de la communauté, ce moment de constitution où l'Évangile assume son histoire non politique, en l'accomplissant dans une confrontation avec le politique. Si on peut parler d'une théologie politique hégélienne, ce n'est donc aucunement dans le sens augustinien d'une destination historiale de l'expérience politique, mais, au contraire, d'une prophétie philosophique, présentée sous la forme de la critique et de la déstabilisation.

Jésus apparaît au milieu du peuple juif, il y surgit avec sa «nouveauté et son esprit propre», c'est le mystère chrétien d'une annonce imprévisible: quelle était cette nouveauté? Quelle était la scène sur laquelle Jésus pouvait s'adresser à la fois à l'oppression romaine et au légalisme pharisien? Selon Hegel – et n'oublions pas que nous sommes ici dans un texte de jeunesse qui préfigure le thème mélancolique de la modernité que nous retrouverons dans la *Phénoménologie* –, cette nouveauté est un appel à la transformation du monde: Jésus voyait les «destinées futures» du monde, il appelait une libération en vue de la justice, parlant à une nation opprimée, soumise de l'intérieur comme de l'extérieur à une loi aliénante. La pensée des deux royaumes, souvent citée depuis saint Augustin comme le thème fondateur de la théologie politique, est certes pour lui l'essence de cette nouveauté, mais d'abord dans leur séparation, et non dans leur fusion historique. L'Évangile apparaît donc à Hegel comme un ferment de liberté, capable d'affronter l'antique destin de la soumission à l'empire. Cette injonction à affronter le monde pour extraire de la Loi structure tout ce que dira plus tard Hegel de la vérité du christianisme, de son autocompréhension comme pensée de la liberté devant la servitude et l'aliénation.

On dit parfois que Hegel avait de cet appel une lecture si enthousiaste qu'il ne vit dans la communauté juive qu'une résistance orgueilleuse au message libérateur et une profonde incapacité d'écoute. Cette remarque a son importance, car tout occupé qu'il ait été par le romantisme qui lui fait identifier la communauté et l'expérience grecque, il ne méconnaissait pas le lien indéfectible de la prophétie à Israël. Cette affirmation exigerait une lecture de la théologie juive et de son messianisme propre, exprimé dans l'annonce d'une libération prochaine et mondaine: Hegel incluait dans cette communauté dénoncée à la fois la mystique grecque et la loi juive, toutes deux constitutives de l'expérience politique impériale, mais on ne voit pas qu'il ait jamais cherché à dépasser cette description essentialiste de deux cultures rivales. La phrase de Paul sur les nations, « Il n'y a plus ni Grecs, ni Juifs… » (Galates 3, 28), n'est pas pour lui motif à penser la question de l'essence, mais seulement à dépasser les différences. Il nous faut reconnaître à Hegel une rigueur exemplaire dans sa pensée de la nouveauté: l'Évangile accepte et n'accepte pas la lecture messianique du judaïsme traditionnel, et nous savons aujourd'hui que cette conscience de la mission est le cœur de l'énigme de Jésus juif. Pour les mêmes raisons, Hegel voulut lire dans la communauté chrétienne primitive la possibilité héroïque d'un dépassement, d'un échappement libérateur du monde. Il voulut surtout y reconnaître une volonté de rompre avec un destin d'aliénation, et quand il réfléchit sur l'annonce du Royaume de Dieu, proposée ensuite par saint Paul comme message universel de délivrance, il ne peut que constater les limites de la mission apostolique: l'espérance demeurait sans effet sur le monde et la mission conduisit à une « ulcération croissante » entre Jésus et son temps, entre Jésus et son peuple. Les formes de la vie étaient souillées et Hegel peut écrire: « Il semble qu'il n'ait pas attendu de sa race qu'elle rejetât le joug; aussi prévit-il une lutte du sacré et de l'impie, dont toute l'atrocité l'effraya […] Il put ne pas fermer les yeux quand il s'agit de déchirer atrocement tous les liens de la nature[6]. » Jésus, en effet, n'avait-il pas dit qu'il était venu pour opposer le fils à son père, la fille à sa mère? Qui ne perçoit ici, dans ce redoublement de l'atrocité souligné par Hegel, la radicalité du déchirement attendu de la foi dans sa pensée?

Ainsi, la lecture hégélienne de l'Évangile est d'abord une lecture de la séparation, Jésus introduisant le principe de l'affrontement en vue de la justice. Jésus se heurte au destin de sa nation, mais il transforme l'annonce de la justice en annonce de séparation, et

6. *L'esprit du christianisme et son destin*, *op. cit.*, p. 105. Je cite la première rédaction.

l'Évangile constitue désormais le ferment d'une autre communauté, non mondaine et capable de s'opposer au monde, capable de s'opposer à l'État. Choisir le royaume de Dieu, c'est choisir une autre communauté, reconnaître le principe d'une hostilité indécidable du religieux et du politique, et accepter ultimement une forme d'exclusion qui est aussi un renoncement en vue d'une liberté supérieure. De cette façon se trouve entièrement renversée chez Hegel la nostalgie de la communauté grecque primitive, fusionnelle et politique, c'est-à-dire toujours déjà inscrite dans le commun de la communauté comme dans le cœur battant du politique et du religieux. La mélancolie de la communauté peut-elle être guérie par un renoncement au politique? Ce pourrait être une nouvelle formulation de la question que j'ai posée au début. On reconnaît ici, en le retrouvant dans sa forme la plus ancienne et la plus originaire, un écho très vif de la doctrine de la séparation qui fonde la théologie augustinienne, et qui apporte à la théologie politique du christianisme son trait le plus décisif: la résistance au monde, le refus de la fusion et en son point ultime la résistance au politique lui-même.

2. MODERNITÉ ET COMMUNAUTÉ

Dans son étude sur *Hegel et la société moderne*, Charles Taylor a proposé sa lecture de ce mouvement de désarticulation constitutif de la modernité, et il n'a pas hésité à reporter sur nos sociétés l'analyse hégélienne de la modernité[7]. L'histoire de la communauté idéalisée interdit non seulement qu'on puisse en rêver, et cette thèse revient dans *A Secular Age*[8], mais encore qu'on puisse la penser d'abord comme origine historique de la société politique divisée. La fiction d'une origine fusionnelle, surtout si elle est portée par une religion mystique comme la religion grecque, sert toujours déjà le projet d'une théologie politique fondatrice, mais elle ne peut que se heurter aux exigences de la modernité: la modernité résulte, en effet, d'une aspiration à faire coïncider d'une part le désir romantique de l'autonomie radicale de l'individu, qui trouve dans la figure de Jésus le paradigme de la liberté d'affrontement avec le monde, et d'autre

7. Charles Taylor, *Hegel et la société moderne*, *op. cit.* Voir surtout le chapitre II, « Politique et aliénation », p. 69-133.
8. Charles Taylor, *A Secular Age*, Boston, Harvard University Press, 2007.

part l'idéal d'une fusion avec la nature et avec la communauté sociale.

Ces deux aspirations, pense Charles Taylor, ont conservé toute leur légitimité aujourd'hui, dans la mesure où elles servent à inspirer, de l'intérieur, toutes les résistances à la culture rationalisée de la modernité technique. Contre l'assujettissement aux rythmes productifs, même le rêve de l'antique rythme saisonnier et la nostalgie des objets sacrés peuvent servir à mesurer les anxiétés de la nouvelle vie rationnelle. Le clocher de Château-Richer, un calice de Ranvoyzé, un autel de Baillargé, pour ne donner que ces exemples d'ici auxquels j'ai arrimé mon exposé, inspireront à la fois la mélancolie d'une société fusionnelle et la possibilité d'affronter l'aliénation. Mais comme les œuvres mortes des Muses évoquées par Hegel, les objets emblèmes de la communauté sont comme des fruits détachés de l'arbre, et ils n'apportent pas avec eux la vie qui les fit jaillir, ni le temps qui les fit mûrir. Ils ne sont que les signes de la perte absolue que la nouvelle religion de la promesse a mission d'affronter en vue de la dépasser. Taylor cite Hölderlin et Schiller, il évoque la mélancolie de Rilke faisant peser sur chaque objet le regard du dieu effacé. Une telle mélancolie de l'ancienne fusion constitue pourtant un paradoxe provocant: la modernité importe le romantisme, elle l'exalte pour le faire servir au projet libérateur des individus, mais elle privilégie la raison instrumentale et l'utilitarisme dans la vie publique. Le romantisme nourrit donc, pour une grande part, le thème fondamental de la nostalgie de la communauté et il se nourrit du mythe sublime des origines, et lorsqu'il se lie à l'histoire religieuse d'une société, il peut soutenir le rêve improbable d'une rencontre entre le désir fusionnel et l'aspiration à la vie libre. Ce paradoxe est celui de toute modernité dans son rapport au religieux, en tant que le religieux demeure mémoire d'une communauté à réinventer, d'un mythe à reproduire. Aucune modernité ne saurait revendiquer la libération de l'individu pour le soumettre aussitôt à la tyrannie du nombre, de l'indifférence, de la solitude. De la même manière, toute religion demeure donc une requête de communauté, mais une fois la modernité advenue, une fois fissurée la sublime unité du bonheur et de l'essence, cette requête est contrainte de trouver son lieu ailleurs que dans le politique. Ne pas l'accepter, c'est s'engager dans l'impasse mélancolique, c'est agiter le fétiche du destin identitaire.

L'accepter, au contraire, c'est choisir une autre voie. La mémoire de cette histoire religieuse devient alors aussi précieuse que son réservoir prophétique et charismatique. La modernité produit en son sein les ressources pour résister aux nouvelles aliénations, et toutes les sociétés où la religion fut le principe de la fusion, lorsque cette fusion se désagrège, ont la liberté d'en conserver une mémoire et d'y retourner pour se reconstituer dans un nouveau charisme. Charles Taylor accorde beaucoup d'importance aux aspects paradoxaux de cette tension entre l'idéal d'autonomie et l'idéal de fusion, et c'est la raison pour laquelle la pensée de Hegel constitue pour lui la matrice fondamentale pour penser la modernité ; c'est également la raison pour laquelle, dans *A Secular Age*, il considère toujours le christianisme comme un principe possible de la réconciliation, peut-être même le seul qui soit encore historiquement disponible. Pour lui, Hegel n'est pas uniquement ou même d'abord un romantique, dans la mesure où il assuma les idéaux de la raison des Lumières, mais il porte avec lui le destin de la communauté dont l'essence est le maintien d'une idéalisation du lien et de l'amour. Il illustre de la sorte l'impossibilité d'une disparition absolue de la résistance et de la prophétie. Que ce lien soit constitutif de toute société, c'est aussi ce que soutient Taylor, qui n'hésite pas devant une universalisation de sa thèse sur la religion. Je n'en discuterai pas ici ; je suis seulement désireux de recueillir ce qui, de cette lecture de Hegel, nous permet de penser le deuil nécessaire de la communauté et la responsabilité de la mémoire dans notre société.

Toute société engagée dans la perte du religieux doit accepter, en effet, d'effectuer ce trajet de retour vers elle-même, qui est la vocation de l'autocompréhension de son histoire, et dans la mesure où la religion constitue une part essentielle de cette histoire, elle ne peut éviter de s'engager elle-même sur le chemin de cette autocompréhension. Chacune peut le faire à compter de sa mémoire, de son interprétation d'elle-même comme communauté advenue politiquement dans la modernité, et dès lors disparue comme communauté. Cette responsabilité dépasse, et de beaucoup, l'appropriation du patrimoine ; elle engage toute l'historicité d'une expérience constitutive, au sein de laquelle sont protégés les ferments de la promesse ancienne de justice. Le Québec ne fait pas exception, même s'il n'a connu ni la rupture révolutionnaire ni la souveraineté républicaine. La religion catholique n'est que le vecteur le plus traditionnel de cette interprétation, dans la mesure où la théologie peut en repenser l'héritage identitaire, mais la philosophie peut en assurer le relais. Comme toutes les sociétés s'extrayant douloureusement du christianisme politique, le Québec aspire à interpréter son identité au sein de son histoire, et c'est cette aspiration qui en elle exige reconnaissance et ouverture vers l'universalité. Même si nous n'en trouvons guère les prémisses ailleurs que dans l'œuvre de Fernand Dumont, car la pensée de Charles Taylor n'a jamais fait le raccord historique avec la société du Québec autrement que dans la figure du malaise général de la modernité, nous savons que cette interprétation est maintenant en phase de constitution[9]. La culture est à la fois le moyen et le milieu de ce long processus de transformation, processus qui pourrait être infini malgré la volonté hégélienne de toujours le clore pour l'enfermer dans un cycle dialectique: c'est dans la culture d'une société, et en particulier dans la religion historique, comme le christianisme au Québec, que s'accomplit l'expression de cette identité, mais c'est seulement lorsque l'identité advient dans l'État qu'on peut la considérer comme achevée. Elle peut alors se délester de sa fondation religieuse, de la fiction d'une communauté d'origine et de destin et s'abandonner à la mission de l'État. Mais peut-elle le faire entièrement sans abîmer le fondement de la culture et sans rencontrer la mort? Fernand Dumont est le seul à avoir proposé un raccord fondamental avec la théologie, dépassant ainsi les limites d'une histoire de la culture ou des idées[10]. Il n'a pas toujours su éviter les ambiguïtés d'une relecture de la communauté comme lieu historique de la promesse, mais il a pris le risque d'engager une interprétation ancrée dans la théologie.

Cette question hégélienne est reprise par Charles Taylor à compter de l'histoire du nihilisme européen, mais peut-être surtout du pragmatisme américain qui rabat la fonction de l'État sur l'utilité, et non sur la représentation et l'identité. La société peut-elle se délester entièrement de cette histoire et de ses références fondatrices sans risques pour son identité? Cette liaison intime du religieux et du politique fait dire à Hegel que l'État possède quelque chose de divin:

9. Je renvoie ici aux contributions recueillies dans les actes du sixième colloque du CIRCEM, tenu à Ottawa en avril 2005, actes publiés sous la direction d'E.-Martin Meunier et Joseph Yvon Thériault, *Les impasses de la mémoire. Histoire, filiation, nation et religion*, Montréal, Fides, 2007.

10. Fernand Dumont s'est non seulement penché sur la question du rôle de la théologie (*L'institution de la théologie*, Montréal, Fides, coll. «Héritage et projet», 1987), mais dans plusieurs écrits de ses dernières années, il a abordé directement la question de la mémoire. Par exemple, dans sa conférence publiée sous le titre *L'avenir de la mémoire* (Québec, Nuit Blanche, 1995), mais aussi dans *Raisons communes* (Montréal, Éditions du Boréal, 1995).

dans son commentaire de la phrase célèbre des *Principes de la philosophie du droit*, Charles Taylor insiste sur la nécessité quasi ultime de l'État, mais il insiste par-dessus tout sur l'irréductibilité du cadre transcendant de l'identité fournie par la communauté. Si Hegel, en effet, a pu écrire que « L'État est la marche de Dieu à travers le monde[11] », ce n'est pas tant pour soutenir à partir d'un christianisme universalisé quelque politique européenne particulière que pour mettre en avant la nécessité de cette incarnation historique du lien politique rationnel, en deçà et au-delà de toute incarnation dans la fusion religieuse. Mais si cette incarnation est contingente, toujours contingente, alors le processus téléologique de la sécularisation ne peut s'accomplir sans laisser un reste. Et ce reste est à la fois la mémoire de la communauté, comme processus infini, et injonction prophétique à l'extériorité, à la sortie hors du pouvoir et du politique. Cela, Fernand Dumont l'avait pleinement compris et assumé[12].

Cette phrase doit, en effet, être d'abord interprétée par l'histoire hégélienne de la communauté. C'est la lecture que je retiens de Taylor : d'une première façon, la nostalgie de la communauté doit céder devant l'appel de la société rationnelle et politique, et si le christianisme peut encore jouer un rôle dans l'avènement de la raison, ce sera alors en tant que théologie capable de subsumer les idéaux sublimes de la communauté pour les porter vers la raison. Mais d'une seconde façon, la communauté chrétienne doit elle aussi céder devant le même appel rationnel, et elle devient à son tour l'objet d'une séparation. Ce processus est celui d'une histoire de sécularisation, mais c'est surtout, du point de vue de la religion elle-même, celui d'un détachement : rompre avec les fictions de la communauté d'origine, ce doit être en premier lieu un arrachement, une désaliénation. Vaincre la mélancolie, c'est faire le deuil de cette origine. Il est intéressant de noter combien pour Hegel le christianisme vit sa vocation changer de nature au fur et à mesure que sa philosophie de l'État se transformait. Quand on repasse les étapes de sa pensée, cette mutation semble correspondre davantage à une extension du rôle archaïque de la religion qu'à un réel renversement.

---

11. *Principes de la philosophie du droit*, traduction d'André Kaan, Paris, Gallimard, 1940 ; voir le paragraphe 258.
12. On lira en ce sens l'étude de Pierre Lucier, *La foi comme héritage et projet dans l'œuvre de Fernand Dumont*, Québec, Institut québécois de recherche sur la culture et PUL, 1999.

D'abord conçu, dans ses écrits de jeunesse, comme religion de la nouveauté et de la désaliénation devant l'oppression de l'empire et de la loi, le christianisme devint avec le temps à son tour religion de la communauté de l'esprit universel et fiction d'une communauté transcendante, appelant le monde à l'amour. Devant cette universalisation, il n'était que prévisible qu'une nouvelle liberté et une nouvelle révolte exigent détachement et contestation. Mais Hegel clôtura son œuvre sans mesurer toute l'importance de ce renversement pourtant inscrit dans sa pensée, à savoir la Révolution française, conquête d'une nouvelle extériorité, réactivation d'un imaginaire grec de liberté contre le christianisme féodal. La postérité postrévolutionnaire du christianisme demeura impensée pour lui, mais nous ne pouvons accepter qu'elle le demeure pour nous qui sommes les héritiers de cette révolution.

Cette raison, nous le savons, est au préalable rationalité de l'expérience politique, mais elle est aussi assomption du conflit, du différend et postulat d'une liberté de désaliénation qui peut trouver dans le christianisme son modèle exemplaire de révolte et de sacrifice populaire autant que son ennemi oppresseur. Il n'est pas nécessaire de discuter ici les présupposés ontologiques de cette doctrine de la liberté, sauf pour un point: elle suppose une forme idéale de souveraineté accomplie dans l'État. Le travail de la reconnaissance, si bien mis en relief dans la pensée de Charles Taylor, mais aussi chez des philosophes comme Axel Honneth[13], nous montre, en effet, que sans cette reconnaissance, la rationalité moderne ne pourra éviter l'érosion des valeurs politiques et ruinera ce qui reste de la communauté dans la société technique. Aucune religion, même la plus communautaire, ne peut contrer seule ce destin de ruine si l'idéal de la liberté n'est pas repris politiquement. Mais aucune société n'accomplira cet idéal si elle n'importe en son sein ce reste de l'idéalisation communautaire qui en structurait l'idée archaïque. La société est la vie la plus vaste dans laquelle l'individu est plongé, et sa liberté ne pourra s'y accomplir que si elle trouve, au sein même du social, les outils de la reconnaissance et une forme renouvelée du lien. Les formes atomisantes du libéralisme ne sont compensées que si cette reconnaissance est promue par l'État, et le rêve romantique de la communauté, malgré son caractère indispensable, ne saurait affronter la rationalité

---

13. Axel Honneth, *La lutte pour la reconnaissance*, traduction de Pierre Rusch, Paris, Cerf, 2000.

moderne sur la seule base du désir de l'individu. C'est à cette jonction que Hegel crut possible, voire nécessaire, de trouver dans le christianisme ce que toute sa jeunesse avait interprété comme l'idéal mystique de la communauté grecque. Cette réinterprétation nous intéresse au plus près, puisque nous pouvons peut-être y trouver, en vue de l'autointerprétation dont j'ai fait mon objet, le langage actuel de notre propre relation au christianisme.

Je voudrais donc m'attarder un instant sur ce point majeur, où je propose de trouver dans la pensée de Charles Taylor sur la communauté une inspiration hégélienne déterminante : tous les critiques de la communauté, et ils sont aujourd'hui très nombreux, de Giorgio Agamben à Roberto Esposito[14], associent de manière indifférenciée dans leur critique deux éléments essentiels de la pensée de la communauté. D'une part, ils dénoncent l'idéalisation d'emblée religieuse d'une société reliée organiquement par un principe transcendant, qu'il s'agisse d'un destin d'élection, d'une identité culturelle ou d'un messianisme d'espérance : aucun de ces principes, affirment-ils, ne saurait être politiquement fécond, aucun n'est conforme aux exigences de la modernité. Cette critique atteint en son principe, comme Jacques Derrida n'a cessé d'y insister, toute conception généalogique de la communauté, toujours déjà fondée sur une fiction de fraternité[15]. Ces philosophes mettent en relief, en le dénonçant d'autre part, une forme de conservatisme incapable d'affronter la fragmentation de la modernité, son pluralisme constitutif, ses conflits structurants, sa laïcité intrinsèque, son nihilisme historique. Ces deux éléments s'adressent à tout ce qui, dans la pensée de la communauté, constitue le destin historial d'une société, mais on peut suggérer que dans cette critique se trouve néanmoins un reste, un résidu déjà à l'œuvre chez Hegel : le pouvoir extérieur de la communauté comme idéal sublimé, et la religion en serait la substance permanente.

---

14. Giorgio Agamben, *La communauté qui vient. Théorie de la singularité quelconque*, traduction de Marilène Riola, Paris, Seuil, coll. « La librairie du XXe siècle », 1990 ; Roberto Esposito, *Communitas. Origine et destin de la communauté*, précédé de *Conloquium* de Jean-Luc Nancy, Paris, PUF, coll. « Collège international de philosophie », 2000 ; et mon étude, « Marginales sur la communauté. Fragments d'un commentaire », dans Guillaume Asselin et Jean-François Bourgeault (dir.), *La littérature en puissance. Autour de Giorgio Agamben*, Montréal, VLB éditeur, coll. « Le soi et l'autre », 2006, p. 186-209.
15. Jacques Derrida, *Politiques de l'amitié*, Paris, Éditions Galilée, coll. « La philosophie en effet », 1994.

La société prémoderne, qu'il s'agisse de la *polis* grecque, qu'il s'agisse encore de la société féodale chrétienne structurée dans le double corps du roi, n'était possible que si le fondement de l'ordre social, dans sa transcendance, était respecté aussi comme puissance. C'est la base de la théologie politique, dans sa forme canonique qui se développe de saint Augustin à Spinoza, et c'est cet ordre qui fut déstabilisé par la critique moderne s'achevant dans le processus de sécularisation. Que Hegel ait voulu en maintenir dans l'État les prérogatives « divines » est-il le résultat d'une forme de conservatisme traditionnel qui associe, comme on aime le reprocher à tous les penseurs communautariens, le privilège de la communauté à une forme de tradition nostalgique de l'origine ? Pour Taylor, ce n'est pas la bonne lecture, puisque cet ordre est dicté chez Hegel par la raison elle-même. La vision ultime de Hegel n'est pas, en effet, une vision communautarienne ; elle n'inscrit pas le sens de l'expérience historique dans la communauté particulière en vue de garantir son destin, mais dans le déploiement d'un esprit universel reconnu au sein de la communauté politique. On pourrait alors objecter que, dans ce cas, le fondement divin échappe, reflue vers une origine toujours inassignable et à laquelle il faudrait absolument renoncer : cette conséquence paraît inévitable et elle marque, certes, les limites de toute interprétation historique du destin de la communauté politique dans l'État. Aucune théologie politique n'est alors pensable autrement que dans le rappel de la mémoire. Mais, comme le montrent les limites de toute critique philosophique de la communauté, la position de l'extériorité et la responsabilité de la mémoire demeurent ouvertes, disponibles, en raison même du processus de la sécularisation. Le reste apparaît alors comme cette extériorité elle-même.

Cette universalité est le point aveugle, peut-être le plus obscur, de la philosophie politique de Hegel : nous savons tous comment Hegel a martelé cet idéal d'appartenance de chaque citoyen à l'État : « Tout ce que l'homme est, il le doit à l'État ; c'est là que réside son être. Toute sa valeur, toute sa réalité spirituelle, il ne les a que par l'État[16]. » Pourquoi cette proposition est-elle si difficile, sinon parce qu'elle convoque au sein même de l'État une identité, un être spirituel, celle du peuple et de la nation qui était, déjà au XIXe siècle, problématique ? L'unité substantielle reproduite par l'État ne saurait,

---

16. Hegel, *La raison dans l'histoire*, traduction de Kostas Papaioannou, Paris, Éditions Plon, coll. « Le monde en 10/18 », 1965, p. 136.

en effet, être la substance antique de la communauté fusionnelle, le reste de cette unité bienheureuse dans l'essence, et l'État n'existe pas non plus pour les citoyens comme un pur instrument. Et pourtant, quand Hegel évoque dans ce même passage la vitalité éthique de l'État comme son essence, il ne peut éviter d'introduire dans la philosophie politique de la modernité le concept le moins moderne qui soit: celui de l'organicité qui caractérise la communauté et qui rend son identification à la religion si naturelle. Est-il possible de les traiter de manière non différenciée, sans penser que l'importation de cette densité substantielle au sein de l'État menace à tout moment d'en révéler l'abstraction et le caractère artificiel? Hegel n'a donc jamais rompu avec cette idéalisation de la communauté comme organisme vivant, comme conscience de soi, reprise, par exemple, dans des notions comme « esprit national » et « conscience de la communauté ».

Pour Charles Taylor qui les relit avec attention et sympathie, ces concepts hégéliens résistent à l'atomisation de la modernité, et cette résistance n'est elle-même pensable que si elle conserve une capacité de produire le lien du commun comme fondement de l'identité. Même leur universalisation politique dans l'État montre des limites. Dans son dernier livre, on peut dire qu'une des thèses principales est celle qui rend indissociables le ferment de l'identité et la représentation religieuse de ce lien. Quand nous disons que la pensée de Taylor est communautarienne d'inspiration, nous ne voulons donc pas simplement dire qu'elle s'inscrit en position de résistance face à l'individualisme libéral, nous disons surtout qu'elle pose le privilège de la communauté dans l'interprétation du monde et dans la constitution même de l'identité et de l'expérience. Mais que veut dire « privilège de la communauté » ? La réponse se trouve déjà chez Hegel, puisqu'il s'agit de cette constitution de la culture comme milieu, comme espace où la liberté est possible pour ceux qui vivent dans la reconnaissance. Je ne m'engagerai pas plus loin dans la reconstitution de cette scène de la reconnaissance, sauf pour dire que tous les exemples que nous pouvons citer de la vie de la communauté (participation à un rituel, à une fête, célébration d'un anniversaire ou d'un deuil, engagement envers la langue et la culture, vénération des signes sacrés) importent dans le politique quelque chose que la modernité a cherché à en exclure et que des penseurs comme Charles Taylor, reprenant l'interprétation de Hegel, ont jugé au contraire essentiel. Et si quelque chose de cette pensée communautarienne se trouve également au fondement de la pensée politique de Fernand

Dumont, c'est bien cette insistance sur le ferment identitaire de la culture.

Si l'État exige le renoncement à la communauté, et si ce renoncement est l'essence même de la modernité, on peut comprendre alors que dans toutes les sociétés où la religion a joué ce rôle organique de ferment de la communauté, la religion puisse et doive demeurer aussi la mémoire de la communauté et le lieu de son deuil historique. Ce lieu devient pour ainsi dire le site de sa destinée, dans la mesure où il intègre à la fois les éléments résistants de la prophétie que la théologie nationale voudra réactiver, quels qu'ils soient, et le travail de mémoire qui permet la récapitulation et le soin du patrimoine. Mais rien de cela n'est possible si l'extériorité n'est pas acquise, si la religion n'accepte pas ce dehors, cet écart absolu où la conduit la modernité. Aucun penseur récent n'a pensé ce dehors avec autant de radicalité que Jean-Luc Nancy, et c'est à compter de cette déconstruction du christianisme qu'on peut entreprendre et penser ce que seraient les tâches d'une extériorité assumée pour le christianisme au Québec[17]. Les formes de nostalgie et de mélancolie du religieux, loin d'être l'expression d'une perte de la position de pouvoir qui permettrait, dans une extériorité pleinement revendiquée et habitée, l'interpellation prophétique, sont, au contraire, trop souvent l'expression d'une mélancolie du monde prémoderne de la fusion, du consensus fictif, de l'harmonie originaire, de l'identité confortée par la foi et les objets sacrés. Elles expriment, sans égard à la vérité théologique du christianisme et presque indépendamment de lui, le désir du maintien d'une référence de puissance et d'autorité. Cela, sans égard à l'exigence de séparation, sans égard à une lecture profondément augustinienne de la théologie politique. Cette référence ne peut être maintenue ni sur le plan du charisme, si ce charisme prétend être la vérité du politique, ni sur le plan de la mémoire, si cette mémoire prétend être celle d'une identité et d'une communauté de fondation : la mémoire patriotique, pour ne donner qu'un exemple, seule relique d'une histoire révolutionnaire avortée, joue à cet égard un rôle complémentaire, celui d'un supplément et presque d'un salut. Il y aurait eu au moins cela. Que cette double crispation soit le mauvais horizon de la modernité au Québec, et que d'autres conclusions soient possibles, c'est ce que je voudrais dire en terminant.

---

17. Jean-Luc Nancy, *La déclosion. Déconstruction du christianisme*, t. I, Paris, Éditions Galilée, coll. « La philosophie en effet », 2005.

3. COMMUNAUTÉ ET MÉMOIRE: LE DEUIL DE LA RELIGION

La comparaison, toujours à l'œuvre historiquement, entre les deux modèles principaux des religions politiques, a donc lieu d'abord chez Hegel et elle se poursuit jusqu'à nous. La religion mystique des Grecs comme le christianisme triomphant prémoderne, ont été, chacun à leur manière, l'expression à la fois institutionnelle et symbolique d'une identité perçue comme identité intérieure, comme substance du «soi» national, comme fusion avec le politique. Lorsque celui-ci se transforme dans la modernité de l'État, il n'est que naturel que la religion perde son articulation symbolique et entre dans ce processus de déshérence, d'érosion et de mélancolie: elle apparaît alors comme le principe de la communauté et comme cela même qui, avec elle, se désarticule, se déconstruit et produit l'éclatement, la défusion. C'est en ce sens que ces religions pouvaient, nonobstant la critique de philosophes comme Platon ou Kant, être perçues comme formes intrinsèques de la culture et comme justifications ultimes de l'expérience politique, tant et aussi longtemps que cette expérience n'était pas moderne. C'est en ce sens également que des penseurs communautariens comme Charles Taylor ont pu proposer d'y reconnaître les formes les moins aliénantes de la vie communautaire, reprenant sur ce point les analyses de Hegel. C'est en ce sens, enfin, que les évolutions complexes de sociétés religieuses, comme les sociétés islamiques aujourd'hui, elles qui ont choisi le parti de la communauté prémoderne, nous instruisent des conséquences de nos propres deuils et de notre défaut, toujours béant, de position d'extériorité pour une religion que nous n'avons jamais cessé de considérer comme notre substance intérieure.

La tension historique est ici, au Québec, cependant moins importante pour mon propos que la recherche de la situation d'extériorité ou de nouveauté que j'ai évoquée au point de départ: à quel moment, et à compter de quelle position de parole, le religieux peut-il se retourner face au politique pour lui demander justice? À quel moment, et à compter de quelle position de parole, peut-il entreprendre sa propre histoire comme histoire non politique? Où se situe le seuil de rupture? À quel moment le refus peut-il se constituer comme religion dans ce geste prophétique où une religion refuse sa politisation historique? S'il est question de déconstruire le christianisme, sur quel horizon pouvons-nous penser le récapituler et selon quelle extériorité, dans quelle communauté? Les questions de

Jean-Luc Nancy et de François Nault[18] sont ici les plus essentielles. Notre interprétation de la modernité est, en effet, encore captive du geste radical du *Refus global*, un geste nietzschéen, dont nous ne mesurons pas entièrement la portée. Mais ce geste en cache un autre, et qui s'annonce dans la mutation du catholicisme social et dans une mémoire dépolitisée. Cette mutation demeure, depuis l'enfouissement de la pensée de Fernand Dumont – et j'emploie ce mot avec force, pour tenter de dire son occultation religieuse autant que politique –, confinée à la sphère obscure d'une Église repliée, qui ne retrouve plus l'accès à la prophétie. C'est en ce sens que je lis, par exemple, le travail de Gregory Baum, héritier s'il en est d'une posture radicale refusant le silence[19]. Je la retrouve aussi dans l'histoire du catholicisme social menée par plusieurs historiens aujourd'hui, notamment au sujet des engagements de Dumont[20]. Cette mutation s'annonce aussi dans un projet de mémoire qui accomplira le deuil et libérera les sédiments d'une communauté qui n'a pas cessé de vivre ici et qui doit apprendre à vivre autrement.

Si Hegel a raison de dire que cette injonction constitue la scène primitive du christianisme à Rome, et devant Rome, son absolue nouveauté, nous devons également le suivre quand il devient nécessaire de constater la disparition progressive de cette scène dans la sécularisation moderne et en particulier ici, au Québec. L'extériorité nécessaire devient une extériorité rationnelle, elle court toujours le risque d'accepter de s'y confiner et, devant l'aliénation des cultures dogmatiques, le religieux lui-même est privé de son propre charisme de prophétie. Pourquoi ? Parce qu'il ne peut se retourner contre le politique sans se retourner contre lui-même, parce qu'il est entièrement privé d'extériorité. Seuls les individus religieux, les spirituels peuvent encore s'adresser au politique pour le convoquer ; les institutions doivent entreprendre un long deuil de leur substance politique, si elles veulent de nouveau accéder à la fonction symbolique. C'est ce que je crois être le nécessaire travail de dépolitisation de la mémoire : purifier le ressentiment, reconnaître les violences et les excès d'une

---

18. François Nault a consacré d'importantes études à la déconstruction de la théologie, en particulier des figures de pouvoir. Voir *Une théologie en déconstruction : littérature, mystique et philosophie*, Montréal, Médiaspaul, 2004.
19. Voir surtout, parmi ses nombreuses études du catholicisme solidaire, Gregory Baum, *Compassion et solidarité*, Bellarmin, coll. « L'essentiel », 1992.
20. Je pense surtout au livre de Michael Gauvreau, *Les origines catholiques de la Révolution tranquille*, traduction de Richard Dubois, Montréal, Fides, 2008.

autorité favorisée par la fusion, s'engager sur la voie du pardon, assumer l'écart. Cette évolution a lieu sous nos yeux, elle suscite encore les réactions les plus consternantes vers l'autorité politique, les combats d'arrière-garde contre l'avènement de la laïcité dans une frange de la population catholique effrayée par la profondeur de la transformation, mais elle suscite aussi les engagements les plus stimulants vers une nouvelle posture, une nouvelle parole.

Dans sa réflexion sur le destin du christianisme en Occident, Charles Taylor ne fait pas que reprendre les constats de tant de penseurs de la sécularisation : le christianisme a produit en Occident l'aliénation contre laquelle il s'était pourtant construit lui-même, il est devenu pouvoir, il a laissé s'effacer cet écart, cette distance primitive qui le séparait de l'histoire tout en lui permettant l'interpellation. Mais il doit accepter un autre destin. Désormais, il entre dans une phase où seul le deuil absolu du pouvoir rendra possible sa mémoire et sa prophétie, seul un christianisme auquel on aura renoncé pourra demeurer un christianisme vivant. L'histoire moderne des nations chrétiennes, des pays européens comme du Québec, présente, en effet, les mêmes traits constitutifs et elle appelle les mêmes responsabilités : l'Église, parce qu'elle y a accepté une position symbolique fusionnelle et identitaire, ne dispose plus d'aucune position d'extériorité qui lui garantirait une crédibilité dans la sauvegarde de la liberté et de la justice. Elle doit, si elle le peut encore, la reconquérir, mais ce geste d'humilité est aussi la reconnaissance d'un retrait, d'un abandon, car l'extériorité, nous apprend Hegel lisant saint Matthieu, est d'abord renoncement au pouvoir. Parler de la religion chrétienne et de la modernité au Québec, c'est donc tenter de retrouver une position de modernité pour l'Église elle-même, et pour toutes les religions qui désormais l'accompagnent, comme l'islam, car pour l'État national, cette position est désormais acquise, confortée dans l'affirmation libérale, pleinement assurée de ses fondements démocratiques. Et cette position ne peut être que la position d'une interpellation de la modernité, au nom même de ses produits aliénants, de son déficit de communauté, de ses obstacles à la justice. L'idéalisation de la liberté et de la justice, le travail prophétique de la révolte que chacun peut lire, à la suite de Hegel, dans la figure de Jésus, ne peuvent s'opérer que sur la scène, toujours déjà manquante au Québec, d'une extériorité du religieux. Pourquoi cette extériorité n'est-elle pas encore possible, ou si peu ? L'abandon des hiérarchies a signé l'avènement de la modernité, et ainsi se trouve libéré un espace neuf où la rupture avec la société prémoderne est accomplie, la rupture avec un pouvoir fondé dans un ordre supérieur à l'action commune au sein du temps séculier. C'est au sein de cet espace que se développent la mémoire des structures anciennes et l'histoire de ses symboles et de ses objets ; mais c'est dans le même espace que la religion peut recomposer un nouvel imaginaire de justice.

Une autre question pourrait être la suivante : cette position fut-elle déjà possible ? Est-elle représentée dans l'histoire du Québec ? Qui en auraient été les porteurs ? À suivre certains historiens récents, l'arrachement moderne de la Révolution tranquille fut à la fois une rupture avec la grande noirceur religieuse et le résultat d'une injonction religieuse en vue de la justice. Mais quand nous les lisons, nous ne pouvons que constater les ambiguïtés et la fragilité de cette extériorité, dans la mesure où le projet de fusion des idéaux sociaux et du catholicisme social demeurait un programme intériorisé ; pour le dire autrement, ce programme était toujours déjà inscrit dans l'identification du projet politique québécois à son identité chrétienne traditionnelle. C'est en ce sens qu'on peut lire le constat de Michael Gauvreau, interprétant le projet social de Fernand Dumont : « Non seulement la tentative d'inscrire un catholicisme communautaire et politisé au sein de la deuxième révolution culturelle n'a pas ralenti la déchristianisation de l'ensemble de la société, mais elle l'a accélérée[21]. » Ce constat ne devrait pas nous surprendre si nous acceptons le cadre de lecture hégélien que j'ai proposé ici, à la suite de Charles Taylor : le catholicisme politisé ne peut pas être un catholicisme inscrit au sein d'une révolution culturelle ; il ne peut, au contraire, que se reconstituer dans une extériorité critique, d'où il peut interpeller à nouveau la dérive techniciste ou l'inégalité. Fernand Dumont aura consacré beaucoup d'énergies dans une direction qui n'était peut-être pas la bonne, mais sa dernière œuvre, *Récit d'une émigration*, montre qu'il avait compris les impasses d'un engagement direct et la nécessité de la séparation[22].

Le repli communautaire que nous pouvons observer dans de nombreux segments de la vie de l'Église et le deuil effectif de la communauté politique, même s'il s'agit d'un deuil inachevé, sont les conditions indispensables d'une relève de l'expérience religieuse historique du Québec. Malgré que les acquis de la Révolution

21. Michael Gauvreau, *op. cit.*, p. 306.
22. *Récit d'une émigration. Mémoires*, Montréal, Boréal, 1997.

tranquille n'aient pas suffi à poser la souveraineté, et malgré que cette souveraineté elle-même semble chaque jour davantage hors d'atteinte, l'idéal d'une société juste et égalitaire n'en cesse pas pour autant de requérir un fondement prophétique. On en dirait autant de la responsabilité de la mémoire, comme soin et rappel d'idéaux de perfection incarnés dans le patrimoine, déposés dans la pensée, recueillis par la théologie. Les religions ne sont désormais qu'une voix parmi plusieurs pour soutenir ces efforts, pour présenter une formulation de l'espérance qui puisse s'adresser à l'État au nom de tous ceux que l'Évangile a toujours représentés, les démunis, les autres, les exclus. J'entends les débats des philosophes sur les procédures et sur les principes de la justice, j'admire leur rigueur et leur détermination, mais je ne peux m'empêcher de noter qu'aucun n'a encore voulu occuper la scène prophétique. Sur cette place vide, on entend plutôt l'écho hégélien de la mort de l'objet, ou celui plus audible de la mort de Dieu. Charles Taylor et Fernand Dumont demeurent des voix d'exception, et on n'a pas cessé d'entendre répéter qu'ils sont catholiques.

Si, dans cette interpellation, le souvenir de la communauté disparue peut encore être rappelé, s'il peut être réactivé comme la fiction d'une société juste originaire pensée dans la religion, alors ce ne pourrait être qu'au nom d'une mémoire et d'un patrimoine. Aucune communauté reconstituée ne pourra succéder à la communauté du passé, ne serait-ce que parce que cette communauté n'a jamais vraiment existé, sauf dans la théologie politique du destin du Québec comme destin chrétien. Aucun voile, aucun tabernacle, aucun calice ne pourra ramener l'objet perdu, et pourtant, chacun de ces objets rappellera une forme de vie qui pourrait ne pas avoir été aliénée, plus juste, à proportion qu'elle était ancrée dans une vitalité éthique plus substantielle, dans une transcendance accueillie, dans une promesse. Un travail de la mémoire peut-il accomplir cela ? Cette mémoire doit renoncer au politique, mais elle pourrait être la chance d'un avenir différent, car même si elle repose sur une fiction fondatrice, même si elle importe dans sa mélancolie une idéalisation toujours dangereuse, elle n'en porte pas moins un espoir. Celui de rendre possible une interpellation encore inaudible aujourd'hui.

La recomposition d'une communauté d'interpellation et de justice, telle que fut la communauté apostolique, est non seulement possible, elle se configure tous les jours sous nos yeux ; mais elle est limitée dans sa portée et ne prend son sens que dans l'acceptation de cette limitation prophétique ; elle ne pourra jamais plus être politique, voire prétendre au politique. Cela, l'histoire même de la modernité l'interdit. Hegel avait en vue la constitution d'une communauté spirituelle comme substance éthique de l'humanité: il pensait que l'État pouvait relayer, après la destruction des cités et des empires, l'organicité substantielle de l'ancienne communauté, de manière à rendre possible une vie publique ouverte et participative. Cette perspective est prise en défaut par l'important déficit communautaire de la modernité. Hegel pensait également que la communauté spirituelle doit être coextensive à l'État, dans la mesure où seul l'État exprime les normes et les valeurs auxquelles les citoyens adhèrent. Cette autre perspective est également prise en défaut par l'État postnational et pluraliste. Enfin, Hegel pensait que l'État n'exprimait pas les cultures particulières, mais qu'il se reliait, au contraire, à cet esprit absolu: par l'État, chaque citoyen pouvait selon lui réaliser cette « relation authentique » à l'idée du monde. Ces trois propositions, reprises par Charles Taylor dans son essai sur Hegel, constituent aujourd'hui l'impasse de la modernité, et elles mettent à nu l'impossibilité, désormais considérée comme définitive, d'identifier la communauté et l'État, ou la communauté et la société. Comme tous les penseurs communautariens, Taylor accepte cette limitation du concept de la communauté dans l'espace politique moderne; il accepte que le projet hégélien soit condamné, en particulier dans sa volonté d'assumer dans la modernité la communauté fusionnelle antique, reprise comme Esprit ou Peuple. Mais il n'en renonce pas pour autant à un déplacement de la communauté vers les identités de culture et de mémoire, seules susceptibles de porter la liberté de l'individu et son identité dans un site de reconnaissance qui lui redonne dignité et désaliénation.

Ces thèses rejoignent les constats les plus profonds de Fernand Dumont. Elles ont le mérite supplémentaire de fournir une représentation adéquate de la perte de l'autre communauté, l'organisme politique traditionnel auquel l'Église a voulu s'identifier, et qu'elle est appelée à transférer à son tour dans un nouvel espace. Le deuil de l'ancienne communauté est difficile pour tous ceux qui en éprouvent la mélancolie. Il est difficile pour les croyants, qui apprennent à quitter une forme candide d'unanimité; il n'est pas moins difficile pour les non-croyants, qui n'ont pas, en dépit de leur incroyance, rompu avec tous les aspects de la culture chrétienne qui imprègnent leur langage et leur vision du monde, leur univers moral et leur mémoire. La déchristianisation des institutions n'entraîne pas avec elle la déchristianisation de la culture et du patrimoine, elle met, au contraire, à nu la tâche critique de les repenser. Doit-on se dépêcher d'oublier tout ce qui a relié ? Doit-on abandonner à l'oubli les signes et les symboles qui servaient à soutenir la communauté dans sa représentation du monde ? Doit-on même extraire de la mémoire collective tous les aspects de la théologie politique chrétienne qui ont servi de fondement à la démocratie, au rapport occidental, aux vertus mêmes qui ont façonné les institutions ? Cet « esprit objectif » de la culture chrétienne du Québec fait désormais partie de la responsabilité de la mémoire.

LES AUTEURS

Maxime ALLARD, dominicain, est professeur de philosophie et de théologie au Collège universitaire dominicain à Ottawa. Ses recherches portent sur la philosophie de la religion et du politique avec une attention aux « passions » relatives à ces pratiques.

Patrice BERGERON est étudiant au doctorat à la Faculté de théologie et de sciences religieuses de l'Université Laval à Québec et à la Faculté de théologie et de sciences des religions de l'Université de Lausanne. Ses principaux champs d'intérêt sont le statut particulier du christianisme en Occident et la place de la théologie chrétienne dans l'espace public.

Donald L. BOISVERT est professeur au Département de sciences des religions à l'Université Concordia à Montréal. Il enseigne l'histoire du christianisme ainsi que les rapports entre religion et sexualité. Ses recherches actuelles portent sur l'adolescence, les saints et l'élaboration d'une pédagogie sexuelle catholique au début du XXe siècle.

Maurice BOUTIN est titulaire de la chaire John W. McConnell de théologie fondamentale et de philosophie de la religion à l'Université McGill à Montréal. Ses recherches actuelles portent sur les rapports entre interprétation et sens dans l'expérience religieuse ainsi que sur les liens entre perfection et culpabilité dans la recherche du bonheur.

Serge CANTIN est professeur de philosophie à l'Université du Québec à Trois-Rivières et chercheur au Centre interuniversitaire d'études québécoises. Essayiste et spécialiste de l'œuvre de Fernand Dumont, ses travaux de recherche se situent au carrefour de la philosophie, de la sociologie et de l'histoire.

Pierre CARDINAL, diplômé en génie mécanique, poursuit actuellement des études en théologie à l'Université Laval à Québec. Sa thèse de doctorat porte sur la formation du *Livre d'Hénoch* (1 Hénoch).

Jacques CHERBLANC est professeur d'éthique et de religion à l'Université du Québec à Chicoutimi, où il est également directeur du Laboratoire de recherche en anthropologie rituelle et symbolique. Ses recherches actuelles portent sur le programme d'enseignement en éthique et culture religieuse ainsi que sur le professionnalisme, l'intervention et la spiritualité en contexte laïque.

Diana COHEN-REIS est étudiante au doctorat en sociologie à l'Université d'Ottawa. Ses recherches actuelles portent sur les femmes immigrantes à Ottawa.

Isabelle DALCOURT a soutenu une thèse de doctorat à l'Université Laval à Québec sur la question des rapports entre la société québécoise contemporaine et le religieux. Ses recherches et ses intérêts couvrent les domaines de la sémiotique, de l'épistémologie des sciences humaines et de la psychanalyse.

Jean-Christophe DEMERS est étudiant au doctorat en cotutelle à l'École des Hautes études en sciences sociales à Paris et à l'Université d'Ottawa. Sa thèse de maîtrise en sociologie à l'Université d'Ottawa a porté sur les parcours identitaires et initiatiques des *backpackers.*

Michel DESPLAND, diplômé des universités de Lausanne et de Harvard, enseigne à l'Université Concordia à Montréal depuis 1967. Il est l'auteur de plusieurs livres d'histoire sur le concept de religion et sur la constitution de l'histoire des religions. Ses travaux récents portent sur l'histoire et l'usage du concept de sacrifice.

Jean-Philippe DOUCET est chargé de cours et candidat au doctorat en théologie systématique et historique à l'Université Saint-Paul à Ottawa. Ses recherches portent sur la fécondité de la pensée du théologien Hans Urs von Balthasar (1905-1988) dans le contexte contemporain du dialogue interreligieux.

Lucia FERRETTI est historienne et professeure à l'Université du Québec à Trois-Rivières. Spécialiste d'histoire socioreligieuse, elle s'intéresse particulièrement aux relations qu'ont tissées l'Église et l'État au Québec tout au long du XXe siècle.

Denis JEFFREY est professeur titulaire à la Faculté des sciences de l'éducation de l'Université Laval à Québec. Spécialiste de la didactique de la culture religieuse et de l'éthique, il a publié *Enseignants dans la violence. Rompre avec la vengeance, Éloge des rituels* ainsi que plusieurs livres sur le métier d'enseignant et les interactions pédagogiques.

Robert A. KENEDY est professeur agrégé de sociologie à l'Université York à Toronto. Il étudie depuis plus de vingt ans la réimplantation ethnique au Canada, sa recherche portant notamment sur la formation de l'identité ethnique. Ses travaux actuels examinent les rapports entre l'implantation ethnique, la citoyenneté et les diasporas au Canada.

Christelle LANDHEER-CIESLAK est professeure agrégée à la Faculté de droit de l'Université Laval à Québec. Elle y enseigne le droit civil ainsi que les rapports entre le droit et les religions tout en poursuivant des recherches dans ces différents domaines.

Jean-François LANIEL achève une maîtrise en sociologie à l'Université d'Ottawa, où ses recherches portent sur les liens entre catholicisme et nation dans le Québec d'après la Révolution tranquille. Il participe au groupe de recherche « Vers une sortie de la religion culturelle des Québécois ? », dirigé par le professeur E.-Martin Meunier.

Georges LEROUX est professeur émérite au Département de philosophie de l'Université du Québec à Montréal, où il a enseigné la philosophie grecque de 1969 à 2006. Engagé dans la promotion de la laïcité scolaire, il prépare actuellement un essai sur l'éducation au pluralisme et il collabore à la nouvelle édition des écrits de Plotin, dirigée par Jean-Marc Narbonne.

Danièle LETOCHA, professeure à la retraite du Département de philosophie de l'Université d'Ottawa (1981-2001) a publié, entre autres, sur 1) la philosophie de la Renaissance européenne dans ses rapports avec l'émergence du sujet moderne ; 2) l'élaboration du modèle de la raison rhétorique pour saisir les premières théories de la culture ; 3) l'anthropologie culturelle contemporaine, notamment la question de la laïcité.

Pierre LUCIER est, depuis 2006, titulaire de la Chaire Fernand-Dumont sur la culture à l'INRS-Urbanisation, culture et société, où il est responsable de l'axe de recherche *Culture, religion et société*. Auparavant, il a été administrateur d'État au gouvernement du Québec et, de 1996 à 2003, président de l'Université du Québec.

Robert MAGER est professeur de théologie pratique et de théologie systématique à l'Université Laval à Québec. Ses recherches actuelles portent sur les théories de l'action en sciences humaines et sociales ainsi que sur leurs incidences pour la théologie pratique.

Isabelle MATTE s'intéresse à la modernité en contextes catholiques et propose une comparaison de la Révolution tranquille québécoise avec le *Celtic Tiger* irlandais des années 1990. Elle est candidate au doctorat en anthropologie à l'Université Laval à Québec et enseigne l'anthropologie du Québec.

E.-Martin MEUNIER, directeur de recherche au Centre interdisciplinaire de recherche sur la citoyenneté et les minorités, est professeur agrégé au Département de sociologie et d'anthropologie de l'Université d'Ottawa. Il a notamment fait paraître *Le pari personnaliste. Modernité et catholicisme au XXe siècle* (2007) et codirigé (avec Robert Mager) le numéro de la revue *Globe* intitulé *La religion au Québec. Regards croisés sur une intrigue moderne* (2008).

Frédéric PARENT, doctorant en sociologie à l'Université de Montréal, vient de déposer sa thèse intitulée *Dieu, le capitalisme et le développement local. Conflits sociaux et enracinement territorial. Étude monographique d'un village québécois.* Il codirige également un numéro d'*Études sociales* sur l'« influence » leplaysienne dans le développement de la sociologie québécoise.

Jacques PIERRE est professeur d'épistémologie et de théories de la religion au Département de sciences des religions de l'Université du Québec à Montréal. Il travaille actuellement sur les rapports entre le religieux et la culture en général, plus spécifiquement sur les modes de perdurance de la religion dans les arts, la littérature et le cinéma.

Jacques RACINE a été professeur de théologie pratique, d'éthique sociale et politique et d'éthique des affaires à l'Université Laval à Québec ainsi que président du Comité sur les affaires religieuses du ministère de l'Éducation du Québec. Retraité en 2009, il poursuit ses recherches sur la place de la religion à l'école, sur la spiritualité et sur l'éthique du bien commun.

Dany RODIER est doctorant en philosophie à l'Universität Freiburg en Allemagne. Son doctorat, réalisé sous la direction du professeur Hans-Helmuth Gander, porte sur l'idée de philosophie chez Hans-Georg Gadamer.

Louis ROUSSEAU est professeur de sciences des religions à l'Université du Québec à Montréal. Il utilise une approche de religiologie historique dont le foyer est l'évolution structurelle et fonctionnelle des pratiques et institutions religieuses du Québec. Ses travaux récents ont principalement porté sur l'impact de la diversification croissante des manifestations religieuses sur la recomposition identitaire de la société québécoise.

Gilles ROUTHIER est professeur à la Faculté de théologie et de sciences religieuses de l'Université Laval à Québec. Ses recherches portent principalement sur l'évolution du catholicisme au cours du dernier demi-siècle, avec une attention spéciale à Vatican II, sa réception et son interprétation.

FSC
Recyclé
Contribue à l'utilisation responsable des ressources forestières
www.fsc.org Cert no. SGS-COC-003153
© 1996 Forest Stewardship Council
100%

MARQUIS
Marquis imprimeur inc.

Québec, Canada
2010

Imprimé sur du papier Silva Enviro 100% postconsommation traité sans chlore, accrédité Éco-Logo et fait à partir de biogaz.

certifié

procédé sans chlore

100 % post-consommation

PERMANENT
archives permanentes

BIO GAZ
ÉNERGIE
énergie biogaz